大河向东

他们为什么追随毛泽东

THE GREAT RIVER FLOWS EAST:
Why They Followed Mao Zedong

陈冠任 著

中共党史出版社

图书在版编目（CIP）数据

大河向东：他们为什么追随毛泽东 / 陈冠任著. —北京：中共党史出版社，2018.1（2023.6重印）
ISBN 978-7-5098-4510-3

Ⅰ．①大… Ⅱ．①陈… Ⅲ．①中国人民解放军－将军－列传 Ⅳ．①K825.2

中国版本图书馆CIP数据核字(2017)第330501号

书　　名：大河向东：他们为什么追随毛泽东
作　　者：陈冠任

出版发行：中共党史出版社
责任编辑：吴　江
社　　址：北京市海淀区芙蓉里南街6号院1号楼　邮编：100080
网　　址：www.dscbs.com
经　　销：新华书店
印　　刷：香河县闻泰印刷包装有限公司
开　　本：787mm×1092mm　1/16
字　　数：350千字
印　　张：27
版　　次：2018年1月第1版
印　　次：2023年6月第10次印刷
书　　号：ISBN 978-7-5098-4510-3
定　　价：81.00元

此书如有印装质量问题,请联系中共党史出版社读者服务部　电话:010-83072535
版权所有·侵权必究

内 容 简 介

朱德说:"我们这一代人,是以毛泽东为代表。"
陈毅说:"跟毛主席走,就能胜利;否则,就一定要失败。"
罗荣桓说:"我革命这么多年,选定一条,就是要跟毛主席走。"
毛泽东是中国人民的救星,也是一代共产党人敬仰和追随的领袖。
群星闪耀,就是因为中国有个毛泽东
毛泽东为什么让这些人追随?或者说,他们为什么至死追随毛泽东?
这一直是许多人不解的谜团。
本书选择朱德、贺龙、陈毅、罗荣桓、罗瑞卿、黄克诚、许世友等解放军高级将领与毛泽东交往的历史进行叙述,以史料和当事人口述的方式,真实揭开毛泽东与我军高级将领鲜为人知的个人关系,诠释他们为什么至死追随毛泽东的秘密。
书中的解放军将领与毛泽东的交往和个人关系,分别有着不同的风格,但是,他们无一不是一生追随党,紧跟毛泽东。之中,要说秘密,就是罗瑞卿所说的:"党和毛主席的领导,是最好的领导。"
这就是本书所要说的。
这是一本通俗性的党史和军史读物,希望读者读后会有所裨益。

目 录

第一章 朱德:"我们这一代人,是以毛泽东为代表"

1. "在砻市一见面,就深深感到毛主席思想的伟大"/002
2. "毛泽东是这一斗争的冷静的政治头脑,朱德是它热烈的心"/009
3. "如没有朱毛之争,就没有新旧之别"/014
4. 毛泽东为什么说朱德"临大节而不辱"?/021
5. "在对我的这种无微不至的关心爱护中,凝聚着毛主席对我父亲的多么深切的情谊"/029
6. 毛泽东称朱德为"人民的光荣"/034
7. "朱毛不可分"/035
8. "只要有毛主席在,就什么都不怕!"/039
9. "等我身体好些,我要去看望主席"/042
10. 革命到底/044

第二章 贺龙:"跟着毛主席就是胜利"

1. "我对于毛泽东敬仰得很"/048

2."深知他是我们的正确领导者"/056

3."毛主席叫我走,我就走!"/067

4."我们的毛大帅是有本领的!"/074

5."我带的部队,旁人也能带"/080

6."毛泽东思想是指导中国革命走向胜利的唯一正确的思想"/087

7."毛主席要我干,党中央要我干,我就干!"/090

8."毛主席是力量、胜利、幸福的源泉"/093

9."今后无论发生什么情况,你们一定要决心跟着毛主席干革命!"/097

10."我看贺龙搞错了,我要负责呢!"/103

第三章　陈毅:"跟毛主席走,就能胜利"

1."由于有了毛泽东,所以才有后来的陈毅。"/112

2."还是井冈山可靠"/117

3."开始我并不认为毛主席是领袖"/124

4."毛泽东同志的主张是正确的"/132

5.陈毅为什么"始终没有犯过路线性的重大错误"/140

6.黄花塘事件:毛、陈信任关系的试金石/146

7."毛主席高瞻远瞩,洞察入微,可以纠正偏颇。"/156

8."陈老总,我保你"/163

9."林彪是反对我的,陈毅是支持我的"/169

第四章　罗荣桓:"我革命这么多年,选定一条,就是要跟毛主席走"

1."在我这一生中,有一条是做对了,那就是我坚决跟着毛主席走"/174

2."就是因为他老实"/181

3. "记得当年草上飞,红军队里每相违"/186
4. "凡是我倒霉的时候,罗荣桓都跟着我倒霉"/193
5. 毛罗之情,宛如兄弟 /201
6. "山东只换了一个罗荣桓,山东全局的棋就活了"/207
7. "罗荣桓是执行中央政策的模范"/214
8. "一个人数十年如一日,忠于党的事业,很不容易啊!"/219

第五章　罗瑞卿:"党和毛主席的领导,是最好的领导"

1. "爸爸这一辈子,就是做对了一件事情:跟毛主席干革命"/230
2. "中央决定由毛泽东同志来主持军事,红军得救了"/237
3. "罗瑞卿同志是坚决执行毛主席革命路线的模范"/241
4. "党和毛主席的领导,是最好的领导"/254
5. "瑞卿这一片赤心,毛泽东是了解的"/263
6. "一个上传下达、有职有权的关键人物"/271
7. "林彪大发脾气,当时就摔了电话"/276
8. "谁能相信瑞卿会反毛主席呢?"/281
9. "我爬也要爬到天安门去参加毛主席的追悼会"/290

第六章　黄克诚:"对毛主席评价的态度问题,这是一个根本的问题"

1. "黄克诚的幸运之处,在于他一开始便直接受到毛泽东的影响"/300
2. "毛泽东同志接受了我们那次失败的教训"/305
3. "请毛泽东出来指挥,或许可以扭转危局"/309
4. "黄克诚同志善于领会和灵活运用毛主席的军事思想"/319
5. "我就是喜欢黄克诚这一点"/335
6. "他并不剖白自己的忠诚,或诉说自己的冤屈"/341

7. "他对毛主席的态度是始终一贯的"/348

第七章 许世友:"毛主席了解我,救了我,又信任我"

1. "许世友这个名字就沿用了半个多世纪"/362
2. "从此,我对毛泽东思想坚信不疑,对毛泽东同志深为敬佩"/364
3. "毛主席对他别有一段非同一般的知遇之恩,也可以说是救命之恩"/373
4. "毛主席了解我,救了我,又信任我!"/379
5. "我喜欢运动,在山东还跟许世友学过少林拳"/383
6. "此恩此德,我这一辈子也报答不了,就是我下一辈子也报答不尽"/388
7. "你摸摸我的手,发凉,脚也发凉"/401
8. "我们迅速地收拾了林彪在华东的几个死党"/404
9. "毛主席是要我们保卫我党我军创建的人民共和国,防止有人篡党夺权"/415
10. "我不过是毛主席关怀和爱护的千千万万干部中的一个"/419

THE
GREAT RIVER
FLOWS EAST

★ 第一章 ★

朱德：

"我们这一代人，是以毛泽东为代表"

1."在砻市一见面,就深深感到毛主席思想的伟大"

1928年的朱毛会师,是毛泽东与朱德合作的开端。两支部队会师的联系人之一叫何长工,是留法勤工俭学归来的,参加过秋收起义,后来称朱毛会师为"伟大的会师"。①

朱毛井冈山会师,不像历史上的义军一派投靠另一派,也不是军队一方招降另一方,而是毛泽东与朱德两人相互倾慕、互相走近的结果。

1927年9月,毛泽东领导秋收起义后,率部进军井冈山。据何长工回忆:一路上,毛泽东十分关心周恩来、朱德、贺龙等人领导的南昌起义。上山不久,毛泽东就派何长工下山,前去找中共湖南省委及衡阳特委联系,并且,他还交代何长工一个任务:打听南昌起义部队的下落。

1927年10月5日,何长工自井冈山出发,到长沙后,向湖南省委报告了秋收起义经过。湖南省委指示何长工绕道粤北去联系革命力量。12月中旬,

---

① 何长工著:《伟大的会师》,原载《回忆毛泽东》,人民文学出版社1977年版,第123页。

第一章 朱德:"我们这一代人,是以毛泽东为代表"

何长工辗转来到广州。正巧赶上广州起义,火车不通,非常混乱。他在旅馆老板掩护下躲过搜捕,十天后,搭上火车,在一天夜里,到达了广东韶关。

由于几个月的长途奔波,他身上一身汗臭味,住进旅馆后,就去洗澡。

此时驻扎在韶关的,正是云南军阀范石生第16军。恰好该部几个军官也在里面洗澡。何长工听见他们谈论,一个人说:"王楷的队伍到犁铺头了。听说他原来叫朱德,是范军长的老同学。"另一个人接着说:"同学是同学,可是那是一支暴徒集中的部队,我们对他有严密的戒备。"

何长工无意中听到这个消息,十分兴奋:南昌起义保留下的部队原来

朱德

在这里!匆忙洗完澡,付了账,尽管已是下半夜,心急如焚的他顾不得天黑路远,马上离开韶关,向西北方向的犁铺头走去。

何长工沿公路急匆匆地走了40里,到达犁铺头。部队的哨兵把他送到司令部。结果,何长工在司令部遇到曾在洞庭湖一起做过农协工作的蔡协民。随即,从里间屋里走出一个人,军人打扮。蔡协民把何长工介绍给他。他紧紧地握住何长工的手,轻声而谦和地道了自己的姓名:"朱德。"

接着,何长工又见到在巴黎勤工俭学时就认识的陈毅。后来何长工回忆了大家见面后的情况:

> 我把毛泽东同志上井冈山,直到我这次由广州脱险,意外地找到此地来的经过,向他报告。朱德同志高兴地说:"好极了。从敌人报纸上看到了井冈山的消息。我们跑来跑去,也没有个地方站脚,正要找毛泽东同志呢,前些天刚派毛泽覃同志(毛泽东同志的胞弟)到井冈山去联系了。"接着他详细地询问了秋收起义、广州起义的情

况,问井冈山的环境怎样?群众多不多?……

第二天,朱德同志给了我一封介绍信和一部分盘费,握着我的手说:"希望赶快回到井冈山,和毛泽东同志联系。我们正在策动湘南暴动。"①

朱德派毛泽覃到井冈山联系毛泽东,确有其事。美国著名作家艾格尼丝·史沫特莱在《伟大的道路》中这么记载:

南昌起义失败后,朱德率领的革命军驻扎在大庾西北丛山中的一个商镇的最后一个星期,队伍突然奉令进入阵地,准备与自北面山区下来向他们突击的一批数目不明的敌人部队交手。

这支来路不明的部队一路欢呼向前奔来。他们原来是500名装备优良的精兵,武汉警备部队的一部分,在南昌暴动后,由毛泽东带领进入湖南支援秋收起义。两名指挥官都是黄埔学生。

朱将军从这些人打听到,毛泽东已经上了江西西北部、靠近湖南边境、以井冈山为名的战略性大山。由于几十年极端贫穷的结果,井冈山同其他类似的山寨一样,成了土匪窝。大革命时代的农民运动揭示了社会目标,井冈山上的头目王佐和袁文才,也领导其下属,为重新分配土地而进行激烈斗争。他们受到了反革命的回击之后,不得不重操土匪旧业,直到毛泽东领导他的队伍和农民们上了山。他与王佐和袁文才结成同盟,将井冈山转变为革命根据地,准备进行土地革命。

朱德派出联络员到毛泽东那里以后,便率领他的小规模的工农革命军——当时也有2000人了——穿过丛山,直向西进,以便与各地共产党的代表在桂阳开会,商定农民起义计划。②

---

① 何长工著:《伟大的会师》,原载《回忆毛泽东》,人民文学出版社1977年版,第124—125页。
② 武原主编:《外国人眼中的毛泽东》,华岳文艺出版社1989年版,第45—46页。

第一章 朱德:"我们这一代人,是以毛泽东为代表"

显然,朱德在何长工到达前已经从井冈山下来的部队中就知道毛泽东在井冈山建立根据地的情况,随即派自己部队中的原起义军第11军25师政治部宣传科科长、毛泽东之弟毛泽覃上井冈山,进行联络。跟随毛泽东上井冈山的陈伯钧对毛泽覃如何与他们接上头的有着清晰的回忆:

> 正在这时,一位穿着国民党军官服装,佩戴着国民党正规军符号的人,来到了茶陵城。在他的证件上,注明系国民党第16军的副官,名叫覃泽。一经盘问,原来他就是毛泽东同志的胞弟毛泽覃同志,他把泽覃二字颠倒过来,作为他的化名。他是由朱德、陈毅同志派来与毛委员取联系的。我们随即派人把他送到井冈山去见毛委员。①

结果,毛泽覃与何长工几乎在同一时间找到了对方,朱毛由此打通了联系。

1928年1月上旬,何长工回到井冈山。朱德和陈毅在湘南发动年关暴动。湘粤两省之敌立刻出动,南北夹击,致使湘南暴动失败。3月上旬,应中共湘南特委的要求,毛泽东率部向湘南行动,支援朱德等人。毛泽东兵分两路,亲率第1团为左翼,楔入桂东、汝城之间,令王佐、何长工等率第2团向彭公庙、资兴方向前进。

毛泽东此举直接导致了朱德率部上井冈山,两部合兵。

朱德在同桂军的一场战斗中,虽然有朱德的老朋友范石生的支援,伤亡仍然惨重。范石生也被迫退到了广东。朱德和毛泽东两支队伍内的共产党军事部的代表为此举行会议,他们决定,朱德的主力部队应该向湘赣边境酃县集中,然后撤到战略基地井冈山。由此,朱毛两人由相互倾慕、接近,最终决定合兵一起,在井冈山建立战略基地。

---

① 陈伯钧著:《毛委员带领我们上井冈山》,载《星火燎原》选编之一,战士出版社1979年版,第165页。

于是，朱德的队伍且战且退，向东撤去。

何长工等人率领第2团与湘南暴动组建的农军第7师会合后，在资兴附近又与由郴州退过来、带着部分暴动农军和地方党的机关的陈毅汇合。毛泽东指示第2团撤回井冈山，由第1团在后掩护。第2团到达井冈山下的鄜县沔渡时，便衣侦察员报告说："朱德同志带领的队伍已经到了沔渡了！"

何长工、陈毅等人飞速赶去，来到朱德的屋里。见面后，大家一起决定两支队伍先后撤向井冈山。

4月24日，第2团回到砻市。两天后，朱德和陈毅带着部分直属部队也进了山，住在砻市附近的几个小村庄。

4月28日，毛泽东率第1团回来。宁静的山中顿时热闹起来。何长工回忆：

> 1928年4月28日，这天天气十分晴朗，巍峨的井冈山像被水洗过一样，显得特别清新；满野葱绿的稻田，散发着清香；太阳喜洋洋地挂在高空，照得溪水盈盈闪光。
>
> 这是一个多么美好的日子！我们跟在毛泽东同志的身后，注视着他那高大稳健的身影。大家心潮澎湃。是他在大革命失败以后，在井冈山建立了第一个农村革命根据地，竖立起了第一面鲜艳的红旗，照亮了中国革命的航程。今天，两支革命武装胜利会师了！革命的力量将要在这个坚实的基础之上更加壮大，革命根据地将进一步巩固发展，革命的浪潮，将要从这里更有力地推向全国……①

朱毛是如何见面的，具体经过如何？何长工的记录如下：

> 毛泽东同志和朱德同志会见地点是在宁冈砻市的龙江书院。朱

---

① 何长工著：《伟大的会师》，原载《回忆毛泽东》，人民文学出版社1977年版，第130页。

德、陈毅同志先到了龙江书院。毛泽东同志到来时，朱德同志赶忙偕同陈毅等同志到门外来迎接。我远远看见他，就报告毛泽东同志说："站在最前面的那位，就是朱德同志，左边是陈毅同志。"毛泽东同志点点头，微笑着向他们招手。

快走近龙江书院时，朱德同志抢前几步，毛泽东同志也加快了脚步，早早把手伸出来。不一会，他们的两只有力的手掌，就紧紧地握在一起了，使劲地摇着对方的手臂，是那么热烈，那么深情。

进了龙江书院屋里，毛泽东同志把我们介绍给朱德同志；朱德同志也将他周围的干部，给毛泽东同志作了介绍。

毛泽东同志带着祝贺的口吻说："这次湘粤两省的敌人竟没有能整到你！"

朱德同志说："我们转移得快，也全靠你们的掩护。"

谈了一阵军情以后，毛泽东同志热情地说："趁'五四'纪念日，兄弟部队和附近群众开个热闹的联欢大会，两方面的负责同志和大家见见面。"说着，转过身叫我负责准备一下大会，详细地指示了该准备些什么，最后特别强调说："要多发动些群众来参加！"

等他指示完毕，我们几个跟他来的同志就告辞出来，让毛泽东同志和朱德同志可以安静地商谈更重要的事情。

就这样，中国土地革命的两大主流汇合了。

朱毛这次会见是中国历史上最重要的事件之一。许多人以为这是朱德第一次见到毛泽东，其实不然。

朱德曾经见过毛泽东一次，不过是在秘密会议的昏暗大厅中远远相对而坐，没有真正见过面。[1]

---

[1] 艾格尼丝·史沫特莱著：《伟大的道路》，转引自《外国人眼中的毛泽东》，第47页。

美国著名作家艾格尼丝·史沫特莱的这个说法是准确的。具体地说,那是1927年7月18日傍晚,朱德在"……离南昌不远的一个小村子去参加共产党的一次秘密会议……其中有一个瘦高个子,名叫毛泽东,农民领袖,共产党政治局委员和国民党中央委员会委员"。

历史上义军的合兵有不少,例如,西汉绿林赤眉起义中的新市兵与平林兵、明末张献忠与李自成、清代西捻军与回民起义军,都有过合兵,但是这些合兵无不以主将之间的矛盾太多而夭折。然而,毛泽东和朱德则不一样。"自从在鄢县第一次会见的一刹那起,这两个人的全部生活便浑然成为一体,好像同一身体上的两只臂膀。多少年来,国民党和外国报纸经常把他们说成'赤匪匪首朱毛',而称红军为'朱毛军'。"①

对于这次会见,朱德的感受如何?朱德对女儿朱敏等人讲过。朱敏后来说:"他(即父亲朱德)和毛主席在砻市一见面,就深深感到毛主席精神的崇高和思想的伟大。"② 朱敏说:"父亲谈到这段历史,总是满怀深情地说:'南昌起义虽然向国民党打响了第一枪,但是南下广东是错误的,险些全军覆没。如果三万多人的起义队伍,像毛主席领导的秋收起义那样去发动农民,在农村站住脚,建立根据地,中国革命的局面会好得多。毛主席才是人民军队的伟大缔造者。'"

朱德对"毛主席精神的崇高和思想的伟大"的认识是出自肺腑的,也正是这样的思想奠定了他与毛泽东的合作,并且这种合作是齐心协力而不是离心离德的、是长久的而不是短暂的。

两支部队会师后,朱德和毛泽东两个人的生活互相交织在一起,以致多年之中,一般人都把他们当做一个人看待,而称之为"朱毛"。

---

① 武原主编:《外国人眼中的毛泽东》,华岳文艺出版社1989年版,第47页。
② 朱敏著:《我的父亲朱德委员长》,中国少年儿童出版社1978年版,第3页。

2."毛泽东是这一斗争的冷静的政治头脑,朱德是它热烈的心"

朱敏回忆说:

> 我的父亲对毛主席无限崇敬。他在我们子女面前,从来不谈他自己几十年来的革命事迹。有时候,我的孩子们要他讲讲自己的经历,他或者摇摇头,或者摆摆手,对孩子们说:"我是没有什么的,就是跟着毛主席!"

朱德说"我是没有什么的,就是跟着毛主席",虽是自我谦虚,却也体现两人交往的一些事实。朱毛两人由志同道合的革命者再到一起统领红军作战,虽是两人倾慕的结果,多少也是由于当时的斗争环境使然。

所以,他们之间的这种"浑然一体","毛泽东便成了朱德的知心朋友",是历经了磕磕碰碰,在失误和真理的碰撞中,才真正达成的。正因为经过了碰撞和摔打,他们这种亲密战友的关系才如真金不怕火炼,坚如磐石、牢不可破。

这个碰撞从合兵后不久就开始了。

红4军成立不久,由于人数不多,毛泽东和朱德决定取消师建制,分别将三个师改编为第28、29、31、32团,其中朱德和湘南暴动的部队改编为第28、29团,毛泽东领导的部队改编为第31、32团。改组后,成立党的第4军委员会,毛泽东任书记,朱德担任第4军军长。毛泽东管党,朱德管军,以毛泽东为主要领导者。

但是两支部队因为来源不同,经历不同,在素质上、人民军队建设上还有不少距离。

井冈山的部队在毛泽东的治军思想下已实行官兵一致和"支部建在连上"制度,军纪严明,军民关系良好。而朱德带过来的部队,成分很复杂,几个团还带着不少旧军队作风。朱德虽然行伍多年,带过上万的兵,却没见过如第31、32团这样的好部队,十分赞赏毛泽东的治军之道,并且热切地希望随他过来的南昌起义和湘南暴动的部队借着会师东风一变新容。

然而,旧作风的克服,官兵们思想的转变,并非一蹴而就,更不是下个死命令就能达到,必然有一个痛苦的"化茧成蝶"的蜕变过程。

这次朱德带着上井冈山的第29团是一个很特殊的部队。官兵大多是湘南暴动时参加暴动的农民、旧军人和一些流氓无产者,打仗很勇敢,但缺乏必要的政治素养,组织纪律性差,流寇思想也十分严重。上了井冈山,一些人照旧擅自拿老乡家的东西,甚至还有嫖妓的。

一次,红4军军部正在开会。第29团一些人便引卖唱的女人来行乐,搞得驻地乌烟瘴气。毛泽东知道后,心里很不是滋味,深思片刻后,忍不住对朱德说:"军长啊,你看看你们那些人在干些什么,把卖唱女人也引来了!"

朱德听后,立即疾步如飞,跑过去,还没进门,眼前的一幕就把他气得脸色铁青,顺手就拎起地上的几块劈柴,朝墙边扔过去,接着吼声如雷,对手下一阵痛骂,吓得卖唱的女人拔腿就逃。

接着,朱德批评了带队的干部,并对当事者进行了处罚。

毛泽东见朱德气得上气不接下气的样子,有些后悔,事后不无歉意地说:"我不该将军长的军。"

朱德摆了摆手,认真地说:"将得好。对这些不顾廉耻、不要纪律的人,必须狠狠批评,严加处罚!"

在毛泽东督促和指导下,朱德对部队开始实行严明的纪律,对官兵提出严格的纪律要求,新上山的部队逐渐呈现出新气象。

此时,毛泽东35岁,比朱德小7岁,朱德为42岁,而毛泽东却是红4军的灵魂。

因为,朱德个人阅历比毛泽东丰富得多,可以说见证和经历了十几年中国政治风云的莫测变幻。朱德的履历,也远比毛泽东复杂。他参加过科举,上

第一章 朱德："我们这一代人,是以毛泽东为代表"

过高等学堂,当过小学体育老师,23岁考入云南讲武堂,加入过同盟会,毕业后从军,当过司务长,参加过云南辛亥起义,在部队当过营长、副团长、团长、旅长,是一级级打上来的军事将领,他还当过云南省宪兵司令官、警察厅长。但是,他官当越大,心却越困惑,于是开始寻找救国救民的途径。1922年8月,他到上海拜见孙中山、陈独秀等,并向陈提出加入中国共产党的要求,却遭到拒绝,后离沪赴欧洲考察。10月,他在德国柏林会见周恩来;11月,经张申府、周恩来介绍加入中国共产党。因为参加革命

毛泽东

活动,他曾两次被柏林警察逮捕。1925年7月,朱德由德国赴苏联学习,主攻军事;次年回国参加北伐,当过军党代表。南昌起义后,他担任第9军副军长,率先遣队南下广东。起义军在潮汕地区失败后,他成为南昌起义军余部的最高领导人,率部转战赣粤湘边境,之后才上井冈山。

可以说,朱德读过书,打过仗,抓过贼,留过洋,蹲过班房,革命过,失败过,起义过,胜利、失败、挫折,等等,啥都经历过,见多识广,阅历丰富。

而毛泽东与他比起来,个人履历平淡了许多。辛亥革命时,他激情从军,只当了几天小兵,连一次战阵都没上过;未曾出过国,只到过北京、上海几个大城市;搞过宣传工作,不过是拿笔杆子,1927年9月前没有统兵的经历。他组织湘赣边境秋收起义,搞暴动,但在一些人眼中不过是"落草为寇"、"秀才造反"。最后,他率部在井冈山深山老林中"割据",完全是被蒋介石大屠杀、大"围剿"政策逼出来的。

毛泽东的个人特性,在多数人眼中,不过一介书生。

近一二十年来,国内各路军阀们分分合合,几乎无一不是一"联合"就开始吵架,最后以大打出手而分道扬镳。此时连国民革命的"胜利者"蒋介石与自己阵营(国民党阵营)的李宗仁、阎锡山、何应钦、冯玉祥等人也是如此,由于争权夺利,闹得不可开交,最后被逼得下野留洋。在这样一个"时代风"中,"朱毛"却通过战斗,紧紧地联合在一起。这本身就是一个奇迹。而两支部队本来就有不少的差异,年长7岁、军旅多年的朱德却选择了听从毛泽东的号令。这不能不说更是令人难以相信。

然而,这不是无缘无故的。

当后来人们探究他们两个人时,首先感叹他们的亲密和才干。美国人尼姆·韦尔斯说:"中国共产主义运动的历史进程,如果没有它的两个天才'朱、毛',是无法想象的。许多中国人实际上都把他们看做是一个人。"[1] 在杰出的才干之外,朱德与毛泽东尽管相差7岁,但两人还是有不少相同的地方,比如坚定的政治信念,比如过人的智慧,比如罕有的组织观念、大局观念,等等。另外,两人在其他个人特质上也有类似之处,"例如,(他们)都是农民出身,具有中国农民固有的毅力,富有实践精神,对工作有用之不尽的精力,这些内在之处是相同的"[2]。

但是,毛泽东成为红4军的灵魂,并非是朱德等人稀里糊涂的选择。

美国人尼姆·韦尔斯说:"毛泽东比朱德年轻10岁左右(应为7岁),在理论知识和总结革命经验方面要胜过朱德。因为朱德在壮年时期才入党,而毛泽东在青年时代就参加了共产党的创建工作。朱德在实践方面占的比重较大,他首先是军队的组织者和实际的指挥者,毛泽东则是中国革命最大的理论家。"由此,在朱毛组合体中,"毛泽东是这一斗争的冷静的政治头脑,朱德是它热烈的心,以行动赋予了它的生命。"

对于朱德的"行动",当年跟随朱德的人都是深有体会的。闽西革命的领导人之一傅柏翠对朱德的身体力行,尤其是在战场上的"行动",有着深刻的

---

[1] 尼姆·韦尔斯著:《红色中国内幕》,引自《外国人眼中的毛泽东》,第54页。
[2] 王安娜著:《中国——我的第二故乡》,引自《外国人眼中的毛泽东》,第53页。

第一章 朱德:"我们这一代人,是以毛泽东为代表"

记忆:

> 1929年中秋节前,朱德军长率领红4军二、三纵队由闽中胜利返回上杭县的白沙……9月20日清晨,部队和赤卫队员,由白沙向上杭县城进发。朱德军长令二、三纵队为主攻,强攻北门,并抽调一部分力量配合赤卫队攻取东门;令一纵队配合一部分赤卫队袭击西门;令四纵队和部分赤卫队作预备队,佯攻南门。朱德军长亲临前线,站在城东北的高地石牌岗指挥攻城战斗。白匪……卢新铭见红军已强渡汀江,东、西城门已经接火,仓皇丢城偷渡逃跑。天亮时分,红军攻下东、西城门。接着,南门也被攻下。
>
> 最后只剩下北门这一顽固堡垒。朱德军长亲自率卫士班冲到北门城墙下,向守城门的敌哨兵展开政治攻势,向匪兵喊话:"缴枪不杀!红军优待俘虏!"并命令二、三纵队从北门两侧搭云梯入城。不一会,城内响起了枪声和喊杀声,北城门从里面打开了。
>
> 朱德军长立即率红军战士从北门冲进城。霎时,上杭县城四周城墙上飘扬着红旗,全城欢庆解放。①

毛泽东的理论家的特质,不用多说,他那些指导中国革命和建设的理论著作就足以证明。而毛泽东成为红4军的灵魂,又是朱德等人和红4军的必然选择:

> 共产党所以能够对红军保持严密的控制,朱德对"文职"领导的忠诚和服从,是原因之一。从朱毛以下直到各级指挥员和政治委员没有发生军政势力之间的斗争。朱毛的联合不是相互竞争的,而是相辅相成的。朱德没有任何政治野心,他能接受命令,因此也能发布

---

① 傅柏翠著:《朱德同志在闽西》,原载《回忆朱德》,中央文献出版社1992年版,第199页。

命令——这是革命军队的领导一个很有价值的因素。①

在两支部队合兵后,朱德选择了服从毛泽东的领导(用他自己后来的话即为"就是跟着毛主席"),应该说,是朱德做出的理性的、明智的选择。

3."如没有朱毛之争,就没有新旧之别"

但是,朱德和毛泽东两个人终究有很多的不同,甚至在外在的气质上,两人也不尽一样。党内高级干部王炳南的夫人王安娜在延安时期多次见到毛泽东。她是这么描述自己对毛泽东的印象:

> 毛泽东并不像他的老战友朱德那样,朱德混在人堆里是不引人注目的。一般说来,毛泽东不拘形式,不讲究繁文缛节,他穿的制服和其他红军战士一样,满是皱褶。可是,他有一种难以言状的风度,显示出威严,使人感到他是一个非凡的人物,有时甚至会给人有难以接近的印象。

毛泽东与朱德有着甚至比王安娜眼中还多得多的不同,朱毛组合能长久下去吗?

俗话说锅铲总有相碰的时候。在漫长和艰难革命的征程中,朱德和毛泽东作为红军中两个杰出的领袖,并不是没有矛盾,也不是对所有问题的看法都完全一致,或者没发生过争论。他们是在血与火的斗争中相识相知的。其中,两人最大的一次争论莫过于在古田会议前后。

---

① 尼姆·韦尔斯著:《红色中国内幕》,引自《外国人眼中的毛泽东》,第54页。

第一章 朱德:"我们这一代人,是以毛泽东为代表"

1971年林彪九一三事件发生后不久,陈毅元帅在病中接受了有关人员的采访,在披露林彪历史上一些鲜为人知的往事(录音文稿后由解放军军事科学院军事历史研究部研究员、《军事历史》杂志主编张明金整理、发表),也谈到了朱毛这场争论的主要内容:

> 瑞金会议后,队伍又到闽西,从瑞金到长汀到龙岩,一场大的争论又爆发了。主要是从对时局的估计开始,就革命高潮能不能很快到来、能不能建立巩固的根据地、能不能建立大的苏维埃政权、能不能发展红军主力和发展地方武装等问题,同时还有政治部跟司令部的工作权限分工问题,谁领导谁的问题等。当时,军事工作主要管作战和军事训练;政治工作是党的政权机关的代表,负责党的领导和掌握政策,其中包括关于城市政策、大小商店政策、没收土地的政策和关于处决罪犯和逃兵的政策等问题。那时还特别提出反对离队观念,因为有很多人想离开队伍,到地方党部去工作,这样就可以穿起便衣不用跟着队伍一天走七八十里路。因此,反对离队观念,反对盲动主义,反对流寇主义,着重是要发动群众,建立地方武装,建立地方党部,建立地方政权,召集三个省或四个省的代表,建立全国的苏维埃政权。

在红4军内部这种争论还没解决的情况下,一个叫刘安恭的人到来,使得问题变得更加复杂:

> 红4军转移到龙岩后召开了第七次代表大会,这个时候来了个中央代表刘安恭,并担任第二纵队司令。这个刘安恭根本不了解情况,一来就反对毛主席,散布脱离生产的红军不能存在,散布红军的"取消主义"。所以,那时候斗争就搞得很复杂了。刘安恭是个什么人?1926年,中央派朱老总到四川杨森那里去策动响应北伐军,朱老总还没有到那里,杨森就派他的一个秘书跑到北京来找李大钊,因

为他对陈独秀、李大钊是很佩服的,他也想通过第三国际的关系寻求对他的支持,希望李大钊能派一个同志到他那里去商量大计。李大钊跟北方区委商量后,就派彭一苇(就是彭泽湘,以后脱党了)到杨森那里去,谈得还比较投机。彭泽湘回到北京,汇报了杨森那里的情况,说杨森还有要求:你们要派一个共产党员长驻那里取得联系。所以,李大钊跟北方区委研究,要派一个军事代表到他那里去。因为我在办《新蜀报》的时候与杨森有过接触,北京地委就推荐我到了杨森那里。我到了杨森那里后就见到朱老总,当时他是由上海中共中央派到杨森那里去的。这是我第一次见到朱

红军时期的朱德

老总。在那里也见到了刘安恭。刘安恭和朱老总在德国留学时就认识了,那时,刘是杨森下面一个吃闲饭的参谋,天天在朱老总那里谈什么问题,我也就认识了这个刘安恭。1927年,他混进了共产党到苏联去了。大概是1929年,说他有托派嫌疑,就把他送回国。现在,他一来就冒充中央代表,号房子也写上中央代表住的字样。当时,我到地方上搞一个什么调查去了,回来就听说有中央代表来了,我一看是刘安恭,就半开玩笑地说:"这不是那个刘高参谋吗?怎么当了中央代表了?"他不好意思地说:"我不是中央代表,是你们给我安上的。"(陈毅校阅修改至此,因病重而中止。)但是,对刘安恭,我是了解的,并批评了他:"几年前你还是杨森的一个参谋,怎么能一来就当第二纵队司令,这是不对的,我是不同意的。你真正愿意干你就在

第一章 朱德:"我们这一代人,是以毛泽东为代表"

连队里当个副连长,顶多当个副营长,好好地学习学习。"

红4军召开的第七次党的代表会议,主要分析研究形势问题、军政关系问题、建设政权问题、土地革命问题、扩大红军问题、武装地方问题、帮助地方党问题、城市政策问题,还有俘虏兵的政策等等,一系列的问题摊开来进行辩论。……这个会开了一天就结束了。这个时候,毛主席因长期行军作战,患重伤风感冒到蛟洋那里去养病了,实际上是愤而辞职。毛主席走了,前委书记就由我代理了。[①]

这一场争论,实际上就是朱德和毛泽东为首的两种不同意见的争论,焦点则是如何建设一支革命军队和要不要根据地的问题,而这些问题又事关红军生存和发展的下一步方向。

随后,陈毅去上海向党中央报告红4军内部日益激化的争论。几个月后,他从上海回来,带回中央的意见,希望毛泽东继续领导,因为他是正确的。也就是说,党中央肯定了毛泽东对于红军建军和根据地建设的正确意见。

陈毅千里迢迢回到闽西后,向朱德传达了党中央的意见:"要欢迎毛泽东同志主持工作,你(即朱德)应该服从毛泽东同志",并且说:"我们应该欢迎毛泽东同志回来,你干不干?"

朱德表态说:"当然我可以欢迎他回来。"

在陈毅回来之前,10月上旬,朱德在上杭县城内太宗庙主持召开了红4军第八次党代表大会。到会代表有前委委员、各纵队司令员、党代表和士兵代表等。会议内容第一项是:根据红4军广大官兵的要求和中央9月28日来信精神,通过了请毛泽东回红4军主持前委工作的决议。陈毅传达党中央的来信后,由彭祜、郭化若等三人执笔,起草了一封请毛泽东同志回红4军主持前委工作的信,朱德军长签了名,信是由上杭发出的。信发出不久,毛泽东同志便由永定到了上杭县城,参加红4军前委领导,并和朱德军长一起着手准备

[①] 张明金著:《陈毅元帅:井冈山时期的林彪》,载《党史博览》2003年第10期。

召开红4军第九次党代表大会。由此可见,朱德在表态"可以欢迎他回来"后,尽管可能对争论问题还保留自己的一些认识,但言行一致,把"请毛泽东回红4军"付诸了行动。

11月26日,毛泽东到达长汀,同朱德、陈毅会面。

随后,红4军召开第九次党代会,毛泽东做《关于纠正党内的错误思想》的报告。会议选举产生了新的前敌委员会,毛泽东重新当选为前委书记。会议通过的决议案明确指出"中国的红军是一个执行革命的政治任务的武装集团",军队必须绝对服从党的领导,必须全心全意地为着党的纲领、路线和政策而奋斗,批评了那种认为军事和政治是对立的,军事不要服从政治,或者以军事来指挥政治的单纯军事观点。

12月29日,古田会议圆满结束。对这次实际上否定了朱德等人对一些问题的不同看法的古田会议,朱德的认识是如何呢?在长征路上,朱德对王震专门谈起过自己对古田会议的认识。王震后来回忆说:

> 在甘孜,朱老总找我和萧克谈话。他说,井冈山朱毛的争论,你(指萧克)是站在我这一边的,毛对,朱不对,如没有朱毛之争,就没有新旧之别,这个争论是很有意义的。……1971年林彪死后,我和陈毅到朱德家去,又谈起这件事。朱老总说,井冈山的争论很有意义,一个新的,一个旧的,新的胜了旧的。①

朱德的"新旧"之分很有意思,大概是因为他比毛泽东年长许多的缘故吧,所以自称为"旧",而他的结论则是:"争论很有意义"。

后来成为八路军总部特务团(被称为"朱德卫队")团长的韦杰第一次见到朱德是1932年。当时,红一方面军在毛泽东指挥下胜利粉碎了敌人连续发动的两次"围剿",方面军总部办了一期情报侦察干部集训队。一次,红军

---

① 萧一平、于吉楠著:《王震同志谈毛泽东、任弼时、贺龙和张国焘》,载《百年潮》2013年7期。

总司令朱德来给集训队讲课。韦杰对朱德在古田会议后的认识有十分深刻的体会:

> 这时,我(系韦杰)虽然已经当了人民军队的一名基层干部,但对人民军队的建军原则还是很不清楚的。总司令在讲课中,根据古田会议决议精神,详细讲解了毛主席的建军原则。他说,我们红军和旧军队不一样,我们是为了全国老百姓翻身求解放打仗的;红军里的每个成员都是阶级兄弟,干部要关心士兵,士兵要尊重干部,要把官兵关系、同志之间的关系和群众的关系搞好,不要虐待俘虏,动不动就骂人打人,搞体罚,那是旧军队的军阀主义作风;红军要有严格的纪律,服从命令听指挥,克服自由散漫和游击习气,大家在统一指挥下,把劲用到一起,才能打胜仗。①

经过这次争论后,朱德对毛泽东有了更加深刻的认识,从此对毛泽东的思想坚信不疑,并且与毛泽东的私人情谊也越来越深厚,这种情谊不是做作的、虚假的,而是出自于内心的。朱德对毛泽东的尊重,让韦杰在几十年之后还记忆尤深:

> 那天,当朱总司令来上课的时候……使我感受最深,教育最大的,是朱总司令在讲课中,处处突出毛主席。他那朴素的语言和义挚的表情,自然地吐露出他对毛主席真诚的尊敬和信赖。他饶有风趣地说:"人家都说'朱毛',其实应该是'毛朱',毛泽东同志的名字应该在前头,我的名字应该在后头。"
> 我猛听到总司令这样说,还不知道是啥意思,仔细一想,才领会到这里面包含着多么深刻的含意啊!

---

① 韦杰著:《教诲照征途》,载《回忆朱德》,中央文献出版社1992年版,第92页。

记得当我们刚从广西到江西苏区的时候，到处看到敌人贴着'活捉朱毛'的标语，老百姓也悄悄问我们："朱毛有这么大的本领，到底是一个人还是两个人？"今天，从总司令的讲话中，我才真正体会到了"朱毛"的关系，他们是在革命激流中结成的战友，是在坚定的共同信仰下结成的同志。而正是他们亲密的团结，互相信赖，才使敌人害怕，才使老百姓误认为是一个人。毛主席当时是红一方面军总政委和党的总前委书记；总司令在讲话中，就亲切地称毛主席为总政委。他联系自己的革命实践，总是口口声声赞扬毛主席。他说："我们和总政委会师以来就在一起，他会带兵打仗，照他的办法就能打胜仗。"

朱德对毛泽东的这种认识，一如既往。在几十年之后，朱德的子女们深有体会地回忆："父亲经常给我们讲毛主席怎样领导着全党，一次又一次地战胜机会主义路线，在革命的紧急关头挽救了革命，挽救了党，保证了革命事业从胜利走向胜利。父亲说：'中国过去有过好多领袖人物，都不能解决问题。只有毛主席才是中国人民最伟大的领袖，才解决了中国的问题。'每当这种时候，他总是越讲越兴奋，炯炯有神的眼睛里显出异样的光采，使在场的人都被他对毛主席的深厚情谊所感动。"

朱德的这种感情，他与毛泽东的这种情谊，自然是两人在血与火的考验中、在几十年长期共同战斗中自然而然地产生，并且像酒酿一样时间越久越发醇厚所致。这是一种人间最真挚的情谊。

4.毛泽东为什么说朱德"临大节而不辱"?

朱毛关系经得起考验,才算真正牢固,而这种考验往往不期而至。在长征路上,红四方面军领导人张国焘野心膨胀,对朱德拉拢和威胁,逼迫他与毛泽东断绝一切关系,使得"朱毛"受到极大的考验。朱德的表现如何呢?

1935年6月,红一方面军翻越夹金山,在懋功与红四方面军先头部队胜利会师。中央红军只有三万多人,张国焘仗着有十几万人,看不起中央红军,主张向青海、西藏地区退却,并要求改组中央。在毛儿盖会议上,中央政治局决定把红一、四方面军混合编成左右两路,继续北上。右路军由党中央、毛泽东率领,左路军由朱德、张国焘率领,然后两路军在班佑会合一起北上抗日。

7月底,左路军从卓克基出发,20多天后,到达嘎曲河,可是张国焘迟迟不过河,反而折回阿坝。在阿坝,他公开提出反对党中央、毛泽东、周恩来等人的口号,攻击中央北上抗日方针是"机会主义"、"退却逃跑"。朱德和红军总参谋长刘伯承站在毛泽东一边,反对张国焘的做法。

为了打击朱德,促使他"转变",张国焘策划召开了四川省委扩大会议。时任军委总部警卫班长、负责朱德警卫工作的潘开文记述了会上的情景:

> 这次会议是在离司令部半里路远的一个正方形屋子里开的。我跟着朱总司令来到会场,一进门看到屋内气氛很紧张。朱总司令和刘总参谋长紧挨着坐了下来。会议主持人宣布开会后,就大喊大叫地说,中央丢了根据地,损失了红军,执行的是退却逃跑路线。接着有的人就斗起朱总司令来了。但是,我们敬爱的朱总司令坦然自若,他当时带了一本书去,不管怎么斗他,他一言不发,总是埋头看他的书。当主持会议的人硬要朱总司令表态,承认中央的路线是错误的,

朱 德

并逼着他写文章,发表声明反对毛泽东同志和党中央北上抗日的决定时,朱总司令开始讲话了,他庄重地说:"中央北上抗日的决定,我是赞成的,拥护的,我是举了手的,我不能写文章反对我亲自参加作出的决定。如果硬要我发表声明,那我就再声明一下,我是坚决拥护党中央、毛主席作出北上抗日的英明决定的!"总司令刚一说完,会议室里吵闹得更凶了,斗争更加激烈……后来,有人冲着朱总司令高声嚷着:"既然你拥护北上,那你现在就走,快走!"很明显,张国焘他们是想逼走朱总司令,以便更加随心所欲地推行他们的错误路线。朱总司令看穿了他们的阴谋,一方面耐心宣传中央的正确主张,一方面采取灵活的斗争策略,等待时机,争取和教育更多的同志。他说:"我是赞成中央的北上抗日决定的,但你们坚持南下,那我就只好跟你们去。"朱总司令这一番话,像一把利剑戳到张国焘他们的痛处,有的便暴跳起来说:"你既赞成北上,现在又说跟我们南下,你是两面派,骑墙派!"有的说:"不让他当总司令了!"①

朱德的表态是他对党中央决策的态度,也是对"朱毛"的态度。散会后,在回住地的路上,他与刘伯承边走边说:"不管怎么斗,我们还是要跟毛主席革

---

① 潘开文著:《"临大节而不辱"》,原载《回忆朱德》,中央文献出版社1992年版,第234—235页。

命嘛,事情总会搞清楚的。"

朱德对党中央和毛泽东的态度让张国焘很生气,迫害开始升级。

会后不久,红一方面军红五军团的一个排,在执行任务时碰到敌人,打了一仗,缴获了一批梭镖和物资。在回阿坝的路上,下了一场大雨。他们越过一条小河沟时,碰上张国焘手下的一个连长,他蛮不讲理地要夺五军团那个排缴获的梭镖。本来,战士们对张国焘反对毛泽东、斗朱德就憋了一肚子气,见这个连长蛮横无理,战士们更是不答应,有人大声地说:"缴获的梭镖和物资,是要交公的,为什么要给你?"问得那个连长哑口无言。

可是,这个连长为了挑起事端,立即下令部下一哄而上,把对方缴获的武器和物资抢了过去。

战士们十分生气,回到阿坝后,向朱德报告。朱德听后,沉思了片刻,对他们说:"尽管张国焘搞分裂,而且又斗争了我,毛主席、党中央会正确处理这些问题的,但是,我们对下面的同志,仍然要讲团结,要顾大局,不然的话,就会上张国焘的当。"

朱德顾全大局采取息事宁人的做法,没有想到,第二天一早,在张国焘的布置下,一些人竟然用担架抬上昨天抢梭镖和物资的那个连长,把他摆在朱德和张国焘住的两间房子中间。张国焘方面的许多人大声嚷道:"五军团的人打了我们的干部,请朱总司令出来验伤!"逼着朱德出面。

这时,张国焘便气势汹汹地从屋里走了出来,面色阴森,双手背在后面走来走去。本来是张国焘指使他的部下,抢了梭镖和物资,反而诬告别人打了他,还要朱总司令出来验伤、处理,这明明是在给朱总司令出难题。然而,我们敬爱的朱总司令,面对这一突如其来的事件,沉着冷静,他慢慢地走到担架旁边,亲切而关心地问那位连长:"同志,我们是革命队伍,都是党的干部,你被人打了,你就说打了,没有打,你就说没打,你现在讲一讲嘛。"这样一来,那个躺在担架上的连长,用被子蒙上头,一句话没讲,很可能他的内心受到了责备。张国焘一看他整朱总司令的阴谋未能得逞,便哭丧着脸,垂着头,非常尴尬地走进了自己的屋子。①

张国焘有意地给朱德出难题,让他难堪,都被朱德识破、化解。为了逼迫朱德站在自己一边,张国焘还不甘心,继续唆使一些人向朱德本人进行寻衅。

一天清晨,太阳刚刚出来,突然来了几个伤员,硬要把朱总司令的牲口拉走。这几个伤员嘴里不断地唠叨着:"我们是彩号,我们负了伤,我们要骑马。"总司令的饲养员当然不干,就对那几个伤员说:"这是总司令的马,你们不是不知道,为什么要牵走!"一个伤员说:"管它是谁的马,我挂了彩,走不动,我就要骑。"于是,双方都拉着缰绳,像拔河似的,你来我往。不知咋的,几个伤员一下倒在地上,大声喊叫起来:"总司令的马夫打伤兵啊!"边喊边往医院跑。不一会儿,就叫来十几个伤员。这时,朱总司令的警卫员也来了。几个伤员又要去马栏拉马,被警卫员阻止了。于是,这十几人便坐在马栏门口,一直坐到太阳快下山了还不走。大家看到这种情况,只好去报告朱总。朱总听后便说:"他们要拉,就让他们拉走吧,把那匹骡子给我留下就行了。"我们一听,很想不通,于是,就想了一个办法:去找张国焘!一个警卫员走到张国焘的门口大声说道:"报告张总政委,有几个伤员硬要把总司令的牲口牵走,劝了一天了,他们还是不走,怎么办?"张国焘听后装模作样地说:"啊,有这等事!"接着无可奈何地对他的警卫员说:"你去告诉他们,就说我说的,叫他们不要胡闹,要他们回去!"那个警卫员来到马栏,传了张国焘的话,十几个伤员二话没说,便走了。③

在阿坝,张国焘公开反对毛泽东、迫害朱德总司令闹了十几天后,继续带

---

① 潘开文著:《"临大节而不辱"》,原载《回忆朱德》,中央文献出版社1992年版,第236—237、237—238页。

着队伍过草地南下。这时,毛泽东率领的中央红军和红十五军团在陕北会师,并取得直罗镇战役胜利。朱德看完党中央发来的电报,十分高兴,对张国焘说:"这个好消息应当向部队全体同志传达。"可是张国焘却不干。朱德便自己向部队宣传这个重大喜讯。这个好消息一传开,大家欢欣鼓舞。张国焘见到这情景,惊慌失措,怀恨在心。

在行军路上,张国焘把朱德和刘伯承调离司令部,并将他们分开行军,把朱德安排到前线部队,跟着军部行军、宿营,这实际上是搬了朱德的职。为了迫害朱德,张国焘甚至不惜不准朱德吃饭,潘开文回忆:

> 有一天早晨,朱总司令在看书,军部领导都到伙房吃饭去了,待勤务员去给朱总打饭时,他们说没有饭了。到吃中午饭时又说没有饭了。太阳快下山了,朱总仍在看书,可是警卫等人员都饿得忍耐不住了,才去请示总司令怎么办。朱总马上给罗炳辉军团长写了一封信,我们立即派人去取来一袋面粉,才用洗脸盆给朱总煮了一碗面疙瘩吃。

一到松岗,张国焘就迫不及待地召开会议,宣布成立伪中央,自己担任主席。朱德"一方面向张国焘闹分裂、搞独立的错误行为进行坚决斗争,一方面向红军干部们宣传党的正确路线。要大家团结起来,服从毛泽东同志的领导"。

直到左路军过完草地、攻克绥靖县后,朱德来到前敌指挥部,生活上才得到总指挥徐向前等人的关照。

这时红二方面军经过长途转战,也到达了甘孜。朱德很高兴,骑着马到六十里外去迎接贺龙、任弼时、关向应等人。会合后,大家都拥护毛泽东和党中央北上抗日的决定,同意朱德的意见。此时红四方面军广大干部也逐渐认识到南下是错误的,纷纷要求北上抗日,张国焘的错误路线行不通了,不得已又宣布取消伪中央,同意北上。可是,张国焘又耍了个花招,成立西北局。

部队由甘孜出发，走了20多天草地到了阿坝。在离开阿坝后的第一天宿营时，朱总司令和其他领导同志的十几匹马，都拴在一个马棚里，第二天早上要出发了，却发现马棚的墙上打了个大洞，别的马都在，唯独朱总司令的马被偷走了。后来军部领导给朱总司令一匹马，走了几天又来到嘎曲河。这次部队一到就过河，晚上在河北宿营。次日天还未见亮，前卫部队走了，张国焘又不赶上来，当晚军部领导说，部队明天拂晓前出发，留下一个营给总司令担任警戒。第二天一早，我们派人去找部队联系，寻找半天，部队的影子也没看见。四周是茫茫草原，我们感到情况很危险。下午，朱总司令把身边三四十人都组织起来，研究和部署碰到敌情时的对付办法。夜幕降临，下起小雨，外面伸手不见五指，大家挤在一个帐篷里，十几匹马都拴在外面拉帐篷绳子的钉子上。凌晨三四点钟，大家正在睡觉，敌人来了，割断缰绳，放跑了四五匹马。当哨兵开了枪，大家才惊醒过来，马上离开帐篷，团团地把朱总司令掩护起来，持枪准备战斗。一直等到天蒙蒙亮，看见远处有四五匹马在游动，派骑兵去追击，才把马找了回来。这时，后面的部队还未来。一路上发生的这几桩事，都是与张国焘迫害朱总司令的阴谋有关的。①

到达哈达铺后，司令部和直属机关休整十几天，朱德和张国焘又进行了一番较量。

这时党中央和毛泽东从陕北给朱德和张国焘发来电报，并派部队接应他们。朱德找张国焘研究行军路线和如何与派来接应的部队汇合等问题，商议了两天两夜，张国焘却主张进入宁夏去青海。朱德指出他的主张是违背党中央、毛泽东关于北上抗日的方针的，是错误的，严肃地说："现在的形势是，敌人集结在我们和党中央、毛主席之间这块地区，如果我们迅速北上，与来接应

---

① 潘开文著：《"临大节而不辱"》，原载《回忆朱德》，中央文献出版社1992年版，第239—240页。

第一章 朱德:"我们这一代人,是以毛泽东为代表"

的中央红军会合在一起,力量就会增大,就能更快地消灭敌人;要是我们不去,就会使来接应我们的兄弟部队遭到危险。因此,我们必须迅速行动,只有继续北上,与中央红军会师,才是唯一正确的出路。"

接着,他又与张国焘谈了一个晚上,还是没有结果。

第三天一大早,张国焘突然宣布辞职,带着他的警卫和骑兵等人渡过岷江,住在对岸的供给

朱德与王震、关向应在长征途中

部里。朱德回到自己住的屋子里,对身边的人说:"张国焘说他辞职了,他不干,我干!"于是,找来作战参谋,挂起地图,向前线部队发出继续向北行动的命令。

可是,在黄昏时,张国焘从岷江对岸派人送来了通知,说他要立即召开西北局会议。

会上,张国焘反对北上,主张向西北逃跑。朱德当场批驳他。参加会议的多数人拥护党中央毛泽东北上抗日的决定,支持朱德的主张。张国焘见势不妙,借口"少数服从多数",宣布放弃自己的意见。

可是,会后,张国焘直奔前敌指挥部,向所有北上部队发出电报,要他们立即停止北上,回头西进。朱德带着司令部已经出发北上,走了一天在宿营时收到张国焘要队伍停止北上而南下西进的电报。他十分着急,决定马上向前方部队发出急电,要求他们就地停止行动待命。

但是,机要通讯员拿到这电稿去电台发报时,电台不发,说是张国焘总政委已有命令,没有他签字的电报一律无效,不准发出。西北局组织部长傅钟向朱德说他去送。傅回来后报告说:"我对电台政委

说,朱总司令是中央军委的主席,总司令部是在军委的领导之下,总政委也要执行军委主席的命令。我是西北局组织部长,如果你不把这份电报发出去,就是违抗军令,我可以立即枪毙你。后来经过多次做工作,才发出了这份电报。"①

随后,朱德等人又走了一百多里路,赶到前敌指挥部,连夜召开会议。朱德再次同张国焘进行面对面的斗争。大家都拥护党中央和毛泽东的决定,支持朱德的意见,坚决表示要迅速北上。

第二天早上,在朱德率领下,左路各部向东挺进。1936年10月10日,他们与毛泽东派来迎接的部队在甘肃会宁会师。

在长征路上,张国焘的种种做法,朱敏认为,就是"逼迫我父亲公开反对毛主席,断绝和毛主席的一切关系,并公开反对中央关于北上抗日的决议"。

而朱德为什么不屈从于张国焘去走另一条路呢?朱德自己后来有一个解释:"中国革命取得的胜利,都是毛主席英明领导的结果。我是相信毛主席的,一生都在毛主席的领导下工作。没有毛主席,也就没有我。就说长征吧,张国焘的路线一旦得逞,中国革命就完了……"②

朱德的这个认识,源自于他对历史的考察,对中国革命十几年斗争的思考。在全国解放后,他一次对儿女们说:"中国过去有过好多领袖人物,都不能解决问题。只有毛主席才是中国人民最伟大的领袖,才解决了中国的问题。"

这就是朱德一生追随毛泽东与之并肩战斗的深刻根源。

对朱德与张国焘作斗争的这段历程,毛泽东是了解的。全国解放后,一次和陈毅谈到长征途中同张国焘作斗争时,毛泽东深情地说:"总司令当时是临大节而不辱。"③这是对朱德的真切评价。

---

①潘开文著:《"临大节而不辱"》,原载《回忆朱德》,中央文献出版社1992年版,第242页。
②朱敏著:《我的父亲朱德委员长》,中国少年儿童出版社1978年版,第6页。
③陈毅著:《向朱总司令学习》,原载《回忆朱德》,中央文献出版社1992年版,第29页。

5."在对我的这种无微不至的关心爱护中,凝聚着毛主席对我父亲的多么深切的情谊"

朱德说过:"我们这一代人,以毛主席为代表。"

这话不可谓不深刻。邓小平时代对毛泽东思想有一个经典阐述,称其为"集体智慧的结晶",就是朱德这句话的另一种演绎。而朱毛不仅仅是工作上的亲密战友,在个人交往上也很密切、亲热,朱德很尊重毛泽东,毛泽东也很尊重朱德。并且,这种尊重超越了一般人的常情。

(1)

1940年冬,在党组织的护送下,朱德14岁的女儿朱敏和外甥女从四川老家不远千里前去革命圣地延安。

为了躲避日军飞机的轰炸,她们乘坐的汽车都是夜晚行车。当汽车到达延安时,一切还都笼罩在夜色中。汽车在马列学院停下。朱敏和表妹下车后,首先见到了正在那里学习的哥哥朱琦。朱琦带着她们向党中央所在地杨家岭走去。

这时天快亮了,山岭、树木、道路已能分辨出来。他们远远看见山崖上站着一个身材高大的人,从那清晰的轮廓上,朱敏和表妹一下子就认出来了:"毛泽东!毛泽东!"高兴地跳起来喊。

后来朱琦把这件事告诉了父亲,引起了朱德的注意。

朱德教育朱敏说:"不许叫毛主席的名字,要叫毛伯伯。"

朱德让女儿叫毛泽东"伯伯",让朱敏疑惑不解:

要叫毛伯伯！父亲不是比毛主席大好几岁吗？按说应该叫叔叔啊，为什么让我叫伯伯呢？父亲嘱咐我的时候，我还有些纳闷，没隔多久我就明白了：这个简单的称呼，正体现着父亲对毛主席的无限崇敬啊！①

确实如朱敏所言，这个简单的称呼其实就是朱德对毛泽东个人情怀的表现。这个超越年龄、超乎常情的称呼，或许只有一起经历过生死的战友之间才可能有，甚至无数一起经历生死的战友都没有过这样的称呼，朱毛却做到了。

在杨家岭，朱德和毛泽东的窑洞靠在一起。朱德有两个窑洞，一个办公，一个住。毛泽东也是两个窑洞，一个是办公室，一个是住室。朱敏回忆：

父亲常常提醒我，要悄悄的，不要吵闹，不要跑来跑去，不要打扰了毛主席的睡眠。我到底还是个孩子，有时高兴起来就忘了。只要我声音一大，父亲就批评我，说毛伯伯在领导着全中国人民打日本鬼子，每天工作到天亮，你怎么能影响毛伯伯的休息呢？父亲对毛主席多么关心啊。

(2)

同样，毛泽东对朱德也是极其尊重的。

朱敏和表妹刚到延安见到父亲，就被朱德领去见毛泽东。朱敏对于毛泽东的亲切和关爱几十年后还记忆犹新：

那天黎明，我们走进父亲和毛主席居住的院子。一看到毛主席，我们马上飞跑过去。毛主席微笑着拉过我们的手，亲了亲我们，说：

---

① 朱敏著：《我的父亲朱德委员长》，中国少年儿童出版社1978年版，第10—11页。

第一章 朱德："我们这一代人，是以毛泽东为代表"

你们来了！欢迎欢迎！接着又问我们一路上累不累，冷不冷，国民党顽固派找了麻烦没有，原来在哪里上学，念几年级……我见毛主席像我的父亲一样和蔼可亲，就一点也不感到拘束，一一做了回答。

当时天气挺冷，毛主席和我的父亲都穿着洗得很干净的灰色旧棉袄，只是父亲的腰里多一根皮带，腿上打着绑腿。我刚刚从南方来到寒冷的北国，这时候站在毛主席和我父亲的身边，心里却只感到热乎乎的。我看着毛主席慈祥的面容，挽住他的手臂，偎依在他的身边。接着，毛主席又亲切地说：以后我们就是邻居了，我来帮助你们学习好不好？我和表妹一齐高声回答："好。以后就请毛伯伯教我们。"

毛泽东对待朱德的孩子，是自然和亲近的。毛泽东每天都通宵工作，直到第二天上午才休息。百忙的他还要来帮助两个小女孩的学习，这正是出于与朱德的一份感情。在随后的日子里，毛泽东对朱敏极其关心。朱敏回忆：

毛主席工作累了，便走到院子里散步。他见到我常常停下来和我谈话，问长问短。我当时身体不大好，长得很瘦弱，毛主席教育我要注意锻炼身体。毛主席知道我从小得了气喘病，特地嘱咐我穿得暖和一些；天气冷了，还要问我加了衣服没有，夜里睡觉凉不凉。毛主席还多次问我学习的情况，鼓励我说：要学习革命道理，学好各种知识，长大了建设新中国。在毛主席身边生活的那些日子里，我时时处处感到毛主席亲切的关怀。

一个百万大军的统帅，一个每日要思考中国革命和前途的党政军领袖，见着一个14岁的小女孩如此关切，问寒嘘暖，是为什么？朱敏长大成人后终于找到了答案，那就是："在对我的这种无微不至的关心爱护中，凝聚着毛主席对我父亲的多么深切的情谊。"此话正是亲历之后细细回味才可能明白过来。而朱德对毛泽东和毛泽东于朱德的那份深厚的情感，则完全是出自内在的、真切的。

1941年1月，朱德和毛泽东决定把各自女儿的朱敏和李敏等几个孩子送到苏联去。有趣的是，他们的女儿都是单名，且是同一个"敏"字，这可能仅仅是巧合，但何尝不是两人对女儿们有着一种共同的愿望？

这时朱敏不愿离开久别重逢的父亲，依依不舍。启程那天，毛泽东特意走过来看她。他大概看出了朱敏的心情，嘱咐她："不要想家，要专心学习，学习好了就回延安来，说不定那时候日本鬼子已经被赶出中国了。"

随后，毛泽东和朱德一起把孩子们送到机场。朱敏回忆：

> 我们要上飞机了，毛主席和我们一一握手，又一次叮嘱我们：到了那里要学好马列主义，学好俄语，学好功课，和同学们搞好团结，中国革命胜利了，你们就去建设我们的国家。毛主席送给我一个黑皮的小本子，在本子的第一页上，毛主席亲笔题写了"努力学习"四个大字。
>
> 父亲从上衣口袋里，掏出一支别人送给他的钢笔给了我，笔杆上面刻着他的名字。

这些细微的言行体现了父辈们的厚爱。毛泽东于朱敏的关爱也可见一斑。

(3)

在中共领导人的双人照中，毛泽东与朱德两人合影是最多的。两人在各个时期都有仅仅是两人在一起的合影。这于毛泽东或于朱德而言，都极其罕见，且是独一无二的。朱德和毛泽东有一张流传甚广的照片，即徐肖冰拍摄的他们在延安七大上的合影，可以说是两人是亲密无间的缩影。

对于朱毛的亲密无间，朱敏有着清晰的记忆：

每天都有很多同志到父亲的办公室来向他汇报请示工作,送来许多文件。我常常听到父亲对同志们说:这个问题需要请示毛主席,那个问题就照毛主席的指示去办。简单的话语里包含着父亲对毛主席多么深厚的感情啊。父亲还常常和毛主席在一起研究工作。他们坐在一起的时候,总是有说有笑,非常亲切。

记得有一次毛主席问我成都的情况。我说到在成都公园里看见张贴着恶毒攻击毛主席和我父亲的招贴画。

毛泽东和朱德

毛主席听了,笑着对坐在对面的父亲说:老总,你听,顽固派把咱们画在一起,要一起杀掉呢。说完,两人一起哈哈大笑起来。

这种开怀的大笑,除了革命者的豪情外,也只有在兄弟般的战友之间才有。若是上下级、长幼辈之间则是难寻的。朱毛之情就是超越了后者的真挚情怀,是血与火锤炼而成的。

(4)

1947年春,国民党大军进攻陕甘宁边区,党中央决定暂时撤离延安,毛泽东和周恩来留在陕北,朱德和其他人组成中央工作委员会,前往晋察冀。为此中央警卫团也分成两部分。

毛泽东留在陕北的风险很大,朱德很不放心。出发前,他亲自来到中央警卫团,交代团长把身强力壮、有战斗经验的干部战士挑出来留在陕北,并且亲自召开连以上干部会议作动员,再三嘱咐他们说:"毛主席、党中央的安全就交给你们了,这个任务很重大,也很艰巨。你们要坚决勇敢,保证毛主席、党中央的绝对安全,千万不能出一点差错,否则是无法补偿的。"

6. 毛泽东称朱德为"人民的光荣"

作为中国革命和建设的领袖,毛泽东有着政治家的豪气,不拘小节,热情奔放,但无论是在政治生活还是个人私情上,他对朱德"始终非常尊重,十分关心"。

(1)

1946年,朱德步入花甲之年。在他六十岁生日时,毛泽东亲笔题词"人民的光荣",高度评价朱德为党为人民奋斗的历史。

(2)

1947年11月,晋冀鲁豫野战军对石家庄发起的攻城大战。朱德来到华北战场。一次在电报中,毛泽东特意嘱咐野战军司令部:要注意朱总司令的安全和健康。

朱德知道后,也立即回电问候毛泽东:"请主席保重。"

(3)

1956年,在党的八届二中全会上,毛泽东以朱德为例,号召全党全国人民勤俭建国,提倡艰苦朴素,反对铺张浪费,说:"我们长征路上过草地,根本没有房子,就那么睡,朱总司令走了四十天草地,也是那么睡,都过来了。"

7."朱毛不可分"

对于朱德和毛泽东的关系有一句众所周知的话,那就是"朱毛不可分"。朱德说过,毛泽东也说过。而"朱毛"之说,到底是什么时候开始的呢?

在中央军委工作过的雷英夫说:

> 关于朱总司令"朱毛不可分"这句话是在什么时候讲的?他这个思想是在什么时候形成的?在我们党内说法不一。有的说是在井冈山上讲的,有的说是在遵义会议上讲的。由于我1938年才参军入党,没有参加长征,对党内军内错综复杂的斗争,特别是对这场惊心动魄斗争的具体情况不了解,对朱总司令所讲的这句著名的话更是弄不清楚。为了学习,我带着崇敬的心情,大胆地请教总司令。1943年春天,在王家坪朱总司令的窑洞里,他告诉我:"朱毛不可分"的话,我是说过的,而且不止一次,在大会上,小会上和个别谈话中都说过。那时,一、四方面军会合,一方面军经过长途跋涉,艰苦奋战,只剩下万把人,四方面军则有七八万人。张国焘就利用四方面军人多枪多的优势,向党中央闹独立性,搞分裂。……在多方的压力下,张国焘最后不得不遵照党中央的指示北上,实行三大红军主力的大会合。

"朱毛不可分",出自朱德之口,大概是长征途中开始流传出来的。但"朱毛"是一个人的说法,早在井冈山时期就有了。罗荣桓元帅的夫人、我军第一个女工兵营营长林月琴就有回忆:

当我十三四岁时，便听说过毛泽东的名字。一开始听说有朱毛红军，我还以为朱毛是一个人。到1930年，我的家乡河南省商南县搞立夏暴动以后，我参加了革命，参加了共青团，才知道朱总司令和毛主席是两个人，他们正在江西苏区领导中央红军闹革命。

林月琴于1914年1月出生，她"十三四岁时"即是1928、1929年。聂荣臻对这个"朱毛不可分"之说，也有记忆：

与张国焘指挥左路军北上（途中）……面对张国焘的威逼胁迫，朱德同志坚定地说：天下红军是一家，是党中央领导下的一个整体。"朱毛"在一起好多年了，全国和全世界都闻名，要我去反对毛，做不到！"你可以把我劈成两半，但你割不断我和毛泽东的联系。"

对"朱毛"之说，朱德夫人康克清说：

回忆长征，最难忘怀的是和张国焘分裂主义的斗争。我们一方面军经历千难万险，在川康边境的懋功与四方面军汇合，大家高兴得跳啊，唱啊，以至热泪盈眶，像亲人久别重逢。岂知张国焘心怀叵测，在过草地前，他就煽动部队说前面有大河没法过，要部队折回西康。朱老总和刘伯承参谋长都不同意他的主张。当时党中央多次致电张国焘，敦促他北上抗日，可是他拒不受命。一计未成，他又公开策划反对党中央北上抗日的方针，妄图将另立中央带领部队南下的阴谋强加于人。他一再逼迫朱老总发表反对党中央北上的宣言。朱老总斩钉截铁地说："我赞成中央北上抗日的方针，手只能举一次。""中国工农红军在党中央统一领导下，是个整体，我们这个'朱毛'，全国、全世界都知道。要我这个'朱'去反'毛'，我办不到。……"张国焘恼羞成怒，就诡计多端地搞小动作，进行挑衅。

由此可见"朱毛"或者"朱毛不可分"是历史事实,客观存在。然而,在"文化大革命"中,"朱毛"之说却受到了挑战。

林彪成为一颗政治新星后,一时之间社会上把1928年毛泽东与朱德的井冈山会师,说成是毛泽东与林彪会师,"朱德的扁担"也变

朱德与毛泽东在一起

成了"林彪的扁担"。井冈山会师时,林彪只不过是朱德手下的一个连长。朱德和战士们在井冈山一起挑粮时,林彪也不过是营长、团长时,虽然也挑过粮,但是,朱德的扁担就是朱德的扁担,林彪的扁担就是林彪的扁担,两人的扁担决不是一条扁担。

对此,朱德不置辩解。

一次,朱德的儿媳赵力平针对社会上的传言忍不住询问他:"和毛主席在井冈山会师的,到底是谁?"

朱德听出了她的意思,没有正面回答,只是严肃地说:"历史就是历史,谁也篡改不了。你们要相信毛泽东的革命路线一定会胜利。我跟毛主席几十年了。有一条经验是:按照毛主席指引的方向走,我们党才有今天。对毛泽东的革命路线绝不能动摇。要听毛主席的话。相信毛主席,就会有真理。"

而林彪对朱德一直耿耿于怀。

平时毛泽东总是亲切地称朱德为"总司令",1959年9月,林彪在中央军委召开的一次师以上干部会议上,利用批判彭德怀的机会,在主席台上却指着朱德说:"你这个总司令,从来没有当过一天总司令。不要看你没有本事、一天到晚笑嘻嘻的,实际上你很不老实,有野心,总想当领袖。"

到会的人大为震惊。但是,朱德却泰然处之,对当年的部下林彪说:"那就

请你批评好了。"

此话最后传到了毛泽东那里。毛泽东的态度如何？朱敏后来说：

> 林彪……偏要和毛主席唱反调，胡说我父亲"没当过一天总司令"。针对林彪的无耻谰言，毛主席后来在一次会上，又亲切地称我父亲为"总司令"，并热情地评价了他的历史功绩。

1966年5月，康生在一些高级干部中有意地散布说，朱德是空头总司令，组织上入了党，思想上还没能入党。

不久，江青也对戚本禹说："过去讲朱毛、朱毛，那是假的，真的是朱反毛，朱德是大野心家。"

在"文化大革命"中，朱德多次受到冲击。毛泽东多次说"朱毛不可分"的话保护朱德。在一次会议上，毛泽东针对社会上说朱德是"黑司令"的说法，当着许多人的面问朱德："你究竟是黑司令还是红司令？"

朱德回答说："人家说是黑司令。"

毛泽东说："这就很奇怪。你当司令，我当党代表，你是黑司令，我是什么？我开始说你是红司令，中间说你是红司令，现在还说你是红司令。"①

在20世纪六七十年代，朱德虽然已经七八十岁，年事已高，并多次受到林彪等人的冲击，但一直担任全国人大委员长，并且一直是中央政治局委员。这与毛泽东对他的了解和信任大有关系。

1973年12月21日，87岁的朱德参加中央军委会议。当朱德来到毛泽东住所时，毛泽东起身相迎，并且拉着他的手，关切地问："老总啊，你好吗？"

朱德望着毛泽东，激动地点点头。

毛泽东又说："你是红司令啊！人家讲你是黑司令，我总是批他

---

① 朱敏著：《我的父亲朱德委员长》，中国少年儿童出版社1978年版，第35页。

们,我说是红司令,如果你是黑司令,我就是黑政委,现在你不是红了吗?"①

与会的人看到两人亲密无间的情景,欣慰地笑了起来。

对毛泽东,朱德也是终生信任有加,不止一次对身边的人说:"主席、总理、我,我们是互相了解的。"并且还说:"只要有毛主席在,就什么都不怕。""你们可以放心!"②

事实也是如此。

8."只要有毛主席在,就什么都不怕!"

在"文化大革命"中,朱德有一句名言,就是:"只要有毛主席在,就什么都不怕!"这是他认定的真理,也是他的信念。

1967年初,林彪等人以不署名的方式印发了一个小册子,污蔑朱德在长征路上与张国焘一起分裂党中央,组织成立了所谓的"批朱"联络站,并准备在北京工人体育馆召开"万人批朱大会",扬言要把朱德拉到现场进行批斗。毛泽东得知这个情况后,立即说:"朱德是红司令,不能批斗,如果朱德是黑司令,我就是黑政委,要斗可以,那就让红卫兵放把椅子,我就去陪斗。"

结果,"万人批朱大会"夭折了。

在"文化大革命"的火热氛围中,毛泽东再次明确坚持了"朱毛不可分"之说,保护了朱德。

但是,朱德夫人康克清还是不得不去接受群众的批判。有人说她是"走资

---

①②雷英夫著:《雄怀胜似海洋宽》,载《回忆朱德》,中央文献出版社1992年版,第258页。

派""十七年执行的是修正主义路线",作为参加革命多年的老同志,康克清有口难辩,在思想上也很难接受。回到家里,她忧心忡忡地对朱德说:"现在,你成了黑司令,我成了走资派,往后还不知要成什么样呢。"

朱德却回答说:"只要主席在,恩来在,就没有关系,他们最了解我。你也不要怕,走资派多了也好,都成了走资派,就都不是走资派了。形势不会总这样下去的。"

但是,林彪等人对朱德还是没有放过。

1968年10月,在党的八届扩大的十二中全会上,解放军副总参谋长兼空军司令员吴法宪秉承林彪的旨意,在小组会上当着朱德的面,折辱朱德说:"朱总司令,你在井冈山上怎样反对毛主席的,讲给我们听一听,教育我们。你当一辈子总司令,实际指挥打仗的都是毛主席。因而你是个黑司令,不是红司令。"

一次,中央军委副秘书长萧华来到朱德家里,说起林彪等人篡改历史的事情,朱德沉默了一下,摘下老花眼镜,深沉地说:"在井冈山的时候,他林彪才是一个营长哟,怎么能说井冈山会师是他林彪和毛主席会师呢!历史就是历史,他们胡闹不行的。长征时,李作鹏是个小机要员,邱会作呢?是个担担子的挑夫……后来官做大了,与我不来往了,见了我连理都不理了!他们的架子大得很了,连我都不认识了!"

说到这儿,朱德不屑地摇摇头,表示对他们的蔑视。接着,他语重心长地勉励萧华:"我们要相信党,相信毛主席!这几年,不过是历史的一个插曲。革命总是要经历曲折反复的,总是要向前发展的。这些年,你被关着,外面有许多情况你都不了解呀,所以要抓紧学习呀,多看些书,特别要多看些有关哲学方面的书籍。"①

在党的九届一中全会上,林彪等人谋划不选朱德进中央政治局。这个阴谋被毛泽东发现后,他说:"朱毛是连在一起的。"坚持把朱德选进了中央政治局。

---

① 萧华著:《浩气传千秋》,载《回忆朱德》,中央文献出版社1992年版,第89—90页。

第一章 朱德："我们这一代人，是以毛泽东为代表"

1975年1月，在四届人大一次会议上，89岁的朱德继续担任全国人大委员长。

而朱德虽然年迈了，朱敏回忆说他仍然坚持学习马列和毛泽东著作：

> 几十年来，父亲始终孜孜不倦地学习马列著作和毛主席的著作，无论工作多么繁重、紧张，学习从不间断。他常对我们说："马列主义，毛泽东思想是我们的精神食粮，一定要好好学习"，"活到老，学到老，还有三分学不到"。

对于朱德的读书，朱敏说：

> 父亲爱读书，对毛泽东的著作学习兴趣更浓。他常说："共产主义一定会在全世界实现，而毛泽东思想就是指路明灯。毛主席著作里写的事，许多都是我亲身经历的，读起来感到特别亲切。"《毛泽东选集》出版后，他先后通读了九遍。

朱德最后一次通读毛泽东的著作时，已是88岁高龄。

> 他每读一篇文章，都要在题目下用红笔写下"×月×日读完第十遍"的字样。他读过的毛泽东著作，就会有他用红笔划下的许多标记。[1]

---

[1] 朱敏著：《永记父亲的教诲》，载《回忆朱德》，中央文献出版社1992年版，第430页。

9."等我身体好些,我要去看望主席"

朱德在公暇之余,喜欢读书,偶尔也写一点诗,其中不少诗篇是表达他对毛泽东的歌颂之情的。

事隔26年,1961年党的四十周年生日的前夕,朱德写了《遵义会议》一首诗:

> 群龙得首自腾翔,
> 路线精通走一行。
> "左"右偏差能纠正,
> 天空无限任飞扬。

1935年1月,红军打下贵州省遵义城,召开了著名的遵义会议。会上,朱德旗帜鲜明地支持毛泽东,并且说:"我从井冈山斗争开始,就是跟毛泽东同志革命的,今后我永远跟着他革命到底。"遵义会议确立了毛泽东在全党、全军的领导地位,从而保证了中国革命胜利前进。朱敏认为这首诗是朱德"热情地歌颂自遵义会议起,我们党终于有了自己的伟大领袖和导师毛主席",表达对毛泽东的敬爱之情。

1976年元旦,毛泽东的诗词《重上井冈山》和《鸟儿问答》发表了,朱德反复收听,反复阅读,十分兴奋,决定写诗来表达读了毛泽东两首词后的心情。

连续几天,他不断追忆和毛泽东一起度过的峥嵘岁月,常常坐在房子里凝思,甚至忘了吃饭。工作人员劝他休息休息,他却答非所问地说:"毛主席运用辩证唯物论洞察一切,领导革命不断胜利。毛主席这两首词,也可以说是辩证唯物论的颂歌。我的诗里一定要把这个意思写进去。"

第一章 朱德:"我们这一代人,是以毛泽东为代表"

其实这时他才从医院出来,身体还没有完全康复,血压有时升到二百四十。工作人员和医生一再劝他休息,搀扶着他到院子里去散步。他一边走,一边又推敲起他的诗句来。

朱德一生中最后的诗篇《喜读毛主席词》二首,就是这样写成的。

这两首诗的全文是:

毛主席词二首发表,聆、读再三,欣然不寐。吟咏有感,草成二首。《诗刊》索句,因以付之。

昔上井冈山,革命得摇篮。
千流归大海,奔腾涌巨澜。
罗霄大旗举,红透半边天。
路线成众志,工农有政权。
无产者必胜,领袖砥柱坚。
几度危难急,赖之转为安。
布下星星火,南北东西燃。
而今势更旺,能不忆当年。
风雷兴未艾,快马再加鞭。
全党团结紧,险峰敢登攀。
鲲鹏九万里,直上云海巅。
伟哉大宇宙,壮志充其间。
可笑蓬间雀,称霸欲吞天。
倏尔控于地,仙阁化为烟。
文革号炮响,帝修心胆寒。
春风化红雨,新枝壮且繁。
老中青一体,路线共瞻前。
阶级斗争纲,纲举目豁然。
掌握辩证法,统一宇宙观。
真心搞马列,地覆又天翻。

朱德的女儿朱敏后来重读父亲的诗句,由衷地说:"这两首诗充满了对伟大领袖毛主席无比深切的感情,热情地歌颂了我党斗争的历史,表现了他老人家'革命不停步,忠党为人民'的崇高精神。"

在晚年,毛泽东和朱德信任不减,相互关心。

>在生活上,毛主席也一直关心我的父亲。有的时候,我父亲没有参加某项活动,毛主席就要问总司令怎么没有来;听说我父亲身体不大好,他总要嘱咐工作人员说:他年纪大了,要他多注意休息。1975年底,我的父亲因病住院。毛主席也正在病中,他听说了,就嘱托给他看病的医生带来口信,要我的父亲保重身体。
>
>父亲向医生关切地详细询问了主席的健康状况,还说:"等我身体好些,我要去看望主席。"①

10.革命到底

1976年1月8日,周恩来不幸逝世,朱德悲痛地流下了眼泪,不断念叨说:"恩来,你在哪里?"

那些天,他吃不好,睡不好,随后不顾年迈,拄着手杖,向周恩来遗体告别,久久不忍离去。

这时,朱德已经90岁了,健康状况并不太好。可他总是对人说:"总理不

---

① 朱敏著:《我的父亲朱德委员长》,中国少年儿童出版社1978年版,第37页。

在了,毛主席身体也不太好,我应该更多地做些工作。"主动要求增加工作,便带病开会,看文件,会见外宾,找人谈话。3月6日,他在家里挥毫泼墨,为自己书写了一个条幅:"革命到底",挂在家里,以表明要多工作的决心。

到了晚年,朱德虽然年事已高,但对毛泽东工作的支持没有停息。1971年,九一三事件后,朱德闻讯,立即写信给毛泽东,对林彪等人的阴谋表示极大的愤慨,并且表示:"一定坚决地站在毛主席一边,和全党全国人民一道批臭这个无耻的叛徒。"

周恩来去世了,毛泽东病重,朱德主动承担了党中央主要领导人接见外宾的重任,在短短的半年中,外事活动多达数十次。6月21日,朱德终因病情加重,走到了生命的尽头。

这一日,按照外交部的安排,朱德会见来访的澳大利亚总理马尔科姆·弗雷泽。由于会见时间突然发生变动,朱德在空调房等得太久,感冒了,病情加重了。

6月25日下午,朱德突感不适,医生会诊后认为应立即住院治疗。但他坚持按照日程安排,第二天接待外宾后再去医院。后来,经医生和家人劝说,他才住进了医院。

这次住进医院后,他的病情发展很快。

7月1日,朱德的病情已十分严重,说话都很困难了。医生要求绝对安静。但是,一清早,他就把秘书叫去说:"今天是七一,报纸发表社论了吧?拿来读读吧。"

念完报纸,他又提出要给他念文件。秘书为了让他安静地休息一会儿,只好含着热泪,悄悄躲到别的房间去了。朱德断断续续地发出轻微的声音:"我还能做事……要工作……革命到底。"

这使得每个在场的人无不感动,泪流满面。

7月6日下午3点零1分,朱德心脏停止了跳动。去世前,他还不住地说:"我还能做事……要工作……革命到底。"

除了"要工作"外,朱德在生命尽头还有一个愿望,朱敏后来披露:"'我要去看望主席',这是父亲在他战斗的生命到了最后阶段的最大愿望。"

朱德没有达成这个愿望就急匆匆地去世了。9月9日,病重的毛泽东也去世。朱德的最后诗篇是应和毛泽东的诗词,他最后的愿望是去看望病重的毛泽东,两人去世只差两个月零三日。

大河向东

THE
GREAT RIVER
FLOWS EAST

★ 第二章 ★

贺龙：

"跟着毛主席就是胜利"

1. "我对于毛泽东敬仰得很"

熟悉贺龙的人都说:"贺龙同志对党无限忠诚,对毛主席无比崇敬。"

贺龙一直非常崇敬毛泽东,但他们相识较晚。贺龙1927年就参加南昌起义,直到1937年才见到毛泽东。

有趣的是,两人神交却很早。

贺龙知道毛泽东的名字,大概是20年代前后他担任川东边防军警卫旅旅长或四川讨贼军第一混成旅旅长兼川军第九混成旅旅长时期。那时他经常去长沙,而毛泽东则正在长沙组织和领导湖南工人运动。贺龙后来与王震谈及过他是如何知道毛泽东的,王震回忆:

> 在中国共产党建党初期,毛泽东同志在湖南长沙曾多次发动反帝、反军阀的群众斗争。贺龙同志曾经说过,他当时对毛泽东同志在这些运动中所表现的革命胆略就无限崇敬,并受到很大影响。[1]

---

[1] 王震著:《忠诚的战士光辉的一生——纪念贺龙同志》,载《解放军报》1977年7月28日。

王震此说，也得到了贺龙家乡有关人员的考证证实：

> 早在中国共产党建立的初期，贺龙同志曾在长沙等地听说过毛主席的革命事迹，总是赞不绝口，受到了深刻的影响。①

贺龙的家乡湖南桑植县与毛泽东的家乡湖南湘潭县相距一百多公里，贺龙比毛泽东小3岁。但毛泽东对他影响很深刻，1951年八一建军节前夕，贺龙与人谈起还不是中共党员的他之所以率部参加南昌起义有四个原因，其中之一就是受毛泽东的影响。贺龙说：

> 我参加八一南昌起义，是由于很早就接近了共产党，是思想发展的必然结果，而不是偶然的。第二个原因是由于政治上没有出路，看到国民党革什么命呢？尽是军阀政客争权夺利，腐化堕落。感到个人政治上无出路，整个军队也无出路。另方面却看到共产党的主张好，有办法，能够救中国。这是最重要的原因。第三，我本人出身于贫农，家里很苦，穷人的痛苦我知道得很深，所以，在我的部队中是不准贪污搞钱的，跟我走的都是穷光蛋。……我参加八一南昌起义的第四个原因，是我对于毛主席的信仰。自从1916年以后，在我们湖南人中，就听说有个毛泽东，诲人不倦，常与青年学生或群众讲话，

---

① 中共湘西土家族苗族自治州委员会中共吉首军分区委员会著：《英勇奋战赤胆忠心——回忆贺龙同志在湘鄂西和湘鄂川黔武装斗争时期革命实践片断》，载《忠诚的战士，光辉的一生》，人民出版社1979年版，第38页。

湖南的学生都说毛泽东是天才,是革命领袖。而和我说的这些人又是我们县里有学问的人,因而我对于毛泽东敬仰得很,认为他是一个了不起的人物。①

1927年8月南昌起义时,31岁的贺龙已是一位名声很大的将军,此时已经在江湖上闯荡了十几年。

贺龙的经历很有传奇性。

贺龙同志本名贺文常,又名贺云卿,1896年3月22日出生在湖南省桑植县洪家关一户贫苦农民家里。家里仅有两亩瘠薄的山地。……年幼的贺龙,长到七八岁还经常衣不蔽体。他挖地除草,拾柴放牛,样样都干。有时还带上剪刀、尺子,跟着父亲学做裁缝手艺。到了十四五岁,生活逼迫贺龙闯向社会。他邀集一些伙伴赶马运盐,出没于湘鄂川黔的丛山密林之中。然而,在黑暗的旧社会,尽管大路朝天,却没有一条穷人的活路,到处是豪绅地主、土匪军阀敲诈勒索的鬼门关。目睹这军阀混战,民不聊生的社会状况,面对贪官污吏、豪绅地主的敲诈勒索,贺龙多次拿起棍棒、铁尺,同地主恶霸作斗争。

……

在桑植到湖北宣恩的边境,有一个叫巴茅溪的盐局税卡。一百斤盐经过这个税卡,按十四块光洋,见三抽一,要抽去四块多。交不出光洋,就要扣人扣盐。一次,贺龙的同伴被扣住了。怎么办?砸了它!贺龙约了一帮小伙子,拿起菜刀,趁黑夜冲进巴茅溪税卡,砸掉了盐局,救出了同伴,缴获了十来支枪。这就是流传在人民中的贺龙两把菜刀闹革命的故事,时间是1916年3月19日。

刀劈了盐局,竖起了义旗,贺龙同志就此拉起了一支农民武装,

---

① 王敏昭著:《一切相信党和群众——八一访问贺龙将军》,载重庆《新华日报》1951年8月7日。

造起反动派的反来。他带领队伍在桑植活动了几年,东奔西突,虽然杀了一些贪官,除了一些恶霸,但日复一日,年复一年,财主还是财主,穷人还是穷人。这出路究竟在哪里呢?有的说,我们必须打出县界扩大地盘。于是,他们打开慈利,攻破澧州,吓跑了镇守使唐荣阳。贺龙得了州城,当了澧州镇守使。他厌恶旧官场上你争我夺、尔虞我诈的丑态,同情人民群众的疾苦,采取了一些于民有利的措施,可这又怎能使人民彻底摆脱苦难!第二年,澧州地区碰上几十年未有的大旱,地主豪绅卡住粮食不卖,市场上粮价飞涨,人民生活极端困难。贺龙号召穷人起来"吃大户",并亲自带着农民到地主家去搞粮食。这件事,得到了同盟会元老林德轩等革命党人的称赞与支持,林德轩推荐贺龙当了省参议员。1924年,孙中山任命贺龙为讨贼联军第1师师长。随后,这个师又改编为国民革命军独立第15师。贺龙同志率领队伍参加了讨伐北洋军阀的战争,投身于轰轰烈烈的大革命运动。……贺龙和他的部队在共产党的教育影响下,越来越倾向革命。

1927年4月12日,蒋介石发动反革命政变,从上海开始全国性的反革命大屠杀。……在这革命的危急关头,贺龙同志坚定地对周逸群说:"我坚决执行共产党的决定和政策,服从共产党的领导。所有派到我这个部队来的共产党员,不要离开,继续做政治工作。"①

1927年4月,贺龙率领第15师出师河南,在逍遥镇战役中立下战功,随后出任国民革命军第20军军长。7月,中国共产党决定以武装起义回击蒋介石、汪精卫之流的叛变发动南昌起义。

这时候,贺龙同志还不是共产党员。但他完全接受中国共产党中央代表、前敌委员会书记周恩来同志的领导。他清除了自己队伍中的反动分子,毅然

---

①廖汉生著:《沧海横流,方显出英雄本色——回忆贺龙同志的前期革命活动》,载《怀念贺龙同志》,湖南人民出版社1979年版,第30—32页。

率领20军,参加了南昌起义,担任起义军总指挥。

这时毛泽东和贺龙虽没见过面,但对他也不陌生,对贺龙的事迹很了解,也很赞赏。1927年秋,秋收起义部队经过平江、浏阳、铜鼓、萍乡,到达永新境内的三湾村。这时部队中弥漫着一股消极情绪。毛泽东第一次站出来,和战士们见面。在讲话中,他讲起了贺龙两把菜刀闹革命的故事。谭政大将后来回忆:

1927年的毛泽东

> 自从长寿街战斗失败以后,湖南的敌人,拼命地跟着我们后面追赶,总想把我们这些革命种子,一下弄个精光。没有经过锻炼的"小娃娃",哪容易经得起这样的风波?弄得病的病,死的死,累的累,怕的怕,情绪非常不好,真像打了几十个败仗一样。

到了三湾的第二天,师长集合部队讲话:"……现在人员减少了,部队要缩编,从一个师改编为一个团;一个团还不足,改编为两个营。……"听不下去了,只看到全场的人都瞪着眼睛,痴呆似的望着他,非常难过。

忽然,新任团长介绍毛泽东同志出来讲话。从人丛中走出一个又高又大的人来,头上蓄着长久未剪的头发,身上穿着一件老百姓的旧棉袄,腿上却打上一双绑腿,脚上套着一双草鞋。他以和蔼的态度、含笑的脸色,走到部队前面,顿时大家笑容可掬地鼓起掌来。

"……同志们,敌人只是在我们后面放冷枪,这有什么了不起?……大家都是娘生的,敌人他有两只脚,我们也有两只脚。……贺龙同志两把菜刀起家,现在当军长,带了一军人。我们现在不只两把菜刀,我们有两营人,还怕干不起来吗?……你们都是起义出来的,一个可以当敌人十个,十个可以当他一百。我们现在有这样几百人的部队,还怕什么?……没有挫折和失败,就不会有成功!……"

大家不住地点头微笑,特别兴奋。队伍解散以后,只看到一群一群的在那里谈论着:"毛泽东同志不怕,我们还怕什么?"

"贺龙同志两把菜刀能够起家,我们几百人还不能起家吗?"

毛泽东以贺龙两把菜刀闹革命的故事激励将士们,起到了稳定和振奋军心的作用。显然,毛泽东对贺龙的经历比较了解,也比较赞赏。

南昌起义后,贺龙加入了中国共产党,但起义军南下广东后受挫失败。贺龙后来总结南昌起义失败教训时更加坚定了对毛泽东的认识:"由于我们当时对于毛主席的武装斗争和军队建设的思想体会很少,领导武装斗争的经验不多,起义部队又没有与湘赣高涨的农民运动相结合,所以在向东江前进中,遭到了挫折。直到井冈山,与毛主席亲自领导的秋收武装起义的工农群众武装会合以后,在毛主席天才的领导下,才创造了中国人民武装斗争和人民军队建设的完整路线。从此,中国人民才开始了胜利的武装斗争。"[1]

南昌起义失败后,贺龙从广东辗转来到了上海,但随即他放弃了党中央安排他去苏联学习的机会,毅然决定回湘西老家再次起兵拉队伍。

1928年1月中旬,贺龙在鄂西组织了一路工农革命军,随后又在湘西拉起一支武装。4月初,当他前往湖北鹤峰筹款时,由于敌军进攻,部队战斗失利,大部分人都溃散了。贺龙回来后又在桑植老家拉起一支3000人的队伍。7月,贺龙正式将部队编成工农革命军,号称第4军。他的部将顿星云后来回忆:

当南昌起义部队主力在潮汕地区受挫后,贺龙同志和周逸群同

---

[1] 王敏昭著:《一切相信党和群众——八一访问贺龙将军》,载重庆《新华日报》1951年8月7日。

志回到湘鄂西,就是按照秋收暴动的路子,发动了年关暴动;建立起来的队伍,也打着毛泽东同志领导的"红4军"的旗号。①

贺龙按照毛泽东秋收起义的方法在鄂西发动年关暴动,组建的新部队打着毛泽东的部队红4军的旗号,可见他对毛泽东的景仰。

贺龙拉起队伍后,遭到敌军"围剿"。9月初,第4军遭敌人多次袭击,伤亡巨大,贺龙等人也失掉了与上级党组织的联系。贺龙身边只剩91个人、72支枪,隐蔽在莽莽的桑植、鹤峰两县大山之中。贺龙坚持着斗争,并尽力寻找党组织,以得到党的领导。

1929年春,他派出去找党的交通员先后回来。

一天,一名交通员带来了中共鄂西特委周逸群的一封信。贺龙看着看着,眉宇舒展,突然哈哈大笑,一巴掌拍在大腿上,说道:"我们有办法了!"

大家问他:"有什么喜事?"

贺龙兴奋地说:"周逸群同志介绍了毛泽东同志创造的井冈山游击战争'十六字诀'。"

贺龙的老部下谷志标回忆贺龙当时的艰难处境和获悉毛泽东游击战争"十六字诀"的喜悦情形:

> 他(贺龙)和战士们一样穿草鞋、着单衣,吃野菜。炊事员担心把身负重任的军长的身体拖垮,设法给他弄了一碗放了盐的辣子,他却把它全部倒进了战士们的大锅汤。炊事员心疼地责怪他,他却乐呵呵地说:"战士们担子也不轻啊,有盐同咸嘛!"用罢餐,贺龙同志带着战士们缓步登上一座山峰,用手指着遥远的东方告诉大家:那里也有一座高山,叫井冈山,那里也有一支红军,他们干得很出色,建立了一大片根据地。为什么他们打得好,就是有一个正确的领导。

---

① 顿星云著:《"团结起来一路前进"——记长征中贺龙同志事迹片段》,载《怀念贺龙同志》,湖南人民出版社1979年版,第134页。

第二章 贺龙："跟着毛主席就是胜利"

……我们也会有党的正确领导的。说得战士们一个个心里热呼呼的。

毛泽东在进军井冈山途中最困难的时刻以贺龙的故事提振军心,贺龙在战斗失败、失去党的领导最艰难的时刻也以毛泽东和井冈山的事迹鼓励大家。两人的做法异曲同工,既是对对方的敬慕,也奠定了后来见面一见如故的基础。

随后,贺龙以毛泽东创建的井冈山根据地为榜样,迅速打开鹤峰,解放桑植,补充红军,在连队建立党支部,在士兵中发展党员,建立政治部,加强政治工作,并且在此基础上整编了部队。在整编中,贺龙依然保留了工农革命军第4军的番号,并自任军长。毛泽东和井冈山的成功先例,使得贺龙抑郁的情绪消散了,对以后的斗争有了信心。曾经跟随过贺龙一起闹革命的人后来回忆:

> 在那艰苦的斗争中,他(贺龙)总是笑呵呵的,总是用井冈山的经验鼓舞斗志。每次给战士或老乡讲话,他总是提出一个令人振奋的问题:你们知道不知道井冈山?然后用通俗而又生动的语言,介绍井冈山,号召学习井冈山。有个时候,与中央失掉了联系,红军战士十分着急,贺龙同志总是怀着坚定的信心说:不要紧,要坚持住。湘西武陵山与井冈山虽然隔得远,但山山相连,党中央、毛主席的"交通"一定会来的,一切都会变好的。①

部队面貌焕然一新,贺龙领导湘鄂西的革命斗争随即也不断取得胜利。1930年夏,根据党中央的指示,贺龙率领红4军东下洪湖地区,与周逸群率领的红6军会合,两支部队合编为红二军团,此时贺龙才将红4军才改为红2军,贺龙任红二军团总指挥兼红3军军长,周逸群为政治委员,部队扩

---

① 中共湘西土家族苗族自治州委员会、中共吉首军分区委员会著:英勇奋战,赤胆忠心——回忆贺龙同志在湘鄂西和湘鄂川黔武装斗争时期革命实践片断》,载人民网。

大到两万多人,湘鄂西革命根据地扩展到17个县。

2."深知他是我们的正确领导者"

在长期的革命斗争中,贺龙和毛泽东几乎是做过同样的事:开辟根据地,指挥反"围剿"作战,率部长征。他虽然没见过毛泽东,但作为独立的一个军团总指挥,对毛泽东和他的正确思想有着高度一致的认知。

(1)

毛泽东曾开辟井冈山革命根据地,为中国革命树立了标杆。

贺龙学习毛泽东的思想,很重视根据地的开创和建设。他常说:"野鸡有个山头,白鹤有个滩头,一支红军没有根据地怎么行呢?"① 每到一处,就派人做群众工作,打土豪分田地,建立红色政权。他开创的湘鄂西革命根据地,是红军时期形成较早、规模较大、坚持时间较长的重要战略区。

红色根据地反"围剿"作战,一个重要的胜敌原则就是依托根据地人民与强敌进行游击战。

欧洲有人评价毛泽东的游击战说:"毛泽东在这个世界上人口最多的、拥有五亿农民、农民倍受千年贫困的国家里,在静悄悄的、然而是心怀悲愤的、头顶斗笠在稻田奔忙的人们身上发现了主要的巨大的革命力量(这一革命是共产党领导的),而且把这种力量用于他天才地领导的游击斗争,这一斗争最

---

① 中共湘西土家族苗族自治州委员会、中共吉首军分区委员会著:《湘西人民永远怀念贺龙同志》,载《回忆贺龙》,上海人民出版社1979年版,第147页。

终取得了排山倒海般的胜利。"① 贺龙是最早领会毛泽东游击战战术的将领之一。

在以洪湖为中心创建湘鄂西根据地时,贺龙主要是运用毛泽东"十六字诀"游击战术与强敌周旋。他指挥作战,从不死守一城一地,不是大踏步撤退转移,就是迅猛进击,深入敌人心脏;在战斗中,他都着眼于消灭敌人的有生力量,集中优势兵力,抓住有利的地形和战机,在运动中各个击破敌人。在全盛时期,湘鄂西根据地遍及53个县市,拥有两万多正规红军,控制570公里地带。

红军时期的贺龙

1930年7月间,李立三为首的临时中央提出组织全国武装起义和进攻中心城市、夺取全国政权的冒险计划,强令红二、六军团脱离根据地,配合红一、三军团进攻长沙。

在前委扩大会议上,贺龙、周逸群对这个冒险方针进行了坚决斗争。贺龙说:"湘鄂西的革命,还是要照着毛泽东同志在井冈山的样子去搞,深入发动群众,肃清根据地四周的反动武装,组织好赤卫队和农会,巩固扩大革命根据地。现在带领部队去配合一、三军团打长沙,根据地不但会丢了,而且部队会吃亏!"

贺龙对毛泽东的游击战情有独钟。但是,"左"倾路线执行者还是强令红二、六军团离开洪湖根据地南征。

9月,红二军团攻下监利,正准备渡江南下湖南,却得知毛泽东、彭德怀率领的红一、三军团已退出长沙。可是,中央代表仍然主张"占领岳州,直捣长

---

①《南〈政治报〉评论:新中国的缔造者说毛泽东的事业必将对中国命运产生长远的强有力的影响》,载《参考消息》1976年9月13日。

沙,以激起红一、三军团之反攻"。10月,南下红军英勇战斗,连续攻克华容、官塘、石首、公安等地。11月,又相继解放石门、临澧,消灭敌人数千人。但是,沿途疲于行军打仗,城镇得而复失。当红二、六军团攻克临澧时,贺龙等人得到消息,说在毛泽东的说服劝阻下,红一、三军团已从长沙附近撤退了。贺龙立即召开干部会议,果断决定停止前进。中央代表却不同意率师北返,再次命令红二、六军团进攻津市、澧州。

正当红4师攻打津市、澧州时,湖南军阀何键纠集李觉、李国钧部18个团反扑过来。贺龙立即下令从城下撤出战斗。部队刚到杨林市时,李觉部就攻上来。战斗一打响,红军刚收编的苟司令部队突然叛变。这样,红二军团军立刻陷入腹背受敌的境地。

在两面作战中,红16师被打散,红17师被切断,战斗从上午八点一直打到下午三点,弹药快打完了,河上的木桥也被烧了。在浴血奋战中,不少人牺牲。在千钧一发的时刻,贺龙发威了,他亲自指挥手枪大队,奋力抵抗,掩护大部队撤了下来。最后,他举着驳壳枪,在炮火中穿步而过,"扑通"一声跃入湍急的河流里。

在一片枪声和呐喊声中,突然响着一个洪钟似的声音:"同志们,怕死不革命,革命不怕死,跟我来,扑过河去,消灭敌人!"

战士们立即跟着贺龙跃入水中,奋不顾身地向对岸敌人杀去。

结果,他们不仅打垮了正面之敌,还甩掉了追敌,迅速转移到40里外,摆脱了敌军的围堵和追击。

因为杨林市战斗失利,红二军团被迫离开洪湖地区。

后来,贺龙又三进洪湖,再次开创出湘鄂西根据地。他的经验就是"照着毛泽东同志在井冈山的样子去搞"。据跟随贺龙的谷志标回忆期间曾发生一些事情,而贺龙对毛泽东路线的维护和信任丝毫未变:

> 内部肃反扩大化的错误还在继续发展。夏曦怀疑红二军团和湘鄂西的党,把广大党员看作"改组派",于1933年春鹤峰毛坝的一次会上,擅自决定解散军中的党、团组织,取消了政治机关。贺龙同志

质问夏曦:"共产党领导的军队,没有各级党组织行吗?'支部建在连上',实践证明是成功的,中央也肯定过,为什么今天又反了呢?!……"

夏曦把桌子一拍,横蛮地说,"贺龙,你才入党几天,懂得多少马克思主义?为中共更加布尔什维克化而斗争就要反对你们的右倾。……"贺龙同志神情十分痛苦,但他大义凛然,毫无惧色,他"砰"的一声猛一击桌,站了起来,大声回道:"我贺龙文化不高,党龄不长。但自从周恩来同志介绍我入党以后,我反复学过《共产党宣言》,我坚信'英特纳雄耐尔,一定会实现。谁也休想阻挡得住!"到了这年秋天,才开始在红军中重新登记党员,恢复党的组织和政治机关。可是,就在三次"左"倾路线登峰造极的夏天,红6军创始人之一、敌人闻风丧胆的军长段德昌同志,已牺牲于夏曦的屠刀之下。贺龙和同志们悲愤已极,他和同志们流着热泪,把在"左"倾路线下遭受迫害的几千个同志的名字,写在当时仅能在农民家里找到的黄表纸上,派"特别交通"送给井冈山的毛委员和周恩来同志,希望我们的红军、我们的革命能及时得到党的拯救![①]

由于执行毛泽东的正确路线,所以贺龙领导湘鄂西根据地红旗招展,热气腾腾,成为中国革命的另一块"世外桃源"。

作为开创红色根据地的"始祖",毛泽东后来热情地赞扬说:"红军时代的洪湖游击战争,支持了数年之久,都是河湖港汊地带能够发展游击战争并建立根据地的证据。"毛泽东的肯定,是贺龙成功运用游击战和进行红色根据地建设的明证。

贺龙的老部下王尚荣说:"他运用毛泽东同志的军事思想得心应手,屡建战功,威震敌胆。"而在战斗中,不管敌人多么凶,困难多么大,将士们只要是

[①] 谷志标著:《三次找党,忠心鉴日月——纪念贺龙同志逝世十周年》,载《光明日报》1979年6月9日。

听说是贺龙亲自指挥,就信心倍增,无所畏惧。

(2)

1934年7月,红六军团奉中央军委命令,在任弼时率领下开始了长征,10月底,在贵州省松桃县与建立黔东根据地的贺龙率领的红二军团会师。

廖汉生回忆:"贺龙同志真心诚意地欢迎这支来自毛主席身边的部队",①非常高兴地说:"会师,会师,就是会见老师!"②

时为红六军团政委的王震后来也回忆:

> 贺龙对六军团的同志很热情,很爱护。他以无限崇敬的心情,要任弼时等同志向他介绍毛泽东同志的光辉思想、中央红军反"围剿"以及土地革命的经验。他对毛主席制定的路线、政策,对毛主席著作,对三大纪律八项注意,真诚拥护;同时对周恩来副主席、朱德总司令表示很大的尊敬。当时他关于拥护毛主席、朱总司令和周副主席的多次讲话,对二、六军团的团结战斗起了极大的作用。③

其实,这时毛泽东由于受到王明路线的排挤,在党和红军内并没有决策权。而贺龙对毛泽东的尊敬并没因此有所减少,仍然一如既往迫切地想知道、了解他的思想、经验、路线和政策。

1935年1月,遵义会议终于纠正了王明"左"倾路线,确立了毛泽东在党和红军中的领导地位。2月,红二、六军团接到会议决议和中央有关组织问题的电文。贺龙很高兴,表示坚决听从毛泽东的指挥,他激动地说:"我虽然没有

---

① 廖汉生著:《贺龙同志是一个好同志》,载《新华日报》1977年7月29日。
② 余秋里著:《英雄业绩与世长存——纪念贺龙同志逝世十周年》,载《怀念贺龙同志》,上海人民出版社1979年版,第22页。
③ 王震著:《忠诚的战士,光辉的一生——纪念贺龙同志》,载《解放军报》1977年7月28日。

第二章 贺龙："跟着毛主席就是胜利"

见过毛泽东同志，但从我本身的经验教训中，从读到他写的文章中，深知他是我们的正确领导者。"

遵义会议精神传达后，任弼时、贺龙信心倍增。

不久，中央军委来电指示贺龙等人，要利用湘鄂敌人指挥不统一，集中优势兵力，选择敌人弱点，不失时机地在运动中将敌人各个击破。

这时，敌人依仗其优势兵力，突入根据地，攻陷大庸、永顺、桑植等空城。贺龙、任弼时等率领红军已事先转移，并准备北渡长江，到湖北兴山、秭归、远安等地创建根据地。4月5日，毛泽东又来电指示："目前你们那里胜利的可能还是存在的，仍应尽力在原有地区争取胜利。"

任弼时、贺龙领会毛泽东的思想后，心中豁然开朗，决定坚决按毛主席的指示办事，坚定了在原地歼敌的决心，调整作战部署，决定采取诱敌深入，在有利时机和适当地点，集中优势兵力，歼其一路的战略战术。结果，他们按照毛泽东的指示去做，果然克敌制胜，先后取得陈家河大捷、中堡大捷、板栗园大捷。跟随贺龙战斗的老红军李子全等人后来说：

长征时贺龙在贵州

> 1935年，红二、六军团在以贺龙、任弼时为首的湘鄂西军委分会领导下，打得机动灵活，有声有色，所向披靡。不到一年时间内，歼敌三个师部、六个整旅，红二、六军团由四个师扩充到六个主力师。当同志们称赞贺老总打仗有办法时，他总是谦逊地说："不，那都是毛委员在井冈山创造的经验。毛委员的经验，叫我们拿来了！"

在战斗中，贺龙关心着毛泽东和他率领的红一方面军。顿星云后来回忆：

1935年10月,毛泽东同志率领中央红军到达陕北。消息传来,活跃在湘鄂川黔边区策应中央红军长征的红二、六军团,上下一片欢腾。贺龙总指挥向我们说:"这下子好了,揪着的心算是落了案。毛主席他们走出草地,到了陕北,好领导全国人民一致抗日。"接着,他兴奋地说:"我们也要开动两只脚,同党中央会合!"

贺龙同志信仰毛泽东同志,天天盼着见到毛泽东同志。①

1935年11月,蒋介石动员100个团的兵力准备再次向湘鄂西"围剿",19日,贺龙便率领红二、六军团,由桑植县出发,开始了长征,前去与毛泽东和党中央率领的红一方面军会合。

(3)

吕正操回忆:"贺龙同志常说:'中国革命没有共产党是不习惯的,没有毛主席也是不行的。'"

这是贺龙的真心话。

1936年6月,贺龙和任弼时率领的红二方面军长征到达甘孜,首先与红四方面军胜利会师。

在甘孜,朱德见到贺龙时,高兴地握着他的手说:"你们来了,我们一起北上,党中央在毛主席那里。"

将士们经过艰苦奋战后会合在一起,显得格外亲切。然而,在和朱德交谈时,贺龙却很惊讶:

在甘孜,我们见到了敬爱的朱德总司令和刘伯承总参谋长,才知道张国焘私立伪中央,妄图分裂红军的阴谋;也才知道在桑植收

---

① 顿星云著:《"团结起来一路前进"——记长征中贺龙同志事迹片段》,载《怀念贺龙同志》,上海人民出版社1979年版,第134页。

第二章 贺龙:"跟着毛主席就是胜利"

到的要二、六军团仍然留在原有苏区附近的所谓中央来电,和在盘县收到的要我们沿一方面军长征的路线渡金沙江去甘孜会合四方面军的所谓中央指示,在中甸收到的要二、六军团分两路去甘孜的所谓中央指示,都是张国焘发来的。张国焘利用职权,把持红军总部,长期隔绝党中央和二、六军团的联系,企图把二、六军团置于他的控制之下。①

贺龙与毛泽东神交已久,但从未谋过面,与红四方面军领导人张国焘却是老相识。他们在南昌起义就认识了。

当时,张国焘以中央代表身份赶来阻止起义,作为起义军总指挥,贺龙对他发了脾气。贺龙在瑞金入党后,又和张国焘编在一个小组,按照贺龙后来的话说"整天在一起,直到潮汕失败后才分手"。现在张国焘是红军总政治委员。在张国焘要和毛泽东为首的党中央闹分裂的时候,作为老熟人,并且一度共事过,贺龙会跟张国焘走吗?

红二、四方面军会师后,召开庆祝会师大会。在大会上,作为两个方面军的主要领导人,贺龙和张国焘自然要讲话。

在主席台上,贺龙坐在张国焘身旁。张国焘刚站起来要讲话,贺龙就半开玩笑半认真地给了他一句悄悄话:"国焘啊,只讲团结,莫讲分裂,不然,小心老子打你的黑枪!"②

结果,张国焘真没敢讲毛泽东和党中央等不利团结的话。

贺龙后来对人说:"其实,我那里会打他的黑枪? 他自己心里有鬼嘛!"

会师以后,张国焘以红军总政治部名义派出一些工作组来到红二、六军团,还散发一本叫《干部必读》的小册子,攻击毛、周、张、博,宣传中央路线是错误的。

---

① 樊哲祥著:《贺龙同志率领红二方面军胜利长征》,载《忠诚的战士,光辉的一生》,人民出版社1979年版,第100—101页。
② 水工著:《中国元帅贺龙》,中共中央党校出版社1995年版,第195页。

在甘孜,六军团和二军团都先后收到了不少张国焘派人送去的《西北讲座》、《干部必读》等反党小册子,指名攻击毛主席和周副主席。贺总问王震同志你是怎么处理这些小册子的,王震同志说:"这些混账东西,我统统烧掉了。"贺总赞许地说:"好!烧得好!"①

随后,任弼时给政治部主任甘泗淇写了一封信,要他通知从四方面军来的干部只准讲团结,不准讲中央和一、四方面军的争论,并要求政治部门一律不准下发张国焘送过来的小册子。

张国焘只好亲自来找红二军团师以上干部谈话。结果,弄得干部们奇怪地说:"中央是毛主席领导,怎么这里钻出个张国焘的中央?"

贺龙知道后,把那些手下召集一起,告诉说:"这里是张国焘的假中央!"

不久,王震遇到一件事:"在甘孜休息时,张送我四匹马,给我们戴高帽子,说我们勇敢,能打,他那个军阀主义呀,不像话。"

刘伯承说:"送给你,你收下。"

后来,王震又把这事告诉贺龙。贺龙说:"这是我参加共产党以前干的事嘛!"

之后,张国焘受到贺龙、任弼时等人的抵制。

一次,张国焘提出要召开两军联席会议。任弼时表示反对说:"你召开联席会议,谁来作报告?如果产生不同意见,结论怎么做?由谁做?"

贺龙马上支持任弼时的这个意见,说:"国焘作报告,我不同意;弼时作报告,你大概也不同意,开什么?怎么开?"

结果,会议就没开成。

两军在甘孜的时候,张国焘人多,贺龙、任弼时人少,又不听他的,为了防止张国焘下狠手,贺龙自有一套应对的办法。

甘孜组织了一个汉藏政府,叫"巴博依得瓦"。贺龙就让任弼时、关向应、

---

① 樊哲祥:《贺龙同志率领红二方面军胜利长征》,载《忠诚的战士,光辉的一生》,人民出版社1979年版,第101页。

朱德、刘伯承、张国焘都住到主席府去。这是一幢两层楼的藏民楼,警卫都是由贺龙亲自安排。贺龙后来说:"警卫人员每人两支驳壳枪,子弹充足得很呢!你张国焘人多有个大圈子,我贺龙人少,搞个小圈子。他就是真有歹心也不敢下手。"

贺龙、任弼时和关向应

跟随贺龙一起长征的王尚荣回忆:

> 在这次斗争中,贺龙同志还按照朱总司令的意见,以向二、六军团介绍过草地的经验为理由,巧妙地向张国焘把原属一方面军的32军要了过来,依照中央军委的命令同二、六军团一起编成二方面军。同时把原属二军团的第5师改编为96师,归32军建制。当时,谭友林同志任96师政委,我任师长。贺龙同志对我们强调指出,我们是党的军队,必须坚决贯彻党的北上抗日路线,你们一定要搞好同兄弟部队的团结。[1]

贺龙、任弼时等人反对张国焘,而张国焘眼看控制不了红二、六军团,便乱了章法。贺龙甚至当面对张国焘说:"我过去当过军阀,好不容易才找到了共产党,找到了毛主席,走上了革命的道路。你是个老党员,现在却要反对毛主席,去走军阀的老路,你走得通吗?"问得张国焘面红耳赤。[2]

---

[1] 王尚荣著:《终生奋斗,卓著功勋——缅怀我军杰出的领导人贺龙同志》,原载《怀念贺龙同志》,湖南人民出版社1979年版,第45—46页。

[2] 吕正操:《贺龙同志在冀中》,原载《战地增刊》1978年第2期。

在大家的努力下，最后，闹分裂的张国焘被迫放弃自己的主张，取消"第二中央"，同意率部北上。红二、四方面军一起离开甘孜，去与毛泽东等人领导的红一方面军会合。

1936年秋，红二方面军到达陕甘边境时，毛泽东、党中央派邓小平等人前来慰问。王震回忆：贺龙兴奋地说："好了，从此我们就可以在毛主席直接领导之下了！"①

遗憾的是，贺龙和毛泽东第一次是如何见面的、当时情形如何，尚未找到有关记录。但是贺龙到达陕北后，说过："好了，从此我们就可以在毛主席直接领导之下了！"欣慰之情溢于言表。

王尚荣后来说："对贺龙同志在同张国焘斗争中的坚定立场以及所起的重大作用，毛主席、周总理和朱委员长曾一再给予高度评价和赞扬。"贺龙与毛泽东神交近十年，终于能在毛泽东的直接领导下共同战斗了。

1937年3月下旬，党中央召开中央政治局扩大会议，对张国焘的错误进行揭露和批评。贺龙在会上的发言，对张国焘说："当你是共产党员的时候，我还是个'军阀'；现在，我做了共产党员，你反而变成了军阀。你张国焘是人变猴子，倒退了！"②

这几句话，言简意赅，一针见血指出了张国焘闹分裂的思想根源，深得与会人们的赞赏。

王震后来评价贺龙的一生时说："几十年来的事实充分证明贺龙同志是衷心拥护毛主席、忠于毛主席革命路线的。"难能可贵的是，贺龙在没见过毛泽东之前，在各种斗争的风风雨雨中，就能够自觉地做到这一点。

---

① 王震著：《忠诚的战士，光辉的一生——纪念贺龙同志》，《解放军报》1977年7月28日。
② 水工著：《中国元帅贺龙》，中共中央党校出版社1995年版，第200页。

3."毛主席叫我走,我就走!"

贺龙有一句名言:"我完全听党的话,党教我怎么干,我就怎么干。"同时,他又说过:"毛主席叫我走,我就走!"叫我留下,我就留下。这就是贺龙的心声。

(1)

贺龙到达陕北后,为能在毛泽东的直接领导下工作而感到欣慰。然而,他却没料到没过多久就受了一场委屈。

1936年12月西安事变以后,贺龙率红二方面军进驻陕西富平县庄里镇,根据红军前敌总指挥部的命令,积极准备东进抗日。谁知,前总突然指示在红二方面军中开展"反军阀主义"的斗争。

6月23日,在前总开会时,红二方面军总政委关向应决定召集红2军第4师党的特别小组会,反对12团团长的"军阀主义"。12团团长的问题主要是他本人与政委关系不好,但有人上纲很高,说这"实质是军阀主义倾向反对党的斗争",对他进行批评。结果,这位团长却没认识到自己的错误。

第4师师长卢冬生也认为上纲太高,不合事实,于是会议的矛头转向卢冬生,指责他"对政治制度的反对倾向,只相信个人,不相信组织,对上关系对下团结均如此",是"4师工作的主要阻碍",但会议同时也肯定了他"对革命的态度基本上是好的"。[①]

[①] 关向应日记,转引自《中国元帅贺龙》,中共中央党校出版社1995年版,第201页。

卢冬生是湖南湘潭人,跟随陈赓参加革命。南昌起义后,他在上海由陈赓介绍入党。1928年,他从上海随贺龙来到湘鄂西,以后一直是贺龙的部下。由于这种历史渊源,他和贺龙的个人关系十分密切。指责卢冬生"只相信个人"中的"个人",指的就是贺龙。面对这样的指责,倔强的卢冬生也不服气,拒不作检查。

随后,在特别小组会上,贺龙主动发了言,并且以自我批评的态度提出自己对卢冬生他们"过去与其错误斗争不够。不够的原因,因为过去过火的思想斗争方式不满而形成的成见"。[1]

这次反军阀主义实际上是针对张国焘的,谁知这么一来无形之中却把反对过张国焘的贺龙也牵扯过来了。卢冬生不作检讨,总政委关向应也很苦恼。7月19日,他在笔记上写道:"冬生非但未了解自己的错误,而且有很深的意见,值得我们警觉,奈何!奈何!"30日,对卢冬生的批判斗争升级了。团级以上干部参加的党的积极活动分子会议开始公开对卢冬生的"军阀主义"进行批判。

这时候,贺龙觉得自己必须站出来了。他发言说:"我没有错误吗?因为我过去当过军阀,党没有公开批评就是的。"

他还说:"冬生的错误我是看到的,因为我过去政治落后,没有纠正就是了。"

贺龙主动地并且是违心地作了检讨。可卢冬生并不理解,打电话向关向应提出:"一、我要饭回家去。二、你把我送到后方去,我不干了。"

卢冬生的做法更是把贺龙推到了斗争的前沿。有人把批判的矛头直接指向贺龙。贺龙忍无可忍,不再退让了,拍桌子说:"你们要赶我走?办不到!毛主席叫我走,我就走!"[2]

贺龙提出毛泽东让走才走,毛泽东不会让他走。这样,红二方面军的"反军阀主义"进行不下去了。

---

[1] 关向应日记,转引自《中国元帅贺龙》,中共中央党校出版社1995年版,第202页。
[2] 水工著:《中国元帅贺龙》,中共中央党校出版社1995年版,第203页。

第二章 贺龙:"跟着毛主席就是胜利"

此时七七事变已经爆发,国共两党经过谈判,决定红军改编为八路军,一起合作抗日。为了早日出师抗日,红军改编迫在眉睫,党中央通知贺龙、关向应去洛川出席中共中央扩大的政治局会议。于是,弄了一个来月的"反军阀主义"便不了了之了。

(2)

1937年8月,党中央在洛川召开会议,并决定贺龙担任八路军120师师长。

会上,林彪提出八路军一兵不留,全部开赴前线,以表示对国共合作的忠诚。

毛泽东说:"我们不能没有家啊!"

贺龙当即提出说:"从120师抽部队吧。"①

结果,贺龙从120师仅有的四个团中抽出一个团又一个营,留在陕北保卫党中央和陕甘宁边区。

在这次会议上,毛泽东对林彪的意见没有直接批评,但在几年之后,一次和贺龙谈及林彪时,毛泽东说:"林彪想一走了事。"

显然,毛泽东当时对林彪的思想是不赞同的,而对贺龙的做法是赞赏的。

(3)

贺龙执行毛泽东和党中央的命令很坚决。

1937年秋,红军改编为八路军换装时,第二方面军许多干部对摘下红五星、换上国民党军装想不通。贺龙知道后,把他们喊过来,耐心地对他们说:"国民党的帽徽我戴过,国民党的将军服我也穿过,按我的心愿来说,看到这

---

① 余秋里著:《英雄业绩与世长存——纪念贺龙同志逝世十周年》,原载1979年6月10日《人民日报》。

些东西我就感到讨厌、恶心。但是,这是党的决定,是毛主席的命令,是为了抗日救国。为了执行党的决定,执行毛主席的命令,就是叫穿花裤子我也穿。"①

在湖南地方风俗中,男人是不能穿"花裤子"的,贺龙"就是叫穿花裤子我也穿",就是他"执行党的决定,执行毛主席的命令"的坚决态度。

(4)

贺龙听毛泽东的话,不是只说在嘴巴上,而是实实在在地落实在行动上。在抗战初期,不少人对王明"一切经过统一战线"的理论痴迷,对毛泽东的独立自主的游击战理解不深刻,而贺龙却是毛泽东路线的自觉执行者。

1937年9月,贺龙率领120师出兵晋西北,配合正面战场的忻口战役,先后袭击南北大常、永兴村、雁门关、王董堡,歼敌400余,切断日军交通补给线。11月中旬,太原失陷后,贺龙在北起大同口泉、南到汾阳的同蒲铁路以西地区全面开展游击战争,独立自主地发动群众,创建敌后抗日根据地。

1938年三四月,贺龙率120师从日军手里收复岢岚、五寨、神池、偏关、河曲、保德、宁武七城后,国民党第二战区总司令阎锡山却与八路军搞起了对抗,不准八路军在晋西北筹粮、筹款,抗日统一战线面临新的挑战。由于王明思想的影响,这时有人幻想用迁就、让步的办法维护统一战线。贺龙对此不能容忍,尖锐地批评说:"这叫什么统一战线?乱弹琴。这明明是捆住自己的手脚,让人家把你搞掉嘛!"

7月7日,国民党岚县县长召开纪念抗日战争一周年大会。由阎锡山手下一个叫张雟轩的专员主持。120师驻扎在岚县一带,司令部就在岚县城内,他们既不与120师商议,也不联系。贺龙得知此事后,稍加思忖,便说:"走!"

他来到会场,以与会一员的身份坐在群众中,参加抗战纪念会。

在张雟轩主持下,台上几个讲话的大卖狗皮膏药,吹嘘自己如何抗日,如

---

① 廖汉生著:《贺龙同志是一个好同志》,原载《新华日报》1977年7月29日。

第二章 贺龙:"跟着毛主席就是胜利"

抗战时期的贺龙

何爱民,吹捧阎锡山,对八路军则进行污蔑和诽谤,还说什么春耕忙,粮食没了,军队不要随便筹粮筹款,要吃饭就得拿钱买,不讲抗日,意在阻拦八路军筹粮筹款。这时有人走上台告诉张隽轩说:"贺龙师长就在台下。"

张隽轩一下被动了。在会议要结束时,他只好增加一项议程,请贺龙上台讲话。

贺龙从人群中站起,从从容容地走上主席台。坐下后,他首先一声哈哈大笑,然后大声地说道:"我今天不代表什么人,我只是一个普通的老百姓。我要问,抗日要不要吃饭?"

台下的群众说:"要吃饭。"

"没钱怎么办?"

"你政府解决。"

"吃了饭,要去抗日;不抗日,没饭吃。"贺龙说,"我们老百姓组织起来打日本鬼子,有什么罪?为什么这也限制,那也限制?我要问:二战区的官老爷们,你们是怎样抗日的?日本鬼子向前进攻,你们的晋绥军就望风而逃,向后撤退。溃退下来的军队到处抢劫老百姓,简直如同土匪。这是抗日吗?"

贺龙一连串的质问，让张巂轩等人十分狼狈，面面相觑。台下的听众情绪却一下子振奋起来了。这时贺龙挥动着手臂，继续讲下去：

"我们八路军和你们相反，日寇向南进犯，我们坚决北上抗日，深入敌后。你们失陷的城镇我们夺回来，你们我要问，你们口口声声说阎司令长官，宁愿在山西牺牲，不愿到他省流亡，为什么日寇还离你们几百里，你们的阎司令长官就跑到陕西宜川一带，寻找安身之处，这是什么抗日？"①

贺龙越讲越有劲。在场的副师长萧克使劲地扯他的衣服，贺龙也没理，还是讲自己的，对国民党不准八路军筹粮筹款进行斗争。

然而，始料不及的是，共产党内，有人对贺龙"招兵买马"，扩大抗日力量，坚持独立自主，进行原则性斗争的做法产生了误解。他们认为，贺龙的这种态度会损害同国民党的关系，损害统一战线，批评他在庆祝大会上的讲话"把统一战线骂坏了"，不能这样尖锐。于是，有人还给中共中央写了一封信，反映他们的意见，并建议将贺龙调出120师，去中央党校学习。

这件事使贺龙极为烦恼：批评这些人不抗日，不准八路军筹粮，错在何处？难道只有自己捆住自己的手脚，一切听从阎锡山摆布，才算统一战线？最后他的结论是："如果那样，我贺龙决不干。"②

师政委关向应对120师一些同志对贺龙的意见思之再三，认为并不妥当，便赶到延安，向毛泽东当面进行汇报和请示。

毛泽东已看到了那封告状信，专门就这件事同关向应谈话。他严肃地批评了信上的错误看法，并对关向应说：

> 二方面军谁是旗帜？是贺龙。贺龙同志有三条嘛，一、对敌斗争坚决；二、对党忠诚；三、联系群众。③

---

① 吕儒宗著：《人民爱师长，师长爱人民——忆贺龙同志二三事》，载《回忆贺龙》，上海人民出版社1979年版，第527页。

②③ 水工著：《中国元帅贺龙》，中共中央党校出版社1995年版，第218、219页。

就这样,这件事过去了。但它还是在贺龙心灵上造成了某种苦涩的阴影,他不懂自己积极抗日,为什么反他的"军阀主义",为什么会有人向党中央告他的状?这种困扰直到1942年整风运动讨论党内若干历史问题后,贺龙才彻底摆脱。这是后话。

> 这一事件以后,(贺龙)他对毛泽东更加敬仰。对毛泽东的指示,执行起来更加忠贞不贰,连讲话对毛泽东的称谓,也变成"毛大帅"了。①

这就是爱憎分明的本色贺龙。

(5)

吕正操上将在冀中抗战时,曾与贺龙有过不到一年共同战斗的生涯,后来他深有感慨地说:"贺龙同志对毛主席为我军制定的战略战术,理解得深,用得活。"

贺龙与敌斗争,按照毛泽东的方针办,打仗也是按照毛泽东的战术进行。

1939年年初,贺龙按照毛泽东和党中央的安排,率领八路军120师到达冀中,正赶上日军第三次来"扫荡"。敌人以7000人之众,分兵五路,向高阳、河间一带杀来,企图在潴龙河两岸与冀中部队决战。在研究对策的会议上,贺龙详细分析了敌我双方的力量,说:"敌人这次来势很凶,要认真对待,但不能硬拼,应避其锋芒,与敌周旋于平原,然后相机集中兵力干掉它一部,最后歼其全部。"

会后,贺龙亲自率领120师716团和冀中部队一部,迂回在河间、肃宁两县之间,待机与敌交锋。

2月2日,日军宫崎联队一部进犯到河间以西的曹家庄地区,贺龙发现

---

① 水工著:《中国元帅贺龙》,中共中央党校出版社1995年版,第219页。

敌情后立即抓住战机,命令所率部队迅速出击,一举歼灭敌人150多名,接着取得黑马张庄、河间、大曹庄、东唐旺等战斗的胜利,战果辉煌。

4月,贺龙再次指挥发起齐会之战,消灭不可一世的日本王牌吉田大队700多人,创造了冀中平原大规模歼灭日军的空前范例,彻底粉碎了日军的第三次"扫荡"。

8月,贺龙奉中央命令率领120师离开冀中。冀中军区司令员吕正操回想八个月与贺龙戎马相随、朝夕与共的经历,恋恋不舍地说:"贺老总,你知道,过去我是个旧军人,没有经过长征锻炼,也没搞过土地革命,对咱们八路军这套东西还没有学会,还需要你继续帮助,你却要走了!"

贺龙哈哈大笑几声后说:

你常说你是个旧军人,就算个"小军阀"吧,那算个啥!我在旧军队里当过镇守使、师长、军长,可是个'大军阀'呢。但一找到共产党,跟上毛主席,有了觉悟,就有个"突变"嘛!过去的事提它干啥,要紧的是跟着毛主席干革命,风吹浪打不回头![①]

贺龙的话语让吕正操感受到他对共产党的深厚感情,受益匪浅。

4. "我们的毛大帅是有本领的!"

周士第上将算得贺龙军事上的得力助手,也是很得贺龙信任的人,两人长期共事过。周士第说:"贺龙同志一向热爱尊敬毛主席和周总理,对党无限

[①] 吕正操著:《耿耿于大业肝胆照人心》,原载《回忆贺龙》,上海人民出版社1979年版,第471页。

第二章 贺龙:"跟着毛主席就是胜利"

忠诚。"贺龙对毛泽东的"热爱"和"尊敬",除了他与毛泽东的个人感情之外,更主要源自于他"对党无限忠诚"。

(1)

毛泽东和贺龙虽然彼此很早就知道对方,但见面后在一起的时间并不多。然而,毛泽东对贺龙十分信任,并且这种信任是历史上其他领袖对手下军事大将难以做到的。

从1937年秋率领八路军120师东渡黄河、挺进敌后时开始创建晋绥边区开始,贺龙在晋绥长达十多年。毛泽东和党中央的这个安排,贺龙的老部下杜世清、张秀颜认为是对贺龙的莫大信任:

> 如果说,陕甘宁边区是中国解放区的首脑,就地理位置看,那么晋绥边区就是中国解放区的咽喉。全区西凭黄河天险,东渡汾河扼同蒲、平绥铁路,北越平绥迄蒙古草原,南括雄伟的吕梁山脉。东与晋察冀、晋冀鲁豫两解放区呼应,西与陕甘宁隔河相依。它威胁着华北敌人的侧背,屏障陕甘宁和整个大西北,战略地位非常重要。特别是1939年12月"晋西事变"(即蒋、阎发动的第一次反共高潮)后,晋绥边区就成为保卫陕甘宁边区,保卫党中央的直接屏障,成为华北、华中各解放区与陕甘宁边区联系的唯一通道。对于这样一个重要的地区,在这样一个关键的时刻,委派革命名将贺龙同志来开展工作,先后任八路军120师师长兼晋绥军区司令员、陕甘宁晋绥五省联防军司令员、西北军区司令员、中共西北局第二书记,足见毛主席、党中央对贺龙同志是十分信赖的。[①]

[①] 杜世清、张秀颜著:《贺龙同志在晋绥》,原载《回忆贺龙同志》,人民文学出版社1979年版,第121页。

而贺龙对毛泽东和党中央则也是忠心耿耿。

来到晋绥后,他即以对党、对阶级、对民族的无限忠诚,对伟大领袖毛主席的无限热爱,积极地开展工作。他无限崇敬毛主席,经常对同志们说:"我们的毛大帅是有本领的!"在他的谈话、文章、战斗指挥、日常生活中,一贯闪耀着毛泽东思想的光辉,表现了革命军人对领袖、对党的无限忠诚。①

晋西北地区地广人稀,条件很差。但贺龙对干部们说:"晋西北虽然条件最差,但离毛主席最近,党中央和毛主席派我们来守卫延安的大门,这是对我们莫大的信任,也是我们最大的光荣。"

在延安期间,贺龙多年兼任晋绥和陕甘宁五省联防司令员,既负责晋绥的工作,又负责陕甘宁五省的联防工作,是保卫党中央的军事大将,堪称"延安的镇守使"。

(2)

在艰苦的战争年代,作为高级将领,贺龙对毛泽东的安危非常关切,爱护备至。

1947年3月,胡宗南大举进攻延安。党中央决定撤出延安,但毛泽东决定留在陕北,指挥战争。3月30日,贺龙赶到临县三角镇,与匆匆赶来的周恩来见面。

周恩来传达党中央和毛泽东的决定后,贺龙问道:"毛主席为什么不离开陕北呢,在那里很危险啊!"

周恩来说:"毛主席说,我走了,蒋介石就会把胡宗南投到其他战场上去,

---

① 杜世清、张秀颜著:《贺龙同志在晋绥》,原载《回忆贺龙同志》,人民文学出版社1979年版,第122页。

其他战场就要增加压力。我留在陕北,拖住胡宗南,别的地方能好好地打胜仗。"

贺龙听了,甚为感动。

4月中旬,毛泽东率领中央机关转移到离敌人的蟠龙据点仅百十里地的王家湾。贺龙十分挂念毛泽东的安全。为了减轻毛泽东行军的疲劳和便于指挥作战,他决定把自己骑了多年

贺龙与毛泽东、朱德在一起

的两匹战马,特意派专人送去王家湾给毛泽东乘骑,说:"这是两匹有功之马,曾载着我闯过多次难关。一次过湘江,正碰上河水暴涨,河面有五六里宽,要不是凭着战马,也许我早就完了。现在就让这两匹战马为主席分劳代步吧!"

毛泽东接到贺龙送过来的战马后,笑着说:"好马留给部队打仗用吧!贺老总南征北战,需要千里驹,我是可以安步当车的。"

尽管毛泽东把两匹战马送给了战斗部队,两人的情谊却仍然可见一斑。

贺龙为什么会这么做?一是他多次说过:"党中央是我们的脑袋,我们有责任保卫它!"二是熟悉贺龙的廖汉生和余秋里等人证实贺龙多次说过的一句话:"跟着毛主席就是胜利。"贺龙对此坚信不疑。

毛泽东率领党中央机关在陕北转战的时候,1947年5月贺龙患了胆囊炎,病倒了,住进了晋绥军区碧村医院,由一个苏联医生负责治疗。可是,他住院没有几天,党中央就发来电报,让他速去陕北参加会议。

苏联医生不同意去,对他说:"贺司令员,你的胆囊炎还没有好,现在,血压又比较高。你要去陕北,骑马是很劳累的,对你的病很不利,不好办啊!是不是请个假?"

西北战场战火正酣。贺龙认为这时开会,中央一定有关系到全局的大事

要讨论,说:"必须出席,不能请这个假。"院方无奈,只得让这位苏联医生跟着他一起去陕北,以防不测。

临走之前,贺龙突然想起一件事,把警卫员找过来,问道:"我记得还有一斤水果糖吧?"

警卫员点点头,不知道老总此刻要水果糖做什么。

在解放区,水果糖是来之不易之物,别说一般干部,就连贺龙这样的大干部,也很难见到。这是去年一位同志特地送给贺龙的,他一直舍不得吃,让警卫员保存起来,放了近一年。

贺龙在陕北

警卫员把那包糖拿出来,递到贺龙面前:"老总,水果糖。你要它干什么?"

贺龙接过水果糖,仔细地看了一遍,见到保存完好,满意地笑了笑说:"毛主席离开延安,整天和敌人周旋,生活一定很苦。你把这包水果糖带上,送给主席。"

9月18日,贺龙渡过黄河,赶到了毛泽东、周恩来、任弼时所在的靖边县小河村。他远道赶来,毛泽东走出来亲自欢迎。两人紧紧握手时,贺龙端详毛泽东说:"主席,你比在延安的时候瘦多了呀!"

"是吗?我觉得比在延安的时候更结实了。"毛泽东说,"看来,行军是个好事呢!可以锻炼身体。现在,不骑马走他十里、二十里,也不觉得累了。"

这的确是毛泽东的切身体会。

贺龙高兴地说:"主席呀,我们就放心了。"

贺龙的话也是由衷的。

这次会议确实很重要,并且党中央对贺龙的工作有了新的安排。毛泽东对贺龙说:"陕北战场还得依靠你们晋绥。军事上也好,财政上也好,特别在粮食上都要依靠你们晋绥,所以,中央有这样一个考虑:让你贺老总把这两个区统一管起来，使陕北战场有一个统一的后方，也好让彭老总放手去打胡宗南。"

原来，毛泽东和党中央决定1948年把解放战争再往前推进，加速国民党政权的垮台，而把后方交给贺龙，是一个重大决定，贺龙肩上的责任也将更加艰巨。对此，毛泽东对贺龙强调说："你别小看了后方啊！打仗，没有一个好的后方，仗是打不下去的。贺老总，你看怎么样，有什么意见？"

贺龙回答说："我听从中央的安排，一切服从战争的全局利益。"

(3)

贺龙对毛泽东安危的关切，是一贯的，十分细心、周到。

1948年3月25日，为了迎接全国解放的到来，毛泽东决定离开陕北前往华北去西柏坡。当他来到晋绥边区的首府——兴县蔡家崖时，贺龙派人在沿路和渡口加强了保卫工作，并调集了60多名最好的水手，安排了几只木船集中在渡口，随时待命。另外，他又把120师后勤部炸弹厂新做的两艘大木船调到高家塔渡口，新装舱板，船上配备最好的艄公和水手，专为毛泽东摆渡。

> 毛主席到达蔡家崖之后，贺龙同志把自己的房子腾出来让主席居住，每天晚上亲自带班，为毛主席站岗。毛主席在这里先后举行了五次座谈会，每次开会前，贺龙同志总是亲自布置会场，连主席用的桌子、椅子都要亲自搬来放好，然后自己试用一下觉得合适了才放心。毛主席睡觉的床铺，也要亲自试试，看是否平稳，有无响声，生怕影响了毛主席的休息。毛主席三次到离住地二里路的北坡村看"战斗剧社"、"七月剧社"和"大众剧社"演戏，贺龙同志总是亲自布置保卫工作，并一直守护在主席身旁。[①]

[①] 杜世清、张秀颜著：《贺龙同志在晋绥》，原载《回忆贺龙同志》，人民文学出版社1979年版，第235页。

贺龙对毛泽东关心之至可见一斑。

4月1日,毛泽东发表《在晋绥干部会议上的讲话》。贺龙马上组织晋绥分局和军区干部进行学习、讨论,并把这一文献送给身旁的人员,亲自给他们讲解,要求他们认真学习。目睹这些情景的人后来由衷地说:(这)"充分体现了(贺龙)对伟大领袖毛主席和战无不胜的毛泽东思想的热爱和崇敬的深厚感情。"

此言不假。

贺龙是一个有着丰富的个人特质的人,有人认为他在某些方面比其他高级将领"粗疏一些",而他的这些细微之处,则更显见出对毛泽东的一片真心和对党的领导的十分忠诚。

5."我带的部队,旁人也能带"

贺龙对毛泽东的感情并非是那种江湖草莽之情,而是出自对党和党的领袖的无限忠诚。而他的这种忠诚又是毛泽东所赞赏的"对革命事业的忠诚"。

贺龙对党的忠诚,是公认的。毛泽东对贺龙的三条评价中,除对敌人狠、能联系群众外,第一条就是"忠于党",周恩来也说过:"在他(贺龙)的一生中,无论在战争年代,或在全国解放以后,他是忠于党,忠于毛主席革命路线,忠于社会主义事业的。"

贺龙的这种忠诚,可以毛泽东叫我走就走,党中央叫我"给部队"就给部队。对此,贺龙的老部下余秋里说:

> 贺龙同志一贯尊重党中央……只要对革命有利,要人给人,要枪给枪,要钱给钱。

第二章 贺龙："跟着毛主席就是胜利"

贺龙自从参加革命开始，几十年来都是这么做的。这非常令人感叹和敬佩。

贺龙所处的时代，是一个枪杆子的时代。如果说他对党"要人给人"，"要钱给钱"，也许算不得什么，但在"要枪给枪"这一点上，他的所作所为却是很多从旧军队出身的人难以做到的，甚至完全不可能做到的。因为贺龙听从党中央和毛泽东的命令，"要枪给枪"，并非给一支枪或几十支几百支枪，而是完完全全的"给部队"，甚至把自己所率领的部队全部"给"出去，这远远不是一般人所能做到。

贺龙对党"要枪给枪""给部队"的事情，不是一次两次，也不是给一支两支部队，而是把自己率领的所有部队全部给党。

第一次是南昌起义。

1927年夏，贺龙率领苦心经营十几年的部队，与周恩来、朱德、刘伯承等人参加南昌起义。当时，他连党员都不是，但毅然把所有部队拉过来，参加党领导的反对蒋介石之流屠杀革命的南昌起义，并担任总指挥。余秋里总结贺龙这么做的原因说："贺龙同志这时尽管还没入党，但实际上却已经把自己的生命和自己的队伍交给了党！"贺龙为什么把自己的生命和队伍交给党呢？因为他出身贫苦，内心隐藏着对被压迫者的深切同情，而中国共产党正是劳苦大众的救星，正是贺龙寻找的革命领袖。贺龙后来说：

> 有的材料写着我70次找党，算上历次的要求，我也记不清楚了，没有70次，恐怕也有几十次吧。[①]

正是基于这样的信念，他率领自己的部队全部参加了南昌起义。

结果，南昌起义军在广东潮汕地区失败，贺龙的一个军全部没了，不得不逃往上海，随后，他只好再次回到家乡去拉队伍。后来，贺龙回忆自己在南昌

[①] 王敏昭著：《一切依靠党和群众——八一访贺龙将军》，载《回忆贺龙》，上海人民出版社1979年版，第124页。

起义军南下途中入党时的经历说,从此,"我自己的军队是党的了,我的脑袋也是党的了!党就是我的生命!"贺龙的这个思想,于他本人来说是一个极其大的转变。

对此,王尚荣回忆:

> 贺龙同志常说:我没有参加共产党之前,我指挥的军队是我的,我加入共产党之后,我指挥的军队就是党的了,连我的脑壳子也是党的了。

原来贺龙认为军队是自己的本钱、个人的家当,现在成了党的了,这发自肺腑的质朴语言,也是贺龙当时的真实思想,所以,他一旦找到了党便毅然决然地把自己的部队交给党,参加南昌起义,结果起义军南下失败,贺龙一个军的部队全没了,后来他不得不辗转到湘西再次拉队伍。

正是贺龙对党这样的忠诚,毛泽东等人对贺龙有"忠于党"的评价。

然而,贺龙"给部队"无独有偶。1947年前后,他再次把部队全部给党。

1945年8月日本投降时,毛泽东派贺龙去晋绥担任野战军司令员。次年11月上旬,贺龙刚将晋绥地区的野战部队整编成三个野战纵队,中央军委便下令调第一纵队西渡黄河,保卫陕甘宁解放区。贺龙二话没说,亲自来到山西临县三交镇,动员跟随自己多年的干部们服从命令,立即开赴陕北。第一纵队愉快地执行保卫延安的任务,由彭德怀指挥。1947年,贺龙托人捎话给第一纵队将士们:"你们的任务很光荣。毛主席在陕北,要保证毛主席和党中央的安全。要多打胜仗,多消灭敌人,听彭老总的指挥,这样才对得起党和人民。"

1947年初,国民党军对陕北发起全面进攻前夕,中央军委再次下令调晋绥野战军第二纵队奔赴陕北。贺龙再次不折不扣地执行命令,亲自来到二纵司令部所在地,送司令员兼政委王震等人率部过黄河。

带兵打仗的人都是韩信点兵,多多益善。贺龙把两个纵队送去陕北后,他虽然仍是晋绥野战军司令员,但身边只有一个野战纵队,相当于一个军,而与他同级的军事将领如山东的陈毅、晋察冀的聂荣臻和太行山的刘伯承则带领

第二章 贺龙："跟着毛主席就是胜利"

十几万部队，他的兵力最少，甚至在与敌斗争中晋绥多少有些兵力不足。

蒋介石全面进攻解放区严重受挫后，痛定思痛，3月集中兵力转为对山东和陕北实施重点进攻。这时陕北解放军只有四个野战旅，约1.7万人，与敌人在兵力对比上处于绝对劣势。毛泽东等人决定诱敌深入，必要时放弃延安，与敌周旋在延安以北的黄土高原，在运动中集中兵力逐次歼敌，将进攻陕北的胡宗南部拖死在陕北战场。

贺龙与周恩来、叶剑英等在一起

陕北即将开战，谁来统率这1.7万人马呢？

论情理，应由陕甘宁晋绥联防军司令员贺龙来指挥。因为在陕北的1.7万兵力，主力是晋绥野战军的两个纵队，将领、部队情况，他最熟悉。然而，在胡宗南部对延安进攻就要开始时，彭德怀向毛泽东提出："在贺龙同志未回延安之前，陕北几个旅加上后勤人员也不过两万来人，是否由我暂时指挥？"

毛泽东表示同意："好！"

3月16日，中央军委决定组成西北野战兵团，由彭德怀任司令员兼政委。陕北地区的部队统归彭德怀指挥，贺龙手下晋绥军队原来两个纵队也划归西北野战军。第三日傍晚，毛泽东等人主动撤离了延安。

7月末，由于陕北战事的需要，党中央再次决定将贺龙麾下的晋绥野战军第三纵队调归由彭德怀指挥的西北野战军。也就是说，贺龙身边最后一个纵队也要调走。旧军队出身过来的贺龙深知枪杆子的重要性，他会极力反对吗？他没有，相反，他还做一些不愿离开的将领们的思想工作说："军队是党的军队，不是哪个人的。我带的部队，旁人也能带，军队要有党指挥嘛！"

贺龙这么说,也是这么做的。

对此,跟随他多年的部将王尚荣解释贺龙此举说:

> 贺龙同志具有坚强的党性和高尚的共产主义品德……对毛泽东同志无比崇敬。毛泽东同志决定的事,他就坚决执行。他负责处理的重大问题,总要向毛泽东同志汇报,以毛泽东同志的指示为准。

贺龙交兵后身边就无主力部队了。在小河口会议上,毛泽东提出:陕甘宁边区在军事上和财政上都依靠晋绥,今后更加如此,由贺龙统一领导两个解放区的工作。会后,贺龙再次出任陕甘宁晋绥联防军司令员、西北财经办事处主任,领导陕甘宁晋绥两个解放区的工作,全力支援西北解放战争。

对此,王震后来说:

> 贺龙同志……一向把他所率领的部队看作是党的部队,党怎么调动,他就怎么服从;党分配他干什么工作就干什么工作,一贯顾全大局,心悦诚服地执行党的决定。

结果,从1947年起,在轰轰烈烈的三年解放战争中,贺龙作为一员战将,却一直没有带兵出征,这正是贺龙听从党的指挥,贯彻毛泽东的思想的全局行为。

然而,后来有人却把贺龙这种顾全大局的高境界行为"解释"为贺龙是"大老粗"、不会打仗,所以毛泽东把他置于后方。这个说法何其荒谬。

首先,贺龙会打仗。

从军事生涯来看,贺龙征战无数,无论是北伐还是在湘鄂西根据地,还是在长征路上,抑或是在抗战时期,贺龙指挥战斗的胜绩都是响当当的。例如,在抗战时期,贺龙领导的120师是滨江路的三大主力之一,也是按照毛泽东独立自主的山地游击战战术原则打得好的部队之一。王震说:"抗日战争时期,贺龙同志贯彻执行了毛主席提出的独立自主的游击战争方针,抵制了王明的右倾投降主义。"

后来,长期与贺龙共事过的周士第上将总结抗日战争时说:

> 他(贺龙)指挥的120师和晋绥军区部队,在抗日战争中打了一万多次仗。

贺龙主持的晋绥和五省联防,与蒋介石嫡系最精锐的胡宗南部队对峙,长达十几年。正是贺龙的部队守在黄河边,和日军长期武力对峙,才使得日军过不了黄河,胡宗南多次掀起反共高潮,也都中途夭折。

其次,解放战争打响后,毛泽东把贺龙安排在后方管后勤,也有在关键时刻放出这位虎将以对付胡宗南的军事准备。这在之后的战争指挥安排中得到了印证。

1949年10月开国大典后不久,党中央决定组成中共西南局挥兵入川,解放大西南。西南局由邓

贺龙和习仲勋

小平、刘伯承、贺龙分任第一、第二、第三书记,其中贺龙还兼任西南军区司令员。毛泽东让贺龙挥兵入川,就是对付正准备南下的宿敌——胡宗南部。

然而,这时贺龙手上早已没有一兵一卒了,带哪支部队入川就成了一个急待解决的问题。在中央军委会议讨论进军西南问题时,贺龙带哪支部队入川成为了一个议程。毛泽东问贺龙:"贺老总,你看,你带哪支部队入川?"

作为指挥员,当然希望带自己熟悉的部队,但贺龙原来那些老部队,经过三年解放战争,已成为第一野战军主力,正由彭德怀指挥,并且它们担负着解放大西北和进军新疆的重任。因此,从第一野战军中抽出一个兵团显然不合

适。贺龙觉得华北野战军第十八兵团比较合适,一则他们正在秦岭和天水一线,进川比较方便;二则第十八兵团司令员周士第抗战时期当过贺龙的参谋长,曾长期一起共事,比较了解。于是,他对毛泽东说:"我还是带十八兵团入川吧!"

"很好嘛!"毛泽东表示同意。

于是,中央军委确定贺龙率领第十八兵团、第7军、第19军共14个师从陕西入川。

有些长期跟随贺龙的人有点想法,他们悄悄地问贺龙说:"老总,你为什么不带你自己带出来的部队进川呢?"

"怎么,不可以吗?为什么一定要带我从前领导的那些部队呢?"贺龙不满意地反问他们,"军队是党领导的,不是我贺龙个人的。如果我不带十八兵团,非要带自己领导出来的部队,那我贺龙就不像个共产党员了。"

听了这席话,人们除了敬佩和折服,还能说些什么呢?[①]

1949年8月29日,在贺龙的号令下,第十八兵团向防守川陕公路正面秦岭要隘的胡宗南部发起攻击,然后,锐不可当地一泻而下,进入了大西南地区。12月27日,解放四川省省会成都。

1950年3月中旬,贺龙与刘伯承、邓小平指挥解放大军解放西昌,云贵川康四省回到了人民怀抱,中国内地除西藏外的解放战争基本结束。从此,贺龙结束了自己驰骋沙场43年的戎马生涯,转入领导和参与建设新中国的工作。

[①] 水工著:《中国元帅贺龙》,中共中央党校出版社1995年版,第267页。

6."毛泽东思想是指导中国革命走向胜利的唯一正确的思想"

贺龙出身很苦,文化水平不高,有人是这么描述的:

> 贺龙从小就识字不多,但会写自己的名字。他下达命令的时候,总是把自己的名字写在战士的左手上。战士回到自己的连队,背诵完命令,就举起左手,出示贺龙的亲笔签名。

1927年南昌起义失败后,贺龙开始读书写字。他每学一篇课文,就反复诵读,直到学会了为止,由此他认识了不少的字,文化水平也大有提高。在战争年代,贺龙一直坚持学毛泽东的著作。针对他文化不高的实情,毛泽东也曾经建议他去多学习。新中国成立后,环境好了,贺龙对学习抓得更紧,并且很重视学习毛泽东著作。

宋任穷担任过西南军区副政委。几十年后,他对西南局工作时几件印象深刻的事情中就有贺龙学习《毛泽东选集》的事。

1952年《毛泽东选集》第二卷出版,这是当时政治生活中的一件大事。宋任穷回忆:

> 贺龙同志把组织干部学习毛主席著作当作一件大事来抓,花费了很大精力。这一年的10月6日,西南局、重庆市联合召开学习动员大会,贺龙同志亲自到会讲话,他指出:"中国革命是依靠马克思列宁主义与毛泽东思想成功的,今后的工作更要依靠马克思列宁主义与毛泽东思想。"他号召大家系统地而不是零碎地、实际地而不是空洞地学习马克思列宁主义和毛泽东思想,强调"一定要领会其精

神实质,首先钻进去,然后考虑如何运用之于不同的工作岗位,求其融会贯通"。最后,他说:"我自己虽然快六十岁了,但我一定要努力地学,不断地学,一直学到老。"贺龙同志的讲话,语重心长,亲切感人,对西南地区的干部和群众学习毛主席著作,起了很大推动作用。[①]

会后,贺龙还带头制订了一个学习《毛泽东选集》的计划。这个学习计划,宋任穷留了一份,多年来一直保存着。全文如下:

关于学习《毛泽东选集》的计划
贺龙

(一)学习的目的与要求:

关于毛主席的著作虽然有些已经学过,但不系统,对某些问题的了解还不够深刻。因此,时常感到自己的政治理论水平尚未达到应有的程度,对某些问题的处理就难免从经验出发,这一方面由于文化程度的限制,另一方面是由于主观努力不够,学习不经常。今后,为了更深刻地学习毛泽东思想并贯彻到工作当中去,使工作搞得更好,决心用"钻"与"挤"的精神,经常地、有系统地学习《毛泽东选集》,在可能条件之下,尽量争取八个月学完《毛泽东选集》第一、二两卷。

(二)学习的具体计划:

(1)学习方法——以个人阅读为主,利用时间与同志们漫谈。并同时学习文化,读完一篇文章后,用最短的文字把中心或心得记下来,以便练习写作,帮助记忆。

(2)学习时间——每日上午七时到八时,每星期六小时,下午如工作及精力允许的话,还可或多或少抽出一点时间学习(不算在计

[①] 宋任穷著:《爱戴和怀念——记贺龙同志在西南局的几件事》,原载《回忆贺龙》,上海人民出版社1979年版,第549-550页。

划之内)。

作为亲历者,宋任穷说:"这个学习计划,倾注着贺龙同志对毛主席和毛泽东思想的深厚感情,表现了这位革命老战士活到老、学到老的彻底革命精神。"

因为毛泽东曾建议贺龙学习文化,因此贺龙在学习计划中专门写了一条,并且把学习毛泽东著作同学习文化、练习写作结合起来。贺龙有了计划,落实下去了没有?宋任穷回忆:

贺龙和刘伯承、邓小平等人在重庆

> 贺龙同志严格地执行了这个计划。当时,他虽然患高血压病,但仍坚持学习不辍,在规定时间认真读书,晚上还挤时间多学一些。

结果,在贺龙带动下,西南局从书记、常委到一般干部,都制订了学习计划,形成了认真学习马克思列宁主义、毛泽东思想的好风气。

贺龙学习毛泽东著作很认真,并且还要求身边的工作人员和子女也要学。贺鹏飞等子女回忆父亲贺龙时说:

> 他(贺龙)曾经严肃地教育他身边的工作的人员,也教育我们:"不认真学习毛主席著作,就是不听党的话,就是党性不纯的表现。"并且反复指示:"一定要在斗争中学、在斗争中用。"他不管工作多忙,总是挤出时间,摊开一本毛主席著作仔细阅读。

贺龙为什么把毛泽东的著作当做法宝来学习？有人会觉得不可理解,是一种"新的迷信",是"个人崇拜"。但了解父亲的贺龙的子女们并不是这么认为：

> 他(贺龙)从长期革命斗争的具体实践中,深刻地认识到：毛主席是中国人民的伟大领袖,毛泽东思想是指导中国革命走向胜利的唯一正确的思想。①

贺龙等人于毛泽东的深切感情,是与他们本人的切身经历有关系,完全是他们崇高的信仰所致。像贺龙那样历经坎坷又具有爱国为民之心的人,才对毛泽东及他有着真理般光芒的思想有着深刻的体会和认识；正是有了这样的深切体会和认识,他们才对毛泽东和毛泽东思想有着不同于一样的深情,才对毛泽东终生追随,并且革命到底。

7."毛主席要我干,党中央要我干,我就干！"

王震对贺龙一生的评价是"光辉的一生"、"忠诚的战士"。说贺龙是"光辉的一生",纵观其几十年的革命和奋斗历史,一点儿不算过分；说他是"忠诚的战士",也十分中肯。贺龙的老部下王尚荣回忆：

> 每当人们谈起他(贺龙)的贡献时,他总是谦逊地说："如果没有共产党、毛主席的领导,我们还能在地球上生存吗？功劳是共产党

---

① 贺鹏飞、贺晓明、贺黎明著：《深切的怀念——纪念敬爱的爸爸贺龙同志》,载《怀念贺龙同志》,湖南人民出版社1979年版,第349页。

的,是毛主席的。"

贺龙为人光明磊落,对毛泽东的感情淳朴、真实,他把自己的功劳归于党和毛泽东没有水分,不是客套之话,而是出自内心的真实心声。

贺龙曾说过:"毛主席要我干,党中央要我干,我就干!"为此,几十年来,只要党中央、毛泽东发了话,什么事情,他都是不计得失,坚决听从和执行的,在新中国成立后,他更是如此。

1952年9月一天,西南军区贺龙办公室直通北京的电话响了。贺龙拿起听筒,是政务院主持日常工作的副总理邓小平打来的:"贺老总,我给你找了个好差使,请你出马喽!"

"什么好差使嘛?"贺龙问。

这时政务院决定组建中央体育运动委员会,共青团中央曾给刘少奇写报告,建议"委员会主任委员,最好请贺龙那样的一位将军来担任"。邓小平说罢此事后,告诉贺龙说:"总理和我商量,准备同意他们的意见。"

贺龙沉默片刻,然后问道:"主席的意见呢?"

因为戎马一生的他对军队工作更感兴趣。

邓小平回答说:"毛主席也赞成,认为你最合适。"

听邓小平这么一说,贺龙什么也不问了,十分干脆地回答:"好,小平同志,老规矩,中央叫我干,我就干!"[①]

贺龙答应了。

11月15日,周恩来主持中央人民政府委员会第十九次会议任命贺龙为中央体育运动委员会主任。

1953年4月,贺龙离开西南局,来到了北京,并主持第一次全国体育工作会议。

相比较西南局的工作,中央体委主任的工作,在许多人眼中是那么得无

[①] 水工著:《中国元帅贺龙》,中共中央党校出版社1995年版,第294页。

足轻重,但是,贺龙毫无怨言。而毛泽东等人并没有让这员大将赋闲。1954年9月,在第一届全国人民代表大会上,贺龙被任命为国务院副总理、国防委员会副主席并兼国家体委主任。在毛泽东等人的指导下,新中国的体育工作,成为了贺龙诸多工作中十分重要的一部分。而这个岗位使得贺龙与深盼中国人甩掉"东亚病夫"夙愿的毛泽东交往更加深入了,而他对毛泽东的情谊也如浓酒更加醇厚。

1959年9月,第一届全国运动会即将在北京举行。开幕前几天,组委会审查开幕式预演节目。预演时,贺龙一个人从休息室走上主席台,也不让人搀扶,走了一遍又一遍,还不时停下来,仔细观察通路和台阶的情况,然而向身边的工作人员指点哪些地方需要铺垫,直到他认为十分安全了,才离开。

他为什么这么做?若干年后,贺龙的儿子贺鹏飞等人说出了答案:

> 原来,他知道毛主席要亲临运动会的开幕式,他要亲自检查这一段通道。

可是,因为年纪大了,台阶又高,在一次试走的时候,贺龙不慎从台阶上摔下来,把腿跌伤了。医生闻讯赶过来,给贺龙扎上了绷带,要他卧床养伤。贺龙却不从,坚持要求医生给他施行一下按摩就行了。面对医生的疑惑,他说:"全运会就要开幕了。党分工让我管体育,到时候我给主席当向导、带路。按摩好得快,疼点怕什么?"

9月13日,第一届全国运动会开幕,贺龙的行为更加令人感动。贺鹏飞、贺晓明、贺黎明回忆:

> 开幕式那天,爸爸的伤还没有好。
> 我们看见,他一跛一拐地紧靠毛主席身边走着,小心地卫护着毛主席安全地走上了主席台。当伟大领袖毛主席向欢呼的群众招手的时候,爸爸抚摸着伤腿幸福地笑了。事后,他自豪地说:"我是毛主席的老战士,任务就是保卫毛主席嘛!"

这就是贺龙。

贺龙搞体育,是毛泽东、周恩来等人点的将。而贺龙没有辜负毛泽东等人的期望。在贺龙的领导下,我国体育工作发展很快,体育健将们先后打破100多次世界纪录和400多次全国纪录,获得12项世界冠军,工人、农民、干部做操练拳,打球跑步,蔚为风尚。对此,贺龙十分欣慰,风趣地对人说:"我当体委主任,是周总理和邓小平同志点的将,是毛主席下的令,毛主席要我干,党中央要我干,我就干!"[①]

新中国的体育事业的飞跃,饱含了贺龙的心血。而他的忘我工作的巨大热情,则是出自对党的事业的无限忠诚,一句"毛主席要我干,党中央要我干,我就干",就是中国体育事业腾飞的秘密之所在。

8."毛主席是力量、胜利、幸福的源泉"

贺龙家里珍藏着一张照片。那是毛泽东在一所窑洞前面给部队讲话时照的。贺龙的孩子们说:

> 从我们幼年直至青年,爸爸不止一次地和我们一起,专注地看着毛主席那亲切的面容。爸爸说:"这就是在我们家住的窑洞前面照的。"接着,他就指着毛泽东裤子膝盖上的补丁,给我们讲起毛主席的伟大革命实践,讲起艰苦奋斗的光荣传统。这时,我们就看到,在他眼里洋溢着对毛主席无限敬爱之情。

贺龙对毛泽东的情谊,贺龙的子女贺鹏飞、贺晓明、贺黎明说:

[①] 荣高棠著:《社会主义体育事业的开拓者——纪念贺龙同志逝世十周年》,载《回忆贺龙》,上海人民出版社1979年版,第604页。

在关于爸爸的许许多多难忘的记忆中,我们印象最深、永远铭记的就是:爸爸对伟大领袖毛主席那极其深厚的无产阶级感情,对毛主席的无限热爱和崇敬。

毛泽东对贺龙也十分信任,对他委以重任。1959年9月,党中央成立新的军事委员会,毛泽东为主席,林彪、贺龙、聂荣臻为副主席,林彪主持军委日常工作,贺龙在副主席中排名第二,是我军举足轻重的领导人。几年之后,贺龙又走到了军委工作的最前台。

1963年9月,毛泽东在中南海召开政治局常委扩大会议,研究有关新疆维吾尔自治区的若干问题。

在会议最后,毛泽东提出说,林彪的身体不好,实际上主持不了军委日常工作,建议由贺龙同志主持军委日常工作。① 政治局的同志表示同意。于是,主持中央军委日常工作的重任落到了贺龙身上。

贺龙身负重任,责任心不减,对毛泽东的感情愈加深厚。1964年底的一天,中央办公厅通知他去参加一个会议。当时他正生病,发着高烧。家人建议他请个病假。

贺龙摇摇头说:"不!"稍停,他对家人说:"今天是12月26日,是主席的生日。主席从来不让为他做寿。趁着开会,我到主席身边去,不说话,坐坐也好咧!"

贺龙对毛泽东的深厚感情深深地教育和感动了家人。他们连忙扶他起来,给他换了衣服,然后搀着他走出门去。

贺龙工作十分认真、勤恳,不管是军委还是其他方面的工作,只要有了毛泽东的指示和批示,他总是马上阅看,认真贯彻;凡是他主管部门送给毛泽东的文件,他都仔细看过,写好报告后才送出。贺鹏飞等家人谈起毛泽东批示关于体育工作的著名的《关于如何打乒乓球》说:

---

① 水工著:《中国元帅贺龙》,中共中央党校出版社1995年版,第352页。

第二章 贺龙:"跟着毛主席就是胜利"

现在,我们还保存着徐寅生同志那篇著名的《关于如何打乒乓球》的讲话,就是爸爸亲自阅读、批注过的。当时,他拿到这篇闪耀着毛泽东思想光辉的好文章,高兴极了,一口气读完了,作了批示,热情地推荐给运动员们学习,并立即把这篇讲话呈送毛主席。1965年1月12日,毛主席就这篇讲话作了重要批示。爸爸对毛主席的指示非常重视,不但自己学、要求办公室同志学,还广为印发、宣传。这件事,体现着爸爸对毛主席、对毛泽东思想的深厚感情。

贺龙崇敬毛泽东,甚至在自己的言行上去仿效毛泽东,以致在几十年后孩子们回忆往事时仍能体会到父亲对毛泽东的那份深切情意:

爸爸热爱毛主席,也谆谆教导我们要永远热爱毛主席。和我们在一起的时候,他最爱说的是这么一句话:"孩子们,你们可不要身在福中不知福呀!"一听到这句话,我们就知道爸爸又要讲毛主席的丰功伟绩和光辉思想了。正是这样。每次爸爸从毛主席身边回家来,总是把毛主席的教导、毛主席的生活情况,直至毛主席朴素的穿着、简单的陈设,都讲给我们听。他讲得那么具体、详尽,又那么满含感情,使我们受到深深的教育和感染。而且,我们也看到爸爸时时处处直接受着毛主席的教育、学习毛主席。甚至连小事上也不例外。一次看见毛主席冬天不穿大衣,坚持锻炼,他也不穿了。看到毛主席床上铺的是素白布单,他也要求换上素白的床单。在我们长大些以后,爸爸在一次与晓明和黎明谈话的时候,他才说出了自己内心的感受。他说:"我只要看见毛主席,在主席身边一站,就是一句话不讲,我也就觉得满身都有力量了!"是的,这是爸爸毕生革命经历凝成的重要的体验:毛主席是力量、胜利、幸福的源泉。

贺龙的这种体验,不是空穴来风,正如贺鹏飞等人所言,是"毕生革命经历凝成的",是跟随毛泽东打天下、为建立新中国奋斗的那一群人的感受和战斗情感。有人不明白贺龙等人的这种感情，甚至归结于是个人崇拜、个人迷信，但贺龙的子女们并不这样认为：

> 爸爸对毛主席爱得这样深沉，是有着深深的阶级的和历史的根源的。爸爸家庭出身贫苦，从小就深受阶级压迫和剥削的痛苦；青年时期，又经历了本世纪初那个极为黑暗的时代。劳动人民悲惨无助的境况，引起了他对旧社会许多根本问题的思索。最初，他曾朴素地认为有了枪杆子就能消灭压迫和剥削，就能救中国，军阀混战使他认识到：枪，如果没有革命党的领导，只会给人民造成损害。于是，就在革命低潮的严重时刻，他找到了党，并立刻参加了党，把枪连同自己一起交给了党。还在大革命期间，他早就知道毛主席的光辉的名字。还在土地革命初期，他的思想就受到毛泽东思想的照耀。他曾满含感情地回忆过；1928年，在他回到湘西展开武装斗争的最初的日子里，由于还是按照旧的一套打法打，战斗失败了。就在艰苦地探索致胜的方法的时候，爸爸知道了毛主席在井冈山斗争中创造的游击战争"十六字诀"。一位和爸爸在一起的叔叔回忆起那时的情景说："当时，胡子(同志们对爸爸亲切的称呼)高兴得眉开眼笑，拍着大腿连连说：'我们有办法了'。"就是这样，他从长期革命斗争的具体实践中，深刻地认识到：毛主席是中国人民的伟大领袖，毛泽东思想是指导中国革命走向胜利的唯一正确的思想。

贺龙之于毛泽东的情愫，或许贺龙的子女们的感受和理解才最准确和最真切，其他的说法只能是猜测或者臆断。相反，正是因为贺龙对毛泽东的革命情感如此淳朴，又如此深厚，才使人懂得他经历种种黑暗摸索和艰难奋斗后找到党、找到正确领导时的那种喜悦之情，才懂得他对党对主义的那种坚定信仰，由此人们也才能解释他为什么会把前来劝降的人杀掉、为什么会多次把自己的队伍献给党，甚至做出"毛主席要我干，党中央要我干，我就干"的举动。

第二章 贺龙:"跟着毛主席就是胜利"

9. "今后无论发生什么情况,你们一定要决心跟着毛主席干革命!"

贺龙一生爱憎分明,性格耿直又无所畏惧,他之所以对毛泽东饱含深情,而是因为他对党的正确领导的膺服和忠诚。而他对党和对毛泽东以及其他领导人的忠诚,又引起一些人的害怕和嫉妒。

(1)

贺龙崇敬毛泽东,毛泽东也对贺龙信任有加,在家养病的林彪大为不满。

1964年初,在贺龙的支持下,总参谋长罗瑞卿组织全军开展了一场轰轰烈烈的群众性大练兵运动。6月15日,毛泽东、刘少奇和中央委员来到北京西郊,观看从北京军区和济南军区抽调的尖子分队的比武汇报表演。大家对大练兵的成绩非常满意。随后,毛泽东几次找贺龙谈话,强调要普及"尖子"的经验,尤其要推广普及"夜老虎连"的做法。

9月16日,贺龙向部队干部们传达:"我已向毛主席说了,三年可以把'尖子'经验推广开来,普及全军……普及工作要造成声势,雷厉风行;要像今年推广'郭兴福教学法'和搞游泳训练一样,抓好普及工作。一定要搞出点成绩来。"

正当贺龙落实毛泽东的指示的时候,置身事外的林彪却插手了。

12月,林彪派老婆叶群带一个工作组来到广州军区某部蹲点,名曰大兴调查研究之风,实则搜集大比武的罪证。叶群在这个团蹲了一个月,写出一份调查报告,其中列举大比武中出现的形式主义等缺点,认为大比武冲击了政治挂帅。林彪此举意在打击大比武的组织者、总参谋长罗瑞卿。

1965年12月,党中央在上海召开政治局常委扩大会议。会上,叶群历数罗瑞卿的"罪状",指责他"个人主义野心已经发展到了野心家的地步,除非林彪同志把国防部长让给他。他当了国防部长又会要求更高的地位,这是无底洞。""罗瑞卿掌握了军政大权,一旦出事,损失太大了。"

15日,上海会议结束。

随后,林彪亲自召开军委常委会,罢免罗瑞卿的职务。就此,养病的林彪正式复出,自己来主持军委日常工作了。

但是,贺龙仍然是军委副主席。

(2)

1966年6月,"文化大革命"爆发。8月18日,毛泽东检阅红卫兵,贺龙"作为一个忠诚的老战士,站在毛主席的身边"。

贺龙的子女说:"鲜明的政治立场、强烈的阶级爱憎,这是爸爸为人处事的重要特点。对毛主席、对同志,他爱得深沉;对敌人,他恨得痛切。"

贺龙的忠诚并非仅仅是对毛泽东一个人,而是对党、对党的同志的深情厚爱,还表现在他对老一代无产阶级革命家们怀着始终不渝的深情厚爱,其中还包括刘少奇和邓小平等人。"文化大革命"运动要打倒的是"党内头号修正主义"刘少奇,而贺龙内心是维护刘少奇的,并且还体现在自己的言行上,水工在《中国元帅贺龙》中说:

尽管刘少奇、邓小平已经被毛泽东点了名,受到了不公正的对待,但这次接见(红卫兵),仍然安排他们登上了天安门。对此,贺龙感到满意。他认为,人难免会犯错误,但不应当一棍子打死。会后,他听到一个工作人员说:"今天场面很大,效果也很好,就是刘少奇有点灰溜溜。"

贺龙把脸一板,严肃地说:"你这个同志咋个搞的嘛?一个国家主席有什么可灰溜溜?你这样说不对的。以后不要这样说喽!"贺龙仍然维护着刘少奇这位革命家的国家主席地位,其实,他的这颗善

第二章 贺龙:"跟着毛主席就是胜利"

良之心,在这场浩劫中毫无作用。

1966年8月,八届十一中全会后期和会后的一段时间,中央政治局和书记处连续召开党的生活会,解决刘少奇、邓小平的问题。一次开会前,毛泽东碰到贺龙,问他道:"贺老总,你发言了没有?"

"还没有发言。"贺龙如实回答。

毛泽东又问:"怎么不讲一讲?"

贺龙把身板挺了挺,说:"报告主席,我上不了纲。"

毛泽东看了他一眼,没有说话,径直走上主持席位了。

有人见此情景,对贺龙说:"老总,你这种态度不是给毛主席难堪吗?"

"这有什么?"贺龙说,"在党的主席面前,就是应该有什么说什么。如果人人都不说真话,党的主席不了解真实情况,那么,党怎么好得起来呀!"①

不久,中央军委的生活会不开了,很多人不知是什么原因,便问贺龙副主席:"贺总,你说生活会怎么不开了?"

贺龙说:"我的同志,再开下去不得了,还要上纲呀!"②

贺龙"保刘邓"以及与运动格格不入的态度,是否被人看做也是"走资派"和"修正主义",不得而知。但是,贺龙的言行显然与毛泽东发动"文化大革命"的目的背道而驰。

(3)

但是,毛泽东对贺龙还是进行了保护。

贺龙早已是"中央文革小组"要打倒的目标。1966年7月27日,一次,"中央文革小组"顾问康生出席北京师范大学群众大会。在会上,他煞有介事地说:"今年2月底、3月初,彭真他们策划政变,策划把无产阶级专政推翻,

---

①②水工著:《中国元帅贺龙》,中共中央党校出版社1995年版,第373—374、374页。

变成他们的资产阶级专政。他们的计划之一是把北京大学、人民大学每一个学校驻上一营部队。这个事情是千真万确的事情。"后来,他又对人说:"贺龙私自调动军队搞'二月兵变',在北京郊区修碉堡","在体育口阴谋组织政变队伍"。①

北京的解放军部队确实有向在京高校借营房的事情,但决不是彭真、贺龙等人要去搞兵变。

事情的起因是这样:1966年初,根据中央军委的指示,北京军区为卫戍区组建了一个团,准备担负首都民兵训练的任务,一时找不到营房。恰好北京各大学部分师生在农村搞"四清"运动,有一些空房。为了应急,卫戍区便派人到北京大学、中国人民大学去为这个团联系借房。事有凑巧,卫戍区借房的时间和彭真《二月提纲》事件的时间相近。"文化大革命"运动爆发后,北京大学团委一个干部即以《触目惊心的"二月兵变"》为题贴出大字报,提出了卫戍区到高校借房是要"搞兵变"的假说。

康生获悉这份大字报的内容后,便开始往贺龙身上栽赃了。

林彪打倒罗瑞卿后,对早已不满的贺龙也开始下手了。

8月28日,林彪把空军政委吴法宪叫到自己的毛家湾寓所,对吴法宪说:"贺龙是有野心的,到处插手,总参、海军、空军、政治学院都插了手。""你们空军是一块肥肉,谁都想吃。你要警惕他夺你的权。"然后,他叫吴法宪把贺龙"插手空军"的情况写一份材料送过来。

9月2日,林彪打电话给海军副司令员李作鹏,对他说:"你要注意贺龙。贺龙实际上是罗瑞卿的后台,拉了一批人来反对我。军委很快要开会解决他的问题。你就这个问题尽快写个材料。"②

李作鹏照办。

随后,林彪把吴法宪写的诬告信交给毛泽东,说在空军有一条以贺龙为代表的反党黑线,诬蔑贺龙是"黑线人物","要篡党夺权"。

---

①②水工著:《中国元帅贺龙》,中共中央党校出版社1995年版,第376、377页。

第二章 贺龙:"跟着毛主席就是胜利"

9月14日,毛泽东把贺龙叫去,把吴法宪的那封信交给他,要他看看,见贺龙没有戴眼镜,关心地说:"不要急,慢慢地看。"

等贺龙看完了,毛泽东笑着说:"不要紧张,我对你是了解的。我对你还是过去的三条:忠于党、忠于人民,对敌斗争狠,能联系群众。"①

贺龙坦然地向毛泽东请示:"是不是找他们谈谈?"

毛泽东摇摇头,指了指信说:"有什么好谈的?"接着风趣地说:"我当你的保皇派。"

下午,贺龙回到了家,坐在沙发上,慢慢地吸着烟,脸上失去了往日的笑容。

"告我的黑状。"他突然说,嘴角上出现了一丝冷笑,"可就是没有告准!"②

然而,就在毛泽东同贺龙谈话后第三天,林彪又召开一个没通知贺龙参加的军委常委扩大会,即小型打招呼会。会上,林彪对众人"打招呼"说,贺龙的问题很严重,他本人就担心毛泽东百年之后,贺龙会闹事,对贺龙的"夺权阴谋"要"提高警惕"。

隔了一天,19日晚上,毛泽东让秘书徐业夫给贺龙打电话说:"经过和林彪还有几位老同志做工作,事情了结了,你可以登门拜访,征求一下有关同志的意见。"

贺龙听从毛泽东的话,到毛家湾和那几位老同志征求意见。

在毛家湾,林彪说:"贺老总,我对你没有意见。"

贺龙说:"不,林总,总会有一点吧?"

林彪停了一会说:"要说有呢,也只那么一点点,就是,你的的问题可大可小,主要是今后要注意一个问题,支持谁,反对谁。"

贺龙淡淡地回答说:"林总,我革命这么多年,支持谁,反对谁,你还不清楚。谁反对党中央、毛主席,我就反对谁;谁拥护党中央、毛主席,我就支持谁。"③

---

① 王尚荣著:《缅怀功勋卓著的贺龙同志》,载《解放军报》1979年6月8日。
②③ 水工著:《中国元帅贺龙》,中共中央党校出版社1995年版,第377、384—385页。

林彪没有再说什么。据廖汉生回忆,贺龙的回答是:"谁反对毛主席,我就反对谁。"

12月28日,中央政治局开会,毛泽东看见贺龙,亲切地和他打招呼,并且还叫他到前面坐。贺龙便坐到了毛泽东的身边。

为了保护贺龙,一次天安门检阅红卫兵时,毛泽东和周恩来特地作了一次特殊安排:

> 有一次群众在天安门广场集会,贺老总一到天安门城楼,周总理就告诉他,"今天主席乘车到广场校阅,你和他坐一辆车子,我在第二辆。"贺老总听后再三推辞,他说:"我身体不好,你的担子重,还是你和毛主席同车。"周总理拉着贺老总边走边说:"哪个车不一样?我让你坐哪儿你就坐哪儿。"周总理一直把贺老总送上车。毛主席坐在车上对贺老总说:"来,贺总!"结果,贺老总上了毛主席那辆车……汽车刚过金水桥,群众就争先恐后涌上来,争着和毛主席、贺老总握手。汽车无法前进,群众就推着车走,队伍已经乱了。周总理看到这种情况,马上命令把车子开回天安门里。当时,周总理满头大汗地跑到毛主席的车前说:"今天没有组织好,我真担心主席的安全。"然后,周总理又转头对贺老总说,"贺总没有挤坏吧?"总理一再对贺老总说:身体不好,不能坚持就先回去休息吧。贺老总听了非常感动,一直坚持到底。①

可是,在林彪等人指使下,街上红卫兵的宣传车还是喊出了"打倒贺龙"的口号,一些红卫兵闻风而动,抄贺龙的家,并抢走了大量机密文件。围攻的人们挤满了贺龙住处的庭院,日夜吵闹不休。

这种情况再次引起了周恩来的注意。

---

① 杨青成著:《在和老总身边的日子里》,载《回忆贺龙》,第664—665页。

1967年1月18日，周恩来找来了贺龙夫妇谈话。

他对贺龙说："毛主席都和你谈过了嘛，毛主席还是要保你的嘛！"

接着，周恩来说："我本想让你住在中南海，但现在中南海也有两派，连朱老总家的箱子也被撬了。为了你的安全，另外给你找个安静的地方，去休息一下。你先去吧，到秋天我去接你回来。"

周恩来还叮嘱贺龙："我估计你一下子不会适应这个环境，你可以利用这段时间，读读马列和毛主席著作，练一练毛笔字。"并勉励他：要活到老，学到老，改造到老。

1月19日凌晨，周恩来派人把贺龙夫妇送进了京郊西山山腰间的一所平房院落，除了担任警卫的战士外，只有贺龙和夫人薛明两个人。

贺鹏飞等人回忆与父母分别时的情景：

> 1967年，在和我们分别的时候，他(贺龙)最后叮嘱我们："今后无论发生什么情况，你们一定要决心跟着毛主席干革命！"这是我们兄妹在爸爸生前见到他的最后一面，听到他讲的最后一句话。

10."我看贺龙搞错了，我要负责呢！"

在贺龙去世十几年后，贺龙的子女们总结父亲一生时说：

> 爸爸是毛主席的老战士。他对毛主席的无限热爱和忠诚，像一条红线一样贯穿着他光辉的一生，直至最后的一息。

确实是如此。来到西山后，贺龙继续学习毛泽东的著作。

1967年，贺龙根据周恩来的指示，制定了作息时间表，如饥似渴地学习毛主席著作。他在《毛泽东选集》上做了许多标记，摘抄了许多毛主席语录，并根据毛泽东的教导对照自己，对过去每个时期的工作作了详细的回忆和检查，最后他的结论是："跟着毛主席就是胜利。"①

但是，林彪等人迫害贺龙之心并没有死。

贺龙夫妇住在西山时，1967年2月14日，一个名叫晏章炎的人，写了一封信给"中央文革小组"，说1933年贺龙曾通过熊贡卿向蒋介石乞降，企图叛变投敌。林彪看见此信，马上批转给江青、康生诸人，并将此事说成是贺龙"叛变投敌未遂"，上报党中央。

这时贺龙对于"文化大革命"打倒老干部的做法也有了反思。薛明回忆：那段时间里，他有时翻阅马列和毛主席著作默默思考，有时在屋里缓慢地踱步沉思。一天，他突然把一叠纸推到薛明的面前说："写！"

"写什么呢？"

"写洪湖地区的肃反问题。"

经过近一个月回忆和思索，3月7日，贺龙在薛明的协助下写成了关于洪湖地区肃反扩大化问题的报告，然后派人送给周恩来并转呈毛泽东。

然而，到了夏天，林彪一伙背着毛泽东，绕过周恩来，居然把黑手伸到了贺龙住处，加紧了对他的迫害。

林彪为什么迫害贺龙？薛明后来说：

> 这一伙阴谋家如此疯狂地迫害贺龙同志，是有着深刻的政治和历史原因的。早在战争时期，贺龙同志就知道林彪犯有严重错误，并对他作过批评。对于这一伙阴谋家、野心家的丑恶历史，我们也有所

---

① 廖汉生著：《贺龙同志是一个好同志》，原载《新华日报》1977年7月29日。

了解,并作过揭发。更重要的是,作为党的一位老一辈无产阶级革命家,贺龙同志在全军和全国人民中享有崇高的威望。他一向立场坚定,无私无畏,坚持原则,嫉恶如仇,刚正不阿。正是这些,成了他们篡党夺权的重大障碍。所以他们要置贺龙同志于死地。

林彪等人迫害贺龙,先折磨贺龙的身心。安插在贺龙夫妇身边的"黑手",先借口有人要揪贺龙,怕被人发现,把他们房子的窗帘全部拉上,不许拉开,弄的屋子里整日不见阳光。接着,他们又把贺龙床上的被褥、枕头全部收去,贺龙只好睡在光光的床板上,用手臂当枕头。没多久,他们对贺龙的伙食也开始刁难了,吃的饭里沙子出奇的多。沙子太多了,贺龙和薛明只好从做饭的战士那里把米拿来,晚上戴上老花眼镜,一粒一粒把沙子拣出来。后来,他们还不准贺龙买烟叶抽了。

与此同时,林彪等人抓紧了政治上对贺龙的打击。

9月13日,党中央决定正式对贺龙进行专案审查,专案组由康生和叶群掌握。

10月,周恩来两次派人看望贺龙。可是没过多久,贺龙夫妇和周恩来的联系也断了。在这种艰难的日子里,贺龙身患糖尿病,身体越来越差了,但最大的希望是毛泽东能解救他。薛明后来回忆:

> 贺龙同志时刻想念着毛主席。在这一段时间里,贺龙同志特别专注地读起了《关于正确处理人民内部矛盾的问题》,把这篇文章读了一遍又一遍,有时长时间地的默默沉思,有时叫我一起阅读和交谈。我看出,他正把这篇文章的精神联系当前的现实,进行着深沉的思索。1968年3月26日,他指着这篇文章,无限感慨地说:"看,讲得多好!要是都按照书上写的去做,那就好了。"稍停,他叹了一口气,心情沉重地说道:"不对头呵,现在矛盾都搞乱了,把自己的同志都当成了敌人,'洪洞县里没有好人'喽!"他的话音越来越缓慢了。他左手拿着书,右手拿着支红蓝铅笔指着书,要说什么,但已发不出声

音来了。我赶紧扶他躺下,检查了瞳孔,量了血压。为了试试他是否还清醒,把日历牌上的毛主席像举在他面前,问他:"你还认识吗?快说话呀!"他点点头,伸手把毛主席像抱在怀里,用铅笔在纸上写了"毛主席"三个大字。

随后,贺龙被送进了医院。
然而,医生说贺龙是"诈病",不但不认真救治,还虐待他。贺龙的语言能力基本恢复后,就再也不肯住院了。
回到西山后,贺龙夫妇的生活更加艰难了。王尚荣说:

> 林彪一伙……把贺龙同志仅有的一点保健药全部收走。有几天还把贺龙同志的被褥和枕头拿走,迫使他睡在没有卧具的床上,只好用手臂当枕头。有一段时间,每天只给一小壶饮用水,其他生活用水只能靠接雨水凑合。有一次,贺龙同志为抬一盆雨水,扭伤了腰,连续十八天不能行动,也不给予治疗。……"搬家"以后,贺龙同志生活更差,经常是白水煮白菜、糠萝卜,给的饭菜也时常吃不饱,有时只好到院子里找点野菜,用白开水泡一下充饥。在林彪一伙的残酷迫害下,贺龙同志的身体越来越坏。当时,贺龙同志已经预感到林彪一伙要对他下毒手了,但他仍很乐观,并对薛明同志说:我相信毛主席、周总理会为我说话的,会把我当同志看待的。他还风趣地说,这个要求不算高吧!

在人生最后的日子里,贺龙"和他整个的一生一样,对党、对人民、对同志的深情厚爱,是和他对阶级敌人的憎恶与愤恨紧紧交织在一起的":

> 1969年2月的一天,贺龙用手杖敲着林彪的照片,愤怒地说:"你这个家伙,为什么不许我革命啊?为什么?过去你有错误,我好心希望你改正,现在你倒整起人来啦!"

> 他对我说:"还有林彪的老婆叶群,也不是个好东西。"他又指着中央文革"顾问"康生的名字说:"这个人,老奸巨猾,做尽了坏事。"①

在残酷的摧残和折磨下,贺龙的身体更加衰弱,糖尿病更严重了。5月,贺龙的病情突然恶化,连续摔倒七次之多。

6月8日早晨,贺龙听过广播以后,连续呕吐了三次,呼吸急促,全身无力。这是糖尿病酸中毒症状。薛明非常焦急,马上向监护人员报告,要求医生来救治。可等了很久没有回音,她催促了五次,直到晚上八点钟,才来了两个医生。薛明赶快向他们讲述了病情,请求立即抢救。医生没有做详细检查,就给贺龙输上葡萄糖和生理盐水,吊上瓶子就匆匆走开了。

结果,那葡萄糖输了一夜,整整2000CC。这对病人是要命的。

第二天天亮后,医院才来人接贺龙去301医院住院。

贺龙不愿去,说:"我没有昏迷,我不能去住院,那个医院不是我住的地方。"

但是,他们仍然坚持要贺龙去住院,并且声称说:"是组织上决定,非去不可。"

贺龙没有理他们,转头问薛明:"我去住院,你呢?"

薛明望着医生,希望得到他们的同意,可他们谁也不表态。她只好说,"他们允许我去,我就去。如果不允许,我就在这个房间里等你"。

可是,还是没有人表态让她随贺龙去医院服侍病人。

这时有人拿了一副担架进了房门,接着几人就把贺龙往担架上抬,七手八脚抬人时,一个人厉声地说:"快,把手表摘了!"

原来贺龙因为瘦了许多,手表已经脱落了。薛明赶紧跑过去,把手表往贺龙手腕上推了推,随手握住贺龙已变得瘦骨嶙峋的手。贺龙也握住了她的手,点了点头。

---

① 薛明著:《向党和人民的报告——忆贺龙同志遭受迫害的那些日日夜夜》,原载《怀念贺龙同志》,湖南人民出版社1979年版,第334—335页。

担架被抬出房门后,贺龙被送上救护车,救护车扬尘去了301医院。

薛明没有获得同意随同而去,只好留在西山的房间里等候贺龙的消息。下午三点钟,有人敲薛明的门了,见着薛明,便说要她去医院核实一个材料。

薛明赶紧站起来,快步跟着他走出去。

到了医院,薛明刚跨进一个房间,一个专案人员迎面走过来,冷冷地宣布:"人已经死了!"

薛明哭着问道:"明明六小时以前他还在和我讲话嘛!为什么贺龙同志竟然不在了?"

那人恶狠狠地说:"在他临死以前,他的反革命活动一直没有停止过。"

"他,他怎么会不在了?"薛明悲戚地问他。

有人拉着她坐下,讲述了贺龙住院检查的经过,说贺龙血糖达到1700,于下午三点零四分死亡。

一代元勋贺龙就这样被林彪等人迫害致死了,时年76岁。

薛明回忆贺龙遭受迫害的时候说过:"我不死!我要活下去,和他们斗一斗!"他还说:"我相信:党和人民是了解我的,毛主席总有一天会说话的!"贺龙并不认为是毛泽东要打倒他,并且相信毛泽东会说话。纵使在生命最后的日子,贺龙对毛泽东的感情仍然没有改变。

贺鹏飞后来说:

> 在他(贺龙)即将离开人世时,仍然以革命的乐观主义的豪情谈论着将来。他坚定地相信在毛主席领导下,革命事业一定会胜利前进。他指着桌上他亲手抄录的那一大叠毛主席语录,对妈妈说:"留给孩子们吧!这是咱们家的传家宝!"然后,他说:"我死后,骨灰要能放在高山顶上也好,我要看着毛主席登上天安门……"

这大概是贺龙去世前几天的事情。

贺龙死后要把骨灰放在高山顶上的遗言,也得到了他的老部下廖汉生的证实:

第二章 贺龙:"跟着毛主席就是胜利"

贺龙同志曾说死后要把骨灰放在高山顶上,"要看看毛主席登上天安门,看看全国人民庆祝社会主义革命和建设的更大胜利"。

对林彪等人的行为,毛泽东为什么没制止?

林彪要打倒军委副主席贺龙,显然是经过了毛泽东和党中央的同意。毛泽东和党中央为什么同意呢?因为,林彪等人事先炮制了骇人听闻的"二月兵变",后又有"当事人"举报贺龙向蒋介石写投降信的"铁证"。毛泽东作为党的领袖,是坚决执行党的原则,不会徇私情的。但是,林彪等人采取非法手段迫害贺龙致死,毛泽东等人是不知情的。对此,王震在纪念贺龙逝世十周年时说:"十年前,林彪、江青等勾结起来,利用手中篡夺到的权力,捏造事实,隐瞒真相,欺骗和封锁中央,对贺龙同志进行疯狂的诬陷和迫害……"贺龙的老部将王尚荣也说过,是"林彪一伙背着毛主席、周总理把黑手伸向了贺龙同志的住处,肆无忌惮地摧残和折磨贺龙同志"。周士第也是持这个观点:"万恶的林彪、'四人帮'却捏造事实,隐瞒真相,欺骗和封锁中央,对贺龙同志进行疯狂的诬陷和迫害。"

林彪垮台后,真相大白。毛泽东又是如何做的?

1974年9月,贺龙同志的冤案终于得到了昭雪,以毛主席为首的党中央为贺龙同志恢复了名誉。1975年6月9日,周恩来同志代表毛主席、党中央参加了贺龙同志的骨灰安放仪式,对贺龙同志作了高度评价,再次肯定了"贺龙同志是一个好同志"。[①]

贺龙冤案的昭雪平反,与毛泽东的推动有关。

1971年5月17日,也就是贺龙逝世两年后,贺龙专案组写出《贺龙罪行

[①] 王尚荣著:《缅怀功勋卓著的贺龙同志》,原载《解放军报》1979年6月8日。

的审查报告》，把贺龙定为"党内军内通敌分子"、"篡军反党分子"，提出"开除军籍、党籍，并在一定范围内公布其罪行，肃清流毒和影响"。九届二中全会以后，形势发生了变化。由于林彪阴谋暴露，党中央没有对这个报告进行讨论，这份审查报告被搁置了起来。

9月，林彪摔死在温都尔汗。在清理林彪集团材料中，毛泽东逐渐了解到贺龙问题的真相，对自己有所反思，1973年2月底，他在中南海游泳池对张春桥说："我看贺龙没有问题，策反他的人，贺龙把他杀了。"

接着，毛泽东又作自我批评说："我有缺点，听一面之词。"

然而，张春桥，却没有把毛泽东的这番话向中央政治局传达。

12月21日，毛泽东在中央军委常委扩大会上讲话时再次说："我看贺龙同志搞错了，我要负责呢！……当时，我对他讲，你呢，不同，你是一个方面军的旗帜，要保护你。总理也保护你呢！……要翻案呢，不然少了贺龙不好呢。"

他再次作自我批评说："都是林彪搞的。我是听了林彪一面之词，所以，我犯了错误。"

1974年9月4日，毛泽东再次催问这件事，在谈话中问有关人员："贺龙恢复名誉搞好了没有？不要核对材料了。"

在毛泽东多次过问下，1974年9月29日，党中央发出《关于贺龙同志恢复名誉的通知》，针对贺龙所谓的问题指出："一、所谓'通敌'问题，完全是颠倒历史、蓄意陷害。事实是：1933年12月蒋介石曾派反动政客熊贡卿'游说'贺龙同志，企图'收编'。贺龙同志发觉后，报告了湘鄂西中央分局，经分局决定，将熊贡卿处决，并于1934年3月17日，将此事经过报告了中央。二、所谓'图谋篡夺军权'和支持军队一些单位的人'篡夺军权'的问题，经过调查，并无此事。三、关于所谓贺龙同志搞'二月兵变'的问题，纯系讹传。"

1975年，在贺龙逝世六周年的时候，党中央决定将贺龙骨灰安放在八宝山革命公墓。在毛泽东的安排下，周恩来带病参加仪式，并即席发表讲话，对贺龙的一生作出了评价："贺龙同志是一个好同志。"

大河向东

THE
GREAT RIVER
FLOWS EAST

★ 第三章 ★

陈毅：

"跟毛主席走，就能胜利"

1."由于有了毛泽东,所以才有后来的陈毅"

陈毅与毛泽东见面,是他知道了毛泽东这个人约八年后的事。

陈毅最早知道毛泽东的名字,是在法国,时间为1919年冬。当时陈毅随四川勤工俭学学生在法国巴黎。陈毅的哥哥陈孟熙回忆:

> 我们到巴黎不久,由四川重庆出发的勤工俭学生也来了,邓小平同志就是那个时候来到法国的。稍后,徐特立同志也带了一批湖南籍的学生来到巴黎和我们住在一起,同徐老一起来的,还有蔡和森、蔡畅、蔡老夫人、向警予等人。……我和仲弘(即陈毅)同湖南籍的同学编在一个班里,我们和蔡和森同一排长桌听课。记得何长工同志当时也在这所学校学习。①

徐特立、蔡和森等人是由长沙的新民学会组织来法勤工俭学的。新民学

---

① 陈孟熙著:《击石有待于刀斧——忆陈毅同志勤工俭学前后》,载《人民的忠诚战士——缅怀陈毅同志》,上海人民出版社1979年版,第52页。

会是毛泽东和蔡和森等人发起的。陈毅与蔡和森等湖南籍学生要好，便从蔡和森那里知道了毛泽东。

这个说法也得到了史界的确认：

> 陈毅还未见到过毛泽东。在巴黎，蔡和森早就细说过毛泽东在新民学会与举办《湘江评论》的贡献。①

在巴黎时的陈毅

在法国的时候，蔡和森等人与国内的毛泽东经常书信来往，陈毅从蔡和森等人那里获知一些毛泽东的情况，对毛泽东和新民学会的情况很感兴趣。

1921年10月，由于进驻里昂大学斗争失败，陈毅和蔡和森等100多名留法学生被法国当局武装押送，遣送回国。随后，陈毅在北京和四川等地工作，经常听到毛泽东的名字，但两人没有接触。

1924年1月，国共合作，陈毅对毛泽东更加有所了解。

1927年4月，陈毅在组织起义失败后，到达武汉，5月，中央军委分配他到武汉中央军事政治学校工作，以校政治部准尉文书的公开身份作掩护，同恽代英、施存统组成该校中共党委，并担任书记。

毛泽东主持的中央农民运动讲习所，与中央军事政治学校同在武昌，声气相通。由于党内外一些人对各地蓬勃兴起的农民运动责难，甚至说是"痞子运动"。年初的时候，毛泽东在湖南湘潭、湘乡、衡山、醴陵、长沙五县实地走访，经过调查后写出著名的《湖南农民运动考察报告》，响亮地指出农民运动"好得很"，在党内外影响很大。陈毅入校后，就读到了这篇文章。

---

①《陈毅传》，当代中国出版社1991年版，第66页。

陈毅和毛泽东两人近在咫尺,但还是擦肩而过。

这时陈毅虽然知道毛泽东是中央政治局候补委员,但革命形势正急转直下,两人忙于应对日趋恶化的局面,加上陈毅此时在党内的职务并不很高,两人还是没有见过面。但是,毛泽东已是陈毅景仰的党内领袖之一。

陈毅和毛泽东见面则还是在一年后。

1927年8月,陈毅随南昌起义部队南下。主力在潮汕地区失败后,陈毅与朱德率领余部折向湘南。粟裕回忆:

> 1927年10月底,当我们到达信丰时,地方党组织赣南特委派人来接头,就第一次说到毛委员率领秋收起义部队开始上井冈山的消息。朱德、陈毅同志听到这个消息,非常高兴。陈毅同志曾读过毛泽东同志的《湖南农民运动考察报告》,知道他是著名的共产党员和农民运动领袖,久已景仰。这时我们正处于孤军转战、极端艰难的境遇,毛泽东同志上井冈山的消息,给了我们以极大的鼓舞和力量。①

在转战途中,朱德和陈毅遇到从井冈山下来的张子清、伍中豪、袁文才、何长工,他们对毛泽东拿枪杆子上山的主张的介绍,更使陈毅对这位毛委员的创见特行满怀敬意和兴趣。

随后,陈毅便开始与毛泽东越来越走近了。

1928年3月,毛泽东率领工农革命军第1师第1、第2团分路向湘南行动,支援朱德和陈毅领导的湘南暴动。当袁文才、王佐率第2团摆脱敌人追击,退往资兴时,在资兴附近突然碰到陈毅。陈毅正带着部分暴动农军和地方党的机关一万多人由郴州退过来。时任第2团党代表的何长工回忆:

> 这时,我们和毛泽东同志还没有联系上,只知道他在汝城以西

---

① 粟裕著:《激流归大海——回忆朱德同志和陈毅同志》,载《星火燎原》选编之一,战士出版社1979年版,第85页。

的马桥一带打游击。我们把队伍布置在资兴城郊,准备阻击追来的敌人,然后和陈毅同志及湘南特委书记杨祜涛等同志,到资兴城北七八十里的彭公庙开会,研究下一步的行动。

谁知,一开会,杨祜涛及共青团湘南特委书记席克思,就提出要回衡阳去。杨祜涛说:"我们是湘南特委,不是井冈山特委,我们不应该离开自己的地区。"席克思慷慨激昂地说:"共产党员应该不避艰险。我们湘南特委机关躲上井冈山,这是可耻的行为。"陈毅同志苦口婆心地劝说他们:"你们男女老少七八十人,各种口音,各种装束,挑着油印机,这一路民团查得很紧,怎么走得过去呢?同志们,不要作无谓牺牲吧,上井冈山以后,我们再设法陆续送你们走。"当时,我对于他们这种固执的态度也很生气,但又不能用军队干部的身份来压服他们,便说:"毛泽东同志是中央委员,我们可以请示一下毛泽东同志再作决定。"

他们根本不理会这个提议,下午,收拾了一下东西,就带着特委机关出发了。陈毅同志和我一同送了他们一程,一路上继续劝说他们留下,可是他们主意已定,再说也无用了。

结果,杨祜涛等人果然在安仁、耒阳的边界路上,给敌人抓住,最后惨遭杀害。"上井冈山"去,这是有史可查的陈毅首次对毛泽东的信念:去了他那里,可以躲避危险。

随后,陈毅和朱德向着井冈山进军,4月28日,他们和毛泽东在宁冈砻小的龙江书院见面,具体过程见本书第一章。对此,陈毅本人后来回忆:

我随南昌暴动的一部分队伍,在朱德同志率领下,辗转作战,到达湘南。1928年,这支部队和毛泽东同志领导的秋收起义部队会师井冈山,组成红4军,我在其中担任过师长、军委书记等工作。

就这样,陈毅与毛泽东开始了长达半个多世纪的交往。

两军会师后,5月6日,毛泽东给陈毅写了一封很热情的信,其中说:"相见恨晚,相慰平生,希遇事相商。"三个"相"字,就是毛泽东对陈毅的初期印象。

对于陈毅与毛泽东的相识,南京军区《陈毅传》编写组副组长吴克斌说:

> 我认为陈毅一生中最具有决定意义的就是与毛泽东的相识。由于有了毛泽东,所以才有后来的陈毅。①

陈 毅

确实,陈毅因为跟随毛泽东干革命,才开始辉煌的人生。为什么这么说呢?吴克斌说:

> 怎么解释?就是说,如果陈毅没有遇到毛泽东,那他在红军初创时期的多种选择中可能会有更多的彷徨和失误;如果没有毛泽东,他对农村包围城市的路线觉悟不会如此明确,因而也无法把自己的主观能动性发挥得如此充分,也就不能成就他后来的事业。同样,也正因为有了毛泽东,陈毅也只能是现在的陈毅。毛泽东影响了他,改变了他,可以对他人生道路的选择起决定作用、支配作用。

陈毅和毛泽东两人的关系,从1928年4月第一次见面开始到1972年1月陈毅去世,延续了44年。

---

① 张素华、边彦军、吴晓梅编著:《访吴克斌:毛泽东和陈毅》,载《说不尽的毛泽东》(上),中央文献出版社、辽宁人民出版社1996年版,第593页。

2."还是井冈山可靠"

陈毅的部下姚耐说:"回忆在那战火纷飞的年代,陈毅同志执行毛主席的革命军事路线,打了多少漂亮仗,这是有口皆碑、有目共睹的事实。"[①] 其实,陈毅从20世纪20年代初参加革命后,长期从事的工作是党务工作。他的军事指挥生涯,严格地说,应该从1928年井冈山会师后担任红军师长才开始的。

有意思的是,陈毅的军事指挥生涯并不是一开始就胜利连连,甚至经历过惨痛的失败,如毛泽东所言"在战争中学习战争",并且,他在井冈山斗争的失误和正确中体会、认识毛泽东战术的胜利之道,"八月失败"后,"还是井冈山可靠"一句话,就是陈毅对毛泽东正确的军事战略战术的膺服。

陈毅对毛泽东军事路线的认识,经历了一个过程。

陈毅回忆了他和朱德率部上井冈山后的情况:

> (我们)到井冈山以后,毛主席决定建立罗霄山脉中段政权,以井冈山为依托,向湖南、江西机动。湖南敌人来进攻,我们向江西机动;江西敌人来进攻,我们向湖南转移。看哪一方面来的,我们能打就打;不能打的话,我们依靠井冈山可机动转移。这样,我们部队算是找到了一个落脚的地方,可以摊起铺来睡觉了,不像潮汕失败下来那样如釜底游魂,东走西走。在宁冈打土豪分田地,宁冈群众拥护

[①] 姚耐著:《棋虽小道,品德最尊——忆陈毅同志与围棋》,载《人们的忠诚战士——缅怀陈毅同志》,上海人民出版社1979年版,第526页。

红军。这时，在井冈山四个县出现了一个打土豪分田地的革命高潮。在毛主席领导下，中国革命的第一块农村革命根据地建立起来了，土地革命运动又蓬蓬勃勃发展起来了。①

这是陈毅初到井冈山的体会。井冈山出现兴旺的局面，蒋介石必去之而后快。1928 年夏初，湘赣两省的敌军企图在永新会合，对井冈山和红军"会剿"。朱毛部队会师后第一次遇到战斗的考验。

为了粉碎蒋介石的重兵"会剿"，毛泽东和朱德决定集中兵力先打退进犯宁冈的湘敌，再来对付赣敌，红 4 军兵分两路，朱德、陈毅率第 28、第 29 团为一路，进取酃县、茶陵，追敌回援；毛泽东率第 31 团为一路，到永新一带相机击打入侵的赣敌，并寻机在运动中歼敌。

朱德、陈毅率部出发后，先是捷报频传。7 月 12 日，攻克酃县。湘敌不得不退往茶陵，由原来的攻势成了守势。

这时候问题就来了。

在此之前，湖南省委特派员杜修经带着湖南省委的"左"倾路线指示跋山涉水来到了井冈山，要求毛泽东和朱德在井冈山留下 200 条枪，以主力"杀出一条血路"，到湘南去发展。这是丢弃根据地的冒险做法，遭到毛泽东的反对。7 月 4 日，毛泽东代表湘赣边界特委和红 4 军军委专门给湖南省委写了一份报告，陈述了不能往湘南冒进的六点理由。但是，事情并没有完结。

这次朱德、陈毅率部打到酃县时，第 29 团官兵纷纷要求打回湘南老家。他们的这种情绪立即获得第 28 团的同情，于是大家召开士兵委员会，众人发表意见，要求"打回湘南老家去"。朱德、陈毅说服不了他们，两次去信给在井冈山的毛泽东。

毛泽东回信，要求朱德和陈毅说服官兵。但朱德和陈毅多方面解释阻止都无效，第 28、第 29 团几千人还是一呼百应往湘南而去。朱德和陈毅也不得

---

① 张明金著：《陈毅元帅：井冈山时期的林彪》，《党史博览》2003 年第 10 期。

不随队前进。结果,遭到灭顶之灾。

几十年之后,杨得志上将回忆了当时兵败的情况:

> 7月24日,走到郴州城东十来里路的地方,碰上了敌范石生部两个团。29团打了两个山头就攻不动了,前面传下命令,要28团赶快上去。我们让在道旁,看着28团的同志跑上去。有些老兵一面跑,一面就讲怪话:"哼,29团整天喊:打回去,打回去,真打了,还是得我们来!"
>
> 28团上去,很快把正面敌人打垮了,冲出一条道路来,直奔郴州城。城里只有敌人一个补充师,全是新兵,不顶打,中午十二点钟左右我们就把守敌歼灭,进了郴州。
>
> ……
>
> 天快黑的时候,忽然听到城北响起了激烈的枪声。传令兵传来了命令:准备出发。接着枪炮声越来越紧,守卫城北的部队也垮下来了。原来敌军有两个师共五六个团,驻扎在城外,当我们打进城的时候,他们并没有遭到很大打击,尤其城北敌人的四个团根本没有动作,现在都向我们反攻了。
>
> 这时,街上到处是人,乱成一团。部队仓促集合,乱哄哄地向东门转移。东门外就是耒水,河上有一座大桥,朱军长亲自掌握着机枪连,掩护部队过桥。28团、军部和特务营都过来了。29团大部分还没有过桥,就被敌人插断了。
>
> 我们特务营是在后面过桥的,和敌人隔河打了一阵。当时我又紧张、又难过。难过的是部队吃了败仗,又和我哥哥失散了。我哥哥杨得麒比我大五岁。我俩一道参加红军,后来又编到一个连里,他在一排三班当班长。这次被冲散到29团去了。后来听说29团被打散后,并没有积极找大队主力,却自由行动,沿耒水西岸跑回宜章家乡去了,一部分被土匪胡凤章消灭了,一部分散在郴宜各地,军部只收集了一小部分。

杨得志的哥哥就这样失踪了，以后一直没找到。

那些仓皇之中跑出郴州城的人马连夜向东进。走到汝城（桂阳）北面时，朱德和陈毅对他们进行整编。继续东进途中，2营率团部的炮兵连担任前卫，早走一天。可是，两天后，2营营长袁崇全带着他们叛变。团长王尔琢闻讯只身去追，不幸被袁崇全开枪打死，战士们如梦初醒，立即返回部队。

这次两个团南下，由于没有听从毛泽东的意见损失惨重。几十年后，陈毅回忆"八月失败"时谈到自己当时对毛泽东思想认识的不足：

> 杜修经趁毛主席不在的时候，带领这个队伍脱离井冈山，冒险攻打郴州。我在那时犯了一个大错误，因为我那时是军委书记，如果我不发令，湖南省委代表就没有办法。但是我同意了进军湘南，主要是对在井冈山开展根据地的伟大意义认识不足，不想耐心做群众工作，仍然想打大城市，大干一场，战略上犯了盲动主义、冒险主义的错误。进入湘南，郴州打开了，部队进城了。但由于没有进行追击，也没有很好地警戒和安排，敌人在黄昏时反攻，我们又被打出来了。结果29团跑回宜章，跑散了，跑掉了一个团，那时有千把人，装备得较好。如果我们坚定的话，没有郴州的行动，留在井冈山，29团是不会搞掉，那时可在井冈山打张轸的部队，完全可以打一个大胜仗。因为31团一个团就把张轸打败了，如果28团、29团集中在一起，完全可以把张轸一个师歼灭。所以，对此我的错误是很大的。①

这个"错误"，陈毅虽然在几十年后才说出来，而当时就意识到了。陈毅说：

> 毛主席当时看到队伍跑到湖南去了，又知道郴州战斗的失利，

---

① 张明金著：《陈毅元帅：井冈山时期的林彪》，原载《党史博览》2003年第10期。

担心这个队伍不回井冈山,便带着伍中豪的第3营来找这个队伍。那时,有一部分同志不想回井冈山,就在桂东、沙田这一带转来转去。我说无论如何要回井冈山,回井冈山我作检讨,因为我是党代表,我负责任,甚至处罚都可以。湘南失败的教训说明,部队脱离了根据地很危险,还是井冈山可靠。

正是在这种认识下,陈毅更加坚定了回井冈山斗争的决心。欧阳毅中将后来回忆:

> 经过郴州受挫、王尔琢牺牲之后,部队情绪很低落,灰溜溜地抬不起头来。途中休息时,朱德军长讲话,勉励部队,鼓舞士气。陈毅主任也讲了话。他的诗人气质使他的讲话不同凡响,富有鼓动性和感染力。他高喉敞嗓地说:"我们革命是要经过艰难困苦的,在困难的斗争中,有些同志英勇壮烈牺牲了。我们永远怀念他们!但不管怎样,革命是一定要胜利的。失败有什么要紧!我们现在要有决心. 如果部队打到只剩下一个团,朱德当团长,我当团党代表;剩下一个连,朱德当连长,我当连党代表;剩下一个班,朱德当班长,我当班党代表。打到没有枪的时候,就用刀砍,刀没有。还有拳头,还有牙齿嘛!总之,一句话:革命到底!"
>
> ……朱德、陈毅的讲话,对部队士气是极大的鼓舞。部队到了桂东打了一个胜仗。[①]

陈毅和朱德集合队伍继续向着井冈山而去。

8月23日,他们在桂东同毛泽东率领的接应部队见面。陈毅回忆:"我记

[①]欧阳毅著:《欧阳毅回忆录》,中共党史出版社1998年版,第61—62页。

得那时的情景,队伍听到毛主席来接,大家都欢呼说,毛委员来了！非常高兴……两支部队会合了,有了相互的依靠。毛主席见到我,就对我说,我这次来是同31团做了工作的,不会讲28团的缺点,你放心。我对毛主席讲,我自己犯了很大的错误,没有执行主席的指示,这次失败我要负责任。毛主席说,打仗就如下棋,下错一招棋子,马上就得输,取得教训就行了。"然后,部队重返井冈山。

这时在毛泽东部署的井冈山保卫战中,留守的第31团在黄洋界取得大捷,以少胜多打跑了进犯之强敌,井冈山转危为安。红军兵分两路,一胜一败,更证明了毛泽东军事战略和战术的正确。在黄洋界大捷喜气洋洋的气氛中,9月,毛泽东、朱德、陈毅率领红4军主力返回井冈山。

这次郴州"八月兵败"使红4军折兵损将,大为受挫,损失了四分之一的兵力。南下失败,主要责任应不在陈毅,惨痛的教训使得他更加认识到毛泽东军事上的正确,那句"还是井冈山可靠"和"我自己犯了很大的错误,没有执行主席的指示,这次失败我要负责任",即是陈毅这种认识的明证。

吴克斌说:

> 井冈山会师以后,陈毅经历了湘南"八月失败",和红4军七大的风波,职务也忽上忽下几经变动。……从自己的失败之中,陈毅也是善于总结教训的。……陈毅通过湘南失败,也终于看到失败的一条重要原因,……他提高了……认识,也就对毛泽东的地位和作用有了进一步的了解。

吴克斌的这个分析是准确的。1941年10月,陈毅与新四军4师政治部主任萧望东散步时也曾说过类似的话:

> 那时我们刚刚有军队,我们这些人也是刚带兵,仗是学着打的,所以有打胜了的,也有打败了的。大家都在指挥打仗嘛,后来我逐渐发觉,毛泽东同志老是打胜仗,以后呢,他积累了一整套游击

第三章 陈毅:"跟毛主席走,就能胜利"

战经验,所以我在井冈山初期就是很信服他的。①

井冈山会师是中国革命的转折点,毛泽东、陈毅、朱德等人都是那个时代的优秀人物,同为优秀人物,他们各有所长,但是陈毅对毛泽东的信服,使得在井冈山毛、朱、陈的关系格局中毛泽东逐渐取得优势。陈毅对毛泽东的信服也

红军时的陈毅

使得毛泽东对陈毅重视起来,因此使得陈毛关系进一步深化。

因为,这时毛泽东也需要陈毅的支持。

> 其一,他(毛泽东)认为,只有朱毛两支部队一起,才能开创斗争新局面;其二,他认为,朱德部队作战主要靠指挥员威望维系的现状要改变,要削弱个人的威信以增强党的政治领导。因此,毛泽东很迫切地要发现能拥护自己主张的人,团结在自己的周围。陈毅就是其中最好的人选之一。②

这样,毛泽东也与陈毅走近了。毛、陈的相遇、相交殊为难得,因此使得井冈山乃至毛泽东领导的红色区域不断化险为夷,并且得以不断扩大,成为驰骋湘赣闽几省的劲旅。

---

① 萧望东著:《肝胆照人先英才——忆陈毅同志对我的帮助教育》,载《人们的忠诚战士——缅怀陈毅同志》,上海人民出版社1979年版,第313页。
② 张素华、边彦军、吴晓梅编著:《访吴克斌:毛泽东和陈毅》,载《说不尽的毛泽东》(上),中央文献出版社、辽宁人民出版社1996年版,第598—599页。

3. "开始我并不认为毛主席是领袖"

陈毅有一句名言:"我要为众人,营私以为羞。"熟悉他的人说:"陈毅同志不为私。"作为一位优秀人物,陈毅对毛泽东的信仰,不是因为别的,而是出自他本人对真理的追求和信仰。

红军时期,陈毅与毛泽东建立了友谊,但吴克斌认为:"这段时期陈毅与毛泽东的关系,既有基本的一致,也有分歧,有时甚至是原则上的分歧;他们的友谊是随着相互了解的增进而发展的。两人都是共产主义者,但性格不一样,哲学思想不一样,两人的立身之道,做人的规范信条也不完全一致。"

尽管有着诸多的不一样,但他们有一条是共同的:"都是共产主义者",即都要去解放劳苦大众,实现富国强民的理想。正是这样的追求和对真理的信仰,陈毅在战斗的胜败之中认识到了毛泽东的军事艺术的威力,但并不意味他对毛泽东的政治方略也能认可。对后者的认可,他也经过了一个短暂的曲折过程。

1929年6月,蒋介石下令赣闽粤三省重兵对在闽西的红4军发起第一次"会剿"。大敌当前,红4军内部出现严重问题。6月22日,红4军在龙岩城召开党的第七次代表大会。毛泽东与朱德、陈毅等人在建立根据地和建军原则上发生争论,焦点为:一、建设红军为一支什么样的军队。毛泽东主张加强政治思想工作,把军队置于党的绝对领导之下,实现官兵平等;朱德、陈毅等人主张"司令部对外"和提高军官权威,政治工作从属军事工作。二、建设根据地问题。毛泽东认为红军应扩大和巩固革命根据地,要有"屁股";朱德、陈毅等人主张游击战,走州过府,扩大政治影响,等待全国总起义的到来。

这些争论在红军内部本来由来已久,而1929年5月中央特派员刘安恭到达红4军后,抓住毛泽东不赞成临时中央关于分散红军的策略等问题,挑

第三章 陈毅："跟毛主席走,就能胜利"

起红4军内部的斗争,使得这些争论不仅不能及时解决,反而更加复杂化。

在长途转战中,红4军一些不好现象,如打骂士兵很严重,引起了毛泽东的注意:

> 各部队中凡打人最厉害的,士兵怨恨和逃跑的就越多。最显著的例子,如三纵队第八支队部某官长爱打人,结果不仅传令兵、伙夫差不多跑完了,军需、上士及副官都跑了。……特务支队第三大队打人的结果,跑了四个伙夫,一个特务长,两个斗争好久的班长,其中一个名萧文成,临走留下一封信,申明他不是反革命,因受不起压迫才逃跑。四纵队初成立时,一、二、三纵队调去的官长,一味地蛮打士兵,结果士兵纷纷逃跑,最后这班官长自己也立不住脚,都不得不离开四纵队。二纵队逃兵比任何纵队多,原因虽不止一个,然二纵队下级官长的大多数打人的习惯最厉害,乃是最重要原因之一。二纵队曾发现过三次自杀事件(排长一士兵二),这是红军最大的污点,意义是非常之严重的,这也不能不说是二纵队打人的风气特别浓厚的一种结果。[①]

陈毅在中央苏区

在刘安恭的挑拨下,使不少人将矛盾直指毛泽东。6月8日,在前委扩大会议上,身为前委书记的毛泽东因受众人指责,提出更换前委书记人选。矛盾

---

① 《废止肉刑问题》,载《毛泽东文集》第1卷,人民出版社1993年版,第108页。

更加尖锐。

随后,红4军召开党的第七次代表大会。这些争论在会议上再次摆出来。多数人特别是军事将领支持朱德、陈毅的意见。陈毅是大会主持人,担心红4军内部分裂,采取息事宁人的办法,对朱毛各打五十板批评说:"你们朱毛吵架,一个晋国,一个楚国,两个大国天天吵,我这个郑国在中间简直不好办。"①可是,陈毅各打五十板的办法没能解决问题。众人认为毛泽东是前委书记,对出现的争论应多负责,决定给予党内"严重警告"处分,对朱德也提出严厉批评。朱德对批评不表态,但毛泽东认为自己正确不接受批评,并且重申自己的主张后声明说:"不正确的将来自然会证明是不正确。"

会上改选了前敌委员会,陈毅为前委书记,毛泽东为委员。

红4军党的七大会议没能从根本上解决党内分歧,反使得红4军的行动方向飘忽不定。这是军中大忌。7月上旬,根据前委的决定,红4军四个纵队全部出动,分兵发动群众,陈毅、朱德率军部离开龙岩,移驻连城,进行反"会剿"作战;毛泽东去闽西指导地方工作,由此离开部队。

朱毛发生分歧,尤其是毛的坚决态度,促使陈毅不得不深思。这时前委接到上海的党中央来信,要求派红4军派一两名得力同志前去报告情况。陈毅决定亲自去。为此,他专门去见毛泽东,转达党中央的意见,并告诉说:"我准备自己去上海一趟。"

毛泽东说:"我赞成你去,把红4军的情况向中央反映一下,有好处。"

8月初,陈毅经上杭、龙岩前往厦门转赴上海,红4军的工作由朱德主持。

8月26日,陈毅辗转到达上海,随后向周恩来和党中央汇报了红4军内部的争论。党中央研究后认为毛泽东的意见是正确的,责成陈毅、周恩来和李立三成立三人委员会,专门研究、解决红4军内的问题。

---

① 张明金著:《陈毅元帅:井冈山时期的林彪》,《党史博览》2003年第10期。

第三章 陈毅:"跟毛主席走,就能胜利"

经过一个月讨论,三人委员会达成共识,周恩来便要陈毅起草一份党中央给红4军的意见信。这就是著名的"九月来信"。陈毅后来回忆:

> 当时是周恩来主持中央的会议,开过一次会后,周恩来同志继续跟我谈话说:"你可以替中央写一个指示,请毛泽东同志复职工作。"我就替中央写了一个指示,拿给恩来同志看了,恩来同志一个字都没有改,说:"很好,就是这个意思,你带这个指示回去,主要是去请毛泽东复职,朱德同志要服从毛泽东同志,你这个责任很重大。"①

这次上海之行和起草"九月来信"对陈毅起了什么作用?吴克斌说:

> 1929年2月中央"二月来信"中提到要朱德、毛泽东离开红4军。6月红4军"七大"毛泽东的前委书记落选,由陈毅继任,毛泽东一气之下到蛟洋养病。到"九月来信"以前,陈毅在这个问题上还有这种想法:毛与朱两人最好都不走,如果中央一定要他们离开,或者走一个留一个,或者一前一后走的话,那么毛泽东可以先走。为什么?这里陈毅可能有潜台词,就是认为军事作战没有朱德不行,毛泽东的政治职务却可以由别人代替。这个想法反映了此时陈毅对毛泽东认识的局限,没有把毛泽东的地位和作用同中国革命的全局和前途联系起来。但到他起草"九月来信"时,他的认识改变了,加深了,由渐变而到质变,对毛泽东的认识在思想上有了飞跃,有了后来的几次请毛泽东重新出山回红4军军部主持前委工作之举。

陈毅对毛泽东的认识"由渐变而到质变"后,10月3日带着党中央的来信回到了闽西。然后,他向朱德转达了党中央的意见,并建议欢迎毛泽东回到

---

① 张明金著:《陈毅元帅:井冈山时期的林彪》,《党史博览》2003年第10期。

红4军来。陈毅后来说:

> 我带回中央的意见,希望毛泽东同志继续领导,因为他是正确的。①

朱德表态同意后,拿出一封毛泽东写的信给陈毅。陈毅后来回忆:

> 那个信我现在大体上还记得。因为七次大会以后我离开了,朱德代理前委书记。他带着队伍往闽中漳平一带,红军队伍损失不小。那里是土匪地区。后来没有办法,又退回到永定、坝州一带,又开了个第八次代表大会。当时,政治工作人员不满意,一致要求毛主席复职,不满意朱的领导。这就是所谓"'政治小鬼'要求毛主席复职"。毛主席回了一封信,信中说:我平生精密考察事情,严正督促工作。这是"陈毅主义"的眼中之钉,陈毅要我做八面美人,四方讨好,我办不到。我不能够随便回去。这个路线问题不解决,我就不能回去。②

陈毅看完信对朱德说:"这封信是对的,我赞成这封信,过去那些事我撤回,我请他回来。七次大会是我犯了错误,我这次回来,只要我作检讨,他就会回来的。"

朱德不信,说:"你去试一试吧。"

陈毅说:"那我就试一试。"

那么,陈毅是如何把毛泽东请回来的?他后来回忆:

> 这期间还有个打梅县的战斗。此次战斗部队损失很大,从梅县撤回来后,朱德、伍中豪和林彪等人主张把部队转向江西,向兴国、

---

①②张明金著:《陈毅元帅:井冈山时期的林彪》,载《党史博览》2003年第10期。

宁都、于都这一带走。当时我也赞成到江西，但感到还不是时候，因为毛主席未回来，我的任务没有完成。所以我坚决反对，主张无论如何要先到福建上杭，把毛主席接回来以后再共同来决定这个行动，我说我跑一次中央的任务就是这个。对此，大家争论得很厉害。我说毛主席走了，我代理前委书记，我走了，你朱老总代理前委书记，现在我回来了，我是全军的党代表，不能讲价钱，明天队伍开上杭。他们没有办法了，只好从安远开往福建上杭。

这时，我说要是把毛主席请回来，恐怕还要召开一次代表大会，坐下来肃清"七大""八大"的影响。林彪说：不，还是要讨论队伍分散行动的问题。他的理由很多，主张朱老总带两个纵队向闽中冲去，他留在永定、上杭一带。他认为敌人很强大，只有用这个经验，红军才消灭不了。集中行动，目标大，得不到补充，要打遭遇战，红军这么削弱下去，不知道哪一天还要分散。欢迎毛主席回来，我是赞成的，因为七次大会上我是支持毛主席的。分散了，还是可以欢迎他回来。我说不行，现在要集中行动，现在要迎接革命高潮，争取江西，建立大的革命根据地，不是分散的问题。我说，你是一贯的悲观失望，总想拉起队伍走，你这个观念不对。他没有办法，说，我也知道我的意见通不过，但我还是把它讲出来，我保留我的意见。我说：你保留你的意见，我保留我的意见，等毛主席回来再说。我说队伍要抓紧，这三个纵队无论如何不能分散。

这一次争论得很激烈。那时，朱老总没有表态，伍中豪也没有表态，主要是林彪跟我两个争。

后来，我写信给毛主席，信中说我这次到中央去了一次，我们的争论问题都解决了。七次大会是我本人犯了一次严重错误，我可以作检讨。中央承认你的领导是正确的。此间，同志们也盼望你回队，希望你见信后赶快回来。毛主席得到信后坐担架回来的，回来时还是有些病，伤风还比较严重。但是，可以看出毛主席很高兴。

12月28日,毛泽东主持在古田召开红4军第九次代表大会,对各种倾向进行了批判。陈毅后来说:"但是没有点名。没有点朱老总的名,没有点我的名,也没有点林彪的名。"

这次会议通过了毛泽东起草的《关于纠正党内的错误思想》决议,总结了红4军的建军经验,批判了单纯军事观点、非组织观点、极端民主化、绝对平均主义、主观主义、个人主义、流寇思想等错误思想。最后选举以毛泽东为书记,朱德、陈毅、罗荣桓、林彪、伍中豪、谭震林等11人为委员的新的前敌委员会。毛泽东重新回到了红4军的领导岗位。

一场持续很长时日的争论终于结束,红军重新踏上了正确的轨道。因为不久前毛泽东批判过"陈毅主义",陈毅后来说:"这时,我心里有个问题,对于错误,我承认了,毛主席是会信任我的。我们共甘苦有三年多了,我没有个人打算。我那时并不是考虑毛主席复职以后,我到7军或到鄂豫皖去,我没有这个打算。我也不是因毛主席写了一封信,反对'陈毅主义',我就存在心里。我认为毛主席这封信对我有很大的政治意义和教育意义。"①

陈毅的这种态度是光明磊落和胸襟坦荡的,也是毛泽东所赞赏的。古田会议后,陈毅找到毛泽东提出调换工作的问题:

> 毛主席说我:你现在还是留在4军好,不要到鄂豫皖去,也不要到7军去,我挽留你。他还主动说,我写了一封信,朱德同志拿给你看了,不晓得你的意见怎样?我说,我拥护你这个信,你信中对我的批评,我是赞成的。他说,如果这个问题解决了,就没有什么问题了。我原来估计你是一去不回了。你回来了,我欢迎你留在这里。这个问题就解决了。

毛泽东也以诚相待,用革命同志式的友好态度对待陈毅。他的这种的态

---

①张明金著:《陈毅元帅:井冈山时期的林彪》,载《党史博览》2003年第10期。

度再次赢得了陈毅的敬佩。

吴克斌认为这次是非曲直争论的结果对陈毅的影响来说是终生的：

> 有人会说"我们不是常讲'组织决定'吗？你怎么把这些扯到个人头上去了呢"，这事看来有矛盾，其实也是顺理成章的。因为毛泽东有很高的才智，在党内有很高的权威，他的正确的政策常为组织所接受、采纳和实施。在组织上许多对陈毅的决定中，毛泽东往往起主导作用。毛泽东是能够做到这些的，而反过来，陈毅对于毛泽东却不能起到这种作用。不是他没有试过，红军时期他曾经有两次想支配毛泽东，一次是井冈山上，一次是红军党的"七大"，但结果却证明不行。为什么？因为毛泽东抓住了中国革命的基本规律，他的那一套思路是与整个中国社会发展的基本道路相吻合，相适应的，而陈毅的认识在那时还没有达到这个高度。陈毅自己说过，井冈山会师后，以朱德为领袖还是以毛泽东为领袖都还没有确定，是经过七大、八大到九大，他才认识的。①

事实也正是如此。最终陈毅选择了毛泽东作为党和自己的领袖，莫不与这次争执有关，而在争执解决之后陈毅从此在政治上铁心认定毛泽东的正确。

> 陈毅曾经谈到：领袖不是天生的，是在群众运动中锻炼成长由群众认识的，我就是这样，开始我并不认为毛主席是领袖，经过湘南失败，经过红四军"七大"，最后认识了毛泽东的正确。②

---

①②张素华、边彦军、吴晓梅编著：《访吴克斌：毛泽东和陈毅》，载《说不尽的毛泽东》（上），中央文献出版社、辽宁人民出版社1996年版，第592、599页。

毛泽东与朱德、陈毅等人他们所争，皆是大公；他们所执，均为主义。毛泽东也以他的正确和不屈服的态度赢得了朱德和陈毅两位终生的战友。他们的友谊是纯正的革命友谊，没有掺杂半点私情。陈毅对毛泽东正确性的铁心认定，在随后的岁月中被中国革命波澜壮阔的历史进程证明是正确的。1949年5月，陈毅率部进驻上海，在中国革命即将取得全国性大胜利之际，陈毅感慨万千，对中国革命的胜利离不开毛泽东的伟大和正确更是感慨不已。他身边的工作人员回忆说：

> 记得在那红旗飞舞、欢庆即将解放全中国的凯歌声中，陈毅同志多次对我们说：是在毛主席领导下，中国革命才取得了今天的伟大胜利，中国革命没有毛主席不行！使我们终身难忘的是，就在那接管城市、日理万机的繁忙时刻，陈毅同志还向我们追述他怎样通过长期的革命斗争，认识了毛主席的英明伟大。

陈毅正是在艰苦卓绝的中国革命斗争中与毛泽东"不打不相识"，才认识到毛泽东的正确和伟大。

4."毛泽东同志的主张是正确的"

陈毅对毛泽东及其所代表的政治路线与军事路线的认识进入一个更高的境界后，便唯毛泽东马首是瞻了：

> 1929年底，他（陈毅）协助毛泽东完成了古田会议决议的制定，也表明他自己对毛泽东及其所代表的政治路线与军事路线认识的飞跃。这个飞跃与陈毅注意对毛泽东本人及思想行为从实践到理论

的比照研究分不开的。从井冈山会师到红四军九大之后,是毛、陈关系史上的第一个阶段,这个阶段也正是人民军队的初创形成一定规模的时期。也是毛、朱、陈之间互相配合、支持、碰撞、了解,互相吸收对方优点,并进相长的过程。这个过程的最后结果,便形成了一个代表人物。这个代表人物,不是别人,正是毛泽东。因为在他身上集中了党的正确思想,代表党的正确方向。毛泽东的路线一经确定,毛、朱、陈的关系也就确定下来了。如果能把毛泽东比作"太阳"的话,那么,陈毅就是它的一颗"卫星",有自己的轨道,但一定绕着太阳转。①

尽管当初毛泽东坚持陈毅"还是留在4军好",但是在古田会议后不久,陈毅还是与毛泽东分开,离开了红4军。1930年2月,党中央决定把洪湖地区的各路游击队集中起来,成立红6军,由黄公略任军长,陈毅调任军政委。就此,陈毅离开了毛泽东领导的红4军。6月,陈毅又奉命组建红22军,并任军长,12月调任中共赣西南特委书记,1932年调任江西军区司令员。这几次工作调动使得陈毅逐步离开主力红军,转而致力于地方武装的建设和指挥,从江西苏区的核心领导圈中退了出来,成为独当一面的战区指挥员。

这个时期,陈毅虽然与毛泽东两人分开了,不在一起。但是,吴克斌认为,自从1929年红4军七大以后,陈、毛两人之间的关系的格局基本上定下来了,并且"这种关系影响了陈毅以后三四十年的人生道路。成功也好,挫折也好,都受这种格局的制约"。

此话正是在严格审视陈毅一生的历史后得出来的一个结论,并且是在中国革命的挫折中得到了考验。

陈毅的儿子陈丹淮后来回忆说:

从1930年开始,江西苏区发展很快,红军不断扩大,根据地也

---

① 张素华、边彦军、吴晓梅编著:《访吴克斌:毛泽东和陈毅》,载《说不尽的毛泽东》(上),中央文献出版社、辽宁人民出版社1996年版,第599页。

不断扩大,最终形成了全国革命的重心中央苏区。……但是中央的"左"倾错误路线一直没有得到纠正,先是立三路线,进而发展为王明路线。中央对各根据地的干预和批评也越来越多,在中央苏区左倾路线打击的目标就是毛泽东,陈毅也无可幸免地被卷入到这场严重的党内路线斗争之中。①

陈毅之所以卷入这场旋涡,是因为他坚决地站在毛泽东的一边。

1930年6月,李立三路线在党内占据统治地位。8月中旬,中央特派员周以粟到达江西苏区,要求红军攻打武汉。毛泽东认为红军根本没有这个力量,不赞成中央的决定,周以粟批评毛泽东是机会主义。从此,"机会主义"这顶帽子,就一直在毛泽东头顶上"转悠"。11月,陈毅在吉安见到毛泽东。陈丹淮记述了两人谈话的场景:

> 两人住在一个绸缎铺里,一面喝酒,一边聊天。又大有酒逢知己千杯少的感慨。毛泽东就讲周以粟来后的争议。陈毅说:"你看中央来一个人就掀起一个风潮。将来中央搬来了,就怕要推翻你。"

这样的话自然是陈毅与毛泽东最私下的知心话,若不是真正的战友之情,则很难如此推心置腹。

1931年1月,中央苏区成立中央局,项英担任书记。项英贯彻党中央的"左"倾路线,在中央苏区引起严重的思想分歧。4月,毛泽东在吉安又见到陈毅,叹气说:"你上次讲的话是有道理的,现在中央来的人越来越多,意见分歧越来越大。"

6月,蒋介石发动对中央苏区的第三次"围剿"。在反"围剿"作战前夕,毛泽东特地带着两个洋铁箱找到陈毅,郑重地交代说:"这是我们在建宁打仗时

---

① 丹淮著:《红军时期:陈毅和毛泽东的友谊》,载《光明日报》1992年6月6日。

第三章 陈毅："跟毛主席走，就能胜利"

陈毅与周恩来等在一起

筹的 20 万元款子，是我们的命根子。第三次反'围剿'之后就要靠这笔款子了。现在要打穿插，没有前方，也没有后方了。就重托你保管。你不管别的事，只要管好这件事就行了。"他还对陈毅说："我还有一件事，我写了一些油印单子，这些都是历史，留到将来也有好处，也请你保存着。"

毛泽东所说的"油印单子"就是他自己的一些著作。

陈毅接受毛泽东的托付后，派了两班人马日夜守卫。反"围剿"作战胜利结束后，11 月，中央苏区党组织在赣南召开第一次代表大会（即赣南会议）。陈毅前来参加会议。他把款子和文件亲自交还给毛泽东。毛泽东很高兴地说："我现在就靠你这 20 万元的战争费好扩大红军，不过这也只能维持 4 个月，以后怎么办还不知道呢！"

根据地财政十分困难，毛泽东在作战前把"命根子"交托给陈毅，而不是别人，可见他对陈毅托付之重，信赖之深。毛陈之情亦可见一斑。而陈毅对毛泽东的坚定支持，在随后与"左"倾路线的斗争中愈发难得。

这次召开的赣南会议全盘否定了以毛泽东为代表的关于红军作战、中央苏区建设的方针和政策，成为王明"左"倾路线对毛泽东的一次集中批判。当毛泽东横遭批判时，中央苏区一些同志据理力争。陈毅态度最鲜明，站在支持毛泽东的第一线。陈丹淮记述：

陈毅在会上极力支持毛泽东,和中央的同志激烈地争论着。他说:"毛泽东的主张是正确的,别看现在苏区方圆几千里,红军几万人,打两个败仗就要垮台。"

　　中央来的人批评他:"你眼睛就只看到这几个县,是机会主义。"

　　陈毅反驳道:"你们说上海无产阶级强大,你们为什么不在上海,跑到苏区来干什么?"

　　中央来的人说:"我们就是来动员红军去打上海的。"

　　就这样会议吵了好几天,没有吵出个结论来。会后毛泽东只好又称病休养了。

　　毛泽覃和谢唯俊则找到陈毅说:"还是你敢讲话,讲得彻底。我们都不好讲话。"

　　陈毅说:"其实平时我和他们都相处得比较好,我跟他们谈苏区情况,也是希望他们了解苏区。可是我发言也没有用,你们不讲话也难怪了。"

陈毅对毛泽东的支持,自然源自他认为的"毛泽东同志的主张是正确的"。而此时毛泽东对陈毅也是很支持的,甚至当陈毅陷入危险时力所能及进行保护。据吴克斌说:

　　毛泽东曾经提名陈毅担任苏区中央局委员,但未见中央批准。陈毅受到挫折,一度被怀疑为"AB团头子"。他的妻子肖菊英为此投井而死。那段时间,苏区打"AB团"打得很厉害,据宋时轮说毛泽东任命的肃反委员会主任李韶九,甚至还怀疑到毛泽东头上。在很危险的情况下,陈毅写信给毛泽东谈了自己的情况,毛泽东回了封信,说,我是支持你的。

1932年10月,苏区中央局开会研究第四次反"围剿"的作战方针,即著名的第一次宁都会议。"左"倾路线负责人博古等人主张打出去,御敌于国门之外。毛泽东主张吸取过去三次反"围剿"的经验,把敌人放进来,像叫花子打狗一样,背靠一堵墙。结果,双方又是争论不休。

在会议上,陈毅发言支持毛泽东"诱敌深入"的作战方针。针对博古等人把毛泽东排挤出红军指挥权之外的做法,他说:"南昌暴动后的残部与毛泽东在井冈山会合,经过千辛万苦才打出这样一个局面。现在有人认为苏区干部只有打仗一点才可取,其他都不行,这是不正确的,苏区主要是政治方面正确。再提个促进团结的方案,让毛泽东到前方指挥作战。现在,前方战士、干部都在问毛泽东到哪里去了?为什么不来领导我们打仗。这就是统帅和部队的联系。"

顾作霖立即站起来,批评陈毅说:"你这个人老是讲旧的东西,没有一点马列主义。"①

但是,陈毅还是和朱德、周恩来、王稼祥等人一起提出留毛泽东在前线指挥军事,最后遭到博古等人的拒绝。宁都会议没有接受毛泽东的意见,反把他调到后方专做政府工作。毛泽东在军事上的发言权也被剥夺了。

会后,陈毅回到驻地,江西省委书记李富春悄悄对他说:"你在会上还是坚持那些老经验,中央对你印象很坏,你不要再讲话了。现在形势变了。"

陈毅还带着气地说:"现在总是唱高调,打出去,打出去,你打到哪儿去。"

李富春说:"你就是消息不灵通。这次开会,项英、顾作霖他们主要是要批判毛泽东主义,周恩来不同意,你连开会的意图都没弄清,就乱发言,中央同志不高兴,说本来会议开得生动活泼,你一讲就泄气了。"

陈毅这才恍然大悟个中缘由,但还是不改初衷:"原来是这么回事,那就是说我是拥毛的了,那也好。"②

没有了毛泽东的领导,陈毅担心第四次反"围剿"不能打破,红军和红色政权没有存身之处。在这种忧虑之中,一个月后陈毅发疟疾。毛泽东来看望他。

---

①②丹淮著:《红军时期:陈毅和毛泽东的友谊》,载《光明日报》1992年6月6日。

谈着谈着,两人又谈到了第四次反"围剿"。毛泽东焦急地说:"敌人布置得很紧,我们却不充分准备,很危险。最好还是让敌人进来,选择一路打。你在宁都会议上的讲话,我很同意,你能不能再和他们讲讲,起些作用。"

陈毅无奈地说:"你讲话人家都不听,我讲话更没有用了。何况有人还想抓我是'AB团'的总头头呢?"

毛泽东无语了。

幸好红一方面军总司令朱德、总政治委员周恩来等人后来还是按照毛泽东前三次反"围剿"的战略战术调动敌人于山地运动战中歼灭,经过黄陂、草台冈两仗歼敌近三个师,俘敌万余名,基本上打破敌第四次"围剿",才致使局势没有恶化。

战后,中央苏区政治局第二次在宁都开会。这次"左"倾路线执行者完全剥夺了毛泽东的发言权。陈毅是江西军区司令员,作为东道主奉命列席会议。会前,有人好心地劝他说:"你是老党员,最知道苏区的优点和缺点,应该好好地摆一摆,增强党内对中央的信任。你就是政治上不开展,如果你做点自我批评,就可以去当军团政委,省委书记,何必在地方部队里干。"

陈丹淮后来说:"这是明显的说客了。"

对于这样的劝说,陈毅却回答说:"要我抹杀苏区的成绩,造谣生事,我不干。苏区的情况不要找我谈,要找毛泽东谈。至于说当什么政委、书记,我不在乎。"

陈毅不为当官而去反对毛泽东,完全是坚决的"挺毛派"。

一天,项英来到了陈毅的住处,突然发现陈毅写的毛笔字特别像毛泽东的"毛体"(后人对毛泽东书法字体的说法),心里很不痛快,说陈毅:"你这个人不仅在政治上、军事上迷信毛泽东,为他吹嘘,连写字都学他!"[①]

陈毅也不客气地回敬说:"你说我迷信毛泽东,你为什么迷信博古啊?你们就是排斥毛泽东。谁不听你们的,动不动就给戴上'反国际'的大帽子,只许

[①] 丹淮著:《红军时期:陈毅和毛泽东的友谊》,载《光明日报》1992年6月6日。

听你们的,不准别人讲话,这叫什么呀!"说罢,还补上一句:"你不信润之,只能说明你没水平。"

陈毅说这样的话,看起来似乎太不识时务,然而却是真事。陈毅的儿子陈丹淮后来也证实确有其事。

对此,陈丹淮感慨:"陈毅就是这样总和中央谈不到一起去。"

有意思的是,陈毅性格开朗,与中央方面一些人的个人关系还是不错的,比如项英就是一个,但因为对待毛泽东的做法,陈毅与他们唱起了反调。

7月,临时中央派员参加江西省委扩大会,督促清算江西的"罗明路线",点名批评邓小平、毛泽覃、谢维俊、古柏,实质是继续批评毛泽东,以清除他在红军中的影响。陈毅、罗荣桓与军区机关部长以上干部都出席会议。

在会上,陈毅、罗荣桓都不肯上台作批判发言。但江西军区没人上台无法"脱身",他们便找青年部长钟发宗。他年龄最小,讲错几句话,也无大关系。

钟发宗上台,有意从他个人的经历讲起,以亲身体会讲红军的成长壮大,说明毛泽东领导的正确,结果,立刻被中央来人指责为"机会主义的发言"。

陈毅和罗荣桓见势不妙,不等大会结束,便把钟发宗派到远地的一个军分区当政治部主任,保护起来。

由于陈毅坚决支持毛泽东,以后的中央会议,博古等人不让他列席参加。陈毅却与毛泽东等人握有中国革命的真理,成为少数面对复杂时局而思想正确的人。

对于陈毛之情,几十年之后陈丹淮指出:"陈毅与毛泽东的友谊就是在红军建立与发展的过程中凝结起来的,是在患难中升华的。这种珍贵的友谊不仅体现在他们政治上的一致,而且特别体现在可以像普通人一样地促膝长谈,这恐怕是毛泽东生活中很少见的现象。这段珍贵的友谊对他们来讲都是刻骨铭心的,并在最后得到了充分的证明。"

陈毅对毛泽东的认识在中国革命的曲折征途中愈发真切,这种认识又促进他与毛泽东之间的个人感情,甚至使得他愈发对毛泽东产生崇敬之情。在陈毅去世后,他身边工作过的人员回忆:

我们和陈毅同志朝夕相处,感受最深的是,他衷心热爱毛主席。从1928年,陈毅同志协助朱总司令率湘南暴动的队伍到井冈山,与伟大领袖毛主席胜利会师后,他一直在毛主席领导下,南征北战。几十年来,他直接受到毛主席的亲切关怀和教育,对毛主席怀有极为深厚的无产阶级感情。①

陈毅的这种感情不是虚的、假的,经受了历史的考验,是患难中升华的,所以能够长久,弥久愈深。

5.陈毅为什么"始终没有犯过路线性的重大错误"

信仰凝聚人心,对错决定成败。吴克斌认为,陈毅正因为认定了毛泽东的正确,才紧跟毛泽东,因此,"在这几十年中,陈毅功勋卓著,却始终没有犯过路线性的重大错误"。

1934年10月,红军主力作战多次失利,伤亡增加,中央苏区缩小,不得不进行战略大转移。党中央决定陈毅和项英等人在中央苏区留下来就地进行游击战,并设立中央分局,以项英为书记;设中华苏维埃共和国中央政府的办事处,以陈毅为主任并负责军事。也就是说,党中央和红军主力要走了,陈毅和项英将在苏区继续与强敌作战,以担负掩护主力转移。

这时陈毅因8月底在江西兴国老营盘指挥作战时负重伤,刚刚才做完手术。主力出发前,一位同志来向陈毅告别。分别时,陈毅再三叮嘱她:长征途中,一定要紧紧跟上毛主席,一步也不能掉队!

---

① 《青松挺且直》,载《人民的忠诚战士——缅怀陈毅同志》,上海人民出版社1979年版,第576页。

此时毛泽东早已被"左"倾路线执行者排挤在中央领导之外,他的思想和战略的正确性尚未为多数人认识到,但陈毅坚持毛泽东是正确的,并且把他作为紧紧跟随和获取胜利的领袖。

陈丹淮还讲述了发生在此时的一件事情:

陈毅(站立者)在开会

> 毛泽覃(毛泽东的弟弟)也被中央指名留在苏区坚持斗争。他在突围之前专门找到陈毅谈形势。
>
> 陈毅说:"主力红军长征有可能被打散,但如果毛泽东领导,可能有办法。苏区顶多保持一个游击战争的局面。"
>
> 毛泽覃问:"你说经验教训在哪里呢?"
>
> 陈毅说:"很简单,就是把过去苏区的一套丢掉了,就是没有听毛泽东的话。要是毛泽东领导无论如何不会失败得这么惨。"
>
> 毛泽覃非常感动地说:"没有想到你现在还是这样真诚,十年才能看清一个人啊!"

陈毅对局势的认识及其对毛泽东正确性的认识超越了许多人。其实,他这时也仅仅只有33岁。

红军主力离开后第三天,10月13日,项英来到医院看望陈毅,并传达党中央的有关部署。

然而,在强敌进攻之时,项英还是"左"的那一套,要集中兵力和敌人死打硬拼。陈毅指出,留守部队要开展毛泽东在井冈山和中央苏区反"围剿"作战时实行的"广泛的、灵活的游击战争"。结果,项英与陈毅意见迥异,两人发生争吵。

11月23日,敌人占领会昌,中央苏区的全部县城陷入敌手。到月底,陈毅能起床行动了,便提议召开中央分局会议。在会上,他提出全面转入游击战争的意见,得到多数人的赞同。可是,项英仍坚持要再看两个月。

12月底,形势更加严重。项英不得不同意陈毅的意见,要陈毅写个指示发下去,部署各地武装转入游击战争,但具体执行不执行,他则还要待请示中央后再定。陈毅写好指示后,项英又考虑了好几天,才同意往下发。可是,许多地方被敌人隔断,无法联系,陈毅起草的这个指示传达不下去了。

1935年2月初,中央分局、中央办事处和赣南省的机关、部队被敌人围困在狭小的仁风地区,陷入非常严重的危险境地。项英天天向上发电报,要指示,但总得不到答复。陈毅说:"电报不要发了,红军主力日夜行军作战,无暇顾及我们。还是自己想办法、拿主意吧!"

项英问:"你说怎么办?"

陈毅说:"留得青山在,不怕没柴烧。事到如今,只有突围,冲杀出去,才有希望!"

2月13日,来自党中央的红色电波越过崇山峻岭传来了。电文的大意是:中央政治局在遵义会议批判了军事路线上的错误,确立了毛泽东在中央的领导地位;中央苏区的斗争主要是坚持游击战争,反对敌人的堡垒主义与"清剿"政策,组织方式、斗争方式必须与此相适应。深受"左"倾路线之苦的陈毅看了电报,受到极大鼓舞,高兴地说:"毛泽东同志回到领导岗位,革命就有希望,我更有信心了。"

陈毅说:"我就是相信毛泽东!他领导苏区时,队伍由小到大,红军发展到30万人,苏区扩大到20多个县,几次反'围剿'都胜利了。毛泽东同志被排挤出红军领导岗位后,就打败仗,第五次反'围剿'失败了,中央苏区也垮台了,这样的中央能信任吗?"

在南方艰苦的转战中,陈毅等人和毛泽东、党中央失去了联系,斗争更加艰难。

第三章 陈毅:"跟毛主席走,就能胜利"

> 在赣南起伏的山岭,在粤北茂密的丛林,有多少战斗的白天、不眠的夜晚,他(陈毅)热切地惦念着毛主席。由于他们和毛主席一时失去了联系,陈毅同志心里十分焦急,渴望着立即听到毛主席的声音。①

在陈毅四下寻找党中央的时候,1936年12月12日,发生震惊中外的西安事变。几天之后,陈毅意外地从一份杂志上看到毛泽东在陕北瓦窑堡会议上的报告摘要,高兴极了,大声说:"好啦!毛主席说话啦!"立即起草《抗日高潮和我们的任务》文件,并在油山召开干部会议,进行传达和贯彻。

1937年7月,全面抗战爆发后,陈毅等人与党中央终于接上联系。12月,党中央决定成立中央东南分局,陈毅为分局委员,并成立中共新四军分会,陈毅为副主席。次年1月,新四军军部在南昌成立,陈毅为新四军第一支队支队长。这样,陈毅成为在新四军中维护以毛泽东为首的党中央正确路线的中流砥柱。时任闽西南军政委员会秘书长温仰春回忆1938年春在南昌与陈毅一席谈话说:

> 在谈话中,陈毅同志不时以党的历史来教育我,他谈了第一次大革命的失败原因,八一起义、秋收起义、广州起义的历史意义,特别是毛主席向井冈山进军,建立第一个革命根据地的伟大意义……顿了一会,陈毅同志又兴奋地谈到遵义会议确立了毛主席的领导地位,纠正了王明路线的错误,在革命最危急关头,挽救了革命,挽救了党,取得了二万五千里长征的胜利。最后,陈毅同志斩钉截铁地说:经过长期的革命实践,充分证明跟毛主席走,就能胜利;否则,就一定要失败。②

---

① 陈鼎隆著:《在陈毅同志身边七年》,载《人民的忠诚战士——缅怀陈毅同志》,上海人民出版社1979年版,第577页。
② 温仰春著:《龙游大海下山来》,载《人民的忠诚战士——缅怀陈毅同志》,第206—207页。

温仰春还回忆了当时他看到陈毅房间有不少东西与毛泽东息息相关：

> 在陈毅同志的房间里，只有一张床铺，一把靠椅，一只桌子和几条木凳，陈设简单，整齐清洁。引人注目的是堆放在办公桌上的马列的书和毛主席著作。当陈毅同志发觉我在注意这些书的时候，特地从书堆里拿出毛主席新近写的《中国共产党在抗日时期的任务》和《为争取千百万群众进入抗日民族统一战线而斗争》两篇著作，严肃地说：为了彻底打败日本帝国主义侵略者，必须坚决执行党的抗日民族统一战线政策。因此，认真学好毛主席的著作，对我们共产党人来说，特别重要。他对书中的内容很熟悉，可以背诵其中许多段落。

值得一提的是，在南方打游击三年，与党中央脱离联系好几年，后来都是仅仅靠电报与党中央联系。为什么陈毅在复杂的形势下始终能够贯彻和执行毛泽东的指示，"始终没有犯过路线性的重大错误"呢？关键还是他坚持了毛泽东的正确路线，也就是说，他紧跟毛泽东，且摒弃了各种错误思想的干扰。

1941年10月，陈毅对新四军4师政治部主任萧望东说起过他之所以追随毛泽东的原因：

> 毛泽东同志是一位有独特思想的人，他看问题很深很准确，他提出的观点，有不可推倒的力量，别人想推倒，是怎么也推不倒的。

这就是陈毅为什么跟随毛泽东以及他所以能在远离党中央时还能执行正确路线的最内在的原因。

陈毅本人也是这么认为的。

萧望东回忆：一次他与陈毅在行军宿营后散步。谈话时，陈毅从南昌起义谈到井冈山的斗争，对萧望东说："那时候，我们这些人还都年青，又是刚聚在一起，没有什么很深的了解，我对毛泽东同志的尊重以至到心悦诚服，也是到后期才形成的。"

第三章 陈毅:"跟毛主席走,就能胜利"

随后,他联系抗日战争说:"现在看得更清楚了,毛泽东同志的思想,就是中国化了的马列主义,没有毛泽东同志的领导,哪会有现在的抗日局面呢?"

接着,两人谈到了不久前发生的皖南事变。陈毅说:"新四军在皖南遭国民党的暗算,主要是没听毛主席的。"

萧望东说:"中央肯定你在这段工作中是正确的。"

陈毅回答:"之所以正确,也是因为听了毛主席的!"然后,他颇有感慨地说:"这就是事实,这就是最能教育人的事实:我们要胜利,要不失败,就得听毛主席的!"

陈毅

在几十年之后,萧望东还记得陈毅说这话的时候"神态显得格外庄重"。萧望东说:"我听得出,他不是在作一般的谈论,在语气中,满含着对我的启发与教导。我在过去工作中,也知道要坚决执行党中央和毛主席的指示,听了陈毅同志的谆谆教导,更提高了我这方面的自觉性。"① 这就是陈毅,他不仅自己衷心拥护毛泽东,还教育部下们要去坚决执行毛泽东的正确路线,也正是他的榜样作用和谆谆教导,使得新四军这支部队浴火重生,成为绝对听从党中央指挥的一支抗日劲旅。

---

① 萧望东著:《肝胆照人先英才——忆陈毅同志对我的帮助教育》,载《人们的忠诚战士——缅怀陈毅同志》,上海人民出版社1979年版,第314页。

6.黄花塘事件:毛、陈信任关系的试金石

1934年10月在中央苏区一别,直到1944年陈毅去延安才和毛泽东重逢。尽管两人近十年没在一起,吴克斌认为,"对陈毅的工作,毛泽东是肯定的,对陈毅本人,毛泽东也是信赖的"。然而,十年之后,当他们再次要重逢时,陈毅却是一种"惴惴不安"的心情。

陈毅为何居然有这样的心情?

这不得不说说黄花塘事件。

1942年3月,新四军政委和华中局书记刘少奇要回延安去。3月4日,华中局召开了第一次扩大会议。刘少奇在总结报告最后说:"中央有电报来,调我回延安,以后华中局书记由饶漱石来代理,军分会由军长代理……饶漱石同志、陈军长是党内很好的领导者,我走了没有问题,在饶漱石、陈军长领导下,许多同志一定能团结一致,努力工作。"这可以说是刘少奇临走前对华中局领导工作的安排,陈毅本人没有什么意见,是服从这个安排的。

陈毅在新四军

5月,饶漱石也离开新四军军部,带工作组到淮南检查2师工作。他此去要三个月才能返回来,代理的华中局书记和新四军政委职务便由陈毅代理。

饶漱石离开军部后,华中局便有一些议论,即代理华中局书记的人,为什么不是陈毅而是饶漱石?在议论中,称赞陈毅工作的人比较多。这对饶漱石是一个很大的压力。9月1日,党中央发出统一抗日根据地党的领导的决定,提出要实行党政军民一元化领导。而陈毅比饶漱石资格老,又有黄桥决战等打开华中局面的军事建树,随时可能被党中央任命为华中局书记。

随着整风运动越来越深入,饶漱石抓住陈毅在1929年红4军"七大"主持会议选掉了毛泽东前委书记职务的历史以及陈毅心直口快的个性,说陈毅早就反对毛泽东,一贯反对政治委员制度、排挤书记。10月16日,饶漱石在黄花塘驻地组织对陈毅的斗争会。

会后,他又致电毛泽东、刘少奇,说陈毅"以检讨军直工作为名召集20余名部、科长会议来公开批评政治部、华中局及我个人",并且还煽动一些干部联名向中央发电报批评陈毅。

黄花塘事件把陈毅搞得灰溜溜的。而饶漱石之所以能煽动一些干部并敢打电报到党中央告状,除过去的历史事件外,他还抓到了陈毅"反毛"的新"把柄":

> 有一天,陈毅在军部处理公务,其他人都走了,就随便地和秘书聊天,看到桌上放着一叠中央规定的整风必读文献,他就问,你这些书都读了吗?接着他随口感慨说,这些书都是好书,可是不要看这些书讲得头头是道,执行起来就不一定真这样,我看得多了,在井冈山就看到了,有些事情就不是照样执行的。这些话,当时听来显然不太恭敬。秘书很单纯,吓坏了,回去也不敢和谁讲。过了些日子,上面再次强调整风要敞开思想,秘书就着急了,那天他看到饶漱石一个人在黄花塘边乘凉,就走上去谈了这件事,饶说,行了,知道了。表面平平淡淡,实际如获至宝,认为抓住了陈毅过去反毛,现在还反毛的"把柄"。[①]

[①] 张素华、边彦军、吴晓梅编著:《访吴克斌:毛泽东和陈毅》,载《说不尽的毛泽东》(上),中央文献出版社、辽宁人民出版社1996年版,第604—605页。

饶漱石把陈毅的所作所为竭力往反对毛泽东身上去扯,陈毅只好向党中央发电报报告事情的经过,并检讨了自己随便说话等错误和缺点。毛泽东接到他的电报后作出了回复:

陈毅在黄花塘

> 陈毅同志,并告饶:
> (一)来电已悉。此次事件是不好的,但是可以讲通,可以改正的。(二)我们希望陈来延安参加七大。前次你们来电要求以一人来延,那时我们不知你们间不和情形,现既有此种情形,而其基本原因,因为许多党内问题没有讲通。如陈来延安参加七大,并在此留住半年左右,明了党的新作风及应作重新估计的许多党内历史上重大问题……则一切不和均将冰释,并对党有极大利益……陈来延期间内职务由云逸暂行代理,七大后仍回华中,并传达七大方针。
> 以上提议请考虑见复。
>
> 毛泽东
> 1943年11月8日

毛泽东指出问题的实质不是所谓的陈毅"反毛",而是陈饶不和,淡化了饶漱石的告状性质。

陈毅接到毛泽东的来电后,便决定去延安。1943年11月25日,他和妻子张茜离开华中局,前往延安。经过长途跋涉,于第二年3月7日到达延安。

陈毅行程数千里,来到延安要见毛泽东了,宋时轮后来与人说:

第三章 陈毅:"跟毛主席走,就能胜利"

陈毅因为黄花塘事件,心中惴惴不安。虽然他一路上写了不少诗,其中也有像"众星何灿烂,北斗住延安。大海有波涛,飞上清凉山"这样歌颂党中央和毛泽东的诗句,但毛泽东和中央究竟会以什么态度待他,他心中无数。因此,他第一次见到毛泽东时,毕恭毕敬。

十年之后再次见面,陈毅是这种态度,毛泽东则忍不住对他发了脾气。宋时轮回忆:

公事公办样的谈话后,毛泽东忍不住发了脾气,他说,你这个陈毅,我们10年不见面了,老战友,老朋友,你怎么这个样子!有人说了什么,大家交心嘛,你这样子我还敢跟你说话吗?

原来陈毅完全是多想了,毛泽东还是当年和他促膝谈心的那个毛泽东。

陈毅听了毛泽东这席话,很感动,放下了包袱,两人用在井冈山时期建立的那种感情交流谈话。陈毅原本是准备到延安"请罪"的,但毛泽东给他做思想工作,他感到越来越亲密,1944年12月1日,毛就在给他的一封信中写道:"你的思想一通百通,无挂无碍,从此到处是坦途了。"使他受到很大的鼓舞。①

1954年2月16日,陈毅在关于饶漱石问题座谈会上回忆了他回到延安与毛泽东见面之后的交往细节:

(陈毅要谈与饶漱石之间的问题)当时毛泽东却给他浇了浇冷

---

① 张素华、边彦军、吴晓梅编著:《访吴克斌:毛泽东和陈毅》,载《说不尽的毛泽东》(上),中央文献出版社、辽宁人民出版社1996年版,第605页。

水,对他说:"如果你谈三年游击战争的经验,谈华中抗战的经验,那很好,我可以召集一个会议,请你谈三天三夜。至于与小饶的问题,我看还是不要提,一句话也不要提。关于这件事,华中曾经有个电报发到中央来。这电报在,如果你要看,我可以给你看,但是我看还是暂时不要看为好。"

陈毅说:"那我就不看,华中的事也就不谈。"

毛泽东说:"我欢迎你这个态度。"

虽然如此,起初陈毅心中仍然扭着一个疙瘩,颇为沉闷。毛泽东又给他讲了许多党史问题。陈毅才静下心来……①

毛泽东不让陈毅去谈这个问题,也别看那个电报了,是出于对他的爱护。因为看了则可能增加更多看法,不看则心绪会逐渐平静。毛泽东知人,也善于做人的思想工作。他不让陈毅谈那些不愉快的事,但没忘记去解开他思想上的那些疙瘩。

3月15日,毛泽东找来陈毅说:"经过一个多礼拜的考虑,我以为你的基本态度是好的。你现在可以给华中发一个电报,向他们作一个自我批评。我也同时发一个电报去讲一讲,这个问题就打一个结,你看如何?"

陈毅诚恳地说:"这样好,我照办。"

于是,陈毅向饶漱石和华中局、军分会各发了一个电报。电报在热情叙述到达延安后毛泽东等人对他的巨大教育帮助后说:"我自己对于如何团结前进的问题上,我的某些认识上和处理方式常有不正确的地方。由于自己有遇事揣测,自己又常重感情,重细节,不正面解决问题,对人对事不够严正等等陈腐作风,这样于彼此协合工作以大的妨碍……我自惭最近一年来在华中的工作尚未能尽我最大的努力。这就是我到中央后所获得的教训。"毛泽东阅后,也起草了一份电稿,于3月15日一同发往华中,电报说:"关于陈、饶二同

---

①《陈毅传》,当代中国出版社1991年版,第295页。

志间的争论问题,仅属于工作关系性质。……无论在内战时期与抗战时期,陈毅同志都是有功劳的,未犯路线错误的。"①

毛泽东把饶陈的争论归于"工作关系性质",还肯定陈毅"有功劳",显然是替陈毅说话,减轻他被人误会的方面。

陈毅和毛泽东在延安

可是,饶漱石收到电报后第二天就以个人名义给毛泽东回电,坚持陈饶争论"属于重大路线""非简单属于工作关系"。同时,也给陈毅复了电,其中也无好言。

陈毅正患感冒,看到饶漱石的回文,顿时怒火中烧,提起笔就给毛泽东写了封信,派人送去。

毛泽东看过陈毅的信,决定给他降降温。4月9日,毛泽东给陈毅回信,开导他说:"来信已悉,并送少奇同志阅看。凡事忍耐,多想自己缺点,增益其所不能,照顾大局,只要不妨大的原则,多多原谅人家。忍耐最难,但作一个政治家,必须练习忍耐。这点意见,请你考虑。"②

次日,毛泽东又找来陈毅面谈。

陈毅见着毛泽东,如实地汇报了自己这两天的病情和心绪。毛泽东劝他说:"你现在在延安,你又不能回去,横竖搞不清楚。这个事情容易解决,将来你回去是可以解决的,主要是人家对你有误会,你有什么办法?越解释,误会

---

①②《陈毅传》,当代中国出版社1991年版,第296—297、297页。

越大。"

陈毅听到这种知己间才有的话语,心里的怨气顿时全消了:"本来我的气很大,你这样一讲,我也没有什么意见了。"

毛泽东笑了,再问陈毅对《学习和时局》这篇文章有什么意见。这是毛泽东为整风运动写作的一篇文章。

陈毅说:"我曾提了一个意见,并对弼时的意思亦认为有考虑的必要。"

毛泽东说:"好,还有什么意见随时告诉我。"

毛泽东的劝导,让陈毅有茅塞顿开之感。随后,他阅读《学习和时局》,结合实际检查自己的思想问题,经过一昼夜的反复思考,又给毛泽东写信。在论述经验主义问题之后,陈毅写下这么一段话:"我个人说来多年含茹于经验主义的原野之上,今后多从打开脑筋重新认识自己去着手,由己及人,变更过去及人而不由己的办法。"陈毅按照毛泽东指引的方向开始向着新的高度迈进了。

4月12日,毛泽东在高干会上作《学习与时局》的报告,陈毅听到"如果我们既放下了包袱,又开动了机器,既是轻装,又会思索,那我们就会胜利"的话语,感觉好像就是针对他本人说的,很受鼓舞,更自觉地放下了思想上的包袱,解开了过去的那些疙瘩,身心都变得轻快了。

这时党中央为七大进行准备工作,5月中旬,在杨家岭召开六届七中全会第一次会议。陈毅被选定为军事报告的起草人。陈毅愉快地领受了这项任务,然后,积极收集材料,经常往返于他的住处杨家岭和军委总部所在地王家坪之间,与毛泽东的接触越来越多。两个人的感情完全就像井冈山时那么亲密。毛泽东经常找陈毅商量工作,安排他做一些事情:8月10日,毛泽东要接见美军驻延安观察组的成员,通知陈毅参加,随后美国总统特使赫尔利来延安谈判,毛泽东也让陈毅出些主意。9月间,陈毅比较有空,毛泽东让他到医院割治他的"十年宿疾"——身上残留的弹片;这时贺子珍的妹妹贺怡在延安养病,毛泽东特地要同为井冈山老战友的陈毅去看望她。陈毅也把毛泽东当作亲密的故友,在工作中发现一些问题立即主动向毛泽东反映,如刘伯承秘密来到延安,有的单位大的活动未通知他参加,陈毅立即向毛泽东报告,毛泽东马上批示解决;原红7军的同志想集中一起谈一些问题,陈毅知道后向毛泽东提出,结果开了座谈会,大家心情舒畅。

在频繁的接触中,陈毅收获很大,思想上也产生了新的飞跃。12月1日,他给毛泽东写了一封信,其中说:

> 在几年整风弄清路线原则之分歧后,作大度的自我批评,讲团结对外,这足以教育一切人,主张印发全党(指毛的讲话记录)。
>
> 华中的团结亦只有走此道路。回想几年华中工作,被我打击屈服的高级干部,至少也在一打以上,只有自己批评去打通思想而团结对外才是于党于己的有益办法。去冬在华中,我不了解这点,所以满腔愤愤不平之气。赴延留别诗中说:"知我二三子,情深更何言。去去莫复道,松柏耐岁寒。"这仍包袱很重,自以为残菊傲霜。春间到延……你要我于华中近事取得教训,略略纾解愤懑……近来与许多人谈话,广泛阅读文件,似乎更感觉以前所见不免皮相,才知道处理许多问题,疏虞之处甚多,别人的批评反对,其中事出有因,查实无据者有之,而自己过与不及两种毛病则所在多有,那种"寡人之于国也尽心焉耳已"的自己条条做到的态度,实在要不得。

毛泽东收到陈毅的来信立即阅看,越看越高兴,看完便回信,其鼓励与希望的火热的感情溢于言表:

陈毅同志:

> 你的思想一通百通,无挂无碍,从此到处是坦途了。随时准备坚持真理,又随时准备修正错误,没有什么行不通的。每一个根据地及他处,只要有几十个领导骨干打通了这个关节,一切问题就可迎刃而解。整个党在政治上现在是日渐成熟了,看各地电报就可以明了。

毛泽东为什么很高兴?因为陈毅经过一段时间的学习、交流在政治上也成熟了。随后,在党的七大会议上,陈毅作为新四军代表发言,并当选为中央委员,接着又被任命为中央军委委员。吴克斌认为:"这都是与毛泽东的信任分不开的。"在毛泽东的引导下,远离党中央多年的陈毅终于在政治上变得成熟了。

有人说,井冈山会师把中国共产党有关方面的优秀人物推到了同一起跑线上,接受历史的选择。尽管毫无疑问其中领先的,是毛泽东,而不是别人。但以后中国革命出现大的波折,到遵义会议才又重新确立毛泽东在全党的领导地位,这对毛泽东与包括陈毅在内的战友的关系来说,意味着一个新的阶段的开始。吴克斌从20世纪60年代开始从事党史、军史研究,参加过《星火燎原》丛书、《决战淮海》等书编辑,协助过十几位老革命家撰写回忆录,对陈毛关系的这个变迁和发展过程认为:"毛泽东地位的上升是与陈毅对毛泽东认识的逐渐深化基本一致的。与此伴随的,是陈毅从认识毛泽东到紧跟毛泽东,到把自己自觉降到从属地位的过程。随着中国革命的发展,就出现了这样一种情况,陈毅越感到毛泽东的伟大,就越看到自己和毛的差距。"①

陈毅获得这样的认识,不是他不行了,反而是他的思想和政治水平上升到了一个更高的层次。党的七大之后,1945年8月,抗日战争取得胜利,党中央决定陈毅回到华中去。

原来中央是把陈毅和林彪作为主持东北军工作的人选的,后来林彪去了东北,陈毅回了华中。

对这个安排,吴克斌认为:"这也说明毛泽东是信任陈毅的。"

临行前,毛泽东与陈毅谈话。但陈毅还是顾虑自己与饶漱石之间的关系,坦诚地说:"回华中局恐怕没有事做,不起作用。"

毛泽东说:"怎么不起作用,只要你坐在那里就起作用。"

陈毅就答应了,并请毛泽东放心。随后,党中央为此发了一份电报给华中局,特别提出说陈态度很好,一切问题均谈通,并分工饶漱石为华中局书记及

---

① 《陈毅传》,当代中国出版社1991年版,第299页。

第三章 陈毅:"跟毛主席走,就能胜利"

新四军政委,陈毅为新四军军长及华中局副书记。但是,不久陈毅的工作出现戏剧性的变化:

> 陈毅和林彪、萧劲光是乘一架飞机于(1945年)8月25日离开延安的。26日那天,军委除任命陈毅为新四军军长外,还任命林彪和萧劲光为山东军区正、副司令员。可是走到冀鲁豫军区,就收到中央的电报,叫林、萧到冀东去,命陈毅不去华中而直接到山东接替山东军区司令员兼政委罗荣桓的工作,以便罗去东北,陈毅就这样到了山东。①

这个任职的变化,表面上看不过是普通的工作变动,且对那个时期党的干部来说平常不过。但是,山东军区在全国的解放区来看却远比华中重要,它是八路军的大本营,罗荣桓领导的八路军达到30万人之多,因此党中央和毛泽东准备让林彪去山东。陈毅此去接替罗荣桓,主持山东军区的工作,显然比华中局的工作更加重要,是对他的再次重用。

陈毅到达山东后,山东军区政治部主任舒同问他在延安见到毛泽东的情况,陈毅说:"毛主席进步太大了,我是望尘莫及。"

从延安开始陈毛关系就形成这样的一个事实:随着陈毅在政治、军事等诸方面的不断成熟,他变得愈发杰出的时候也越发感到毛泽东的高明和伟大。1948年,陈毅从西柏坡开会回到山东,对大家说:"最近几年两次到延安、陕北,与毛主席相处,均有可望不可即之感,即距离太远,自己进步太慢,多年的知识分子的习气纠正是太不够了。"② 陈毅如此说,完全是肺腑之言。这也是伴随他在政治上的不断成熟而获得的认识。史学家认为,陈毅在政治上的成熟有两次飞跃,一次是1929年他与毛泽东的交往并在上海与周恩来等人讨论红4军的方针路线认识到毛泽东的正确,"获得了他思想上的一次飞

---

①②张素华、边彦军、吴晓梅编著:《访吴克斌:毛泽东和陈毅》,载《说不尽的毛泽东》(上),中央文献出版社、辽宁人民出版社1996年版,第606、601页。

跃";"15年后在延安,他又在毛泽东为首的中共中央的帮助下,获得了第二次飞跃"。而他的第二次飞跃,准确地说,是在毛泽东以朋友知己身份的真诚帮助下才获得的。陈毅的两次飞跃都与毛泽东有关,由此奠定了他随后在山东和华中、华东执行党中央方针路线的自觉性、准确性以及他"一定绕着太阳转"却"有自己的轨道"的灵活性,他作为一名军事家成功地指挥了孟良崮战役、济南战役、淮海战役等诸多重大战役并取得胜利,作为一名政治家参与中原局工作、主持华东局的工作,成为执行毛泽东和党中央正确路线的代表,也由此奠定了陈毅在解放战争中的地位。熟悉陈毅的老部下黄逸峰就直接称陈毅是毛泽东的"好学生",是"无产阶级政治家、军事家"。

7."毛主席高瞻远瞩,洞察入微,可以纠正偏颇"

有人说毛泽东没有私情,有人说毛泽东私情很少,其实不然,作为一位政治家兼浪漫主义的诗人,毛泽东在处理工作之外的私人关系很感性,也很有人情味。他与陈毅的交往,可以说,那种战友的私情在彼此间占着很重要的位置。他们由信仰而走在一起,由相知而成为战友,由对真理的一致认识而成为知己。在陈毛两人的关系中,诚如吴克斌所言,陈毅自觉地把自己降到从属的地位,奉毛泽东为领袖,由此他对毛泽东信仰一旦确认后就一直不曾改变。

全国解放后,陈毅担任上海市长兼华东军区司令员。随着整个党在政治上日渐成熟,陈毅也成为成熟的党之中的一成熟分子。新中国成立后,时代变了,环境变了,但陈毅对毛泽东的信仰没有改变。

陈毅身边工作的人说:"我们和陈毅同志朝夕相处,感受最深的是,他衷心热爱毛主席。"陈毅也常说:"你要我这个人风去随风,雨来随雨,我就不干!"而他对毛泽东的感情,不是那种随风随雨的那种感情,而是一种信仰,所以它会持久,会很坚定。陈毅曾经语重心长地对身边的工作人员说:"毛主席

第三章 陈毅:"跟毛主席走,就能胜利"

是伟大的思想家,当代的伟人,毛主席站在历史的前头,指挥历史的进程,预见历史的未来。毛主席的伟大思想,唤起了工农觉醒;毛主席的伟大旗帜,指引工农大众推翻压在身上的三座大山,毛主席的伟大实践,开创了中国历史的新局面。没有毛主席,就没有中国的今天,没有我们的今天。如果我们的工作能自觉地按毛主席的指示去做,就一定能多获胜利,少犯错误。"[1] 正是在这种认识之下,陈毅甚至说过"革命永向东"[2]的话。

有着这样不变的认识,陈毅紧紧跟随毛泽东和党中央,准确地和创造性地执行毛泽东和党中央的指示,在新中国成立初期,他在上海经济恢复和"三反"、"五反"等工作都做得很成功,把上海这座特大城市整治得面貌一新。

与此同时,陈毅对毛泽东思想学得更加仔细、认真。1951年秋,华东局召集一个会议。欣逢《毛泽东选集》第一卷出版,陈毅决定与会的人每人发一本。结果,大家都十分高兴,如饥似渴地学习起来。萧望东看到书中数处提到陈毅,对陈毅说:"陈老总,这时出版毛主席的著作太好了,过去处理的事情,拿到今天来看,既有深远的历史意义又有强烈的现实意义,我们要好好地学习,书上有些事情,你是直接参加过的,一看就明白了。"

陈毅听了,严肃地说:"毛主席的书,我们大家都要好好学,我陈毅更要好好学。"

陈毅的确是这样的。萧望东后来回忆:"会议期间,大家经常见到很深的夜晚,陈毅同志的窗子还是亮着的,他的那本《毛泽东选集》第一卷,不久就画上了很多读书记号。"

事实上,陈毅对毛泽东著作的学习一直抓得很紧。他身边的工作人员回忆:

---

[1] 陈鼎隆著:《在陈毅同志身边七年》,载《人民的忠诚战士——缅怀陈毅同志》,上海人民出版社1979年版,第661—662页。

[2] 陈昊苏著:《革命永向东——怀念我的父亲陈毅同志》,载《人民的忠诚战士——缅怀陈毅同志》,上海人民出版社1979年版,第624页。

在延安整风学习时，毛主席给陈毅同志许多亲笔手书指示，战争年代他一直带在身旁。建国以后就放在办公桌头，经常翻阅、学习。陈毅同志工作很忙，仍能挤出时间认真读书。他常常抓紧晚饭以前的空隙或利用中午休息时间刻苦学习，也喜欢在夜深人静的时候，专心钻研马列著作和毛主席著作。清早，我们常常看见他两眼充满红丝，床头放着毛主席的书。每次出差，总要随身带上马列著作和毛主席著作。在全国解放初期，《毛泽东选集》还没有出版，他就反复学习从解放区带来的《实践论》、《矛盾论》等，那都不知看过多少遍了。《毛泽东选集》出版后，他更是如饥似渴地认真学习。

陈毅学习毛泽东著作，是为了领会和学习正确的思考和工作方法，去搞好工作，更好地为建设国家服务。与此同时，他与毛泽东的私人感情也愈加深厚，陈毛之间相互关切之情也随处可见。

毛泽东多次来华东和上海巡视工作。陈毅每次都是以极大的喜悦心情，迎接毛泽东的到来。他亲自一遍又一遍地检查毛泽东巡视将要经过的沿途和住地，亲自安排毛泽东的生活。他说："对毛主席的保卫工作和生活，不能有一丝一毫大意疏忽，这是对党、对人民、对世界前途负责。"

一次，毛泽东要在无锡过夜。陈毅要在日暮前赶去见毛主席。以往，他出差前，随身的警卫员都知道目的地，留出时间给他准备行装。这次，大家只知道他要出差，却不知道去哪里。警卫员小谷问秘书陈鼎隆："首长到那里去？"

陈鼎隆没有答复他。小谷有意见，便跑过去问陈毅。陈毅亲切地说："你跟我去吧，到了那里就知道了。"

小谷凭着跟随首长多年的保卫工作经验，听了陈毅的回答，满意地走了。

陈毅带着警卫员等人乘坐列车到达无锡车站后，迫切想早点见到毛泽东，顾不上休息，径直去了毛泽东住处。

当他从毛泽东住所出来时，已是繁星点点、万籁俱寂。

归途上，陈毅兴致勃勃地告诉身边的同行人员说："明天你们也能见到毛主席了！"

第二天,陈毅又陪同毛泽东在太湖边观看日出。

陈鼎隆回忆当时的情景:"陈毅同志在晨曦中向毛主席讲着什么,毛主席听着,时而点头,时而露出满意的笑容。"

这是纯粹的私人之间的景象。

在上海主持工作时期,陈毅常常去中央开会。陈鼎隆回忆,陈毅到了北京,毛泽东总是要他住在中南海中央办公厅院子里,因为那里离毛泽东住处很近。陈毅每次到北京,第一件事是向毛泽东报到。毛泽东在日理万机的繁忙工作中,也时常找陈毅谈话,指示华东和上海的工作。陈毅在中央重要会议上的发言,都送毛泽东审阅,并且说:"毛主席高瞻远瞩,洞察入微,可以纠正偏颇。"

对陈毅送来的发言稿,毛泽东都细心阅看,有时在上面批示:"同意。退陈毅同志。毛泽东。"有时,在发言稿上亲自修改润色。陈毅对毛泽东修改过的发言稿,总是反复研读,仔细领会。

一次,中央会议结束了,毛泽东邀陈毅到春藕斋观看上海电影制片厂拍摄的一部军事故事片。陈鼎隆和警卫员小谷也跟着去了。几十年后,陈鼎隆回忆说:

> 陈毅同志提前到春藕斋迎候毛主席,待毛主席入座后,他坐在毛主席的身边,边看边聆听毛主席对影片的评论。陈毅同志陪同毛主席看完电影,回到住所,要我把毛主席的《在延安文艺座谈会上的讲话》找给他,反复阅读。

毛泽东和陈毅的亲密之情不同一般。

陈毅执掌上海市和华东的工作,十分重要,也很有成效。毛泽东决定让他到北京来工作。

1954年6月22日,毛泽东与陈毅谈话,并且对陈毅说:"路遥知马力,事久见人心。"26日,毛泽东再次与陈毅谈话,告诉说:"希望今冬与震林同来中央工作。"

9月,在毛泽东的建议下,陈毅在第一届全国人大会议第一次会议当选为副总理、国防委员会副主席,随后任常务副总理,兼管科学院、政法、文化工作,也参与国防工作,而他的上海市市长职务不变,同时还兼任中央军委委员。陈毅成为国务院仅次于周恩来的"第一副总理"。

这年冬天,陈毅来到了北京工作。陈毅身边的部分工作人员回忆:"(陈毅)直接工作、生活在毛主席身边了。他对毛主席的感情,越发炽热而深厚。"

工作人员的这个感觉不是空穴来风。陈毅来到北京后就对身边的工作人员提出了一个严格的要求:凡毛泽东交办的事,一定要快办。毛泽东那边来的电话、文件,要立刻告诉他,他如不在,必须找到,即便刚睡熟,也要喊醒。他这么说也是这样做,有时他刚坐下来吃饭,听秘书说毛泽东找,他放下碗就走。工作人员说:"喝口汤吧!"他说,"不喝了。主席的时间宝贵,马上走!"

有一次,陈毅正在北京饭店准备宴请某国大使,接到电话说:主席在天津找他。他立刻提前安排宴会。宴会后,他等不及坐火车,马上乘汽车赶到天津。

他身边的工作人员后来回忆:

> 陈毅同志每次去见毛主席必定衣帽整洁。有一次,他正在国务院办公,听说主席找他,就马上赶回家里。我们都知道他见主席是一刻也不耽搁的,就赶紧追上说:"主席请您呢。"他一面朝屋里疾走,一边说,"我知道了,得换换衣服。"他很快换好衣服,扣好风纪扣,才急忙去见主席。

对陈毅的这个作风,他身边人过了几十年后还无限感慨地说:"这饱含着他对毛主席多么崇敬、爱戴的深情啊!从上井冈山直至临终,陈毅同志无论是近在毛主席的身边,或是远隔万里,他的心一直向着毛主席。"

陈毅对毛泽东的个人感情很深很重是很多人有目共睹的。几十年后,陈毅的秘书陈鼎隆还记得这样一件事情:

第三章 陈毅:"跟毛主席走,就能胜利"

1954年初冬,陈毅同志受毛主席和党中央的委托出访东欧几个国家,我作为随员随同出国。飞机驶离了首都,巍峨壮丽的长城展现在银鹰下,蜿蜒起伏,气势雄伟,"看红装素裹,分外妖娆",他想起在中南海为人民呕心沥血的毛主席,在座机里吟诵起毛主席的光辉诗词《沁园春·雪》,寄托对毛主席的思念。在国外,陈毅同志还作过一首《遥寄毛主席》的词,那是在参观了第二次世界大战临近结束、苏美英三国首脑在波茨坦出席圆桌会议的会址后写的,词的字里行间充满了陈毅同志对伟大领袖毛主席的崇高敬意和衷心爱戴。

这是出自肺腑的真情的自然流露。

陈毅年轻时就"投身革命即为家",对于中国革命和建设功勋卓著,但是他从不居功自傲,更不贪功己有。陈毅的老部下萧望东说:"陈毅同志经常教育我们,有了成绩和功劳,首先要想到毛主席,想到党,想到人民。"他自己也是这样做的,以毛泽东为标杆,把一切成绩归功于毛泽东和党。

1956年,南京军区政治部前线话剧团在北京演出话剧《东进序曲》,军区政治部主任萧望东恰好也在北京,便在三座门招待所主持开了一个座谈会。陈毅也应邀参加了。剧中通过敌人的口,说出了这样一句台词:"陈毅有大将风度"。随后在座谈会上,陈毅指着萧望东说,'你这个萧主任哎,怎么能让剧本上写出这样的话呢?你让我陈毅听了往哪里钻呀?我要钻到桌子底下去了,叫我脸红呀!请你和作者商量一下,一定要把这句话改掉。"

会后,他又对萧望东交代说:"东进,是毛主席、党中央的指示,要歌颂毛主席和党中央,剧中从始至终都不要提到陈毅的名字。"

跟毛泽东走就是胜利,一切成绩归功毛泽东,这是陈毅最朴实的情怀,也是他与毛泽东几十年交往获得的自觉认识和行为。陈毅的这种情愫,是旁人不可理解的。

陈毛之间的那种感情就是纯真的革命信仰和真情的叠加。

1958年2月,陈毅兼任外交部长。身上的责任更重了,但他对毛泽东交代的工作更加一丝不苟。一天晚上,他接到一份毛泽东的批示,连夜看了多遍,准备第二天再看,就放在桌子上。秘书见文件上已经划了阅过的圈,就给送走了。第二天清早,陈毅起来后,首先就是找这份文件。听说已经送走,非常着急,甚至生气地责备秘书:"为什么不告诉我一声就送走?我还没有用完呢!"

秘书赶紧把文件追了回来。

这件事情虽小,而陈毅对待毛泽东对于工作的态度可见一斑。

其实,除了工作之外,陈毅与毛泽东之间的私人交往也颇多,许多诗歌唱和即是他们在工作之余在兴趣和爱好上交往的明证。

1964年冬,陈毅出访亚非六国归来,写了一组五言诗《六国之行》,呈送给毛泽东。毛泽东看了后,亲自对其中一首作了修改并回了信。

信中,毛泽东称赞了陈毅的诗,同时指出原作在形式上与律诗的格律有未合之处,并且还亲切地说:"剑英善七律,董老善五律,你如愿学律诗,可向他们请教。"

毛泽东为陈毅修改的《六国之行》第一首作,后来收入了《陈毅诗词选集》之中:

万里西行急,乘风御太空。
不因鹏翼展,哪得鸟途通?
海酿千钟酒,山裁万仞葱。
风雷驱大地,是处有亲朋。

陈毅的儿子陈昊苏后来说:"经过毛主席修改后的这首诗,是我国人民与世界各国人民友谊的颂歌,也表现出毛主席给予外交战士的关怀与赞扬。"

1966年春,陈毅利用自己的休假时间,将毛主席诗词37首工工整整地抄录下来,保存作为纪念。

陈毅和毛泽东的交情还体现在毛泽东与陈毅随便的交谈氛围中。

陈毅在家经常发生"妻管严"的事。因为他血压高,医生要求他戒烟,陈毅常常做不到,于是妻子张茜就在家里不买烟,掐断"供应"。陈毅也表过态要戒烟,可参加外事活动时,看见茶几上摆着香烟,又忍不住抽起来。结果,这个场景还上了新闻纪录片,被张茜发现了,陈毅被她数落了一顿。

但是,陈毅的烟瘾还是很大。没办法,张茜只好在家里再买烟,采取"限量供应"。

不过,陈毅的决心很大,过了一段时间还真的把烟瘾戒了。全家皆大欢喜。

陈毅戒了烟后,一次去见毛泽东。毛泽东请他吸烟,他说:"戒了!"

毛泽东开玩笑说:"好啊!你有志气啊!"

这种随便而亲切的交谈,也可见两人之间亲密无间的关系。

8."陈老总,我保你"

陈毅一生爱憎分明,光明磊落,他身边的人说:"陈毅同志有很高的阶级斗争和路线斗争觉悟……"陈毅也说自己不是那种"随风随雨"的人。1966年夏,"文化大革命"运动开始后,林彪成为中国政坛的新星,如日之升。但是,作为林彪当年的老上级,陈毅却认为他动机不纯,最早看穿了林彪的政治野心。

一次,陈毅对文化部副部长萧望东谈了他对"文化大革命"运动的看法,主要有三点:

第一,"首先要相信毛主席,'文化大革命'是毛主席亲自发动的,一定要搞好,不搞,中国可能就像苏联一样出修正主义……现在就有人把我们当修正主义,骂我们是英国工党,是伯恩施坦,那是污蔑。我们这几十年是跟着毛主席干革命的,毛主席指到哪里,我们就打到那里,怎么能成了修正主义呢?缺点和错误,我们是有的,错了我们改嘛!但不能打倒,把跟毛主席干革命的人打倒,那不是反革命呀!"

第二,"要相信群众相信党,群众眼睛是雪亮的,你几十年干了些什么,群众看得是很清楚的,我们党向来是讲政策的,运动开始时,可能过点头,矫枉过正嘛!"

第三,"作为一次大的运动来说,必然会有人乘机混水摸鱼,跳出几个坏人来。""有一个人,我看他就不是好人,但是也不用怕嘛,不是好人,最后准没有好报。"[1]

陈毅说的"一个人"指的就是正当红的林彪。

对运动中打倒"跟毛主席干革命的人",陈毅是不支持的,但他提出"要相信毛主席",并且是"首先"的、第一的。这就是他的态度。

随着运动的深入,陈毅和其他干部一样受到冲击。8月,造反派开始向他发起围攻,有关陈毅"历史上一贯反对毛主席"的流言蜚语开始流传。

8月30日,毛泽东在天安门接见红卫兵。陈毅也参加。毛泽东见着陈毅,走过来,挽着他的胳膊照了相,然后握着手说:"陈老总,我保你!"

陈毅马上给毛泽东敬了一个军礼,回答说:"请主席放心,我能过关,我是共产党员,我靠我的工作,能取得群众的信任。"

毛泽东笑了,又挽着陈毅的胳膊,一起走进了休息室。接着,毛泽东问了陈毅的近况,陈毅回答后说:"主席,我还有一个想法。"

毛泽东很感兴趣地问:"什么想法?"

"现在年轻娃娃没有参加过路线斗争,还不懂得什么是路线斗争,我想,应该给他们讲讲历史,用我自己的经验教训,教会娃娃们搞路线斗争,你看行不行?"

"好嘛!"毛泽东欣然应允。

由于毛泽东对陈毅的保护态度,尽管运动的飓风很猛烈,而陈毅实际上所受到的冲击并不大。但是,陈毅嫉恶如仇,既然洞察了林彪的表现,就坚持对他进行揭露。9月,陈毅在国务院外事办公室全体人员大会上说:"有的人

---

[1] 萧望东著:《肝胆照人显英才——忆陈毅同志对我的帮助教育》,原载《人民的忠诚战士——缅怀陈毅同志》,上海人民出版社1979年版,第320页。

嘴里说得好听,拥护毛主席,实际上不按主席的思想办事;别看他把主席语录本举得很高,是真拥护毛主席还是反对毛主席?我怀疑,我还要看。"①

由于国务院各部委受到红卫兵的冲击甚大,部长们每日被围困批斗。为了不影响工作,周恩来希望陈毅带头去向造反派作检查,结束这种部长们挨批受斗的局面。1967年1月24日,陈毅在人民大会堂向北京的学生和群众作了检查,周恩来作了总结,全场掌声如雷。陈毅成为"文化大革命"运动中第一位"过关"的副总理和部长。

周恩来选择陈毅第一个去作检讨,就是因为陈毅是毛泽东信任和要保护的人。在这场疾风暴雨式的群众运动中,陈毅一次检讨就过关,也无疑有着毛泽东信任的因素。

但是,外交战线的混乱还在发展。

2月6日,陈毅批送周恩来一份电报,要求驻外使馆不得搞"大鸣、大放、大辩论、大字报"。次日毛泽东签发了这份电报,稳住了对外使馆。

16日下午,周恩来主持政治局碰头会。会上,副总理谭震林怒斥"中央文革"成员张春桥说:"你们的目的,就是要整掉老干部⋯⋯这一次,是党的历史上斗争最残酷的一次,超过历史上任何一次。"说罢提起皮包,离席欲去。

陈毅马上叫住他说:"不要走,要留在里边斗争!"

随后,陈毅即席作了发言,虽然不长,但其中说道:"历史不是证明了到底谁是反对毛主席的吗?以后还要看,还会证明。斯大林不是把班交给了赫鲁晓夫,搞了修正主义吗?"

当晚,陈毅在中南海外事口会议室接见归国留学生代表,结果,带着白天的情绪"大放厥词",滔滔不绝讲了长达七个小时之久。

据说毛泽东听人汇报陈毅这些"黑话"时,"脸色阴沉下来,随即越听越火,雷霆震怒"。

陈毅当晚讲了一些什么话呢?他说:

---

① 《陈毅传》,当代中国出版社1991年版,第599页。

这样一个伟大的党,只有主席、林副主席、周总理、伯达、康生、江青是干净的,承蒙你们宽大,加上我们5位副总理。这样一个伟大的党,就只有这11个人是干净的?! 如果只有这11个是干净的,我陈毅不要这个干净! 把我揪出去示众好了! 一个共产党员,到了这个时候还不敢站出来讲话,一个铜板也不值!?

陈毅健谈,"口无遮拦"是出了名的。前国防部长张爱萍在与人谈及1966年9月周恩来因为他"口无遮拦"被人告状后与陈毅一起和他谈话时提起周恩来对两个"四川佬"的警告:

总理有事要走,临出门时又转过来,又叮嘱了我(即张爱萍)一遍,并指着陈老总说,还有你!你们两个都要管住自己的那张嘴!现在是什么时候啊,可不要乱讲话哟!切记!切记!①

从张爱萍叙述周恩来说话的语气看,周恩来当时说话是何其严肃和不放心。陈毅身边的人后来也回忆:有人劝他:"陈老总,你不要到处讲啦,小心言多语失!"

陈毅口无遮拦,是因为爱憎分明的个性,这次讲话主要针对的是"文化大革命"的"全面打倒"。但在那个特殊环境下,毛泽东听了"震怒",完全也是意料之中的事情。

这次讲话之后,陈毅白天是副总理兼外长,晚上参加政治生活会,成为批判、教育的对象。

但是,7月开始,"揪陈大军"在外交部前安营扎寨。8月26日,陈毅的汽车被人放气,困在办公大楼好几个小时出不去。但是,毛泽东不主张陈毅领导

---

① 张胜著:《从战争中走来——两代军人的对话》,中国青年出版社2008年版,第303页。

的外交部乱下来。

对于陈毅的性格,毛泽东是了解的。在这场运动中,毛泽东对陈毅的保护不同于一般人,战友、知己之情依旧在。陈毅发生"口无遮拦"事件后,党中央对他没打棍子,也没撸他的职,进行一阵批判教育后,陈毅还是副总理兼外交部长。1969年4月,在党的九大上,陈毅照旧当选为中央委员,随后在九届一中全会上当选中央军委副主席。

之前,陈毅是中央军委委员,这次担任中央军委副主席,表明毛泽东还是信任陈毅的,否则,他不可能成为六名副主席之一。

陈毅对毛泽东的那份感情,也没有因为那些风波而有所改变,反而弥久愈深。尽管他学过多遍毛泽东的著作,从1967年起,他每天安排时间阅读《毛泽东选集》第四卷,并且坚信毛泽东的革命路线一定能够胜利,对身边的人说:"万水朝东归大海。最后全体革命同志一定会在毛泽东思想基础上团结起来,我坚信这一条!"

无论是毛泽东还是陈毅,经过了战争年代的考验,彼此都没有因为"文化大革命"的那些风波而影响两人情谊的主流。

1970年5月起,69岁的陈毅在京郊南口车辆厂蹲点,经常感到身体不适,但仍坚持和工人们生活在一起调查研究。然而,想不到的是,这一次他的病情发展很快很严重。

7月,陈毅出现腹痛并伴有腹泻。9月,他在庐山参加九届二中全会。10月21日,他因腹痛加剧,消瘦日甚,回到北京几天后就进入了解放军301医院。

> 1970年10月起,陈毅同志住院治病。12月25日那天,身体还没检查完毕,病症尚未确诊,他就再三要求出院,说:"明天是主席的寿辰,我要和家人一起庆祝。"①

---

① 《青松挺且直》,原载《人民的忠诚战士——缅怀陈毅同志》,上海人民出版社1979年版,第582页。

陈毅回到家里，与家人一起庆贺了毛泽东的生日后才回到医院继续接受检查。

1971年1月16日，陈毅再次腹部剧烈疼痛。结果，医生发现他患的不是阑尾炎，而是癌症。随后，在做手术时，做了六个多小时。做完手术后，陈毅被送回到病房，没表示有什么不适，也没用任何镇静、止疼药物，过了四五天，他又能下地活动了。

5月1日，陈毅登上天安门城楼，参加五一劳动节庆祝大会，见到了毛泽东、周恩来以及来宾。

不久，他赴北戴河继续进行休养。

9月，林彪叛逃的九一三事件突然爆发，陈毅当初对于林彪的看法完全正确。萧望东由衷地说："历史就是这样铁面无私，它完全证实了陈毅同志的预言。"

1971年9月，正当陈毅同志同凶恶的癌症顽强奋战的时候，毛主席领导全党展开了对林彪反党集团的揭发和批判。陈毅同志热烈欢呼这一伟大的胜利，精神振奋地投入了新的战斗。他忘记了自己身上的严重病情，又夜以继日地工作起来。每天下午，医生要给他做几个小时的治疗，上午需要去参加中央召开的会议，他就利用晚上时间写揭发材料，一写就是大半夜。尽管医护人员多次劝说，他总不肯罢手，他要抓紧生命的最后一刻，努力为党再作贡献。在中央召开的会议上，他以无比顽强的战斗精神作了长达几小时的批判发言。在夜深人静的病榻上，他以不屈不挠的浩然正气，写下了对林彪反党罪行的愤怒揭发。他以生命的最后一点精力，亲手写下了一百多页重要材料，并认真仔细地作了第二遍修改。他豪迈地说："我倒要看看，我的生命力究竟有多大！"[1]

---

[1]《青松挺且直》，原载《人民的忠诚战士——缅怀陈毅同志》，上海人民出版社1979年版，第696页。

9."林彪是反对我的,陈毅是支持我的"

陈毅身边的人后来回忆说:"陈毅同志对毛主席的坚定信念和无比爱戴的感情,至死不渝。""至死不渝"四个词是很准确的。

1971年12月,陈毅做了第二次更为复杂的大手术。

这时候,陈毅的癌细胞已在体内扩散,身体极度衰弱。由于连续两次大手术,加上放射治疗和化学治疗后的严重反应,他全身剧烈疼痛,又发生严重的呕吐,每天都得输液,一次输液持续十六七个小时,浑身能输液的血管几乎都扎

陈毅在办公

遍了,甚至同时全身插下八个管子做输导,整个身体几乎不能动一动。他以惊人的毅力承受着一切。

12月26日,由于病痛,陈毅尽管十分痛苦,但仍然记得毛泽东的寿辰。大清早,他就对护理他的人说:"今天是主席的寿辰,我要吃长寿面。"

身边的工作人员看到这般情景,都止不住淌下热泪,他们在几十年后回忆起这一幕还万分感叹:"陈毅同志对毛主席的无限深情,是无法用语言来表

达的。"

到了这个时候,陈毅还希望自己还能为党做一些工作。周恩来来看望陈毅,他满怀热情地说:"等我好了,有些工作还要去做。"

可是,陈毅已经完全不行了,几天之后生命垂危,不能说话了。

这时毛泽东也在病中。自从1970年12月下旬开始,由于受到林彪事件的刺激,毛泽东的身体突然变坏,好几次经医生全力抢救才脱离危险,但现在仍然体力不支,双脚浮肿,卧病在床。可是,当他获悉陈毅的病重后,挂牵在心,特地派中央军委副主席叶剑英前来医院看望,然而,毛泽东的问候却让病重的陈毅清醒过来:

> (在陈毅吃长寿面)十天之后,在陈毅同志生命垂危的时候,敬爱的叶副主席带来了伟大领袖毛主席对他的亲切关怀。当叶副主席宣读毛主席的亲切指示时,他虽然已经不能讲话,但神志仍很清楚。他静静地聆听着,频频点头,舒展英武的双眉,安详地闭上了眼睛。①

1月4日,陈毅体温略微下降,神志恢复清醒,认出守在床边的妻子和四个孩子,嘴唇嚅动着。女儿姗姗立即把耳朵贴近他的唇边,终于听清了:"……一直向前……战胜敌人……"

这是陈毅留给妻子和儿女们的唯一的遗言。

1月6日夜11时55分,陈毅永远停止了心跳,终年71岁。

1月10日清晨,毛泽东在病床上坐起来后,对工作人员说:"调车,我去参加陈毅同志的追悼会。"

陈毅去世4天了,没人提醒他,但毛泽东却挂记这件事。毛泽东要去参加陈毅的追悼会,非同小可。原定陈毅的追悼会由总政治部主任李德生主持,中央军委副主席叶剑英致悼词,人数不超过500人。听说毛泽东要参加追悼会,

---

① 《青松挺且直》,载《人民的忠诚战士——缅怀陈毅同志》,上海人民出版社1979年版,第582页。

周恩来立即提高规格,通知中央办公厅:"凡是提出参加陈毅同志追悼会要求的,都去参加。"然后,自己立即坐车赶去八宝山。

待毛泽东下车时,周恩来已经到达了。

毛泽东还带着病,穿着睡衣来参加陈毅的追悼会,出乎很多人的意外。

陈丹淮后来这么形容:"毛泽东在陈毅逝世后,终于压不住自己藏在内心的炽热般的感情,参加了追悼会。"

陈毅元帅

毛泽东本人也是大病之中,如果不是那份真挚的感情,怎么会抱病去参加陈毅追悼会?!

在八宝山休息室里,毛泽东见着陈毅的夫人张茜,握住她的手,格外沉痛地说:"我也来悼念陈毅同志,陈毅同志是一个好同志!"说罢,转过头对陈毅的儿女们说:"要努力奋斗哟!陈毅为中国革命、世界革命作出贡献,立了大功劳的,这已经作了结论了嘛!"

张茜搀扶着毛泽东,慢慢地走进了追悼会会场。

毛泽东缓缓来到鲜红党旗覆盖下的陈毅骨灰盒前,深深地三鞠躬。在追悼会上,毛泽东深情地说:"陈毅是井冈山的老同志。""林彪是反对我的,陈毅是支持我的。""他是我们党的一个好党员、好同志。"

陈毅之子陈昊苏也确认了毛泽东所说的陈毅在晚年仍然支持、拥护毛泽东这个事实:"事实上,在长期的革命斗争中,他们曾经有过一些争论的往事,但是最后我父亲还是衷心的拥护毛泽东的领导,而且经历了很长时间的考验,并没有动摇过。"

毛泽东对陈毅本人的历史、对陈毛之间的历史作出了结论。

第二天，毛泽东在陈毅遗像前臂缠黑纱与张茜亲切握手的大幅照片，刊登在《人民日报》头版。

虽然人们不知道毛泽东也在病重之中，但是无不为毛泽东之举所感动。著名诗人臧克家说："陈毅同志逝世了……毛主席亲自参加了追悼会，这是对死者的深沉哀悼，这是对陈毅同志无语的至高评价。"

臧克家之语不是虚妄之言。毛泽东一生只参加过四次追悼会，一次是1942年3月中央委员张浩（即林育英，为林彪的堂哥）的公祭大会；一次是1944年9月警卫战士张思德的追悼会，并作了著名《为人民服务》讲演；还一次是1946年王若飞等"四八"烈士追悼会。这一次参加陈毅的追悼会，是毛泽东第四次参加追悼会。毛泽东在年迈重病之时参加陈毅的追悼会，是出于与陈毅那份生死与共的真挚情谊。

这也成为毛泽东最后一次参加追悼会。

大向济东

THE
GREAT RIVER
FLOWS EAST

★第四章★

罗荣桓：

"我革命这么多年，选定一条，就是要跟毛主席走"

1. "在我这一生中,有一条是做对了,那就是我坚决跟着毛主席走"

罗荣桓与毛泽东有着几十年的交情。他与毛泽东既是信仰相同、志同道合的革命战友,又宛如弟弟与兄长。

罗荣桓与毛泽东认识,也如陈毅那样,开始只闻其名,没见过其人,不一样的是,罗荣桓在青年时期追求理想的过程中总与毛泽东相隔咫尺,尽管他与毛泽东见面是在知道毛泽东名字八年后,而他这八年的足迹似乎总是追随着毛泽东,最终两人在战斗中相遇,并由此启动罗荣桓的传奇人生。

(1)

罗荣桓知道毛泽东的名字比较早,甚至比朱德、陈毅等人都早。《罗荣桓年谱》主编黄瑶考证,"还在1919年毛泽东搞驱张运动的时候,他(罗荣桓)就知道了毛泽东是湖南著名的学生领袖"。

毛泽东领导驱张运动掀起高潮是1919年冬,罗荣桓知道毛泽东名字,是来到长沙读书时,比此可能还早两三个月。

罗荣桓是湖南衡山县人,1902年出生。8岁启蒙后,一直在家乡南湾读私

第四章 罗荣桓:"我革命这么多年,选定一条,就是要跟毛主席走"

塾,1919年夏,17岁的罗荣桓离开闭塞的南湾,前往省城长沙读书,进入了协均中学。

这时长沙刚刚经历五四运动的洗礼,是湖南新思想的交汇地。罗荣桓从乡下来到长沙,对新思潮、新事物既陌生,又新鲜。协均中学是雅礼大学一些毕业生创办的,创始人之一柳直荀是杨开慧父亲好友之子,与毛泽东等人关系密切。正是进入协均中学后,罗荣桓知道了湖南青年领袖毛泽东。

> 在沸腾的爱国运动中,在剧烈的新旧思潮冲突中,毛泽东同志主编的《湘江评论》出版了,宣传着一种彻底的、不妥协的反帝、反封建、反军阀统治的思想,宣传革命统一战线,引导群众研究国内外实际问题,大力宣传马列主义方向,号召民众大联合。罗荣桓从毛泽东同志的充满革命精神的文章中,受到了感染,吸取了力量,看到了希望。①

从这段史料看,罗荣桓确凿知道毛泽东的名字是因《湘江评论》。1919年8月,《湘江评论》被湖南军阀张敬尧下令停刊。之后,毛泽东接管《新湖南》,由雅礼大学出版。《新湖南》是协均中学的主要读物。

在新思想的影响下,罗荣桓很快就融入了长沙的学生运动之中。

1921年,柳直荀担任协均中学校长,学生运动更加火热。罗荣桓参加了长沙革命学生的大联合,甚至还仿效毛泽东的做法,在家乡组建了学生团体。

罗荣桓于1921年暑假回到家乡,学习毛泽东在长沙号召和组织大联合的榜样,邀集在邑"土""梦"字两乡的同学,在南湾街上的饭铺里,成立了"土梦学友联合会",罗荣桓被选为会长。这个学友联合会的宗旨是:"联络感情,增长知识,移风易俗,促进社会。"与长沙学生联合会的宗旨"爱护国家、服务社会、

---

① 中共衡山县委会著:《罗荣桓同志的青少年时代》,载《回忆罗荣桓》,解放军出版社1987年版,第67页。

研究学术、促进文明"大体相似。

罗荣桓在长沙看到湖南学生联合会开办了平民半日学校，放暑假回到家乡时，他向父亲要了一点钱，利用岳英小学的校舍校具，因陋就简地在南湾街上办起了一所农民夜校。夜校开设了国文、算术两门课程，罗荣桓教算术。同时，夜校还宣传了一些民主与科学的新思想，深受贫苦农民的欢迎。

罗荣桓在长沙虽没见过毛泽东，但参加过毛泽东领导的一些学生运动。1923年4月，他参加了长沙学生对日经济绝交演讲和搜查日货运动。6月1日，日本水兵枪杀木工和学生，制造有名的"六一惨案"。在这些活动中，罗荣桓表现得很勇敢：

> 罗荣桓以极大的愤慨参加了这次反日爱国运动，和请愿群众一起冲破赵政府三道门卫，吓得赵恒惕避而不敢见。赵恒惕随即宣布戒严令，镇压群众爱国运动。罗荣桓被列入"不法学生"的黑名单内，迫使他于6月中旬的一天深夜，从长沙动身时，本来有日本戴生昌公司的小火轮开衡山，为了抵制日本，维护民族的尊严，罗荣桓宁可弃船不坐，一连走了几天旱路。
>
> 回到家里，父亲要他暂时停学，待局势好转以后再说。罗荣桓没有接受父命，过几天又到长沙去了。①

值得一提的是，这些活动都是由湖南省工团联合会和湖南外交后援会组织的，而毛泽东和郭亮是这两个组织的领导者，分别担任湖南省工团联合会总干事和副总干事。郭亮兼任湖南外交后援会主席，他是由毛泽东介绍入党的，且受毛泽东的直接领导。

由于参加反日爱国行动，罗荣桓在长沙无书可读了，便与几个同学一起去了北京。

---

① 中共衡山县委会著：《罗荣桓同志的青少年时代》，载《回忆罗荣桓》，解放军出版社1987年版，第67—68、69页。

第四章 罗荣桓："我革命这么多年，选定一条，就是要跟毛主席走"

(2)

罗荣桓是一个热血青年。他的青年时代是一个追求的时代，而他追求的足迹冥冥中总向着毛泽东这位伟人而去。

1923年夏罗荣桓离开长沙前，毛泽东已于4月离开长沙去了上海，先后在上海、广州进入党中央领导层工作。罗荣桓在北京补习了一年，1924年夏考入山东青岛大学工科预科学习，两年后，他与同学张沈川一起南下革命中心——广州。而这时毛泽东正在广州主办国民党第六届农民运动讲习所。

罗荣桓来到广州后，在中山大学旁听，与同在广州的毛泽东仍然不认识。

各地农民运动风起云涌，湖南的农民运动更加轰轰烈烈。罗荣桓听到家乡的消息，已经无心学习，11月，他离开广州，回到衡山老家，投身农民运动热潮。

衡山是农运发展最为迅猛的地方，农民协会遍及17个乡、区，偏僻的南湾也酝酿着风暴。衡山梦字九区农民协会在南湾街定德公祠召开成立大会。罗荣桓会上发表讲话，当选为农会秘书。

之后，他带领农民打土豪，分田地。地主罗凤梧、肖罗仙对他恨之入骨，要对罗荣桓下毒手。亲友们闻信，纷纷劝告罗荣桓要小心或者外出暂避，罗荣桓回答说："我若畏惧敌人，敌人更会大胆放肆。"继续为农会工作。

农会会员肖庆云见状，便日夜跟着他，进行保护。

在罗荣桓参加农协工作的时候，1927年年初，毛泽东也回到了湖南，考察农民运动。衡山县的农民运动也是考察的地方之一。但是，当他来到衡山时，罗荣桓不是党员，也不是农会主席，还是与毛泽东失之交臂。

3月，毛泽东发表称赞湖南农民运动"好得很"的《湖南农民运动考察报告》，热情赞颂湖南农民运动。然而，这时湖南各种反动势力对农民运动发起了反攻，与南湾紧靠的攸县的劣绅们聚众劫狱，大开杀戒。罗凤梧，肖罗仙等地主也组织暗杀团，准备对罗荣桓开刀。罗荣桓身处偏僻的南湾，消息难通，难明形势。恰巧一位在武汉大学读书的同学彭明晶来信，谈起国民政府迁往武汉后的革命形势以及毛泽东在武汉主办中央农民运动讲习所的情况。罗荣桓决定前去武汉,投入更火热的时代浪潮中去。

一个深夜,他由肖庆云护送到衡山准备搭船北上。在县城,他们遇到罗凤梧手下一个亲信,老盯着罗荣桓不放。在肖庆云的掩护下,罗荣桓巧妙地摆脱这个尾巴,乘船到达长沙后,立即转赴武汉。

罗荣桓来到武汉后进入了武昌中山大学学习。他一边读书,一边参加学生运动。此时,毛泽东也正在武汉。罗荣桓看到了他刚刚发表的《湖南农民运动考察报告》。黄瑶考证:

> 1927年年初,他(罗荣桓)还知道毛泽东到湖南衡山考察过农民运动,他也读过毛泽东写的《湖南农民运动考察报告》,对毛泽东有着深刻的印象。

毛泽东称赞农民运动"好得很",这对刚刚从衡山农民运动热流中走出来的罗荣桓来说是一个莫大的鼓舞。

纵观罗荣桓青年时代的两次大转变,有趣的是,都是离开家乡走向一个新的潮头中心地,并且都是初来乍到之时读到了毛泽东的著作:一次1919年从衡山来到湖南新思想的中心——长沙求学,阅读了毛泽东的《湘江评论》;一次是1927年从衡山来到大革命的中心——武汉,学习了毛泽东的《湖南农民运动考察报告》。还有趣的是,他两次都是与毛泽东近在咫尺而无缘见面。

然而,命运有着神奇的安排,当他们见面时则是在另一场开创新历史的风暴爆发之中。

继上海四一二反革命大屠杀、湖南马日事变后,1927年夏,武汉的革命形势开始急转直下,鄂军夏斗寅叛变革命,并袭击武汉。7月15日,国民政府主席汪精卫大喊:"向左的滚开,向右的过来!"公开叛变革命,轰轰烈烈的大革命运动由此失败。在白色恐怖之际,罗荣桓在彭明晶介绍下毅然加入了中国社会主义青年团,并担任团支部组织干事,不久就转为中共党员。

7月,罗荣桓受中共湖北省委的派遣,赴崇阳、通城一带参加鄂南暴动,

第四章 罗荣桓："我革命这么多年,选定一条,就是要跟毛主席走"

并担任通城、崇阳农民自卫军党代表。但是,暴动失败。罗荣桓等人率领通城、崇阳农民武装 100 余人转战,到达江西修水县时与没赶上南昌起义原国民革命军第四集团军第二方面军警卫团(时受江西朱培德江西省防军暂编第 1 师番号)会合,两支部队合编,罗荣桓改任师部特务连党代表。不久,该团奉党中央的指示改编为工农革命军第 1 师第 1、第 2 团,并于 9 月 9 日参加毛泽东领导的湘赣边界的秋收起义。

10 日,罗荣桓所在的第 1 师师部和第 1 团在湖南平江县龙门镇时遭到叛军攻击,损失很大。17 日,他们在浏阳孙家段与毛泽东率领的第 3 团会合。19 日,师部和第 1、第 3 团到达浏阳文家市,与攻击浏阳县城的第 2 团会合。但是,由于先后受挫,三个团只剩下 1000 多人,士气低落。

当晚,毛泽东在里仁学校召开扩大到营以上干部的前敌委员会,决定部队转向敌人力量薄弱的罗霄山脉中段的井冈山进军。第二天,部队出发前,在一个不大的草坪里集合,毛泽东第一次出现在战士们面前,并且发表讲话。他指出:"这次两湖秋收起义,虽然打了两个小小的败仗,这不算什么,我们的斗争才开始……反动派并不可怕,只要我们团结得紧,继续勇敢作战,胜利一定是我们的。"大家听了,失败的情绪一扫而光,部队好似获得了新的生命。

正是文家市的这个草坪上,罗荣桓第一次见到了久闻其名的毛泽东。黄瑶说:

> 据我了解,他们开始接触的时间是秋收起义以后,大约在文家市……9 月 19 日部队到达文家市集合。次日清晨,毛泽东对全体官兵讲话,提出改变攻打长沙的计划,部队要找个地方休养生息,回来再打长沙。毛泽东讲了很多道理。这对于当时为起义失败不知如何是好的罗荣桓来说,感到像久渴之后饮进了甘泉。这是罗荣桓第一次见到的毛泽东。

此时罗荣桓已调任师部参谋,但仍随特务连行动,实际上相当于党代表。他从 1919 年秋就知道毛泽东的名字,在随后八年中,他在长沙、广州、衡山、武汉等地与毛泽东相隔咫尺而不相见,现在,他见到了毛泽东本人,然而是在起义军受挫后最为艰难的时刻。罗荣桓为部队缺乏明确的前进方向而焦虑。正在这个时候,他听到了毛泽东的讲话,感到这个讲话完全合乎客观事实而又闪耀睿智的光芒,于是,"觉得毛泽东有办法,是可以信赖的人"。

罗荣桓后来回忆:

> 上井冈山前部队比较多。一路上生活艰苦,卫生也很差,长虱子,闹疟疾。很多知识分子动摇了,也有的开小差了。为了巩固部队,毛主席说:不愿意留的,拿上五元钱可以走。这样一来,不稳定的分子走了很多。有些学生走了,有些营、团长也走了。这是个自然淘汰,这样就把部队稳定下来了,人虽然少了一些,可留下的大都是坚定的了。①

罗荣桓归入了他的麾下,再认识了毛泽东,"从这时开始,罗荣桓便非常尊重和敬仰毛泽东"。毛泽东可谓是一席话点燃了部队的信心之火,让罗荣桓和其他战士都看到了光明。

正是罗荣桓一见到毛泽东就产生的这种"非常尊重和敬仰"的质朴之情,在部队当逃兵为家常便饭的时候,迈开双脚坚定地跟随毛泽东上了井冈山。并且,在随后的日子中,在这支不断发生叛卖事件的革命队伍中,罗荣桓成为坚决支持毛泽东决策的少数人之一,也是毛泽东在井冈山初创时期倚重的几名党代表之一。而罗荣桓也为自己跟随毛泽东之举感到骄傲。他的儿子、解放军二炮政委罗东进中将后来回忆:

> 在他(罗荣桓)逝世的前几天,他一再对我讲:"在我这一生中,有一条是做对了,那就是我坚决跟着毛主席走。"

---

① 罗荣桓著:《古田会议和我军的政治工作》,载《解放军报》1983年12月16日。

2."就是因为他老实"

1927年9月19日,罗荣桓在军人大会上见到毛泽东后,很快便与他有了第一次面对面的接触。

会后,部队下午便要离开文家市,向着罗霄山脉进发。特务连连长朱建胜是浏阳人,熟悉当地情况,师部分配特务连去打前站。朱建胜招呼罗荣桓一起来到了文家市街上,准备一边吃点饭一边打听部队的道路,便来到了14岁的杨勇的家里。

罗荣桓

朱建胜同杨家很熟。他向杨勇介绍了罗荣桓,说他是师部的参谋,原来是武汉的大学生,然后自己去买菜了。罗荣桓坐下来后,便向杨勇详细打听去上栗市的道路。等朱建胜回来后,两人吃了饭,就上路了。

按师部原来的计划,部队到上栗市后便折而向南,过萍乡,进莲花。朱建胜和罗荣桓到达上栗市后,听人说萍乡街上和车站都驻扎了军队,觉得情况不妙。当毛泽东等人率领大部队到达上栗市以后,两人立即将此情况向师部报告。

毛泽东随即决定,部队转向东南,经小枧去江西。

对于这次行军路线的改变,黄瑶认为罗荣桓向师部汇报时与毛泽东发生了直接的面对面接触。

据杨勇回忆，(罗荣桓与毛泽东)可能是通过朱建胜认识的。当时的起义军准备从文家市撤退到萍乡，派朱建胜和罗荣桓探路打前站。……这次探路的结果，朱、罗发现萍乡街上和车站住满了军队，所以起义军改变了行军方向，未到萍乡。估计这期间和毛泽东可能发生了联系。①

9月29日，部队摆脱敌人尾追，到达永新县三湾村。在这里，毛泽东进行了著名的三湾改编，在整编中，罗荣桓担任特务连党代表。三湾改编时，师长是旧军人出身的余洒度，手下还有一批亲信，参谋长等人都是他的部属。毛泽东之所以能成功地进行改编，有人说："宛希先、张子清、曾士峨、罗荣桓等人坚决支持毛泽东，才稳定了这支队伍。"② 此话有一定的道理。

三湾改编，毛泽东一个重要措施就是在连以上各级设立党代表，把"部队完全处于党的绝对领导之下"。罗荣桓是毛泽东三湾改编时部队整编为七个连的七个连党代表之一。而毛泽东在部队中倚重的就是党代表。

毛泽东为什么让罗荣桓当党代表？林月琴回忆，1937年她与罗荣桓结婚后，一次毛泽东与她谈话时披露了原因：

主席亲切地向我说起了荣桓的经历和为人。荣桓1902年出生在湖南衡山县鱼形南湾一个破落地主家庭。青年时期，为了追求真理，曾先后在长沙、北京、青岛、武汉、广州等地求学。1927年，在武汉大学参加了中国共产党。大革命失败后，他组织了鄂南通城、崇阳的农民武装暴动，后来带了100多人枪，到湖南参加了秋收起义。三湾改编时，有些人在艰苦的斗争面前灰心动摇，少数人已经不辞而别了。荣桓坚定地留了下来，被任命为连党代表，跟随毛主席上了井冈

---

① 张素华、边彦军、吴晓梅编著：《访黄瑶：毛泽东与罗荣桓》，载《说不尽的毛泽东》（下），中央文献出版社、辽宁人民出版社1996年版，第571页。
② 唐亚著：《宛希先：第一个坚定地追随毛主席干革命的人》，载中国共产党历史网。

第四章 罗荣桓:"我革命这么多年,选定一条,就是要跟毛主席走"

山。毛主席讲到这里说:"为什么让荣桓当党代表呢?就是因为他老实。"①

其实,这时毛泽东与罗荣桓接触不多,"老实"评价却很准确的。而罗荣桓的"老实"不是那种木讷、笨拙、反应迟钝的性格,毛泽东说他"老实",是他对党忠诚、做事认真、工作踏踏实实的意思。由此,罗荣桓成为毛泽东信赖的七名党代表之一。

当部队到达酃县水口的时候,毛泽东亲自带着党代表,亲自在团部发展了赖毅等六名党员。罗荣桓也在列。赖毅中将后来回忆:"临走时,毛委员又叮嘱各连党代表:回去后要抓紧发展工作。"罗荣桓把毛泽东的交代记在心上,立即在特务连认真贯彻这项工作。

仿效毛泽东已做出的榜样,在途中,罗荣桓除做宣传工作外,把更多的精力放在连队建党上面。当时,特务连除罗荣桓、曾士峨和副连长张宗逊外,一个党员也没有。为了迅速在连队建立党支部,罗荣桓行军时一面帮助战士们背枪,一面同他们拉家常,了解情况,物色和培养发展对象。很快,罗荣桓熟悉了全连每一个战士的经历、家庭和思想状况,并从中选择了8名发展对象,让他们填写了入党表格。

10月初,天气逐渐寒冷,战士们还是穿着破烂的单衣,给养十分困难,毛泽东带领部队向江西省遂川县方向展开游击活动,以解决部队的冬衣和给养。22日,部队进驻遂川城西的大汾镇。晚上,罗荣桓在特务连举行第一次入党宣誓仪式。

会场选在一个阁楼上。罗荣桓早早就来了,招呼8位新党员在条凳上就坐。随后,毛泽东在曾士峨、张宗逊陪同下来到了会场。入党仪式开始后,罗荣桓首先解释三个英文字母C.C.P就是"中国共产党"的缩写,又讲解了入党誓词的意义。接着,他请8位新党员逐个谈了自己的经历和入党动机,然后请

---

① 林月琴著:《忆荣桓》,载《回忆罗荣桓》,解放军出版社1987年版,第631页。

毛泽东带领大家宣誓。

党员们都站起来，举起右手，跟随着毛泽东逐句诵读誓词。

仪式结束后，毛泽东作了讲话。

罗荣桓在特务连发展党员之举，获得党史界的较高评价："毛泽东和罗荣桓等党代表在水口、大汾等地发展了人民军队最早的一批士兵党员，有了这批党员，'支部建在连上'才开始落到了实处。"

入党仪式结束后，罗荣桓和曾士峨送走了毛泽东，然后交谈了次日的工作。谁知两人刚躺下，枪声就响起来了，敌挨户团发起了突然袭击。部队因毫无准备，仓促应战，激战到天亮时，山下到处是敌兵。毛泽东下令分散撤退。罗荣桓率特务连（即4连）掩护毛泽东转移。后来罗荣桓回忆：

> 当时4连有两个排，随着毛泽东同志跑到黄坳便停下来收集失散人员，并担负掩护1营集结的任务。……
>
> 4连一共剩下30多个人，稀稀落落地散坐在地上。要煮饭吃，炊事担子也跑丢了，肚子饿了，只好向老百姓家里找一点剩饭和泡菜辣椒。没有碗筷，毛泽东同志和大家一起，伸手就从饭箩里抓着吃。
>
> 等大家吃饱了，毛泽东同志站起来，朝中间空地迈了几步，双足并拢，身体笔挺，精神抖擞地对大家说："现在来站队！我站第一名，请曾连长喊口令！"他的坚强、镇定的精神，立刻强有力地感染了战士们。他们一个个都抬起头来，鼓起战斗的勇气，充满信心，提着枪就站起队来，向着他那高大的身躯看齐。接着1营就赶上了，队伍向井冈山进发。①

这是毛泽东与罗荣桓一次共生死的经历。黄瑶把当时他们的"艰难"和"狼狈"情况描述得更准确：

---

① 罗荣桓著：《秋收起义与我军初创时期》，载《星火燎原》选编之一，战士出版社1979年版，第132页。

第四章 罗荣桓:"我革命这么多年,选定一条,就是要跟毛主席走"

10月22日,部队在江西遂川县的大汾宿营,次日清晨,战士们还没有醒,突然枪声大作,四周都是敌人,队伍遭到了敌人的袭击。这时罗荣桓和连长曾士峨带着特务连迅速撤退,一口气跑到黄坳,一路上只剩三四十人,里面就有毛泽东。停下来了,战士们稀稀拉拉地坐在地上,又渴又饿。搞点饭吃吧,结果呢管伙食的也跑丢了。大家就凑点钱到老乡家买饭吃。买来的是一些剩饭和泡菜辣椒,没有碗筷,大家就用手捧着吃。毛泽东穿着长衫,就用衣襟兜着,用手抓着吃了。当时的人们未免有点狼狈,吃饱后,毛泽东首先站起身来,向空地走了几步,双脚并拢,身体笔挺,精神抖擞地对大家说:"现在来站队了,我站头一名。请曾连长喊口令。"罗荣桓立即入列,自动向毛泽东看齐。曾士峨也双手握拳,跑步走到指挥位置,下达了"立正"的口令。战士们被感动了,他们抬起头来,纷纷提枪入列。后来张宗逊带着一排人也赶到了,罗荣桓要张宗逊护送毛泽东先走了。

黄瑶谈及此事时说:"这件事是罗帅自己回忆的,因为当时的情景非常艰难,所以他(毛泽东)印象很深。"

在秋收起义后向着井冈山进军的途中,这支部队经历了总指挥卢德铭牺牲、师长余洒度出走、团长陈浩副团长徐恕等人叛变等等事件,但是,罗荣桓与宛希先等党代表则是维护毛泽东正确领导的中坚力量,因此毛泽东每次总能力挽狂澜,使这支部队战胜各种艰难,最后到达井冈山,并与袁文才、王佐等人领导的当地农民武装结合,在井冈山落下了脚,从此面貌焕然一新。

这时罗荣桓和毛泽东已经十分熟悉,交往很频繁。1928年3月,毛泽东带领部队在酃县中村整训一周,罗荣桓调任3营8连党代表。在整训中,罗荣桓时常请毛泽东去讲话,"毛泽东是一请就到,到了就讲。他的讲话很有风趣,深入浅出。他一讲话,部队就好带了。当时部队一天5分钱的伙食钱也不能保证,已取消发饷。而毛泽东的讲话比发饷还更受战士们的欢迎"。罗荣桓到8连不久,全连面貌发生明显的变化。

4月,朱德、陈毅率领的部队与毛泽东在宁冈砻市会师。随后,两军宣布组成中国工农革命军第4军,罗荣桓出任第11师第31团3营党代表。按照黄瑶的说法,"28团和31团是全军主力团"。红28团是朱德率领的主力,红31团则是毛泽东率领的主力,罗荣桓在3营担任党代表,即是在毛泽东率领的主力团的骨干。罗荣桓也成为井冈山红色根据地和我军的创始人之一。

3."记得当年草上飞,红军队里每相违"

1963年12月罗荣桓去世,毛泽东难忍悲伤,写下《七律·吊罗荣桓同志》,其中有句"记得当年草上飞,红军队里每相违"的赞语。这记载着罗荣桓在20世纪30年代与毛泽东一起共患难的几个往事。

1929年8月,中共湖南省委代表乘毛泽东不在,促使红4军28团、29团冒进湘南,结果造成"八月失败"。毛泽东闻讯,留下身边的红31团1营与32团在井冈山与强敌作战,自己带着罗荣桓和营长伍中豪领导的3营立即星夜赶往湘南,接应受挫的红28团。

毛泽东只带第3营孤军下山,说明他对第3营及对罗荣桓、伍中豪的高度信任(包括对党的忠诚和战斗力两个方面)。而这次随毛泽东出征中,罗荣桓给了毛泽东几个突出的印象。

第一个印象就是"草上飞"。

黄瑶说:

"八月失败"后,毛泽东到桂东接朱德、陈毅回来,率领的就是第3营。一路上从井冈山下山很不好走,有的地方坡比较缓,长着又高又厚的草。这种草叫野萁茅,走路时特别容易绊倒,红军就想了一个办法,坐在草上往下滑,结果又快又省力。

第四章 罗荣桓:"我革命这么多年,选定一条,就是要跟毛主席走"

这个办法,据说是罗荣桓想出来的。

"记得当年草上飞",虽然整句是从唐诗中挪过来的(此句诗据说是黄巢失败后在洛阳避难佛门写作《自题像》曰:"记得当年草上飞,铁衣着尽着僧衣。")但记述的却是罗荣桓"草上飞"的旧事。这是罗荣桓与毛泽东在红军草创时期一起患难与共的记录,而"草上飞"之语既生动,又形象,毛泽东所以会从浩瀚的唐诗中挪过来,可以猜想他可能看到此句诗时就情不自禁地联想到当年3营下井冈山"草上飞"的情景,否则,就算他对古典诗词有着丰富的素养也一时难以想到此句诗词且引用过来。

第二个印象是"担架兵"事件。

黄瑶说:

> 下山途中还有一件事,一天夜里部队正在行军,突然遭到敌人袭击,队伍被打散了,但因为部队政治思想工作做得好,比较稳固,打散了很快就能集合起来,结果各连清点人数,发现只丢了一个担架兵。当部队回到井冈山时,这个战士已先他们到达井冈山了。这次罗荣桓领导的3营远征湘南,行程几百里,打了好多仗,却没有一个开小差的,创造了巩固部队的新纪录,真正成了拖不垮、打不烂的红色铁军。

罗荣桓本人对此事也有回忆:

> 那时,绝大部分干部的模范作用、联系群众的作风都很好,士兵自愿给干部打草鞋。分到伙食尾子,士兵还请干部吃个辣椒呀、泡豆腐呀,那是最好的饭菜了。官兵关系真是密切,真是拖不垮打不烂的。如1928年夏天,28、29团冒进湘南,毛主席带领我们31团3营往桂东迎还大队。我们在桂东遭到土匪伏击,部队给搞散了。到了拂晓,大家都自动地集合起来了,检查了一下,全营只少了一个担架

兵。后来我们回到井冈山时,这个担架兵早就回到山上了。那时,谁想拖上几个人几支枪逃跑,那是难极了。这是政治工作的威力。党的工作很细密,环境越困难越团结。①

罗荣桓把这归功于"政治工作的威力",黄瑶直接指出这是与党代表的扎实工作分不开:"这年 11 月毛泽东在《井冈山的斗争》一文里对连党代表的作用评价很高,当然这里也不一定仅仅指罗帅这个营,但起码包括进去了。尤其 31 团是毛泽东组织秋收起义亲自带出的部队。"对此,毛泽东在《井冈山的斗争》中也说得很明白:"事实证明,哪一个连的党代表较好,哪一个连就比较健全,而连长在政治上却不易有这样大的作用。"毛泽东肯定在防止逃兵、保持队伍人员健全上党代表比连长的作用大。3 营的担架兵归队之事,说不定就是这个结论的事实来源之一。

罗荣桓是毛泽东建军原则的实践者。由于"党代表"经历,罗荣桓使得毛泽东对他政治工作能力的认可早于军事能力的认可。但是,没过多久,1929 年 1 月,红 4 军离开井冈山向赣南转战途中,毛泽东便意识到罗荣桓的军事能力。

这一次在大柏地战斗中,罗荣桓向毛泽东的军事建议,加深了毛泽东对他作为党代表之外军事能力的认可。

大柏地战斗是 1929 年朱毛率领红 4 军离开井冈山向闽西进军途中的转折性一战,而罗荣桓和营长伍中豪起了不可忽视的作用。

> 1929 年下山的时候,我军十分被动,敌人一直尾追不放,当时的前卫部队也是罗荣桓的第 3 营。到了大柏地,后卫 28 团的萧克那个

---

① 罗荣桓著:《古田会议和我军的政治工作》,载《解放军报》1983 年 12 月 16 日。

第四章 罗荣桓:"我革命这么多年,选定一条,就是要跟毛主席走"

连和敌人接触了,敌人追得很紧。这时的 3 营突然不走了,要求和敌人打。据江华回忆,当时军队的民主气氛很浓,用现在的眼光看,可能是过分了。罗荣桓和营长去军部向朱毛反映,朱毛决定不走了,就在这里打伏击,结果打胜了,并扭转了被动局面。①

这一仗红军毙敌伤敌 300 多人,俘敌 800 多人,缴枪 800 余支,迫使追敌刘士毅第 15 旅残部狼狈逃回赣州,另一支追敌李文彬第 21 旅闻讯龟缩在会昌、于都一线不敢再追。大柏地一战,彻底扭转了红 4 军自下井冈山转战赣南一个多月的被动局面,变被动为主动,重振了红 4 军雄风。陈毅后来向党中央汇报红 4 军的情况时说:"是役我军以屡败之余作最后一掷击破强敌,官兵在弹尽援绝之时,用树枝、石块、空枪与敌在血泊中挣扎,始获最后胜利,为红军成立以来最有荣誉之战。"② 可见此战于当时红 4 军是如何的重要。

罗荣桓等人建议打这一战功不可没。罗荣桓办事扎实,但不张扬,不露锋芒,说话不多,这次力主对敌开战,说明他有着极其敏感的洞察力和军事作战

罗荣桓

---

① 张素华、边彦军、吴晓梅编著:《访黄瑶:毛泽东与罗荣桓》,载《说不尽的毛泽东》(下),中央文献出版社、辽宁人民出版社 1996 年版,第 573 页。
② 陈毅著:《关于朱毛军的历史及其状况的报告(1929 年 9 月 1 日)》,载 1930 年初《中央军事通讯》创刊号。

素质。通过这一战,毛泽东发现罗荣桓是个人才,加以重用。

而这个重用,又是以另一场是非争论中罗荣桓站在以毛泽东为正确一方开始的。

毛泽东在《七律·吊罗荣桓同志》中说"红军队里每相违",似乎言而未尽,说的就是古田会议前后红4军中发生意见不一致的情况。朱毛分别为首的干部对红4军战略原则等发生争执后,罗荣桓是站在毛泽东一边的。

在红4军七大会议上,罗荣桓发言表示坚决拥护毛泽东的主张。但是,这种意见在会上只占少数。

对红4军七大的争论,几十年后,1966年毛泽东同外宾谈话时还提到这件事。他说,七大时,遭到内部同志的不谅解,把我赶出红军,当老百姓了。那时林彪同我一道,他赞成我。他是在朱德领导下的队伍里,他的队伍拥护我。我自己的秋收暴动的队伍却撤换了我。同我有长久关系的撤换了我。① 在毛泽东"我自己的秋收暴动的队伍却撤换了我"的干部们中,罗荣桓却不在内,这是极其难得的。因为,在此时毛泽东与不喜言谈和较为内向的罗荣桓的个人交情似乎并不是很深,两人之间更多的是上下级工作关系。而在这种关系之下,罗荣桓支持毛泽东,表明他认识和处理问题的准确性、深刻性,并且基于这样的认识,他还勇于对自己认为正确的东西坚持到底。这就是罗荣桓后来之所以能成为一位政治家的可贵品质。

> 七次代表大会后毛主席就离开部队,休养去了。八次代表大会毛主席没有回来。这时,中央指示,趁广东军阀混战,粤北空虚的机会出击东江。等我们到达东江,广东军阀混战已经结束,可东江特委仍然要求我们去打梅县。第一次攻下来了,敌人只有一些民团。我们在城里只歇了一夜就走了。第二天敌人跟上来了,来了蒋光鼐、蔡廷

---

① 张素华、边彦军、吴晓梅编著:《访黄瑶:毛泽东与罗荣桓》,载《说不尽的毛泽东》(下),中央文献出版社、辽宁人民出版社1996年版,第573页。

锴一个教导师。可我们第二次又去打梅县,三个纵队几乎损失了三分之一。经过事实的教训,干部、士兵一致要求毛主席回来。①

在八大会议上"要求毛主席回来"的人,即林彪对陈毅所说的"政治小鬼"——那些党代表。作为第三纵队九支队党代表的罗荣桓是其中的主要干部,在会上,他甚至作过要求请毛泽东回来领导红4军的发言。遗憾的是,那次会议还是没有让毛泽东回到红4军来。

10月底,陈毅带着中央九月来信请回了毛泽东。随后,毛泽东依靠那些担任政治工作的干部来纠正红4军中存在的不正确的问题。罗荣桓回忆:

> 在会前,毛主席召集了一批政治工作干部,用半个月时间,边调查边分析,一条条的讨论,写出决议案草稿,然后拿到九次代表大会上通过。

罗荣桓负伤初愈,参加了毛泽东主持的这次调研活动,并且在讨论会上讲了废止肉刑、反对打骂士兵的问题。

经过古田会议前后的风波,毛泽东也完全认识了罗荣桓。据冯文彬回忆:他当时从上海来到闽西不久,一次毛泽东和他散步聊天,罗荣桓从旁边走过,毛对冯说:"这个同志是个人才,是一位很好的领导干部,对这个同志,我们对他发现晚了。"

这次谈话就是在古田会议前夕。黄瑶分析毛泽东说这句话的心态时说:"这就是毛泽东对罗荣桓的真情的流露。"黄瑶还说:"我认为这话也符合罗帅的性格。罗平时沉默寡言,不张扬,不露锋芒,很少说话。"

在古田会议上,罗荣桓政治地位得到了上升。对这次会议,罗荣桓后来的回忆很简单:

---

① 罗荣桓著:《古田会议和我军的政治工作》,载《解放军报》1983年12月16日。

古田会议本身只开了两天,有毛主席一个讲话,还有陈毅同志一个讲话,朱德同志一个讲话,再就是通过决议。

然而,在红4军前敌委员会选举时,毛泽东以"观念正确,斗争积极"提名五人为前敌委员,罗荣桓便为其中之一。有意思的是,毛泽东提名罗荣桓为前委委员候选人是以基层工作代表的名义提名的,其他四人是湘南农民宋裕和、田桂祥、黄善益和独立团老兵李长寿。结果,罗荣桓与毛泽东、朱德、陈毅、李任予、黄善益、林彪、伍中豪、谭震林、宋裕和、田桂祥11人当选为前委委员。并且,他的排名在黄善益之后、林彪之前。

古田会议一结束,1930年1月,罗荣桓就被毛泽东调到红4军第二纵队担任党代表(相当于政治委员),结束了"基层代表"的身份,此前为第二纵队九支队(相当于营)党代表的罗荣桓与时为第一纵队司令员的林彪处于同一领导层级了。

古田会议后罗帅升任为二纵队政委,这段时间毛泽东一直随二纵队行动。到1930年6月,罗帅代理红4军政委,军长是林彪。待打长沙时,正式担任4军政委,又是4军军委书记,比林彪的职务还高。当时的红一军团是主力,军团长和政委分别由朱德、毛泽东兼。红一军团的主力是第4军,可以说4军是主力的主力。那么担任这个主力最高职务的是罗荣桓,可见毛泽东对他是十分信任和器重的。

罗荣桓这颗闪光的金子终于被毛泽东发现起光芒,并且加以重用了,由此以后共和国便多了一位杰出的元帅。

第四章 罗荣桓："我革命这么多年，选定一条，就是要跟毛主席走"

4."凡是我倒霉的时候，罗荣桓都跟着我倒霉"

在罗荣桓手下工作长达 20 多年的梁必业中将说："罗荣桓同志是我们党内较早认识毛泽东思想的伟大作用的高级领导人之一。"但是，在谈到罗荣桓时，熟悉他的人们很少像对贺龙、陈毅那样频繁使用"忠诚"二字，查阅罗荣桓生前资料，他几乎没在公开场合谈及过他本人与毛泽东的个人交往，甚至连工作交往都很少提及，比如谈及三湾改编、古田会议等重大事件时他都是就事论事，不谈自己也不谈与他人（包括毛泽东）的交往。然而，这并不说明罗荣桓不敬重毛泽东。

罗荣桓对以毛泽东为代表的党的正确路线忠诚、信仰，坚持不渝。基于对毛泽东正确的这种信仰，他在红军时期的政治生涯中几上几下，也是起起落落。

对于罗荣桓的这个经历，1963 年毛泽东曾对人说："凡是我倒霉的时候，罗荣桓都跟着我倒霉。"① 毛泽东的话表明了他对罗毛之间个人感情的一个看法。

长期研究罗荣桓元帅的党史专家黄瑶说：

> 这个话（即"凡是我倒霉的时候，罗荣桓都跟着我倒霉。"）是王力回忆的。王力说是 1963 年 12 月 16 日他陪同毛主席去向罗荣桓的遗体告别时讲的。王力的话虽是孤证，但联系当时的情况，我认为还是符合实际情况的。

---

① 张素华、边彦军、吴晓梅编著：《访黄瑶：毛泽东与罗荣桓》，载《说不尽的毛泽东》（下），中央文献出版社、辽宁人民出版社 1996 年版，第 575 页。

在历史上,罗荣桓确实随着毛泽东政治上的升降而起起落落过。黄瑶说:"1931年底,毛泽东就慢慢地离开了工作岗位,罗荣桓也就越来越不行了。"从罗、毛的工作经历来看,两人之间的这个"政治命运成正向比曲线"真实存在过。

1931年11月赣南会议,是毛泽东受王明"左"倾路线的"第一重击"。有关亲历者后来回忆,会议对毛泽东的批判,连记录员都记不下去。会上,毛泽东被撤销苏区中央局书记职务,转作政府工作,离开红军部队。

罗荣桓是否参加了赣南会议,是否有过发言,尚未找到有关资料。但是,"罗荣桓对当时王明路线是不满意的",[①] 这一点是肯定的。由此,可以去推论:在这场斗争中,罗荣桓是毛泽东路线的支持者。

红军在"左"倾路线指挥下强攻赣州失败后,1932年3月,主力分成中、西两路军向北发展,再去夺取其他中心城市。毛泽东反对这种做法。反对无效后,他选择了与林彪、聂荣臻和罗荣桓指挥的中路军在一起行动,并在部队中发挥了他对干部们的影响力。

打赣州的失败,几千红军战士的鲜血,已经使毛泽东十分愤慨。行军途中,毛泽东一再建议改向闽西。这一建议,得到了中路军领导人林彪、聂荣臻的支持。

这其中也包括政治部主任罗荣桓的支持。

3月21日,林、聂、罗向中革军委建议:"行动问题,我们完全同意毛主席意见。"获得周恩来等人的同意。随后,这支部队在毛泽东的指挥下东进。

罗东保将军后来回忆:

> 1932年间,部队住在福建长汀,准备打漳州。罗主任白天忙着开会,参与毛泽东及聂政委制定作战计划……眼睛都熬红了。

[①] 张素华、边彦军、吴晓梅编著:《访黄瑶:毛泽东与罗荣桓》,载《说不尽的毛泽东》(下),中央文献出版社、辽宁人民出版社1996年版,第576页。

第四章 罗荣桓:"我革命这么多年,选定一条,就是要跟毛主席走"

罗荣桓以他扎实的工作作风协助毛泽东等人,结果,东路军打下了福建漳州,之后威逼厦门,再次取得重大胜利,并且还将获得的一批银元支援了在上海的党中央机关。

但是,10月的宁都会议"开展了中央局从未有过的反倾向斗争",矛头主要是指向毛泽东。会后,毛泽东请假养病离开部队,并被撤销红一方面军总政委之职。随后,支持毛泽东的邓小平、毛泽覃等干部遭到批判和打击。罗荣桓也接到调离工作的命令。

这时第四次反"围剿"大战在即,红一军团政委和政治部副主任李卓然向红军总部发报:"大敌当前,我们请求罗荣桓同志工作不要调动"。总部同意罗荣桓暂时留在红一军团,但是"缓调"。

1933年春,罗荣桓参加了第四次反"围剿"。战斗一结束,尽管聂荣臻等人竭力挽留,但"左"倾路线者还是坚持罗荣桓非调走不可,4月14日,罗荣桓调任江西军区政治部主任。

这次工作变动,与他共事过的罗瑞卿后来回忆说:"第三次'左'倾路线统治全党的时候,王明一伙曾经把坚持毛主席革命路线的罗荣桓同志打成'宗派主义者',撤销了他的职务。"[①]

时为红军师级干部的刘道生后来也确认了这一点:

> 罗荣桓同志原来是一军团政治部主任,在红军中是赫赫有名的首长,宁都会议以后,因为他跟随毛泽东同志,被指责为"经验派"而撤职了。

罗荣桓因为毛泽东才被调离。但是,他在江西军区政治部主任的岗位没待多久,六七月份又被调任红军总政治部,担任巡视员,按照黄瑶的说法是

[①] 罗瑞卿著:《数十年如一日的共产主义战士》,载《回忆罗荣桓》,解放军出版社1987年版,第2页。

"没职务了",随后,他被任命为总政治部动员部部长,主要负责"扩红"工作,即挨家挨户动员老百姓家的青壮年劳力参加红军。

在这一段最艰难的时期,毛泽东表现出坚定的党性,不支持脱离党的领导的一切行为(方志纯回忆)。而罗荣桓在脱离领导岗位受排挤的日子里,也表现出严格的党性,组织上交他去扩红,他在工作中做出突出成绩,一次扩红3000人。1934年1月党中央宣布将他与罗迈、毛泽覃等人的名字放在各报纸扩红突击运动光荣红版,在中华苏维埃二大上他又因此被授予一枚银质奖章,并当选为苏维埃中央执委候补委员。

对罗荣桓扩红之事,毛泽东后来多次赞扬说:"我们革命要想成功,没有人是做不到的,革命的一个重要内容就是招兵买马,在这点上,罗荣桓同志做得比较好,也比较成功,他的特点是既来之,又安之。来到部队上的人都是心甘情愿地为革命献身,革命虽然不是请客吃饭,可也不能强买强卖,在这方面,罗荣桓同志给我们提供了一个很好的典范。"①

毛泽东赞赏罗荣桓的"老实人"态度。可是,罗荣桓在"左"倾路线那里是挂了名的"毛派分子",他的这种"老实"态度却受到戏弄。

一次,罗荣桓随国际顾问李德到阵地前沿视察。李德用望远镜看了一番,回过头来见到罗荣桓,便下令他带一个工兵排去埋地雷。罗荣桓不折不扣地执行了命令,埋完地雷回来报告完成了任务。不料,李德又下令他去把埋下的地雷起掉。

这时敌兵离埋雷处已近在咫尺。罗荣桓不愿让战士去做无谓的牺牲,没有理他。李德见状,大发雷霆,指着罗荣桓的鼻子喊道:"你不去,我杀你的头!"

这时敌前卫踩响了几个地雷,炮弹也打到了李德所在的指挥所,起雷之事才不了了之。

9月21日,中革军委决定把一些地方部队编成红八军团,罗荣桓调任该

---

① 何立波著:《国有疑问可问谁——毛泽东与罗荣桓》,载《文史精华》2009年第2期。

军团政治部主任,军团长周昆、政委黄甦。两人原来都是罗荣桓的下级,现在罗荣桓则成了他们的下级,但是他毫无怨言,当即走马上任。

10月10日,红军开始战略转移。红八军团与红五军团成了后卫,在大部队的后面一面收容掉队人员,一面打退追击的敌军。值得一提的是,罗荣桓经常遇到毛泽东的妻子贺子珍并对她予以照顾。林月琴在延安与罗荣桓结婚后,贺子珍特地向她谈起罗荣桓在长征路上对自己的关照。林月琴后来回忆:

> 贺子珍……对我说,她和罗荣桓早在井冈山时期就相识了。她感到荣桓十分忠厚老成。长征之中,她骑了一匹小骡子走得慢,经常掉队。当时荣桓所在部队负责殿后、收容,她经常掉到荣桓所在的部队,荣桓一见她来,立即安排她的宿营、警戒。电话线一架好便打电话向毛主席报告,让毛主席放心。贺子珍说,她掉队到荣桓所在部队就像到了家里一样,感到十分安全。

罗荣桓对贺子珍的态度,就是对毛泽东的态度。毛泽东落难了,罗荣桓对他的态度毫无变化,还是恭敬如常,甚至更加关切,可谓患难之中见真情。

几个月后,罗荣桓的工作岗位又有了新变化。在突破第四道封锁线过湘江时,红八军团由于担任全军后卫战斗减员严重,12月13日被撤销建制,剩余人员并入红五军团,罗荣桓调任总政治部巡视员,继续前进。

罗荣桓很少在人前谈及毛泽东,也从不曾说任何吹捧、赞扬之类的话语。但是在长征路上他破了一次天荒。跟随他在一起的电台队政委袁光回忆:

> 12月15日,我前卫部队攻克黎平。当我们到达黎平后,罗主任告诉我:在关键的时刻,是毛主席挽救了红军。在"左"倾冒险主义的领导要部队继续向湘西挺进时,是毛主席力主放弃会合红二军团、六军团的计划,改向敌人力量薄弱的贵州方向前进。罗主任高兴地对我说:袁政委,毛主席的这个建议十分英明啊。我们突破湘江后,蒋介石有两怕,一怕我们同二军团、六军团会合,二怕红军重新回到

中央苏区。他把主力都摆在这两个方向,等着我们撞到他的网上去。可是,毛主席看透了蒋介石的五脏六腑,偏偏要红军向贵州前进,这一着恰是蒋介石所料不到的。我军一入贵州,甩开敌人,北可与川陕苏区的红四方面军会师,东可与二军团、六军团配合,战争的主动权就转到我们手里了。说着,一向稳重沉静的罗荣桓同志,爽朗地笑了起来,我也觉得眼前豁然开朗了。红军从撤出中央苏区以来,第一次摆脱了危局。

这是尚能查到罗荣桓很罕见的称赞毛泽东的话。罗荣桓生平不喜欢说颂扬话语,之所以破了天荒,完全是出于毛泽东改变了红军命运的喜悦,为红军因此能赢得战争主动权感到高兴所致。有意思的是,没过多久,1935年1月党中央在遵义召开会议,重新确立了毛泽东对党和红军的领导权,对此尚无罗荣桓表示赞扬或喜悦的言语记载。

毛泽东倒霉的时候,罗荣桓跟着倒霉;毛泽东出来重新主持工作后,并没有对罗荣桓进行平反或者改变职务。遵义会议后,罗荣桓在政治上、生活上仍受着不公平的待遇。1935年5月,部队过了金沙江,有人甚至要把罗荣桓唯一的那匹骡子收走。红2师师长陈光和政委刘亚楼见状,为他打抱不平。

罗荣桓却说:"骡子现在并没有收。即便收了,我还有两条腿嘛!么子要紧!"

罗荣桓的这种心态和做法令人钦佩。几十年后,王宗槐中将谈起此事时忍不住说:"当时他只有33岁,但他那宽广的胸怀,革命乐观情绪和高度的组织纪律观念,却给我留下了深刻的印象。"

8月,红一方面与红四方面军会师后,兵分两路北上。罗荣桓与毛泽东等人一起为右路军,结果他因为毛泽东交代的工作又落在最后面的红三军团中:

当时,按照组织分工及行军序列,罗荣桓等同志应率领一军团的其他部队跟在前梯队后面开进,接下是中央机关和三军团部队。

第四章 罗荣桓:"我革命这么多年,选定一条,就是要跟毛主席走"

罗荣桓与参加秋收起义的人员合影,后排右一为贺子珍,左三为毛泽东

但是,在出发之前,因中央有事(什么事不清楚),毛主席要他和罗瑞卿等同志暂留下来,等办完事情后再走。待事情办完后,一军团的部队已走远了,因此,他就临时决定同我们部队一块走。①

罗荣桓又变成了后卫,过草地时,红三军团断了粮,连地上的草根都被挖光了,困难程度可想而知。罗荣桓就亲手埋葬过一名饿得患病而牺牲的小通讯员。

9月10日,右路军到达俄界,罗荣桓调红一军团担任政治部副主任。罗荣桓虽然有了实职,但比原来的政治部主任降低了半级。但是,他这次回到原来工作过的红一军团去,显然是毛泽东的安排。

9月下旬,红军到达甘肃南部的哈达铺。在一个大庙堂里,毛泽东召集一

---

①陈海涵著:《艰难的历程》,载《回忆罗荣桓》,解放军出版社1987年版,第120页。

百多位团以上干部开会。周恩来、叶剑英、罗荣桓等人参加会议。会上,毛泽东谈到红军过草地时表扬了罗荣桓工作模范,能吃大苦耐大劳,没有粮食,就同战士们一起吃野菜,坚持着把部队带出草地的模范事迹。

散会后,毛泽东把罗荣桓和罗瑞卿叫到一旁,亲切询问罗荣桓:"条件这么艰苦,你带部队走出草地,到底有什么妙计啊?"

罗荣桓只是笑了笑,没有回答。

罗瑞卿见他不表态,就接过话说:"我刚才已问过他,是否要好好总结点经验,他说没有什么经验,只有一条奥妙:在任何时候都要相信群众,同广大干部群众生活和战斗在一起。还说他这个奥妙,也是从主席你那里学来的呢!"

罗荣桓重回红一军团,并且得到毛泽东在大会上的表扬,说明罗荣桓又进入了毛泽东的视野。而黄瑶认为:"经过中央苏区的曲折经历,长征路上的痛苦磨难,他(罗荣桓)对毛泽东应该说更加信服了。"这说的是实情。与罗荣桓在红八军团工作过的甘渭汉中将说:"后来,他(罗荣桓)回忆王明教条主义对红军政治工作的破坏时,沉痛地说,要按教条主义搞下去,革命早完了,哪儿还会有今天的胜利呢!"罗荣桓没有正面说毛泽东的正确,但他对教条主义的抨击,正是因为对毛泽东及其思想正确性的确信和坚持。对此,黄瑶还说:

> 仅举一例就可说明问题。1936年毛泽东在红军大学中讲的革命战争战略问题,这个讲义是用敌人的传单反过来印的。敌人的传单正面是光的,反面是毛茬,红红绿绿的,印出来模模糊糊不太好看。但罗帅一直珍藏着,后来又带到山东,告诉他的秘书要保管好,他一有机会就拿出来读,里面作了很多圈点、批注。如果他不信服毛泽东,对此书决不会如此认真地反复研读。

罗荣桓与毛泽东的关系,既不同于毛泽东与朱德那种带有战友情的同志关系,也不同于毛泽东与贺龙那种带有"熟友"情谊的同志关系,也不是毛泽东与陈毅那种带有知己情的同志关系,而是彼此心照不宣、又相互关切的上下级的同志加兄弟的关系。

5.毛罗之情，宛如兄弟

毛泽东与罗荣桓之间的个人感情，不是那种简单的同志关系，甚至也不是那种简单的朋友感情，他们亲密到甚至相互介入到了对方的个人生活中，毛泽东可以对罗荣桓大发脾气，又对其关爱超过一般部下。毛罗之情，更确切地说，像是兄弟情谊。

1936年秋，红一方面军到达陕北后，与刘志丹的陕北红军会合，在陕北落下了脚。西安事变后，1937年1月初，党中央和红军总部迁至延安，罗荣桓从红军大学一科政治委员调任红军后方政治部主任。

延安很快热闹起来，并且马上成为中国革命的中心。与延安充满朝气的气氛相比，罗荣桓的性格比较内向，不是那种活泼开朗型，但他的性格并不是死气沉沉的那种，代表着热烈开朗之外的另一种个性。尊称罗荣桓为"良师"的萧华上将这么评价罗荣桓："在长期的战斗生活中，罗荣桓同志给我留下的是一个实事求是、朴素无华的革命长者的形象。他戴一副近视眼镜，自己又是大学生出身，外表庄重严肃，内心一团火热，对革命赤胆忠心，对同志关怀备至，在红军队伍中，他是最受欢迎的领导人之一。"

罗荣桓性格内向，但内心一团火热，这是对他的性格最准确的评价。他的这种性格使得他在工作上让人敬仰、学习，在个人生活乃至爱情上也具有一种别样的魅力。

1937年4月，经过原红三军团侦察科长许建国与在中央党校学习的刘桂兰介绍，罗荣桓与在中央党校学习的林月琴认识，并坠入了爱河。经过几个月的交谈和了解，报经党中央同意，5月16日晚，十几个人热热闹闹地吃了一碗喜面，两人结婚了。

林月琴走进了罗荣桓的生活,立即对毛泽东与罗荣桓那种特殊的感情有了一个深刻的体会。不过,她的第一个印象是"感到毛主席脾气很大"。

　　事情是由一位外宾要到延安来引起的。罗荣桓看到毛泽东用的被子已经十分破旧了,感到让外宾见到了不大好,就叫供给部给换了一床新棉被。

　　毛泽东发现床上换了新被子后,立即追问是谁让换的。当他得知是罗荣桓后,就打电话给罗荣桓,责问为什么要换被子,并在电话里说:"我们现在就是这个条件,吃的是小米、高粱米,还是带壳壳的,穿的就这破旧的衣服。为什么盖旧被子就不能见洋人,要另搞一套?"

　　他说话的声音很大,虽然有湖南口音,林月琴在电话旁边,还是听得清清楚楚。而罗荣桓接完电话,感到毛泽东说的有道理,立即让供给部把原来那床旧被子送去,再换上了。

　　尽管林月琴因此感到毛泽东脾气很大,但后来一些党史研究人员从此事来解读罗毛关系时却认为:

> 毛泽东向罗荣桓发脾气,一方面表明毛泽东脾气很大,一方面也恰恰说明毛泽东对罗荣桓的感情很近,他觉得用不着客套……①

　　毛泽东会发脾气,但只对身边亲近的人发火,对外人则不会。在红军时期,他曾对弟弟毛泽覃拍过桌子甚至追着要揍他,但对弟弟一往情深。毛罗相差9岁,罗荣桓比毛泽覃仅大3岁,毛泽东对他大概也是这种对待弟弟的情愫和态度。另外,罗荣桓替毛泽东换被子,虽然让毛泽东发了火,但由此也可见他是介入毛泽东个人生活的人。

　　事实上,毛罗之间除了革命家那种因信仰和主义的公谊外,确实还存在一种宛如兄弟般的私谊,两人对对方生活上的介入,并非是罗荣桓对毛泽东的单向型,毛泽东在百忙之中也时常介入罗荣桓的个人生活,并且就像一位

---

① 张素华、边彦军、吴晓梅编著:《访黄瑶:毛泽东与罗荣桓》,载《说不尽的毛泽东》(下),中央文献出版社、辽宁人民出版社1996年版,第577页。

第四章 罗荣桓:"我革命这么多年,选定一条,就是要跟毛主席走"

大哥。

1937年7月10日,罗荣桓由后方政治部主任调任红一军团政治部主任,于是又收拾行装,准备到部队去了。这意味着他和新婚燕尔的林月琴要分别了。在两人难分难舍的时候,毛泽东召见了林月琴。

林月琴后来回忆:

一天,毛主席派警卫员来叫我到他的住处去。……去时我有点紧张。到了他住的窑洞,我看到贺子珍也在。毛主席起身招呼我坐下后,

罗荣桓与林月琴在延安

很和蔼地说:"啊,你就是林月琴同志,都做过什么工作,打过仗吗?"我回答说:"我原来是四方面军的,抬过担架,当过宣传员,到川陕后带了一个营的女工兵。"毛主席笑着说:"噢,你还是个营长嘛!你们结婚还没有请我吃糖呢。你们那一天用什么来待客?"我回答:"宋裕和从西安捎回了半袋洋面,吃了一顿面条。"毛主席风趣地说:"怎么,吃面条也不请我?"我忍不住笑了,刚来时的紧张和拘束感一扫而空。接着,毛主席亲切地向我说起了荣桓的经历和为人。……毛主席说:"为什么让他当党代表呢?就是因为他老实。"

提到老实,林月琴向毛泽东说起了1927年罗荣桓在通城暴动后向修水转移的途中被两个农军战士骗走由他保管的自卫军装在皮箱的现金的事情,最后说道:"荣桓和我谈起此事时说:'走进革命队伍里的人也并不是都是来革命的,混饭吃的、找出路的,大有人在。'"

毛泽东听了哈哈大笑,说:"你看,从这件事上,他这个老实人也悟出了一

条真理呢!所以他对是和非、正确和错误鉴别得特别分明。"

此语完全符合罗荣桓的个人历史和品德,从中也可看出毛泽东对罗荣桓的了解。林月琴回忆:

> 毛主席还告诉我,第四次反"围剿"以后,荣桓被调离部队改任总政的巡视员和动员部长,仍然老老实实为党工作。他在一个地区领导扩大红军,三个月完成扩红3000人的任务,受到中共中央的表彰。接着,毛主席说:"荣桓同志是个老实人,可又有很强的原则性,能顾全大局,一向对己严,待人宽。做政治工作就需要这样的干部。当然,老实人免不了受人欺负,这也没有什么,历史总会正确评定人们的功过是非。在世界上要办成几件事,没有老老实实的态度是不行的,我们共产党人都要做老实人。"

"荣桓同志是个老实人,可又有很强的原则性",毛泽东的评价十分准确。正因为此,罗荣桓才好几次被党中央和毛泽东安排与一贯与政委合不来的林彪一起做搭档、指挥部队。毛泽东不当着罗荣桓的面评价罗,但当着林月琴的面如此评价罗荣桓,其实就是向她介绍罗荣桓的为人和性格,宛如一个家庭的大哥哥,实际上是对这对新婚夫妇的关爱。最后,毛泽东问林月琴:"你们新婚不久就要离别,我是不是有点残酷?"

林月琴立刻回答:"这是革命的需要嘛!"

毛泽东满意地点点头,说:"好,以前你当宣传员,提着石灰桶刷标语,动员人家送郎当红军,今天你自己也送郎上前线啰!"

从毛泽东那里告辞出来后,林月琴继续感觉到毛罗关系的特殊性,贺子珍又像亲嫂子那样送她并且谈心,林月琴回忆:"贺子珍送了我一程,她拉着我的手,对我说,她和罗荣桓早在井冈山时期就相识了。她感到荣桓十分忠厚老成。"接着还讲起了长征路上被罗荣桓收容和照顾的事情。

而罗荣桓对此事是什么反应呢?林月琴回忆:

第四章 罗荣桓:"我革命这么多年,选定一条,就是要跟毛主席走"

从毛主席那儿回来,我向荣桓讲了毛主席接见的情景。他是不习惯流露自己感情的。他把毛主席的关怀和褒誉深深埋进心底,加紧了奔赴前线的准备工作。临分别的那一天,他才对我说:"我走了,你留在延安好好学习、工作。我们都是共产党员,记住毛主席的话,永远做老实人,忠诚于党的事业。"

罗荣桓与战友们在一起

这就是罗荣桓以及他对毛泽东的态度,大概也是弟弟对待兄长那种:没有客套,不会去表达,只有埋藏在心底里的深情。

然而,罗荣桓此去前线,在延安的林月琴不久就遇到了一个难题,甚至使得他们才开始的婚姻遇到一个大考验。

林月琴虽然才22岁,但此前有过一段婚姻,前夫是红四方面军供给部总经理部军需处处长、总兵站部部长吴先恩。1936年10月,吴先恩参加西路军,结果于次年初喋血河西走廊,陷于敌人重围,据说他被俘后惨遭敌人杀害。在这种情况下,悲伤欲绝的林月琴在别人劝说下才开始与罗荣桓恋爱、结婚。

谁知他们结婚几个月后,据传已牺牲的吴先恩却经历九死一生后又回到了延安。得知这个消息后,林月琴又惊又喜,随即却陷入"一妻二夫"的尴尬。

很快,毛泽东也知道了这件事,便派人把林月琴叫去。

林月琴忐忑不安地来到了毛泽东的窑洞。毛泽东问了她的近况,然后,点上一支烟说:"你前夫已经回到了延安,你知道了吧,你是怎么想的?"

他又说："不过这是你的事，中央让你自己拿主意。"

"你的态度就是我的态度。"毛泽东接着说，"我批准你去见见他，罗荣桓有意见我来解释。你同他商量后再告诉我，这样对你们三个人来说，都是公正、公平，也算仁至义尽。"

这时林月琴面对"一妻二夫"的尴尬，完全也可能选择与前夫破镜重圆，终究这是战争造成的事实，但是此事如何处理自然也牵涉到另一方——罗荣桓。但毛泽东替罗荣桓做了主，表明了态度，并且还说"罗荣桓有意见我来解释"，在一个家庭中，只有兄长才可以这么说，才会这么去做。

罗荣桓与林月琴

这时林月琴告诉毛泽东："他已让人带口信给我，一切都是战争造成的，他不怪任何人，祝我和罗荣桓恩恩爱爱，永远幸福。主席，你看我还该去找他吗？"

"拿得起，放得下，他是一位好同志！"毛泽东说道，"口说无凭，信以为实。月琴同志，是否可以让他将心里话写出来，白纸黑字，将来也可以留作一个根据呢？"

毛泽东从红一、四两个方面军的关系和三位当事人以后的关系考虑，提出了写个字据的要求。林月琴点头，表示同意。

不久，她去了见吴先恩。两人百感交集。林月琴说明了自己的想法，吴先恩十分友好地与她分了手。[①]

[①] 此事见朱丽华著：《罗荣桓与林月琴的爱情传奇》，载中国共产党新闻网。

第四章 罗荣桓："我革命这么多年,选定一条,就是要跟毛主席走"

毛泽东替罗荣桓做主处理了这件尴尬的家务事,一场意想不到的风波消散了。

1938年3月,八路军115师师长林彪在行军途中被阎锡山的部队误伤,离职休养,343旅旅长陈光代理师长,罗荣桓由政治部主任调任师政委。在毛泽东等人的安排下,不久林月琴离开延安,到达晋西敌后根据地,与罗荣桓团聚了。

6."山东只换了一个罗荣桓,山东全局的棋就活了"

毛罗之情在于彼此之间真正的相互了解。

罗荣桓对毛泽东及其思想的正确坚信不疑,而罗荣桓虽然长期做政治工作,但毛泽东对他的军事能力毫不置疑。1938年林彪被阎军误伤后,毛泽东与彭德怀于115师师长人选的分歧,可以看出毛泽东对罗荣桓军事能力的肯定。黄瑶说:

> 1938年3月,聂荣臻留在了晋察冀五台山,115师就没有政委了。不久林彪又因负伤被送回延安,师长也没有了。这时对115师一天有两个命令。一个是毛泽东下的,时间稍晚,一个是"集总"下的,时间稍早。毛泽东的命令是任命罗荣桓代理师长,"集总"的命令是由343旅旅长陈光代理师长。两个命令打架了,因为"集总"的命令早了几小时,就以"集总"命令为准,从这件事来看,毛泽东对罗荣桓是器重的。同时在这件事上毛泽东对"集总"也有些意见,这大概也是事后毛泽东对彭德怀不满意的原因之一。

"集总"就是第十八集团军(即八路军)总司令部,由副总司令彭德怀主持。毛泽东与彭德怀的分歧，显然是对罗荣桓军事能力的不同认识。

在抗战进入相持阶段后，日军加强了对敌后八路军的"清剿"，选用军事能力强的将领担任115师主官是必然的。陈光在长征时就是红2师师长，一直担负打先锋开山辟路的角色，打过不少硬仗。抗战开始后，平型关大战，他是前线指挥员。而罗荣桓一直是政治干部，几乎没有指挥过大仗。因此彭德怀选择主力旅旅长陈光代理师长不难理解，并且是情理之中的做法。但是，毛泽东要任命罗荣桓代理师长，也不是没道理，从井冈山乃至中央苏区五次反"围剿"作战，罗荣桓一直坚决支持毛泽东的正确战术，这就足以说明罗荣桓的军事才能不是一般人所能比拟。只不过是罗荣桓性格内向，外人可能不了解他，但对他的才能，毛泽东却是相当了解的，并且早在古田会议前就说过他是一个人才，对他发现晚了。因此毛泽东的决定也应该是正确的。

毛泽东选用罗荣桓之准确，在115师进入山东后，就逐渐体现出来了。

1938年12月，罗荣桓与陈光率领师直机关与686团等部队向山东进军，开始时形势大好。但是，次年5月，罗荣桓离开主力，陈光率领师部和686团等3000多人就陷入日军包围之中，陆房突围虽然毙伤日军1200多人，但自己伤亡360多人，骡马辎重损失不少。战后，不少人对代师长陈光议论纷纷。面对复杂的形势，文化水平不高的陈光就显得不大适应，党中央和八路军总部不得不采取一些措施：

> 六中全会后罗帅带着部队到山东，这段时间"集总"和中央来往电报较多，主要是商量115师干部的配备问题。这时"集总"和中央还是有分歧，当时"集总"感觉115师拿不起来，在山东开展工作有困难，所以在115师上面成立一个单位叫八路军第一纵队，司令员是徐向前（1940年6月回延安），政委朱瑞。意图是把山东的地方部队和115师统一领导起来。①

---

① 张素华、边彦军、吴晓梅编著：《访黄瑶：毛泽东与罗荣桓》，载《说不尽的毛泽东》（下），中央文献出版社、辽宁人民出版社1996年版，第578页。

第四章 罗荣桓:"我革命这么多年,选定一条,就是要跟毛主席走"

可是,朱瑞去了后还是没把地方和115师统一起来。然而,经过几年的战火磨炼,在115师内,虽然陈光是师长,但罗荣桓逐渐成为当家人,于是新的问题又出现了。

> 当时的分歧主要反映在对形势的看法不同。朱瑞估计较高,认为我军对顽固派已占优势,对敌伪也走向优势,所以打仗就偏于搞运动战;罗认为不占优势,我们是劣势,所以主张游击战。①

这个对形势的看法从另一方面证明了罗荣桓杰出的军事才能,但他的看法并没获得大家的认可。并且,在这种分歧下,会上有的领导人借南大顶事件严厉指责115师和罗荣桓本人。南大顶事件是怎么一回事呢?

> (1940年)8月间,已编入八路军的天宝山大队队长廉德山叛变,将八路军一个侦察班和师政治部几位民运干部扣押在山寨内。9月2日,八路军向叛匪发起攻击。廉部裹胁了一些群众固守天宝山的险峰南大顶,使进攻南大顶的八路军遭受很大伤亡,激起了八路军指战员的气愤。罗荣桓担心部队攻占山顶以后会违犯政策,派政治部的两位科长带了几个干部到前线去。然而,直工科长刘四喜又被打死。另一位科长急红了眼,在攻下南大顶以后,不但没有制止违犯政策的现象,而且自己也枪杀了俘虏。罗荣桓得知后,立即将他撤职,同时批评了有关人员,并派组织部长梁必业去处理善后事宜。随后,罗荣桓又向上级报告此事,作了自我批评。②

在会议期间,"集总"来电批评了115师在军队纪律和干部教育方面存在

---

① 张素华、边彦军、吴晓梅编著:《访黄瑶:毛泽东与罗荣桓》,载《说不尽的毛泽东》(下),中央文献出版社、辽宁人民出版社1996年版,第578页。
② 《罗荣桓传》,当代中国出版社1991年版,第231页。

的问题。罗荣桓在会上作了严格的自我批评后仍被以南大顶事件指责,于是他要求离开山东。毛泽东接到电报后,来电指出:"115师有极大的成绩,你们的总路线是正确的,你们均应继续安心工作,目前没有可能提出学习问题。"

罗荣桓听从了毛泽东的话,放弃了要离开山东的想法。山东领导人间的分歧,引起了毛泽东等人的注意,但他没有随意地就把支持的砝码放在罗荣桓这一侧。

> 毛泽东在延安也找了一些从山东去延安学习的干部,还有115师的干部了解情况,1942年毛泽东又让刘少奇从苏北到延安路过山东,解决山东的问题……刘少奇来后,经过调查研究认为朱瑞的看法不对。①

这些调查的情况表明罗荣桓是正确的,并且毛泽东对罗荣桓的判断也是正确的,于是党中央决定统一山东的党政军领导权,实行一元化领导:

> 在这个过程中,刘和毛往返有很多电报,1943年初任命罗荣桓为115师政委兼代师长,山东军区司令员兼政委。后来又任山东分局书记,朱瑞回延安了。这样在山东便实现了一元化领导。②

然而毛泽东等人决定罗荣桓为山东党政军一把手时,罗荣桓的身体并不太好,林月琴回忆:"1942年是山东抗战中最艰苦、最紧张的一年。罗荣桓曾将这一年比喻为'拂晓前的黑暗'。就在这一年年底,因劳累过度,荣桓得了尿血的病,人日见消瘦,但查不出病因。"

罗荣桓的病情其实很严重。萧华回忆:

---

①②张素华、边彦军、吴晓梅编著:《访黄瑶:毛泽东与罗荣桓》,载《说不尽的毛泽东》(下),中央文献出版社、辽宁人民出版社1996年版,第578、578—579页。

第四章 罗荣桓:"我革命这么多年,选定一条,就是要跟毛主席走"

战斗结束后,因为极度劳累,罗荣桓同志病倒了,一小便就是一盆血。那时候缺医少药,有时只能在农村寻求土方子治疗。有一次,为了做尿道探测检查手术,由于器械落后,没有麻药,他忍着难言的疼痛,一连坚持了三个钟头,汗水湿透了床单。就这样,他还一直不让将他的病情报告党中央,仍然常常带病到情况最危险、斗争最尖锐的地方去;病情严重时,就坐着担架指挥作战。战友们无不为他的顽强的革命意志和高贵的革命品质所深深感动。

罗荣桓夫妇和孩子

此为 1942 年 12 月甲子山战役时发生的事情。1943 年 3 月 12 日,中央军委任命罗荣桓为山东军区司令员兼政委,115 师政委、代师长。林月琴回忆:

> 也是在这个时候,中共中央决定在各根据地内实行党、政、军的一元化领导。中央经过反复酝酿,决定叫荣桓担任山东军区司令员兼政委、115 师政委兼代师长。但此时荣桓因病情严重。1943 年 3 月 11 日,他致电中央,请求准许他休息半年。毛主席接到电报,感到十分突然并表示关切,12 日,他和朱德复电:"你的病情如果还不是很严重,暂时很难休息。"同时建议让荣桓的战友黎玉、萧华等多分担一些工作。

接到毛泽东的电报,罗荣桓坚决地服从了毛泽东和党中央的命令,挑起了领导山东工作的重担。而毛泽东对他的健康一直非常关心,经常发电报询问病情,并且还安排他去治疗和休养。

当山东军区新的领导机构组成以后，毛泽东便批准罗荣桓赴新四军，请在新四军工作的国际友人、奥地利籍的泌尿科专家罗生特诊治。

5月，在林月琴的陪同下，罗荣桓到达了新四军军部驻地淮南盱眙县黄花塘。罗生特大夫诊断发现罗荣桓的肾脏有病变，但究竟是肾癌还是多囊肾，由于缺乏必要的医疗设备，无法确诊。这时，蒋介石派李仙洲率93军入鲁反共，山东斗争形势顿时紧张起来。尽管新四军的医疗、休养条件均好于山东，但罗荣桓在黄花塘住了一个多月，便匆忙返回了山东。

这年秋季，为了就近为罗荣桓治病，陈毅将罗生特派往山东。但山东仍未买到大一点的X光机，罗生特仍做不出正确的诊断，只好建议罗荣桓秘密赴上海去治疗。林月琴回忆了毛泽东与罗荣桓关于此事的电报来往情况：

> 山东分局研究后发报请示中央。毛主席复电同意，我便陪同荣桓前往新四军3师，准备从那里再通过地下交通线去上海。毛主席发出同意荣桓赴上海的电报后，又很为荣桓的安全而担心，很快于1944年2月8日又发了封电报说："你的病况，中央同志大家关心，因来电所述的病情甚为严重，故我们复电在山东医治，如不可能则去上海，实含若干冒险性质。究竟近情如何，是否完全不可能在山东医治，又是否完全不可能来延安而非去上海不可，如果去上海又如何去法，均望详告。"毛主席的电报，关怀之情溢于言表。然而，当军区收到这封电报时，我们已经出发了。直到2月27日我们到达3师驻地，才看到这封电报。荣桓红军时代攻打梅县中，腹部负过重伤，身上有伤痕。毛主席所说"实含若干冒险性质"即指此。荣桓看到这份电报后，即决定不去上海，又返回山东。

毛泽东对罗荣桓的关切和罗荣桓的"听话"可见一斑。

而毛泽东力主罗荣桓党政军集一身后，山东在罗荣桓的领导下面貌终于焕然一新了。黄瑶说：

第四章 罗荣桓:"我革命这么多年,选定一条,就是要跟毛主席走"

总的说来毛泽东对罗帅比较重视,而且山东的工作也搞得确实不错。1943年到1945年,实现了一元化领导以后,山东的一盘棋就活了。抗战后期我们比较完整的根据地,山东就算一块。

于此,罗荣桓确实功不可没。

1945年8月抗战结束后,毛泽东前往重庆与蒋介石谈判,提出要求由我党干部出任四个省的省长,山东就是其中之一(其他三个省分别为河北、热河和察哈尔)。此时罗荣桓领导的山东分局实际控制了山东80余县,部队达到30多万人。

随后,在向东北进军中,山东出的兵力相当多。黄瑶认为,在解放战争中逐渐组建的四大野战军中除一野外其余三个野战军均有大量罗荣桓领导的山东部队的底子:

> 解放战争初期,东北的部队大部分是从山东去的,三野部队的老底子有一半是山东的,二野杨勇部也是山东部队。[①]

回过头来看当初对115师代理师长乃至山东一把手的分歧,毛泽东选择罗荣桓确实是独具慧眼,而罗荣桓在山东的工作确实是响当当的。

据王力1985年回忆:1961年毛泽东曾找他谈过半天话。因为王力曾长期在山东工作,当谈到山东党史时,毛主席谈了他对罗帅在山东工作的看法。毛泽东说:"山东只换了一个罗荣桓,山东全局的棋就活了,山东是执行中央十大政策的模范,他把山东所有战略点线都抢占和包围起来了。当时,只有山东一个全省是我们党完整的、最重要的战略基地。北可以抢占东北,南可以直到长江,这都是主要依靠山东。罗荣桓在决定中国革命成败的地区,做好了决定中国革

[①] 张素华、边彦军、吴晓梅编著:《访黄瑶:毛泽东与罗荣桓》,载《说不尽的毛泽东》(下),中央文献出版社、辽宁人民出版社1996年版,第579页。

命成败的事业。"

"罗荣桓同志他到山东的第一天,想的就是谁领导谁,谁团结谁,谁统一谁的问题。也考虑到依靠谁、团结谁、打击谁的问题。当时建设根据地的中心任务,就是依靠群众、发动群众、武装群众。所以,他一到山东就想着:要把山东全部拿下来,而且要为把全国拿下来尽义务。"①

7."罗荣桓是执行中央政策的模范"

毛泽东说过"罗荣桓是执行中央政策的模范"。事实上,1943年后,毛泽东对罗荣桓大有人才难得、唯罗不可的味道,几乎是"强令"罗荣桓带病工作;而罗荣桓坚决、灵活地执行毛泽东的指示,兢兢业业,把山东工作搞得有声有色。两人虽然相隔几千里,但是配合得很默契。到1945年,罗荣桓的病情越来越严重。毛泽东考虑到他兼职很多,担子太重,终于作出了一个重要决定:将林彪调往山东。

8月26日,毛泽东亲笔起草了一份致山东分局的电报:"林彪、萧劲光二同志昨日飞抵太行转赴山东。分工:罗荣桓为书记及政委,林彪为司令员,萧劲光为副司令员。如罗因病必须休养时,林代理罗之职务,林、萧均为分局委员。其余不变动。"对于这个安排,黄瑶认为:

> 当时,在毛泽东心目中,罗比林更重要。当然,这也可能是因为林刚到,不熟悉情况,需要罗带一带。

---

① 张素华、边彦军、吴晓梅编著:《访黄瑶:毛泽东与罗荣桓》,载《说不尽的毛泽东》(下),中央文献出版社、辽宁人民出版社1996年版,第579页。

第四章 罗荣桓:"我革命这么多年,选定一条,就是要跟毛主席走"

然而,到了9月19日,为了贯彻"向北发展、向南防御"的方针,党中央又决定调罗荣桓去东北工作。

> 此时荣桓因病重已难于支撑下去。他曾向中央提出,希望能休养一个时期,如果一定要去东北,他请求不要让他当部队主要领导人。中央复电,由于斗争需要,东北还是要去,到东北后治疗条件可能要好一些。于是,荣桓便率山东军区部队6万余人于1945年底前陆续到达东北。途中,荣桓被任命为东北人民自治军(不久改名为民主联军)第二政委。①

正如林月琴所言,在毛泽东进行这一系列工作安排期间,罗荣桓的身体其实已经不行了。山东分局的黎玉、舒同曾看不下去,致电党中央,建议让罗休息一个时期。但是,罗荣桓还是不顾身体状况坚决地执行了毛泽东的一个个命令。他到达沈阳后,待调到东北的部队基本安排就绪后,才抽空到前日本陆军医院作了身体检查,照了X光片。结果,日本医生诊断他是肾癌,认为必须动手术。随行的罗生特也表示同意。于是,东北局报告了党中央。

毛泽东提出了一个令罗荣桓夫妇想不到的建议:

> 当时,前日本陆军医院政治情况我们并不清楚。为了保证安全,毛主席经慎重考虑后,主张让荣桓到驻朝鲜平壤的苏军医院治疗。为此毛主席还向金日成同志和苏联方面发了电报,作好了安排。②

罗荣桓按照毛泽东的安排随即就去了平壤,并受到了金日成主席的热情接待。

在平壤的苏军医院里,罗荣桓的病再次被确诊为肾癌。由于这所医院是

---

①②林月琴著:《有关毛主席和罗荣桓交往的片断回忆》,载《缅怀毛泽东》(上),中央文献出版社1993年版,第437—438、438页。

野战医院，不具备施行肾切除手术的条件，院方建议他尽快去莫斯科治疗。毛泽东得知这一情况后，立即指示联络部门与苏方联系，商量罗荣桓去苏联治疗的方案。在毛泽东的亲自安排下，1946年7月，罗荣桓夫妇赴莫斯科治疗。

在莫斯科的医院里，罗荣桓的手术进行得很顺利，摘除了有肿瘤的左肾。

1947年3月，罗荣桓的伤口虽然愈合，但肾功能还有一些问题，并且还发现有高血压和心脏病。但是，罗荣桓还是说服医生决定回国，于6月回到了哈尔滨，再次投入了解放东北的紧张繁忙工作。

在罗荣桓的一生中，无论是大事小事，无论是个人的事儿还是工作上的事，都是以毛泽东的指示为准，坚决地贯彻执行，不存余地、不打折扣。在东北解放战争期间曾发生林彪不执行毛泽东先解决锦州以实现东北"关门打狗"的决策的做法，罗荣桓发现后，立即以自己的决心促使林彪改变思想，较好地贯彻了毛泽东和党中央的正确决策。

1948年9月，辽沈战役打响。10月，战争推进到要攻克锦州的时候了。10月2日，罗荣桓、林彪带着前线总指挥部，乘坐火车由哈尔滨南下。到达彰武车站时，因为敌机轰炸，林彪与罗荣桓停留下来了。为了防止敌机轰炸，两人的驻地相隔得比较远。

当晚，前指电台接到报告：葫芦岛之敌增加了4个师。电报首先送到了林彪住处。

在部署辽沈战役时，毛泽东和党中央决定先打锦州，对东北之敌实行关门打狗。但林彪顾虑重重，一担心后方运输线太长，部队南下缺粮缺油；二担心北平之敌傅作义部北上，锦州攻不下，还会致使部队的汽车和坦克、重炮因无油料而撤不出来，所以迟迟不下决心。受到毛泽东的严肃批评后，他才率部南下。这时，他听说敌人在葫芦岛增兵4个师，担心部队被沈阳和锦西、葫芦岛之敌夹击，作战决心又动摇，立即下令部队暂停前进。并且，没去商量，就以林罗刘名义给中央军委发出加急电报，要求停止攻打锦州，回师打长春。

第二日清晨，参谋长刘亚楼来到林彪住处，得知林彪已向中央军委发电报要回去打长春，马上觉得事情不对头，于是来到罗荣桓住处报告。罗荣桓一听，顾不上洗脸和吃饭，拉上刘亚楼就去找林彪。

第四章 罗荣桓："我革命这么多年，选定一条，就是要跟毛主席走"

林彪见着罗荣桓，说了昨晚向中央军委发电的情况，并对他说："等军委回电后再定下一步行动吧！"

罗荣桓认为林彪要回去打长春，已不是军事指挥员权限内的事情，而是变更党中央既定战略决策的大问题，看完林彪发的电稿立即表示不妥：

罗荣桓与林彪等人在东北战场

"在几十万部队已经南下到达辽西前线，锦州外围敌人据点已经肃清，而敌情变化并不大（只不过增加 4 个师）的情况下，轻易改变中央早已定了的作战方针是不适当的。攻锦州决心不能改变。"

据刘亚楼后来说，当时罗荣桓尽力克制自己的怒气，手脚都有点发抖了。刘亚楼也表示同意罗荣桓的意见。

经过罗、刘的劝说，林彪也可能感到做法不妥，便吩咐秘书到机要处追回电报。秘书回来后报告："电报业已在清晨 4 时许发出。"

刘亚楼问："怎么办？"

林彪不作声，罗荣桓果断地说："再发一份电报，说明我们仍然决心攻锦。"

以往总部发出电报，都是由林彪口授，秘书记录后经林彪看过便签发。这次他一言不发。于是，罗荣桓起草电稿。电报说：

> 我们拟仍攻锦州。只要我们经过充分准备，然后发起总攻，仍有歼灭锦敌之可能，至少能歼敌之一部或大部。目前如回头攻长春，则太费时间，即令不攻长春，该敌亦必自动突围，我能收复长春，并能歼敌一部。

罗荣桓在东北

电稿经林彪修改后于上午9时发出,但林彪修改时把罗荣桓在电报稿开头写的"前电作废"这句删掉了。

4日凌晨,毛泽东看到这封电报。在这之前,他已连续发出两封电报批评林彪回师打长春的错误想法,过了五个多小时后又收到林罗刘表示攻锦决心不变的电报,立即复电:"你们决心攻锦州,甚好,甚慰。……在此以前我们和你们之间的一切不同意见,现在都没有了。"

在复电中,毛泽东重申了不应回师打长春的理由,为"战锦"这个"大问题"作了总结。

结果,尽管蒋介石亲自来到葫芦岛指挥调兵遣将,锦州还是如期解放。随即,被围困的长春的守军绝望中也举行起义。辽沈战役按照毛泽东的部署终于取得胜利,实现了东北全境的解放。

这一次罗荣桓及时阻拦林彪撤兵回师,对辽沈战役的顺利推进功不可没。罗瑞卿后来说:"党中央、毛主席作出伟大战略决战部署,林彪公然抗拒毛主席、中央军委的作战命令,受到毛主席多次批评。罗荣桓同志表示坚决按照毛主席、中央军委指示行动,林彪却对他讽嘲、挖苦和打击。罗荣桓同志对林彪作了坚决的斗争,忠实地执行了毛主席关于辽沈、平津战役的作战方针,为解放战争的胜利,作出了重大贡献。"[1] 毛泽东也说:"战锦方为大问题",赞扬罗荣桓在关键时刻执行党中央决策的坚决性。

---

[1] 罗瑞卿著:《数十年如一日的共产主义战士》,载《回忆罗荣桓》,解放军出版社1987年版,第2页。

第四章 罗荣桓:"我革命这么多年,选定一条,就是要跟毛主席走"

8."一个人数十年如一日,忠于党的事业,很不容易啊!"

新中国成立前后,罗荣桓尽管身体不好,但一直担负重要的领导职务,他"用钢铁一样的意志",一边与疾病作斗争,一边坚持工作。他与毛泽东之间的情谊继续书写新的篇章。

林月琴回忆:

> 1949年四五月间,荣桓在天津视察时,又突然病倒了。他只有左肾,又有高血压、心脏病和动脉硬化。经过辽沈、平津两大战役的紧张工作,有一天他在同一位干部谈话时,突然晕倒了。毛主席得知后决定派保健医生黄树则赴津为荣桓治疗。黄临行前,毛主席给荣桓写了封亲笔信,托黄转交。毛主席在信中要求荣桓在天津安心养病,暂时不要随军南下。毛泽东还用"留得青山在,不愁没柴烧"这样的谚语来安慰和鼓励荣桓,遗憾的是由于"文革"中抄家,这封珍贵的信件已经找不到了。

毛泽东很关心干部和下属,但闻讯其晕倒亲自写信还派医生的做法在他与我军高级将领交往中还是鲜见的,毛罗之情是很深厚的。

1949年秋,新中国成立时,罗荣桓当选为中央人民政府委员,并担任最高人民检察署检察长。次年4月,解放军总政治部成立,他担任总政治部主任。9月,军委总干部管理部成立,又兼任部长。由此,罗荣桓掌管了军内干部调动、任免的大权。

罗荣桓身体不好,但身兼数个要职,尤其是总政治部主任兼总政干部部部长的工作相当繁忙。他经常要到总政和总干机关去办公,时常还要参加军委召开的会议。由于经常劳累过度,他的病时常发作。有时一个会开完了,需要靠在沙发上休息好长时间,才能缓过劲来。毛泽东知道后,1950年9月20日,在罗荣桓上报的一份干部任免书上特地写道:

> 荣桓同志,你宜少开会,甚至不开会,只和若干干部谈话及批阅文件,对你身体好些,否则难于持久,请考虑。

这段话与罗荣桓上报审阅的内容完全没关系,毛泽东特意写上这么一段,可见他对罗荣桓的关心。

可是,繁重的工作并没使得罗荣桓松懈下来。在工作中,他一如既往地维护和执行毛泽东的正确路线。坚持党对军队的领导,是毛泽东建军的重要原则,也是古田会议以来我军的传统。对此,罗荣桓主管总政治部工作时坚决进行了发扬和维护。

1951年12月3日,总政治部以罗荣桓、傅钟、萧华的名义给毛泽东写信,建议开办解放军政治学院,培养我军的政工干部,力使军队的各项工作按照党的原则和在党的领导下进行。

次日,毛泽东就回信批准了这个建议。随后,罗荣桓、萧华、王宗槐等七人组成了筹备委员会,并决定到北京郊区去找地方建校办学。

经过多方考察,有关人员选定了五棵松以西一片布满砂石和坟茔的地带。次年6月,两幢学员楼破土动工。

这时,新中国的各项建设没有现成的经验,学习苏联成风,1953年有人主张解放军也照搬苏联的一套,搞单一首长制,取消政治委员和政治机关。罗荣桓敏锐地说:"毛主席为我军建立的政治工作光荣传统不能丢。"为此他立即面见毛泽东,向毛泽东汇报,说明自己的想法。林月琴回忆:

> 1953年,在学习外军经验时,有的同志主张将我军一贯实行的党委统一的集体领导下的首长分工负责制改变为一长制,降低政治工作的作用和地位,荣桓知道后便去见毛主席。平时他是很少去见

第四章 罗荣桓:"我革命这么多年,选定一条,就是要跟毛主席走"

毛主席的,他怕打扰主席的工作,但那一次他去了。事后毛主席谈起此事时说:"有的同志要搞一长制,罗荣桓向我反映,气得说话时嘴都在发抖……"荣桓为什么激动呢?这是因为他认为实行一长制便背离了我们党在军队实行的根本制度和我军的优良传统。

罗瑞卿回忆:

> 毛主席支持了他的正确意见,指示我军还是要坚持两长制,坚持实行党委集体领导的首长分工负责制,要发扬我党我军的优良传统。
>
> 罗荣桓同志认真落实党中央、毛主席的指示,坚持党的领导,坚持政治工作制度,保证了毛主席的建军路线在我军贯彻执行。

罗荣桓坚持和维护了毛泽东"党指挥枪"的思想,加强了军队中的政治工作。

罗荣桓是执行和捍卫毛泽东正确路线的杰出代表,他的忠诚和贡献也是有目共睹的。1955年我军决定实行军衔制。党中央提名的十名元帅中,罗荣桓就名列其中。罗荣桓知道后,立即给毛泽东写信,说自己参加革命较晚,贡献不大,不要提名他为元帅。但是,党中央、毛泽东深知罗荣桓,还是授予了他元帅军衔。林月琴回忆:事后,罗荣桓十分感慨地说:"这主要是党中央和人民给予政治工作者的崇高荣誉啊!"

从20世纪50年代后期开始,罗荣桓疾病又发展到了一个很严重的时期。罗荣桓的医生黄树则后来说:"在将近20年的时间里,他一面担负着繁重的革命领导工作,一面和自己的疾病作斗争。"即使在疾病使他最痛苦不安的时候,罗荣桓也不愿停下工作来休息,完全过病人的生活。

为了对身体有好处,医生建议他去做一些娱乐活动。但是,那些娱乐活动很难引起他的兴趣。罗荣桓本人也意识到这样下去,对健康很不利,有时对人说:"我是一个不会休息的人。在娱乐方面,我没有什么爱好,这是一个缺点,青年人可不要学。"

随即,他又从另一个方面说:"娱乐是必需的,可是'乐而忘返'就不好了。"

一次,罗荣桓为病痛所苦,几乎坐卧不宁。服药之后,好了一些,但仍然很烦躁。林月琴便给他安排一些消遣的办法,让他听听音乐广播,看看画报,可都不能帮助他解除一些烦恼。后来,罗荣桓忽然听到外面有送文件来的声音,立刻有点喜形于色,打起精神说:"对喽,拿文件来看看吧!"

果然,文件到手之后,比任何消遣对他都更有吸引力量,他的烦躁、病痛似乎全跑了。

1956年,罗荣桓心绞痛反复发作,他怕贻误工作,便于9月2日向党中央和中央军委写信,因健康原因,请求解除总政治部主任及总干部管理部部长职务。毛泽东考虑到他的身体状况,同意了他的请求。但在八届一中全会上,经毛泽东提名,罗荣桓又被选举为中央委员和中央政治局委员。

罗荣桓元帅

但是,由于身体不好,在毛泽东的建议之下,中央有一些会议,罗荣桓没有参加。1958年3月,党中央召开成都会议,罗荣桓又去了。会址在成都金牛坝招待所。林月琴回忆:

> 荣桓参加了一次会议后,毛主席就指示他,会中可以退席,不要勉强坚持下去,可以在宿舍看看文件。

毛泽东的关怀之情可见一斑。

第四章 罗荣桓:"我革命这么多年,选定一条,就是要跟毛主席走"

在会议期间,罗荣桓夫妇与毛泽东再次见面了。林月琴回忆:

> 有一天,我陪荣桓在院内散步,看到毛主席也在散步。当时,正在除四害,到处都在轰赶麻雀。但金牛坝招待所内无人轰赶,因此许多麻雀都飞到招待所里来,叽叽喳喳,十分热闹。我们和毛主席打了招呼后,毛主席挥了挥手说:"你们看,麻雀都到这里来避难了。麻雀还有个避难所,比我们当年下井冈山时还好一点。那时我们连个避难所也没有了。"毛主席说到这里又看看我说,"还是我说的对吧,我们这位病号可是老实人呀!我喜欢老实人,说老实话、办老实事。"

几十年后,林月琴回忆起这次见面感叹说:"看来,毛主席仍然记得他1937年同我的谈话,他的话似乎就是接着那一次谈话说的。"

毛泽东不仅关心罗荣桓的身体状况,对罗荣桓还是那么有着兄弟一般信任,有重大的事件都会找罗荣桓商量。

1959年7月庐山会议后,毛泽东单独找到罗荣桓,商谈国防部长人选问题。罗荣桓坦诚地谈了自己的看法,回家以后,林月琴问他:"同主席说了什么?"

罗荣桓只说了一句:"一些人事上的事。"再没有第二句。

罗荣桓为什么对妻子都不说?一是他的党性很强,党内重大的事情一般不会对人说;二是对毛泽东的感情很深,觉得毛泽东的话不应该外传。

这次谈话的内容,罗荣桓没有说,1972年毛泽东在一次会议上把它说了出来:"当时,我要罗荣桓同志谈谈看法,已经定了林彪。罗说林彪打仗还可以,就是主持全面工作不一定很行,一是身体,最主要的是,林这个人喜欢搞小圈子,团结多数同志是他的弱点。现在看来,罗荣桓的观点是有预见的。"①

除了工作外,只要没有病倒,罗荣桓就坚持读书。

---

① 毛泽东1972年9月3日批林谈话记录。

1960年冬,保健医生黄树则出差回来后去看望罗荣桓。他正在屋里聚精会神地读书,见到黄树则,谈几句话后便问道:"学习《毛泽东选集》第四卷,你们机关组织得怎么样?"

黄树则回答说:"我们机关的干部轮流脱产学习,已经轮流了一遍,不过我因为出差在外,只是时断时续地读过。"

罗荣桓笑着说:"那你要补课啰。轮流脱产学习的办法很好,可是光这样还不行,要经常学。"

黄树则这时发现罗荣桓正在读的就是《毛泽东选集》第四卷,由于阅读的时间有些长,他似乎很疲劳,但也很愉快,便对罗荣桓说道:"你有点累了。"

"读毛主席的文章,累了也还想读。"罗荣桓回答。[①]

罗荣桓对毛泽东及其思想饱含真情。

罗荣桓是一个不爱表达情感的人,他对毛泽东宛如对待兄长,内心感情火热、深沉,但对毛泽东,他一不当面说奉承话,二在外也不说赞颂吹捧的话,表现出一个崇高的革命家的品质。林月琴回忆说:

> 他(即罗荣桓)参加毛主席、中央领导同志的接见和合影时,总是往后靠,我们家里就没有他在较为显著地位的合影。

罗荣桓对毛泽东的感情是内在的、深情的。黄树则回忆:在最后的几年中,罗荣桓常以写字作为病中的消遣。医生们都认为这对他养病很有好处。起初,他临摹古代碑帖,兴趣不大。后来,他改为临摹沈钧儒书写的毛主席诗词字帖,结果坚持下来了,一直临摹到他病重不能执笔的时候。

毛泽东对罗荣桓信任有加,尽管罗荣桓的健康每况愈下,还是宛如当年那样对他加码放担子。1960年底,国防部长林彪把总政治部主任谭政整下了台,经罗瑞卿和萧华提议,毛泽东还是决定让罗荣桓复出。1961年1月,在毛

[①] 此事和对话见黄树则著:《浩气长存》,载《回忆罗荣桓》,解放军出版社1987年版,第578页。

第四章 罗荣桓："我革命这么多年,选定一条,就是要跟毛主席走"

泽东的提议下,罗荣桓再次担任了总政治部主任。

几个月后,罗荣桓和林彪就毛泽东思想的学习问题发生争论。

罗荣桓对毛泽东的个人感情很深厚,源自他对毛泽东思想的准确理解和认识。与他共事20多年的梁必业中将说,罗荣桓"对待毛泽东同志和毛泽东思想持马克思主义科学态度"。他认为,罗荣桓是我军高级干部中坚决执行毛泽东的路线的杰出典范。

罗荣桓视察农村

但是,在各类讲话和文章中,罗荣桓鲜见对毛泽东本人的颂扬之词,也无太多涉及毛泽东本人的评论,说到毛泽东时也是就事论事,无额外或者其他多余的言辞。他平生对毛泽东本人提得较多,只有一次。那是1944年7月,他在中共山东分局、山东军区直属机关干部纪念建党23周年会上作的一个报告,标题为《学习毛泽东同志的思想》。报告中,除一句"毛泽东同志是马列主义的天才战略家"外,没有对毛泽东本人过度的歌颂的话语,也无自己与毛泽东交往的表白,而是本着科学的态度总结了毛泽东思想如何形成以及在工作中如何去运用毛泽东思想的问题。

对于罗荣桓于毛泽东及其思想的态度,甘渭汉中将深有体会地说:"罗荣桓同志对毛泽东思想一向给予高度的评价,但是他不搞个人迷信。"罗荣桓对毛泽东没有个人迷信,相反,有着一种很难得的正确的、科学的态度。也正是因为此,1961年夏罗荣桓与老搭档林彪发生了一次大争论。

林彪在庐山会议后主持中央军委的工作。一次在军委扩大会议上,他提出要"带着问题学习毛泽东思想"。罗荣桓听后觉得此话不妥,不赞成。

1961年4月30日,林彪主持军委常委会,会议讨论几项工作后,罗荣桓说:"'带着问题学'毛选,这句话要考虑,这句话有毛病。"

"那你说该怎么学?"林彪不高兴地说。

"应当是学习毛主席著作的精神实质。'带着问题学'这句话改掉为好。"罗荣桓的话让大家很吃惊。

几分钟后,林彪才缓缓说:"不好就去掉嘛。"

"还是去掉好,学习毛主席著作一定要从根本上学,融会贯通……"罗荣桓继续说道。

这时林彪突然起身,说了句"散会"便拂袖而去。

这个举动让在场的人都愣住了,罗荣桓气得双手发抖,回到家中后说:"大家都是老同志了,长期在一块工作,哪能这样呢,有问题大家讨论嘛!"

在这以后,林彪逢人就说:"什么'林罗',林、罗要分开,林、罗从来就不在一起!"①

罗荣桓敬仰毛泽东,但是不搞个人迷信,也不搞庸俗化的那一套。他的做法让邓小平都难忘。1975年9月,邓小平在农村工作座谈会上说:"林彪把毛泽东思想庸俗化的那套做法,罗荣桓同志首先表示不同意,说学习毛主席著作要学精神实质。当时书记处讨论,赞成罗荣桓同志的这个意见。"②

然而,尽管毛泽东和党中央对罗荣桓的健康状况十分关心,用林月琴的话说是"派最好的医生给他诊治",但由于医学水平的限制,尚不能进行肾移植手术,罗荣桓又带病工作了两年多,到了1963年秋季的时候,他不仅血压高,心绞痛时常发作,肾功能也衰竭了,住院不久便报了病危。毛泽东指示医院组织全力进行抢救。但是,医生们用尽了所有办法,还是抢救不过来。在弥留之际,罗荣桓对子女们说:"我没有遗产留给你们,没有什么可以分给你们。爸爸就留给你们一句话:坚信共产主义这一伟大真理,永远干革命!"随即昏

---

① 林月琴著:《东北解放战争中的罗荣桓》,载《回忆罗荣桓》,解放军出版社1987年版,第502页。

② 梁必业著:《罗荣桓同志对毛泽东思想的科学态度》,载《回忆罗荣桓》,解放军出版社1987年版,第21页。

第四章 罗荣桓："我革命这么多年,选定一条,就是要跟毛主席走"

罗荣桓夫妇与聂荣臻夫妇在广州

迷过去,在昏迷中还断断续续地说:"我革命这么多年,选定一条,就是要跟毛主席走。"罗荣桓于12月16日下午逝世。

毛泽东正在召开中央政治局常委会议。当罗荣桓不幸逝世的消息传来时,他立即中断会议,领头起立默哀。毛泽东还感叹地说:"一个人数十年如一日,忠于党的事业,很不容易啊!"

这是对罗荣桓一生的高度评价。

当晚,毛泽东在中南海颐年堂召集会议听取聂荣臻汇报十年科学技术规划。开会前,毛泽东再次提议与会者起立,为罗荣桓默哀。默哀完毕,毛泽东说:"罗荣桓同志是1902年生的。这个同志有一个优点,很有原则性,对敌人狠;对同志有意见,背后少说,当面多说,不背地议论人,一生始终如一。一个人几十年如一日不容易。原则性强,对党忠诚。对党的团结起了很大作用。"

毛泽东清楚地记得罗荣桓的出生时间。在十大元帅中,罗荣桓的年龄排倒数第二,却去世最早。毛泽东对罗荣桓的去世很伤感。12月19日,他与刘少奇、朱德、邓小平等人来到北京医院,向罗荣桓遗体告别。罗荣桓安葬后,毛泽东还是十分悲痛,几天内都睡不着觉。那天晚上,他服了大量安眠药仍睡不着,写下《七律·吊罗荣桓同志》一诗:

> 记得当年草上飞，红军队里每相违。
> 长征不是难堪日，战锦方为大问题。
> 斥鷃每闻欺大鸟，昆鸡长笑老鹰非。
> 君今不幸离人世，国有疑难可问谁？

对于这首诗，林月琴后来说：

毛主席写这首诗，无论从内容还是从书法看，都说明他在荣桓逝世后一度处于极度悲痛之中。由此可见毛主席和荣桓有着深厚的革命友情。我想，这不仅因为荣桓从秋收起义开始便在毛主席领导下战斗，而且也因为荣桓对毛主席十分尊敬，而毛主席也十分器重荣桓。

对于毛泽东的悲伤举动，有人是这么评价：

在毛泽东的戎马一生中，他周围集聚了很多的战友和同志，他们一起出生入死，建立起深厚的友谊。从这些战友去世的情况来看，给人印象最深的，一个是延安时期张浩去世时，毛泽东亲自为他抬棺送葬，一个是陈毅去世时，他拖着病体去参加追悼会。再一个就是罗帅了。罗帅去世时，第一，中央政治局常委开会，毛泽东提议大家默哀三分钟。第二，他到医院向遗体告别。这些似乎还不能排遣他心中的悲哀，又作诗一首，来抒发他对罗荣桓的痛惜和怀念。这在我们党的历史上是独一无二的。[①]

[①] 张素华、边彦军、吴晓梅编著：《访黄瑶：毛泽东与罗荣桓》，载《说不尽的毛泽东》（下），中央文献出版社、辽宁人民出版社1996年版，第581页。

大河向东

THE
GREAT RIVER
FLOWS EAST

★ 第五章 ★

罗瑞卿：
"党和毛主席的领导，是最好的领导"

1. "爸爸这一辈子,就是做对了一件事情:跟毛主席干革命"

对于罗瑞卿与毛泽东的个人关系,萧华上将总结说:

> 罗瑞卿同志……一贯忠于伟大领袖毛主席。从1929年来到红军部队,几十年来,跟随毛主席南征北战,披荆斩棘,历尽艰险,不管遇到任何挫折与失败,都动摇不了他对毛主席的无限忠诚;不管党内历次路线斗争多么复杂尖锐,他都立场坚定,旗帜鲜明,始终站在毛主席革命路线一边。①

萧华上将说罗瑞卿"紧跟"毛泽东"几十年",时间长达半个多世纪,甚至在"文化大革命"中受到迫害时他也不改初衷。他的妻子郝治平后来回忆:"文化大革命"那些迫害"动摇不了瑞卿对马列主义、毛泽东思想的坚定信念"。②

---

① 萧华著:《英烈浩气万古存》,载《磨难虽多心无瑕——怀念罗瑞卿同志》,人民出版社1978年版,第23页。
② 郝治平著:《磨难虽多心无瑕》,载《深切怀念罗瑞卿同志》,人民出版社1978年版,第20页。

第五章 罗瑞卿:"党和毛主席的领导,是最好的领导"

郝治平还回忆:

> (在"文化大革命"中)孩子们去看他的时候,他对孩子们说:"爸爸这一辈子,就是做对了一件事情:跟毛主席干革命。"

这是罗瑞卿对自己历史的总结。

罗瑞卿是四川南充人,1906年出生,家境比较好。但他在南充县立中学读书时就开始参加学生运动,开始走向革命,并于1926年加入中国共产主义青年团,然后离家出走,寻找救国救民的道路,后考入黄埔军校。他是什么时候跟随毛泽东干革命呢?

对第一次见到毛泽东,罗瑞卿在毛泽东逝世后有一个回忆:

> 1927年春,我在武汉黄埔分校,主席到我们学校作过一次讲演,主要讲"两湖"当时农民运动。这件事,我到红军后主席知道我是上述学校的学生时,也曾向我提到过。讲的内容,详细的我当然记不清了,记录也不可能保存到今天。但有两条是还记得一个大概的,因为它给我的印象特深……①

1927年2月,罗瑞卿进入黄埔军校后,分配在第六期入伍生总队政治第一大队第二队,后军校政治科迁往湖北武昌,改为黄埔军校武汉分校。学校经常请陈独秀、毛泽东、周恩来等知名人士演讲。正是在那里,罗瑞卿作为学员第一次见到毛泽东,并聆听了他的演讲。

罗瑞卿的这个回忆,是他1977年准备写一篇回忆毛泽东的文章写下的。但仅仅写了一个开头,8月就出任中央军委秘书长,繁重的工作和致残的身体使得他没将开了头的文章写完,毛泽东给他印象特深的"两条"究竟是什么,无人能知,成了谜团。

---

① 黄瑶、张明哲著:《罗瑞卿传》,当代中国出版社1996年版,第19页。

但是，这次见到毛泽东后，罗瑞卿便开始关注毛泽东并且把他当作自己革命的导师。

1927年7月中旬，罗瑞卿从武汉分校毕业，全校学员改编为国民党第二方面军教导团，罗瑞卿当了副班长。月底，陈毅、聂荣臻等人带着教导团参加南昌起义，在九江被张发奎下令缴械，罗瑞卿和同学便离开部队，去了武汉。在武汉，他遇到共产党员任启愤，提出了入党要求。任启愤把他介绍给一位地下党接头人，由于白色恐怖，罗瑞卿随即就与他断了联系。随后，罗瑞卿先后在武汉、湖南、上海等地寻找党组织。在四处漂泊的时候，罗瑞卿对毛泽东这位革命领导人念念不忘，甚至还去过湖南常德寻找党组织。

> 罗瑞卿入党前后，经常和同志们谈论井冈山的朱毛红军。他把红军善于利用湘赣两省统治者之间的空隙和矛盾，在边界地区活动，称之为"梭边边"，对其寄予无限向往。他还曾对任白戈等说："蒋介石反革命靠的是枪，我们要革命也必须靠枪。朱德、毛泽东的道路无疑是正确的道路。"①

正是这种信仰使得罗瑞卿在大革命失败后锲而不舍地寻找党组织。1928年10月，他辗转来到上海，与党组织接上了关系，随后被派往闽西，参加上杭自卫军。

1929年6月，红4军三打龙岩后，闽西的地方武装奉命合编为红4军第四纵队，傅柏翠为纵队司令，张鼎丞为纵队党代表，罗瑞卿任纵队参谋主任。一次在龙岩，罗瑞卿碰到了中学时的同学任照奎。任照奎已是红4军前委秘书。他领着罗瑞卿来到了前委机关。这时毛泽东正与同两名油印员谈话，任照奎对罗瑞卿说："这就是毛委员。"

这是罗瑞卿第二次见到毛泽东。与他第一次见到毛泽东过去了两年半。

---

① 黄瑶、张明哲著：《罗瑞卿传》，当代中国出版社1996年版，第29页。

第五章 罗瑞卿："党和毛主席的领导,是最好的领导"

尽管这次还是远远地看见毛泽东,但比在武汉两湖书院听毛泽东演讲还是近了不少。遗憾的是,他没有向前去和毛泽东说上一两句话。

随后,罗瑞卿参加了红4军党的第七次代表大会,第三次见到了毛泽东。会议上发生党内争论。罗瑞卿刚到红军,对此有些不理解。而处于争议旋涡中的毛泽东也没注意到他。

会后,毛泽东离开红军去蛟洋养病了。

9月,罗瑞卿调任红军第二纵队第五支队党代表,并出席上杭召开的红4军党的第八次代表大会。会上,红军官兵要求毛泽东回到红军中来的强烈情绪给他留下了深刻的印象。罗瑞卿虽然初到红军,但久仰毛泽东,于是也参加到了要求毛泽东回来之列,成为"挺毛派"。

罗瑞卿

红4军八大之后,红军出击粤北东江地区,作战失利,11月中旬返回闽西。这时陈毅带着中央九月来信返回部队。23日,红4军攻克汀州。罗瑞卿调任第二纵队政治部宣传科长。26日,朱德、陈毅等人将毛泽东请回红4军。在随后的干部会上,毛泽东第一次注意到了罗瑞卿,大概是见他个子很高,便问他道:"你是北方人吧?"

罗瑞卿回答:"我是四川南充人。"

毛泽东略感惊讶:"哦,川湘子弟身材大都不高,可你我却都是长子。"

接着,毛泽东又问了罗瑞卿的姓名和工作。这是他们之间第一次交谈。罗瑞卿便得了"罗长子"的外号。

在随后一个月内,罗瑞卿几乎每天与毛泽东都有接触。他在"文化大革命"被监护时写的自传中回忆了这一段时光:

在汀州以及后来部队向上杭龙岩地区前进时,主席召开了支队党代表以上干部开调查会,我每次都参加。会议每天都开,行军时,则一到宿营地就开。

主席亲自口问手写,并与到会人展开讨论,会议空气十分活泼、自然、愉快!这就是有名的红4军第九次党的代表大会的准备。

初到红军不久的罗瑞卿被毛泽东召集参加调查会议,主要因为罗瑞卿此时是"政治干部"。而这段与毛泽东零距离接触的经历对罗瑞卿的影响颇大,黄瑶等人后来说:

这一个月开调查会的过程实际上也是罗瑞卿向毛泽东学习如何做好调查研究,如何建设红军的过程。罗瑞卿写自传时虽然身陷囹圄,但回忆起古田会议来,仍然能暂时忘却自己的处境,而感到十分美好。

这次经历对罗瑞卿还一个影响就是由于"政治干部"的身份,他后来一直在部队担任政委、政治部主任、参谋长之类工作。

在调查研究的基础上,毛泽东主持召开古田会议,罗瑞卿出席了会议。大会通过了由毛泽东起草的古田会议决议,规定红军的性质"是一个执行革命的政治任务的武装集团",明确了军事和政治的关系,肯定了党对红军的领导原则。黄瑶等人认为:"这一决议对罗瑞卿有十分重大的影响。"

以后,罗瑞卿无论是任政委、政治部主任,还是任公安部长、总参谋长、军委秘书长,都把贯彻古田会议决议作为军队建设的基本任务。1947年3月,他在晋察冀军区任副政委兼政治部主任时在《如何加强军队政治工作》的报告中提出:"应确认古田会议决议案与谭政同志政治工作报告(注:谭政在西北局高干会上所作《关于军队政治工作问题的报告》曾经毛泽东亲笔修改。)为我军建设政治工作的指导思想。"1952年10月,他任公安部部长时主持通过《关于建设公

第五章 罗瑞卿："党和毛主席的领导,是最好的领导"

安部门政治工作的决议》,再次明确,应以上述两个文件为基本指导思想。1960年,林彪提出"四个第一","左"倾错误正在滋生时,罗瑞卿建议,按照古田会议决议的写法起草一个加强政治思想工作的决议。在"文革"被关押期间,他写自传时对参加古田会议这一段写道:古田会议决议"在中国党及其军队的建设史上,都起了划时代的决定性的作用"。1977年8月27日,罗瑞卿在军委座谈会发言中再一次建议将古田会议决议案,包括未发表的七个决议都找出来印发给政工人员学习。[1]

罗瑞卿由敬仰毛泽东,到见到毛泽东,再到在毛泽东手下参加调查工作、会议准备,两人的距离越来越近,很快他又直接在毛泽东指挥下征战了。1930年1月,赣闽粤三省敌人对闽西发动第二次"会剿",毛泽东带领红4军前委和第二纵队在闽西阻敌。罗瑞卿回忆:

> 行军途中,主席亲自拟定16条宣传群众的标语,并亲自指挥我们多写,其中一条叫作"穷人过年不还账"。一天,主席认为这条标语写得不够(多),曾将我叫去作了严格批评。
> 行军途中每天到宿营地,主席都亲自召集少数领导干部开会,研究分析情况,并决定部队第二天的行动。张际春与我得参加会。

这次尽管只有半个月,但黄瑶认为:"这十几天时间不长,但由于是罗瑞卿第一次直接在毛泽东亲自领导下工作,毛泽东的言传身教、耳提面命给罗瑞卿以很大教益,给他留下了终身难忘的印象。"

正是朝夕相处、一起战斗,毛泽东对罗瑞卿有了深入的了解,对他的能力和才华有了进一步认识。随后,前委派人到藤田东南石马圩打土豪分田地。毛泽东指派罗瑞卿带队,并和四支队政委赖传珠、纵队政治部秘书长张际春组

---

[1] 黄瑶、张明哲著:《罗瑞卿传》,当代中国出版社1996年版,第39页。

成石马行委,行委由罗瑞卿担任书记。

罗瑞卿领导第四支队在石马周围打土豪,发动群众,搞得轰轰烈烈,效果非常好。他后来回忆:"我们学习主席的工作方法,每天晚上研究、总结工作,部署第二天的工作,并向主席写送简要报告。"毛泽东对他在石马的工作也很满意。

> 石马工作结束后,部队在藤田集中时,前委提升罗瑞卿为二纵队政治部主任,协助前委委员、二纵队政委罗荣桓在部队中贯彻古田会议决议,开展反不良倾向和反流氓行为的思想教育。①

罗瑞卿的提升,自然是来自于毛泽东对他的赏识。罗瑞卿担任二纵队政治部主任后,与罗荣桓成为工作搭档,两人在战斗中很快就建立了深厚的友谊,被人称为"小罗"和"大罗"。6月,红军再次改编时,罗荣桓调任红4军政委,罗瑞卿则接替他出任红11师(由二纵队改编)政委。罗荣桓是毛泽东信任的一员大将。罗瑞卿接替罗荣桓的职务,则是一个重要的任命。杨得志上将后来回忆说:九个月前,罗瑞卿来到五支队当党代表时说:"我刚从白区来,对红军还不熟悉,以后和大家一起奋斗,请多多帮助。"② 但罗瑞卿很快就当上了师政委,也就是说,他来到闽西才一年零两个月,到红军队伍恰好一年,就成了红军师级干部。这离不开毛泽东的慧眼,也表明了毛泽东对罗瑞卿的高度信任。

罗瑞卿对毛泽东崇拜之情,如果说在武汉分校时就有了的话,而毛泽东对他的了解则是古田会议后几个月的交往。毛泽东对罗的了解,除了识人的慧眼外,也与罗瑞卿开朗、活泼的性格有关系。正是这个性格使得罗瑞卿坦荡和忠诚的部分让人一览无遗。在中国革命初创时期,毛泽东正需要像罗瑞卿这样忠诚坦荡和有能力的干部,而他开朗活泼的性格使得不时遇到艰难的革

---

① 黄瑶、张明哲著:《罗瑞卿传》,当代中国出版社1996年版,第41页。
② 杨得志著:《杰出的领导,伟大的战士》,载《磨磨难虽多心无瑕——怀念罗瑞卿同志》,人民出版社1978年版,第18页。

命队伍中充满了乐观的氛围,这更是毛泽东所赞赏的。这段时间不长的工作经历铸就了毛罗两人终生的情谊。

2."中央决定由毛泽东同志来主持军事,红军得救了"

罗瑞卿一生命运多舛,青年时期经历过不少的生活波折,参加革命后多次受伤,可谓九死一生,他的夫人郝治平在总结罗瑞卿的一生时有一句话:"磨难虽多心无瑕",这也说明罗瑞卿"磨难多"。罗瑞卿受伤最严重的一次是1931年5月。

当时中央苏区正进行第二次反"围剿"作战。在一次战斗中,红11师担负抢占观音岩。师长曾士峨和政委罗瑞卿指挥部队抢占制高点后,把敌人压山坡上。但是敌人拼命开炮,进行反击。罗瑞卿发现一路敌人向左面阵地迂回,下令师特务连连长杨得志派人通知红33团团长。杨得志刚把人派出,突然,敌人的机枪扫射过来,个子高高的罗瑞卿首当其冲,左颊中弹,他立即转身去扶着作为指挥所的草房屋的门框,但没扶住,就倒在门前。

罗瑞卿被子弹打断了动脉,满头是血,眼睛给血糊住,头发也湿漉漉,很快鲜血又把上衣染红了。曾士峨立即命令将罗瑞卿抬下去,并下令特务连抢占前面山头,自己带头冲锋而去。

罗瑞卿被抬上担架,就昏迷不醒了。师部的医生叶青山赶过来,一检查发现罗瑞卿左侧颞颌关节已被子弹击穿,颞颌动脉受损,出血严重,必须立即止住血,可身边找不到可用的材料。他情急智生,把一块银元用几层纱布裹住,放在罗瑞卿伤口出血处,实行加压止血,包扎完毕,他交代说:"用担架将罗政委抬到师后方救护所去。"

结果,两个民工轮流抬着担架,一路上小心翼翼地把罗瑞卿往后方医院送去。路程遥远,他们每天只能多则走三四十里,少则走一二十里,走了九天才把罗瑞卿抬到后方医院。医务主任李治给罗瑞卿做了动脉血管吻合和颞颌关节复位的手术。

手术基本上是成功的，但由于颞颌关节复位时没抬起来，罗瑞卿从此便落下了嘴不能张大的后遗症。

这次罗瑞卿的伤很严重，由于国民党经济封锁，医院条件很差，缺医少药，手术刚做完不久，又并发大叶性肺炎，高烧不退，他常常昏迷不醒，有时还说胡话……

一天，罗瑞卿稍微清醒了一些，看见医生叶青山回来了，立即叫他回前方去："你不要管我了，前方更重要，前面有那么多同志，打仗的时候需要你，你赶快回去……"叶一答应，他又昏迷过去。

不知过了多久，罗瑞卿又迷迷糊糊地醒过来，忽然听到门外有锯木头的声音。一人说："这个人恐怕不行了，赶快做棺材吧！"

另一人说："棺材得做长一点，没见那个人，个子长得好高咧！"

罗瑞卿模模糊糊地想："这次大约活不成了……"

然而，昏迷数日后，他奇迹般地活过来了。按他自己后来的说法是又一次摸了摸阎王的鼻子。当他感觉好了一些后就问叶青山前方的战况，叶青山告诉他说，第二次反"围剿"已经结束了，毛泽东指挥红军由西向东横扫700里，先后进行白沙、中村、广昌、建宁诸次战斗，歼敌3万余，缴枪2万多支。罗瑞卿听了很高兴，再次动员叶青山回部队去。

叶青山见罗瑞卿没有危险了，便返回部队。

在途中，叶青山碰见朱德、毛泽东等人。朱、毛看见他，立即叫住他，关切地询问罗瑞卿的伤情。听了叶青山的汇报，毛泽东等人才放了心。

10月，罗瑞卿伤愈出院了。11月7日至20日，他出席中华苏维埃第一次代表大会，再次见到毛泽东。会议期间，毛泽东以中革军委总政治部主任名义拟调罗瑞卿到总政治部工作，并征求他的意见。但是，罗瑞卿希望返回前方去作战，随后他到红4军担任政治部宣传部长，次年3月调任红4军政委，并随毛泽东参加红一军团东征。

1933年1月，罗瑞卿调任红一军团保卫局局长。

第五章 罗瑞卿:"党和毛主席的领导,是最好的领导"

在这期间,由于王明路线的打击,毛泽东离开红军,去做地方政府工作。因为丢弃了毛泽东的正确路线,红军第五次反"围剿"经过近一年的作战还是失利,1934年秋不得不离开中央苏区,开始战略转移。

在毛泽东落魄的时候,罗瑞卿对毛泽东的态度没有改变。萧华上将回忆:

> 在长征途中,毛主席经常跟随红一军团行动,当时任红一军团保卫局长的罗瑞卿同志,总是把毛主席的安危同中国革命的成败联系在一起。不论在行军行列,还是毛主席亲临前线指挥作战,他总是守护在毛主席的身边,保卫着毛主席的安全。

罗瑞卿

1935年1月,在遵义会议上,毛泽东再次回到红军领导岗位。随后,毛泽东亲自到一军团传达会议精神。罗瑞卿听了非常兴奋。在回驻地的路上,他边走边对警卫员龙光和余波生说:"这下好了,中央决定由毛泽东同志来主持军事,红军得救啦!"

接着,他兴致勃勃地讲起毛泽东怎样领导秋收暴动,进军井冈山;怎样指挥红军粉碎敌人三次"围剿"的故事。罗瑞卿对毛泽东这次复出可谓是喜不自禁。罗瑞卿在"文化大革命"被监护时回忆此时的心情说:

> 在党的历史上起决定作用的党的遵义会议,是主席亲自到一军团传达的。当时大家听了主席的讲话,才懂得了"围剿"为什么没有粉碎,长征初期为什么失败,为什么没有能够制敌,反而为敌所制的道理;才懂得了今后应如何办,即今后的路线、方针和方向,也才知

罗瑞卿和妻子郝治平

道了遵义会议重新恢复正确路线和改变军事领导的决定。大家听了这些真有说不出的兴奋、喜悦和痛快啊！

然而，革命道路并不是一片坦途，遵义会议后，红一军团军团长林彪对毛泽东的领导没有信心，尤其对遵义会议后毛泽东带领红军走"弓背路"不满。1935年5月，红军到达会理宿营后，林彪给彭德怀打电话，要求撤换毛泽东的领导，由彭德怀来指挥，遭到彭德怀的回绝，也受到军团政委聂荣臻的严肃批评。

聂荣臻在回忆录中记载："他(林彪)打电话时，我在旁边，左权、罗瑞卿、朱瑞同志也在旁边。"[①] 聂荣臻严词警告林彪，而林彪之所以没有反驳，与罗瑞卿等人对聂荣臻的支持分不开。

罗瑞卿对毛泽东正确路线的认识，决定了两人以后几十年的交往，毛罗之情就在这个时候建立起来了。

[①] 聂荣臻著：《聂荣臻回忆录》(中)，战士出版社1983年版，第258页。

3."罗瑞卿同志是坚决执行毛主席革命路线的模范"

罗瑞卿的四川老乡、谢觉哉的夫人、女红军出身的王定国说:"罗瑞卿同志是我们党内、军内久经考验的坚强战士之一。他在半个世纪的革命征途上,始终紧跟毛主席,紧跟周副主席和朱总司令……"在长期的革命斗争生涯中,罗瑞卿坚决执行毛泽东的路线,有口皆碑。

(1)

1936年年初,毛泽东决定着手筹办红军大学。5月20日,党中央召开政治局常委会议,讨论建立红军大学的问题。据时任国际顾问李德的翻译王智涛回忆:

> 在会上,毛泽东提出,黄埔军校在国民革命中起了很大作用,我们办红大,就要像黄埔一样完成革命的历史使命。办学校最重要的是选择校长和教员。一军团作风雷厉风行,很能打仗,校长就选林彪。学校还需要有教育长,这是负责做具体领导工作的,这也十分重要。我们要选一个像邓演达那样精明强悍、雷厉风行的干部当教育长。罗瑞卿颇像邓演达,建议选他作教育长。[①]

所谓"罗瑞卿颇像邓演达"的说法早就有之,大意是罗瑞卿口才很好,说

[①] 黄瑶、张明哲著:《罗瑞卿传》,当代中国出版社1996年版,第84页。

话鼓动性强。会议上,大家同意毛泽东的提议,决定由林彪担任红军大学校长,罗瑞卿担任教育长并主管教学工作。

6月1日,开学典礼在瓦窑堡米粮山上一座庙宇门前的空地上举行。

开学那天,罗瑞卿特地请毛泽东来讲话,学员们搭了个彩门,高悬"主席您好"四个大字。

毛泽东见了,风趣地说:"我好什么?白天开会,晚上办公,早上又来给你们上课。我的讲话提纲还是昨天晚上突击出来的,这就叫临时抱佛脚,信口开河!"

站在彩门旁欢迎的学员们听了,都哈哈大笑起来。

罗瑞卿说:"主席讲什么,大家都欢迎!"

"我讲罗长子当教育长,是我提议的!"毛泽东今天精神很好,又开了句玩笑。

毛泽东在罗瑞卿的陪同下看修整过的窑洞、酸枣树下砖砌的长凳、平整的操场,以及新栽的松树,连声称赞道:"好,好。我们就需要这种艰苦办学、勤俭办事的精神。红大开了一个好头。"[①]

罗瑞卿办学第一天就获得了毛泽东的好评。

1937年春,红军大学搬到了延安,更名为中国人民抗日军政大学。9月,林彪出任八路军115师师长,率部开赴抗日前线,毛泽东等人决定罗瑞卿以教育长身份主持抗大的全面工作。几个月后,1938年1月28日,抗大举行一二八淞沪抗战六周年运动大会,进行军事、政治、体育和文化娱乐方面的竞赛。毛泽东为大会题词,并在闭幕式上讲话。在讲话中,他代表党中央宣布罗瑞卿为抗大副校长,继续主持全面工作。

在这个时期,罗瑞卿与毛泽东交往很频繁。陈鹤桥列举了毛泽东关怀抗

[①] 李智舜编著:《毛泽东与十大将》,中共中央党校出版社1995年版,第246页。

第五章 罗瑞卿："党和毛主席的领导,是最好的领导"

大以及与罗瑞卿交往的十件事,特别值得提的有:

一、抗大六队队长黄克功因逼婚不成而枪杀陕北公学女生刘茜的事件。事情发生后,罗瑞卿向毛泽东作了汇报。

> 在延安各界群众大会上,边区高等法院判决黄以死刑。宣读了毛主席给法院雷经天院长的信……宣判大会后,罗瑞卿要求一、二大队红军学员讨论黄克功

抗战时期的罗瑞卿

为什么一个红军干部犯下这样严重罪行,怎样领会毛主席关于判处黄以极刑和写给雷经天信的精神,我们从这一案件中得到哪些教训,经过讨论,红军干部都深深感到在新的环境中,如果不站稳无产阶级立场,就可能变质,走向犯罪的道路,必须加强党性锻炼,加强纪律性。[1]

二、抗大学员自己动手挖窑洞建校舍。

> 三期开学后,新生不断成批来到延安,抗大第三期入学,宿舍紧张。罗瑞卿等领导同志研究决定,抗大师生自己动手挖窑洞解决问题。……半个月的时间,在延安北门外几个山沟内,每个队都挖成了一排新窑洞。在挖窑洞期间,我们看到罗瑞卿同志带着内行的人到

---

[1] 陈鹤桥著:《回忆罗瑞卿同志在抗大的片断》,载《继承抗大光荣传统》,延安抗大光荣传统研究会编著,第95页。

  各队查看土质如何,挖的窑洞是否符合规格,毛主席知道我们在挖窑洞他很称赞,毛主席说:"抗大自己动手挖窑洞很辛苦,中央军委决定把国民政府发给八路军的大米运到延安的都拨给抗大同学吃。"大家听了热烈鼓掌。

  窑洞挖成后,抗大举行了新校舍落成典礼。罗瑞卿做了总结。毛主席亲自到会作指示。他称赞抗大窑洞的成功,说"你们有了克服困难与联系群众精神……,把它继续发扬与发挥起来,驱逐日本出中国是完全可能的",题词说:"这是我们伟大的事业。"①

  三、1938年春,抗大有一些教职员(主要是原红军的干部)不安心在抗大工作,想到前方去参加作战。

  罗瑞卿、张际春报告毛主席,并于3月30日,带我们四五十名干部到毛主席住地,请毛主席给我们讲话。毛主席讲了抗大培养干部的任务很重要,同在前方作战一样光荣,要我们下一个"死在延安府,埋在清凉山"的决心,要长期安心在抗大工作。②

  有意思的是,罗瑞卿起初对主持抗大工作也思想不坚定,希望去前线与敌人真枪真刀地拼杀。毛泽东这次的谈话使他坚定了决心。后来在一次演讲中,他说:"办学校,我办过几年,开始也是动动摇摇,在延安时,主席有过指示,'死了就埋在清凉山'。"③ 他不再想着去前线了。

  四、1938年7月,毛泽东听取罗瑞卿、张际春关于抗大一些知识青年学员自由主义和极端民主化的倾向比较突出情况的汇报后,到抗大作了关于抗大民主问题的报告。

---

①②陈鹤桥著:《回忆罗瑞卿同志在抗大的片断》,载《继承抗大光荣传统》,延安抗大光荣传统研究会编著,第95—96、97页。

③王晓明等编著:《中国十大将》,长征出版社2003年版,第479页。

五、1939 年 2 月陕甘宁边区开展大生产运动。

毛主席指示全边区党政军民为了克服经济困难，要自己动手开荒种粮。罗瑞卿动员抗大教职学员，大家上山开垦两万亩荒地种下粮食献给了边区。在开荒劳动中人们的身体变强壮了，精神上更活跃了，劳动观念也加强了。4 月 24 日，毛主席在抗大生产劳动总结大会上讲话，说："抗大的生产运动第一阶段的任务已经完成了，你们将工农商学兵结合在一个人身上，文武配合，知识与劳动结合，可算是天下第一。"①

六、纪念抗大建校三周年。

1939 年 5 月 26 日，毛泽东写了《抗大三周年纪念》一文。……罗瑞卿同志领导大家认真学习讨论了毛主席为纪念抗大建校三周年写的文章，全体师生受到极大的教育和鼓舞。

6 月 1 日，抗大召开庆祝抗大三周年纪念大会，毛主席、洛甫（张闻天）、刘少奇、陈云等同志都到会讲演，对抗大工作做了重要的指示和勉励。毛主席说："三年来，抗大造就了很多的抗日干部，在前线打日本有很大功劳，抗大的目的就是要打倒日本帝国主义，反对投降，抗战到底，这就是抗大的政治方针"。②

在毛泽东的亲自领导下，罗瑞卿在抗大把各项工作搞得轰轰烈烈，人们高兴地说："抗大抗大，越抗越大。"陈鹤桥回忆：

在抗战开始后，毛主席忙于领导全国的抗战事业，不能像一、二

---

①②陈鹤桥著：《回忆罗瑞卿同志在抗大的片断》，载《继承抗大光荣传统》，延安抗大光荣传统研究会编著，第 98、97—98 页。

期那样有较多时间到抗大亲自讲课,但毛主席对抗大仍然是无微不至的关怀。在抗大每期开学和毕业典礼时,罗瑞卿都要请毛主席讲话或题词。四、五期有的大队开学和毕业典礼时派人去请,毛主席都尽可能抽空参加。在延安毛主席就国际和国内形势等重大问题在延安各界群众大会上作重要报告或演说时,抗大的教职学员都是要参加的,都能及时听到并组织学习。党中央毛主席在报刊上发表重要文章和决定时,如《论持久战》、《论新阶段》和《五四运动》等文件和文章,抗大能够最先看到。可以说在这些方面,抗大是得天独厚的。

1937年和1938年之交,罗瑞卿在主持抗大工作时还撰写了《抗日军队中的政治工作》一书。据魏传统回忆,这本书是周恩来向毛泽东建议编写的。其目的是为帮助参加抗日的国民党军队克服其缺乏进步的政治工作、脱离人民、官兵对立的弱点,促使其走向进步。毛泽东把这个任务交给罗瑞卿。

罗瑞卿与其他将领合影

为了让罗瑞卿能集中精力写书,毛泽东特地让他住在自己隔壁的窑洞里。结果,罗瑞卿在一个多月内就完成了书稿。这本书以古田会议决议为指导思想,详尽地总结了红军和八路军11年来的政治工作经验,全书共20万字。书稿写成,经抗日战争问题研究委员会审阅后,罗瑞卿抱着厚厚一摞稿子来到了毛泽东住的窑洞。

窑洞的门开着,他(罗瑞卿)迈步进门,看到毛泽东正伏案工作,

第五章 罗瑞卿:"党和毛主席的领导,是最好的领导"

不由得止住了脚步。他知道,毛主席工作很忙,他不忍心提出请毛来审阅书稿。他考虑了一下,轻轻地叫了一声"主席",毛泽东回过头看到是他,还捧了一大摞手稿,便高兴地说道;"哦,大功告成了?"同时示意罗坐下。罗点点头,向毛泽东扼要汇报了书的内容并告诉他,已经抗日战争问题研究委员会审阅,想请主席题写书名。毛泽东十分高兴,立即题写了书名。①

后来罗点点谈到罗瑞卿住在毛泽东旁边写作之事时还提到一件事儿:

> 为了随时征询毛泽东的意见,他(罗瑞卿)住在毛泽东隔壁的窑洞。在一种读书写书的轻松气氛里,毛泽东曾送了爸爸两句话:第一句:"水至清则无鱼",第二句:"人至查则无徒"。这两句话出自《大戴礼记·子张问入官》,也见于《后汉书·班超传》,是说水太清澈,鱼就无法生存的道理,比喻为人处事太明察秋毫,太彻底,就没有追随者。毛泽东说了就说了,没有多的解释。②

在罗瑞卿去世后,罗点点回顾父亲一生种种遭遇时不禁想起毛泽东说过的这两句话,说:"爸爸大概也很快把这话忘到脑后了,因为他以后的所作所为证明,他实际上从没有搞懂过这句话,他根本不明白,为人处事怎么能够水不清,一旦清,又如何做到不至清。但是睿智的毛泽东在有意无意之间说出的这两句话对爸爸的一生实在太重要了。爸爸真的一辈子也没能走出这个水清水浊的怪圈。"③ 结果,罗点点也有感而发,并且围绕这个"水清水浊"的问题在《我的父亲罗瑞卿》一书中专门写了两章,以说明罗瑞卿和林彪以及毛泽东之间的特殊关系。这是后话。

1938年2月至8月,延安《解放》杂志选载了罗瑞卿这部书稿的部分章

---

① 黄瑶、张明哲著:《罗瑞卿传》,当代中国出版社1996年版,第98页。
②③ 罗点点著:《我的父亲罗瑞卿》,上海文艺出版社1999年版,第120页。

节。1938年11月,罗瑞卿再作了修改后交延安解放社出版了单行本。不久,邹韬奋主持的生活书店和汉口的中国出版社在国民党统治区也出版了这本书。并且,生活书店还给罗瑞卿送来了一笔稿费,成为罗瑞卿写作之余的一个意外收获。

(2)

在战争年代,罗瑞卿与毛泽东真正在一起的时间并不多,用聚少离多这个词形容比较合适。1939年7月10日,抗大总校改称"八路军第五纵队"(后改为"青年纵队"),罗瑞卿任司令员兼政治委员。随后,他率领全校5000余人开赴华北敌后办学,罗瑞卿就此又离开了延安,与毛泽东分别。

1946年1月,国共两党达成停战协议,建立由国、共两党及美国三方人员组成的军事调处执行部,罗瑞卿担任中共方面的参谋长。对军调部的工作,罗瑞卿后来回忆:

> 执行部的工作就是三方天天开会,亦就是天天吵架。
> 他们诬蔑我们违反停战协定,他们蛮横狡辩、抵赖。他一篇,我一篇,美国人一篇,都是针锋相对,越吵双方距离越远。美国人在一切重要问题上都是偏袒国民党的,只在某些次要的小问题上装作公正的样子,企图欺骗我们上当。开会,吵,再开会,一遍又是一遍,一场接着一场,如此翻来复去,周而复始,没有终了。

毛泽东十分关注军调部的工作。

1946年4月16日,罗瑞卿、陈士榘应周恩来之召,乘飞机到重庆汇报沈阳军调的情况。此前不久由于国民党大举进军东北并占领海城、鞍山等地,罗瑞卿曾参加三人小组到沈阳进行调处。罗瑞卿在重庆参加"四八"烈士追悼会后,又飞到延安,专门向毛泽东报告军调部的工作。

罗瑞卿连续乘飞机是冒着大风险的。3月11日,国民党军统局局长戴笠

第五章 罗瑞卿："党和毛主席的领导，是最好的领导"

乘机在南京岱山撞山而亡；4月8日，叶挺、王若飞、秦邦宪、邓发等中共高级干部乘美军飞机由重庆去延安在山西撞黑茶山失事全部牺牲。几日前，罗瑞卿本人也经过一次惊险：4月12日，他们从沈阳返回北平，由于美国飞行员对地貌不熟，飞机偏离到张家口，在山沟里转来转去，找不到机场。罗瑞卿用有限的英语边说带比画告诉他们偏了航，飞机才在山西大同机场降落，然后再飞回北平。在飞机失事频繁的氛围下，为了向毛泽东汇报军调部的情况，罗瑞卿不顾风险连续飞行，回到了延安。

罗瑞卿和夫人郝治平

当罗瑞卿向毛泽东讲到三方开会尽是吵架、国民党代表不讲道理时，毛泽东插话说："什么叫道理？你想要讲的话就是道理。他们不讲道理，我们讲道理。"

听毛泽东这么说，罗瑞卿便讲起了他同国民党方面的参谋长蔡文治关于"狡辩"的争论之事：一次开会，罗瑞卿说：狡辩改变不了事实。结果，蔡文治硬是说，这话侮辱了他，要罗道歉。美方参谋长海斯克莫明其妙。蔡便向他解释：中国使用的是象形文字，一些偏旁部首有特定的含义。狡字是反犬旁，狗的意思，罗这样说是对蔡的侮辱。翻译为翻这个英文中没有的"偏旁部首"吭哧了很久，最后才说成"构成文字的部件"。海斯克好不容易弄明白了蔡的意思，耸耸肩膀说："你们的中国字实在是神奇莫测。"然后要求罗略表歉意。罗瑞卿听了蔡文治自动对号入座的解释，心中暗笑，但拒不道歉。海斯克转而对蔡说，罗用的是第三人称，不是指你，可以不道歉，还是接着开会。蔡不干，于是休会。以后因美方坚决要求无条件复会，蔡文治只好照办。这件事便不了了之了。毛泽东听罗瑞卿讲完此事后忍不住大笑起来。

罗瑞卿汇报军调部有些同志担心做不好工作、怕影响全局。这时,毛泽东鼓励说:"你们尽可放手工作,影响不影响全局,不在军调部。"然后,他对今后军调部的工作对罗瑞卿做了交代和指示。

这是罗瑞卿1939年离开延安后与毛泽东一次难忘的见面。

(3)

罗瑞卿的老部下刘复之、王仲方称罗瑞卿是"毛主席的好学生"。在解放战争初期,罗瑞卿对毛泽东的战略战术有过一次深刻的体会,对这段经历,他本人认为自己做了一次学生。

1946年6月,罗瑞卿奉命撤出军调部,返回张家口。6月26日,蒋介石大举进攻中原解放区,全面内战爆发。7月中旬,毛泽东电召时任晋察冀军区副政委兼政治部主任的罗瑞卿赴延安,当面接受中央军委交给晋察冀军区的作战任务。

两人见面后,毛泽东向罗瑞卿指示晋察冀军区下一步的作战计划:为了实现夺取三路四城的计划,应首先出击平汉路,消灭一些弱敌,扫除一些敌据点以和冀中解放区连成一片。罗瑞卿领受了任务,立即乘坐汽车,经绥德返回晋察冀。

7月底,罗瑞卿回到张家口,向军区司令员聂荣臻传达了毛泽东先打平汉路的设想。聂荣臻说:"中央军委已批准先取大同,第二步向平汉路挺进,第三步再向正太路进攻。"

原来,早在7月20日,晋察冀军区已集中10个团开始攻击大同以南的应县。25日,毛泽东对聂荣臻发出"同意先取大同、再取平汉、再取正太"复电。此时罗瑞卿还在返回的路上。但随后10个团进攻应县未克。毛泽东得悉后,对能否攻占大同产生了怀疑,觉得还是应考虑对罗瑞卿面交的作战计划,8月1日再次致电聂(荣臻)刘(澜涛)贺(龙)李(井泉):

第五章 罗瑞卿:"党和毛主席的领导,是最好的领导"

> 瑞卿到否?应县久攻不下,你们对攻大同把握如何,攻大同计划如何,何人指挥,使用哪些部队,攻城训练如何?你们以多少时间扫清外围及攻下大同?如大同久攻不下,其结果将如何,此种可能性应估计到;上述各点请考虑详复。

在这种情况下,8月2日,聂荣臻在阳高主持作战会议,讨论毛泽东交给罗瑞卿的计划和复电的意见。但会议仍认为大同守敌不强,可以攻克下来,并决定集中兵力攻克大同。罗瑞卿虽未参加战役准备工作,但参战部队多是晋察冀的部队,主动提出担任前线指挥部政委,得到了聂荣臻等人的同意。

随后,聂荣臻电告中央军委,说会议认为攻占大同对今后各方执行任务均为有利。6日,毛泽东复电:"你在布置大同战役后,望集中注意于准备平汉战役。"

这时部队进攻大同外围只歼灭2000人,敌多数守军退到了大同近郊及内城,攻城的困难更大了。8月14日,部队开始攻击大同近郊和四个城关据点。由于守军坚固设防,部队每前进一步都要付出巨大伤亡。罗瑞卿见状,立即认为这样下去不行。但有的干部不以为然,觉得还是可以打。罗瑞卿便以个人名义发报给晋察冀军区并报中央军委,认为屯兵于坚城之下,久攻不克,兵力分散(同时围攻大同、应县、定襄诸点),若北平的傅作义派兵增援,就不好对付了。电报发出后,聂荣臻又调来一些部队,加强兵力进行攻城。至9月4日,部队肃清了大同郊区各点及北关、西关之敌。

然而,果不出罗瑞卿所料,傅作义派出嫡系第35军及暂编第3军兵分三路,从归绥东进,进犯集宁,企图经集宁增援大同。前指匆忙决定从大同前线抽调第358旅和晋察冀第四纵队由张宗逊、罗瑞卿率领北上,到集宁打援;副司令员杨成武指挥晋察冀第三纵队等部,继续攻击大同。可是,罗瑞卿率部激战集宁城下,由于敌军坚守城内,在集宁歼敌不可能。13日晚,张、罗率部放弃集宁。

集宁作战失利,大同不宜再攻。16日,主力于是从大同撤围。

对于大同、集宁战役的失利,罗瑞卿作过多次反思。

1946年9月15日,他和张宗逊在《绥东战役经过及经验教训》中说:"8月2日阳高会议决定攻大同、打傅增援,当时认为大同可迅速攻下,因此对傅顽只采取声张而迷惑,没有准备大同不能立下与傅决战的足够兵力,结果大同连攻不克,傅即乘机东犯,使我措手不及。"

1947年4月15日,罗瑞卿在《关于晋察冀边区战局的分析》中提到此战役说:"初战没有打好。初战往往对战争全局影响很大,因为当时有轻敌思想,先搞个硬钉子,拿大同,没有先打弱的,后打强的。对于集中优势兵力歼灭敌人的思想,就集宁之战来说,不论在战役指导上或者战术指挥上也都有毛病,今天来看要打傅作义应该集中更多的力量。集宁之战,站在严格的自我检讨立场上来说,应该承认是打的很不好的……"

"文化大革命"期间,罗瑞卿在被监护的情况下,对这次战役作了更加成熟的反思:

> 大同战役,实际上是一次败仗(指的是我消耗太大、损伤士气,未能歼敌,大同未打下,自己反倒失掉集宁,长了敌人的志气等,而敌人并未能消灭我军的部队)!这是起了战略性的影响的。主要的还不是影响了张家口的过早失守,主要的是影响了冀察晋地区在大半年时间内,在对敌作战中,都处于被动地位。
>
> 这是一次战役方针不对,在执行战役时又无明确计划(如究竟重点是攻城还是打援?是没有明确的预见的,先着重打城,而后又被迫打援),以及轻敌,不慎重初战,不集中兵力等完全违反主席军事思想的一相当典型的战例!
>
> 反之,如果执行主席原来的指示,把四个纵队集中起来出平汉线,其结果必定是另一样。不仅可以先消灭一些弱的敌人,使部队在俘获中得到一些补充,部队士气亦必随之增高,而且搞得好,还可能求得在运动战中歼敌一部分主力部队的歼灭战,取得更大的胜利!

对罗瑞卿的这些思考,黄瑶等人说:

第五章 罗瑞卿:"党和毛主席的领导,是最好的领导"

在大同、集宁战役中,罗瑞卿是前线政治委员。但是他事先并未参与打这一仗的决策,从延安回来,一路上他向晋绥、晋察冀两个军区的领导人传达了毛泽东关于先出平汉路的设想。在两军区已决定先进行大同战役并已报请军委批准后,他只能服从和执行。而他考虑到参战部队晋察冀的多,他作为晋察冀军区副政委,当前线政治委员责无旁贷,于是在尚未进入情况时便仓促上阵。尽管如此,但他仍对这次战役进行了反复的检讨和反思,这反映了他严格要求自己的品格。在被"监护"时的反思中,他将执行毛泽东先打平汉路的设想和先打大同作了对比,从而更加服膺于毛泽东预见将来的敏锐的洞察力。[①]

罗瑞卿几十年如一日敬佩毛泽东,不是空穴来风的盲目崇拜,而是在血与火的战斗洗礼和深刻的胜败对比中获得了对毛泽东思想的真理性认识。因此,虽然远离中枢,但在随后的战役中,罗瑞卿成为执行毛泽东军事路线最坚决的人。杨勇上将回忆:

> (1947年10月)清风店战役结束第二天,毛主席下令攻打石家庄,罗瑞卿等同志立即召开干部会议传达布置。……
> 在著名的平津战役,毛主席命令杨罗耿兵团包围新保安敌35军,截断张家口与北平之敌的联系。罗瑞卿同志与兵团领导迅速调动部队将敌35军重重围住,毛主席指示,对该敌"围而不打"。罗瑞卿同志亲自传达毛主席指示,要求部队严格遵守。[②]

罗瑞卿对毛泽东和毛泽东思想的认识使得他成为工作上坚决执行党中

[①] 黄瑶、张明哲著:《罗瑞卿传》,当代中国出版社1996年版,第183页。
[②] 杨勇著:《深切怀念我军杰出领导人罗瑞卿同志》,载《磨难虽多心无瑕——怀念罗瑞卿同志》,人民出版社1978年版,第7、8页。

央决策的一个品格,与罗瑞卿共事多年的杨得志说:"我深深地感到,罗瑞卿同志是坚决执行毛主席革命路线的模范。战争年代,他努力按照毛主席的教导带领部队,指挥打仗。"罗瑞卿就是这样。

4."党和毛主席的领导,是最好的领导"

在公安部门与罗瑞卿共事过的人评价他说:

> 他对党一片丹心,对伟大领袖和导师毛主席、敬爱的周总理、朱委员长无限崇敬和热爱。他称颂"党和毛主席的领导,是最好的领导","始终像北极星一样明确"。他在公安部工作期间,对毛主席的指示坚决照办,件件有着落。毛主席有了紧急指示,不管是什么时间,哪怕是深夜,他都马上把党组和有关同志召集起来,认真传达,研究贯彻的措施。罗瑞卿同志把保卫毛主席的安全,作为公安工作的头等大事,事必躬亲,不遗余力,务求缜密无懈。毛主席每次外出巡视,罗瑞卿同志都亲自部署安全警卫工作,亲临现场检查,做到万无一失,倾注了他对毛主席无比爱戴的深情。[①]

这是对罗瑞卿在公安部当部长时工作的准确评价。

[①] 赵苍壁、杨奇清、王金祥、于桑、凌云、席国光、吕剑光、高文礼著:《深切怀念我军杰出领导们的好部长罗瑞卿同志》,载《深切怀念罗瑞卿同志》,人民出版社1978年版,第49—50页。

第五章 罗瑞卿:"党和毛主席的领导,是最好的领导"

(1)

新中国成立前夕,罗瑞卿到公安部当部长,是毛泽东亲自点的将。

1949年5月14日,第十九兵团正准备向西北进军,华北军区政治部主任兼第十九兵团政委罗瑞卿突然收到毛泽东发来的电报:"部队开动时,请来中央一叙,部队工作找人代理。"

罗瑞卿交代工作后,于6月初乘火车到达北平。

几天后,周恩来与罗瑞卿谈话,要他出任即将成立的中央人民政府公安部部长。而罗瑞卿希望随四野部队南下继续参加解放战争,为此,他还建议由中央社会部部长李克农出任公安部长。周恩来说:"各人有各人的事,李克农有李克农的事,你就不要讲价钱了。"

罗瑞卿与朱德

接着,他告诉罗瑞卿:中央已经决定了。"今晚毛主席还要接见你,你就不要再提上前线的事了。"

当晚,毛泽东在香山的双清别墅接见罗瑞卿。

毛泽东见着罗瑞卿说:"听说你不愿意干公安部长,还要去打仗?现在要建立新的国家政权了,我们都不干,都去打仗,那行吗?"

毛泽东这么一说,罗瑞卿就愉快地接受了新的工作安排。

他听取毛泽东关于公安工作的意见后,第二日就投入了共和国公安工作的创建,并且承担起了公安部对毛泽东、周恩来等中央领导人的安全警卫职责。

7月1日,党中央在先农坛体育场开庆祝中国共产党成立28周年大会,毛泽东到会发表讲话。

罗瑞卿的妻子郝治平也来了参加会议。罗瑞卿将她安排在一个位置听报告,对她说:"散会来接。"便到毛泽东身边执行警卫任务去了。

这一天下着雨,毛泽东照常讲,大家照常听,会场秩序井然。散会后,罗瑞卿只顾注意毛泽东的安全,早把郝治平忘得一干二净。

郝治平等了一会儿,不见有人来接。一些警卫人员便让她坐上警卫车,跟着毛泽东的车队进了中南海。

下车后,毛泽东看到郝治平,了解了事情经过,开玩笑地对罗瑞卿说:"嘀,你这个公安部长把夫人都搞丢了!这个女同志不简单,自己追上来了。"

这样的事情,郝治平并不是遇到一两次。她后来回忆说:

> 建国以后,许多同志都能够夫妻一起去天安门观看焰火。我当然也盼望有这样的机会。但瑞卿是公安部长,每逢节日,为了保证毛主席和中央领导同志的绝对安全,就比平时更加忙碌。他总是把保卫工作布置得非常周到细致,督促检查,唯恐有失。毛主席只要出来,他总是随在身前身后,直到毛主席退场。因此,在整个公安部长任期内,他一次也没有同我一起观看过焰火。节日里,我往往是一个人带着孩子去天安门。开始,我虽然不免有点遗憾,但当我从伟大领袖毛主席身边看到瑞卿那高高的身影时,我却深深地为此感到骄傲和光荣。

萧华上将也说:

> 建国以后,罗瑞卿同志任公安部长时,更是把毛主席的安全时刻挂在心间。每次毛主席外出,他都跟随同去,每当毛主席有活动,他都亲自布置检查保卫工作,想得非常仔细、周到,充分体现了他对

第五章 罗瑞卿:"党和毛主席的领导,是最好的领导"

毛主席的赤胆忠心。

细节见真情。

1949年10月至1959年9月,罗瑞卿为公安部部长。

(2)

对罗瑞卿等人来说,公安工作不同于战争年代的军事工作,是一个全新的工作。在担任公安部长期间,罗瑞卿虚心听取毛泽东的教导,近距离领会毛泽东的思想,被人们称为"毛主席的好学生"。确实,毛泽东对罗瑞卿教导颇多,甚至还有所批评,指导罗瑞卿如何做好公安工作,可谓是"益友良师"。

1950年八九月间,李克农转告罗瑞卿,有一次毛泽东同他谈话,对公安部不向他写报告很不满意。罗瑞卿获悉这个情况后,立即去见毛泽东。

毛泽东问他:"为什么不给我写报告?"

罗瑞卿解释说:"写了报告了。"

毛泽东生气了,严厉地说:"写了,拿我的收条来。"

罗立即说明:"是报总理转呈主席。"

后来,周恩来知道了此事,对毛泽东报告:"公安部的一些报告,压在我那里,未及时呈送给主席。"分担了责任。

毛泽东随后对罗瑞卿交代:"报告今后要直接送给我。"并且问道:"现在你那里有一些什么文件,可以送给我看看。"

罗瑞卿立即将公安部正在召开的经济保卫工作会议文件呈送给毛泽东。

"这种一追到底的作风,确是毛主席领导方法的一个鲜明特点。"[①] 而在与毛泽东的工作交往中,罗瑞卿从中学习和领会到了毛泽东的领导方法。

一次,罗瑞卿给毛泽东送来了他主持起草的文件中有几处述及党的领导

---

① 李智舜著:《毛泽东与十大将》,中共中央党校出版社1995年年版,第266页。

的话语被中央另一位负责同志删去。9月27日,毛泽东阅看这一文件时认为删除去不妥,当即作出批示:"……凡将党的领导作用删去而改为笼统字眼或改为单纯行政领导的地方,原稿是对的,删改是不对的,均应恢复原稿。保卫工作必须特别强调党的领导作用,并在实际上受党委直接领导,否则是危险的。"①

罗瑞卿强调公安工作要坚持党的领导的思想获得了毛泽东的赞同。后来,毛泽东又在公安部上报的一份报告上写道:"公安工作必须置于各级党委的绝对领导之下,否则是危险的。"

以后,罗瑞卿对党的领导的这个原则更加重视。在第二次全国公安会议上,他特地传达了毛泽东的指示,并明确指出:"公安部既是国家政权的一个部门,又是党的锄奸保卫政策的执行者,是党所领导的一个工作机关,即相当于过去党的社会部,公安部在党中央领导之下,各大区、省、地、县公安部门在各级党委领导之下。"

之后,罗瑞卿多次在公安部的讲话中强调要贯彻公安工作在各级党委领导下的制度。在党的正确领导下,全国的公安工作保持了正确的轨道。

罗瑞卿本人也力求公安部和他本人的工作不脱离党中央和毛泽东的领导。黄瑶说:

> 为了争取党的领导,罗瑞卿按毛泽东的指示,向他呈送了大量的工作计划、简报、综合报告、考察报告。罗瑞卿还把各大区、各省市委的报告不定期地向党中央综合报告,以便于中央及时了解运动情况,进行决策和指导。

毛泽东对李克农说罗瑞卿不向他写报告,后来林彪也把这作为罗瑞卿的一条罪状。那么,罗瑞卿是否有不爱向上报告的毛病呢?

---

①黄瑶、张明哲著:《罗瑞卿传》,当代中国出版社1996年版,第264页。

第五章 罗瑞卿:"党和毛主席的领导,是最好的领导"

《罗瑞卿传》里有这么一件事:

> 1948年4月,毛泽东、周恩来、任弼时等中共中央领导机关一道从陕北转移至阜平城南庄。5月6日,毛泽东电召罗瑞卿到城南庄。在即将取得全国胜利,中央书记处扩大会议已提出反对无政府无纪律状态,要求集中统一的形势下,毛泽东向罗指出晋察冀中央局、晋察冀军区和野战军对中央、军委请示报告不够,同时要求野战军去冀东寻找战机,准备配合东北野战军作战。毛泽东要求晋察冀野战军争取在一年左右时间内将驻华北的国民党军主力消灭,并夺取除平、津以外的大片地区。

罗瑞卿与战士们在一起

李智舜在《毛泽东与十大将》中也记述:

> 1950年春,北京一个警卫师改为公安师,是当时的总参机关批准的。毛主席看到了批准的文件就在这个文件上写道:什么人批准这个师改为公安部队的?为什么我不知道?为了这事,当时的总参负责人和罗瑞卿都作了检讨。

这些事情,毛泽东是对罗瑞卿工作方法的批评,也是提醒和指导。黄瑶说,"罗瑞卿觉得这些批评对他来说是有好处的,这样能使他谨慎小心一些。"因此,在毛泽东的指导下,罗瑞卿加强了与党中央和毛泽东本人的联系:

"公安工作必须置于各级党委的领导之下"从此就成为公安工作的指导方针。公安部还很快完备了直接向中央,尤其直接向毛主席本人请示报告的制度。

据不完全统计,从1950年至1956年,罗瑞卿亲自向毛主席、党中央写的工作报告就有280余件。周总理对于公安部的请示报告观点明确,材料充分而又简明扼要十分称赞。曾要求其他部门向公安部学习。

在罗瑞卿向毛泽东的工作报告中,毛泽东绝大多数都是非常满意的。还在为数不少的报告上批示全国照办,仅在三反斗争中就有数件。[1]

由此来看,林彪后来说罗瑞卿"不爱报告",以此证明罗"有野心",其实他不过是为了扳倒罗瑞卿而翻历史旧账而已。因为,在毛泽东教导下,罗瑞卿已改掉了这个毛病。

(3)

1950年夏,朝鲜战争爆发后,国内的潜藏的各类反革命分子日益嚣张,有造假钞票的,有企图炸铁路桥梁的,有窃取机密文件的,有企图暗杀党和军队重要干部的。从1950年1月至10月,全国共发生反革命暴乱816起,全年4万名干部和积极分子被杀害。

10月9日,党中央召开的研究抗美援朝问题会议。

面对国内出现反革命分子猖獗的敌情,毛泽东问罗瑞卿:"准备怎么办?"

罗瑞卿回答:"现在反革命分子活动十分猖獗,人民批评我们宽大无边,要求我们镇压反革命。我们商量了一下,主张杀一批、关一批、管一批。"

---

[1] 李智舜著:《毛泽东与十大将》,中共中央党校出版社1995年年版,第267页。

第五章 罗瑞卿:"党和毛主席的领导,是最好的领导"

"我赞成你们的意见。"毛泽东点头说,"现在美国已经把战火烧到了我们家门口。我们要把房子打扫干净,以便更好地对付帝国主义。无论是杀、关、管,都要发动群众、依靠群众,要大张旗鼓,不要搞孤立主义、神秘主义。"

然后,他要求彭真、罗瑞卿等人起草一个在全国范围内开展镇压反革命群众运动的指示。彭、罗等连夜起草,于10月10日凌晨2时将指示草稿呈送毛泽东。毛泽东只字未改,指示当日下发全党执行。

这就是著名的"双十指示"。

这个指示采取镇压与宽大相结合的政策,重点打击土匪、特务、恶霸、反动党团骨干和反动会道门头子等五个方面的反革命分子,对稳定社会秩序起了重要作用。

1952年1月8日,罗瑞卿就公安部开展三反斗争的情况给毛泽东写报告,讲了公安部的做法。1月10日,毛泽东在报告上批示中央和军委各部门、中央人民政府各党组,各中央局等单位,并且指出:"罗瑞卿同志这个报告很好,发给你们参考。""中央公安部的作法是一切机关部队所应仿效的。此件应在党刊上发表。"

2月16日,罗瑞卿就中南军区后勤系统"三反"工作报告毛泽东。毛泽东立即于2月18日批示:

罗瑞卿同志:

(一)2月16日关于中南后勤系统的报告收到,很好,已发各区仿办。(二)你的任务是考察和帮助党政军民学整个"三反"打虎工作,不是专为公安系统,请加注意为盼。

毛泽东

5月9日,毛泽东又以中央名义在罗瑞卿一份报告上批语中指出:"罗瑞卿同志报告中所定两条纪律,全党必须一律实行,保证'三反'胜利。"

在新中国成立后镇压反革命的斗争中,罗瑞卿的决策对国内局面的稳定起了巨大的作用。毛泽东对他的那些意见和决策是满意的。从毛泽东的批示中，不难看出毛泽东对罗瑞卿的欣赏和器重。

1952年5月，毛泽东根据镇反运动已取得胜利的情况，决定适当收缩。为此，公安部决定召开第三次全国公安会议贯彻收缩的方针。罗瑞卿主持起草了决议草稿，并报请毛泽东审批。

> 毛泽东将罗瑞卿召到中南海，一边同罗商量，一边修改决议稿。三天之内，毛泽东对这一决议稿亲笔修改了三次。①

正如周恩来所说，公安工作"是国家安危，系于一半"，事关共和国的安危，为了搞好公安工作，罗瑞卿像红军时期和延安时期那样经常与毛泽东在一起商讨工作，同时面对面地领受毛泽东的教育。李智舜说：

> 自从担任公安部长之后，罗瑞卿便一直直接在毛泽东的领导下工作，这种特殊的身份使他对毛泽东有了近距离观察的可能，他对毛泽东鲜明的个性、明察秋毫的能力以及深邃的智者风度敬慕不已。②

与毛泽东在一起的时间比一般部长多得多，因此他对毛泽东的工作方式方法有了更加深入的学习，对党中央的指示和决议领会比一般人深刻，贯彻和执行起来更坚决，更得力。长期在公安部门工作的刘复之、王仲方后来回忆说：

> 他(罗瑞卿)在领导公安部工作中，讲得最多，做得最认真，对我们教育最大的，就是对任何事情都实事求是，从实际出发。他对毛主席的指示和党中央的决议，深刻领会，联系实际不折不扣地贯彻执行，对自己是这样，对同志也是这样，他不愧是毛主席的好学生。

---

① 黄瑶、张明哲著：《罗瑞卿传》，当代中国出版社1996年版，第269页。
② 李智舜著：《毛泽东与十大将》，中共中央党校出版社1995年年版，第266页。

第五章 罗瑞卿:"党和毛主席的领导,是最好的领导"

5."瑞卿这一片赤心,毛泽东是了解的"

郝治平说过:"瑞卿这一片赤心,毛泽东是了解的。"纵观罗瑞卿在长征路上和担任公安部长期间的工作,谢觉哉夫人王定国说:"他(罗瑞卿)对毛主席、周总理的安全,更是绞尽脑汁,用尽心思的。凡是毛主席、周总理外出和有重大活动,他总是以警卫员般的责任感跟在身边。谢老常常深有感触地对我们说:'罗瑞卿同志不是部长,是毛主席、周总理最好的警卫员!'"董必武副主席则称罗瑞卿是毛泽东等人的"大警卫员"。

在几十年的交往中,毛泽东对罗瑞卿很信任,并且视他为忠诚于党和人民的人。

1953年,为适应国家大规模经济建设的需要,党中央准备调整党和国家领导班子,决定将邓小平、高岗、邓子恢、饶漱石、习仲勋调到北京,为此毛泽东提出中央分一线和二线的问题。高岗错误地估计形势,在财经会议上"明批薄(一波)、暗攻刘(少奇)",进行反党分裂活动。罗瑞卿忙于公安部的工作,对此却一无所知。

12月20日,毛泽东召见他和谭政,问两人道:"中央要分一、二线,我如果退到二线,怎么办？第一线由谁主持？"

罗瑞卿觉得此事十分突然。他非常敬重毛泽东,获悉有一天毛泽东会退到二线心里顿时感到不是滋味,说:"主席如退居二线,那当然是少奇同志主持一线了。不过……"

毛泽东正在考虑高岗进行反党分裂活动的问题,未等罗瑞卿说完,便打断他的话说:"刘少奇有错误,也不能一棍子打死呀！"然后批评罗瑞卿:"你鼻子不通,嗅觉不灵！世界上人睡觉,有些睡在床上,有些睡在鼓里,我看你就是睡在鼓里。"

毛泽东批评罗瑞卿后接着说:"你们知道有人搞阴谋,在北京组织地下司令部吗?……搞阴谋、组织地下司令部的就是高岗。他要在我退居二线时,当党的副主席。他对陈云同志说:'党的副主席,你一个,我一个。'他不是拥护林彪吗?这时林彪没有了。他不只要打倒刘少奇,是要打倒我,他也会打倒林彪!"

然后,毛泽东要求罗瑞卿找萧华、邓华两人去谈谈,把他的话向他们进行传达。当晚,罗瑞卿就向两人作了传达。

在这场反高岗阴谋活动的斗争中,毛泽东召集罗瑞卿交底,显然是对他的信任。

12月底,中央军委在北京召开全国军事系统党的高级干部会议。会议结束前,国防部长彭德怀将他所作结论稿和朱德所作的闭幕词稿送到杭州,请毛泽东审阅。毛泽东喊来了罗瑞卿,对他说:"看看这些文件,并且提出修改意见。"

罗瑞卿看完朱德的闭幕词后,说:"建议增加一段话:'拒绝学习苏联的态度是完全错误的,必须加以反对。但脱离我军的实际去高谈学习苏联,也是一种不正确的学习态度,因而就一定会是学不好的。'"

毛泽东表示同意,于是增加了这么一段话语。

在罗瑞卿和毛泽东交往过程中,有一件值得一提的事情,那就是两人的游泳分歧。

那是1956年初夏的事情。

毛泽东有一个愿望,要去游遍祖国的大江大河。1953年,他在武汉游蛇山时便打听长江可不可以游,得到的答复是否定的,他便没有再说什么。但1956年初夏,他在广州时,住在珠江边的小岛。一天,他正在散步,突然对卫士长李银桥说:"走吧,我们上武汉,去游长江。"

游长江!这把李银桥吓了一跳。他感到此事非同小可,立即向随行负责毛泽东安全警卫工作的公安部长罗瑞卿报告。结果,罗瑞卿和汪东兴、王任重等人都认为,虽然毛泽东能在北戴河大海里游泳,但在江里不行;海比江大,但江比海险,水情复杂,还可能有血吸虫,毛泽东去游泳,万一出点事,无法向党

第五章 罗瑞卿:"党和毛主席的领导,是最好的领导"

和人民交代,因此反对毛泽东游长江。于是,罗瑞卿便进屋去劝说毛泽东不要去游了。李银桥回忆:

> 罗瑞卿来劝毛泽东:"主席,我是不同意你游泳。我要负起责任。你去游长江我负不起责任。"
>
> 毛泽东不听,烦躁地大声说:"无非你们就是怕我死在那个地方么!你怎么知道我会淹死?"
>
> 罗瑞卿吓了一跳,显得很不安。他怎么敢想毛泽东被淹死?他热忱解释:"主席,不是那个意思。保护你的安全是党和人民交给我的任务,我是不同意您冒风险。哪怕是一点风险也不许有。"
>
> 毛泽东还是不听,坚决说:"先派人去试试水性。"
>
> 于是,警卫队一中队韩庆余队长被派去实地考察,看长江到底能不能游。①

韩庆余也不赞成毛泽东去游长江,到了武汉,沿江询问岸边的老乡,大家都说游不得,漩涡太多。他回来后便向毛泽东报告。毛泽东问道:"你下水了没有?"

韩庆余一怔,脸马上红了,低着头说:"我没有下水。"

"没有下水你怎么知道不能游?再派人去!"

罗瑞卿建议派水性很好的副卫士长孙勇去。毛泽东表示同意,并交代孙勇说:"你下水游一游。"

孙勇游了后,回来向毛泽东报告:"可以游。"

毛泽东决定去游长江了。

5月30日,毛泽东乘飞机由广州到达长沙。上午,他召集湖南省委书记听取了在广州召开的华中五省会议贯彻情况的汇报,下午便在罗瑞卿等人的

---

① 李银桥著:《我在毛泽东身边十五年》,河北人民出版社1993年版,第212页。

陪同下去游湘江，为游长江作准备。

罗瑞卿不会游泳。罗点点说：

> 爸爸原来不会游泳，因为他小时在家的时候有一个兄弟在嘉陵江里游泳淹死了，奶奶从此不许爸爸下水，出门读书要在脚杆儿上用毛笔画上记号，回到家里要检查，看墨迹还在不在。

当毛泽东在湘江里游泳时，罗瑞卿只好守在岸边，一直看着毛泽东在江水中宛如水中蛟龙一般搏击风浪。

第二日，毛泽东一行乘飞机到武汉。中午，在汪东兴等人陪同下，毛泽东登上了武康号轮船。罗瑞卿已提前来到船上进行警卫工作等安排，毛泽东见着他，打趣地问："游长江危险吗？"

罗瑞卿回答："危险还是有的。但是主席不怕我们也就不怕了。"

罗瑞卿挑选了一些游泳高手陪同毛泽东一起游泳，并对可能发生的问题都作了预案准备。毛泽东在船上吃了午饭，休息了一会。二时许，他换好游泳裤，从轮船的扶梯下水，用手浇水拍打几下胸部，便仰卧在水中游了起来。随即，几条小划子围着他进行保护，毛泽东连连挥手说："走开，都走开！"在水中，他还对罗瑞卿喊道："你也下来么！"

罗瑞卿摇摇头喊道："我不会。"

然而，这时罗瑞卿的心情是复杂的：

> 为了保卫毛泽东，他恨不得马上跳下水去。但是他是一个"秤砣"，他真后悔少年时代没有学会游泳。[①]

毛泽东在水中游了两小时零三分钟，在快接近武汉大桥工地时才上船。

[①] 黄瑶、张明哲著：《罗瑞卿传》，当代中国出版社1996年版，第358页。

第五章 罗瑞卿:"党和毛主席的领导,是最好的领导"

上船后,他以一个胜利者的口气说:"谁说长江不能游了?我一游就是十几里!罗部长不让我游,我偏游。明年我还要来,还要把他拉下水!"上岸后,他毫无倦意,又与上海、湖北和安徽的负责人开会,研究工作。

但是,他对罗瑞卿阻拦的抱怨似乎还意犹未尽,李银桥回忆:

> 会后,(毛泽东)便赶回北京接见外宾。接见前,毛泽东兴奋地说:"罗部长不叫我去游,我就去。还不是去了吗?一游就是16里!明年6月份我还要去,把他也要拉下水!"这种兴奋得意之态,一直延续到接见开始。①

从毛泽东几次说罗瑞卿的话来看,他对罗瑞卿阻止他游长江意见很大。但意见归意见,毫无影响两人的感情和信任。因为,罗瑞卿的反对也不是没有理由:一他本人就是旱鸭子,二他对毛泽东的水性并不了解。

第二年,毛泽东又提出要到长江上的三峡去游泳。

尽管有了上次的经验,但罗瑞卿认为三峡水急浪高,觉得此事还得慎重,应取得中央的同意。7月7日,毛泽东致电党中央并转罗瑞卿、王任重说:

> 我拟7月24日到重庆,25日乘船东下,看三峡。如果峡间确能下水,则下水过三峡,或只游三峡间有把握之一个峡。如不可能,则于船出峡口时下水到宜昌,或径到沙市。然后乘船到武汉。此事,已与瑞卿谈过。请中央考虑批准。如果中央同意的话,则(一)请瑞卿即带孙勇、韩队长等能游者十人左右,到武汉与已试航试泳一次之船队再去试行,反复几次。(二)王任重同志不要去,我拟于7月中旬到武汉和省委谈一些问题。

---

① 李银桥著:《我在毛泽东身边十五年》,河北人民出版社1993年版,第212—213页。

当日,中央政治局常委复电毛泽东,提出先派人调查和试水,然后再作决定。

在此之前,因为毛泽东还提出过要去游黄河,罗瑞卿于是干脆组织了两个小组,一个小组去郑州,考察黄河;一个小组由他本人率领去武汉,考察三峡。

到达武汉后,罗瑞卿从湖北省公安厅挑了一些水性好的干警,然后由宜昌出发到重庆,再从重庆返回宜昌,沿途向老船工打听情况,搞水文调查,并在奉节、万县、沙市、宜昌、岳阳等地江面比较平稳的水域下水试游,了解水情。

三峡一带水下漩涡很多。老船工们介绍说,遇到漩涡不能着急,躲是没有用的,还可能顺着漩涡的边卷进水底,应当迎着它冲进去,漩涡会把人再送出来。罗瑞卿挑选了几个水性最好的小伙子下去试游,不少人被卷入漩涡。其他人立即从船上抛下系了绳子的救生圈,好不容易才把他们拉出来。

在三峡出口处时,一位保卫队员撑着木船察看水情,从上游下来一个大漩涡,他没注意,连人带船被漩涡卷了进去,顷刻之间水面只剩下一些泡沫。大家都认为他完了,两分钟后,这位队员和船又被漩涡送出水面。

罗瑞卿勘察了半个月,让人绘了图,认为三峡到武汉的水道,除武汉一带外,均不适宜游泳。

另一小组去黄河中游试游。结果,发现河水中泥沙太多,人在水中根本就游不起来。结论是黄河中游也不适宜游泳。

罗瑞卿回到了北京,向党中央和毛泽东汇报了勘察三峡、黄河的情况,还带来了水情图。据此,中央政治局不同意毛泽东到三峡或黄河游泳。上一次罗瑞卿阻止毛泽东游长江,他发了脾气,这一次是什么态度呢?

毛泽东对罗瑞卿的勘察和汇报表示满意,以后再未提去三峡或黄河游泳的事了。

郝治平后来谈及游泳之事时说:

  毛主席视察长江三峡那次,要在三峡附近下江游泳。瑞卿经过

第五章 罗瑞卿:"党和毛主席的领导,是最好的领导"

调查,发现那一段江面漩涡较多,所以就劝阻毛主席不要在那里游泳。瑞卿自己本来不谙水性,就为了能够在毛主席游泳时紧随左右亲自保证主席的安全,才以近50岁的年纪刻苦习水学会了游泳。

不懂水性的罗瑞卿在50岁的时候学会了游泳,这不能不说是一件很有意思的事情,从另一个方面来看,正是因为对毛泽东的热爱,罗瑞卿才有这样的举动。毛泽东很快也发现罗瑞卿学会了游泳,并且还以此鼓励其他人。

1959年6月,毛泽东去庐山参加会议前回到了离别多年的家乡韶山。罗瑞卿是少数随行人员之一。回到家乡,毛泽东到韶山水库游泳了一次。

这次罗瑞卿也跟着下水了。

50岁的罗瑞卿也学会了游泳

　　毛泽东看到罗瑞卿也下了水,高兴地说:"哦,你也会游泳了?"然后招呼仍站在岸上的周小舟(湖南省委第一书记):"你怎么不下水?"周小舟说:"我下不了水,我是秤砣。"毛泽东说:"你是秤砣,怎么又叫小舟呢?"然后指一指罗瑞卿,"他以前也是秤砣,现在不是浮起来了吗?你应当下水,不下水怎么能学会游泳?"周小舟无奈,只得换了衣裳,也下到水库边扑腾了几下就又上了岸。[①]

[①] 黄瑶、张明哲著:《罗瑞卿传》,当代中国出版社1996年版,第362页。

罗瑞卿学习游泳这些行为看似平常，其实都是对毛泽东敬仰和忠诚的体现，他也为毛泽东本人所信任，在中国的政治舞台上，罗瑞卿越来越成为举足轻重的人物。1959年4月，第二届全国人民代表大会第一次会议在北京召开，罗瑞卿担任国务院副总理。5月8日，罗瑞卿兼任中央政法小组组长。9月17日，林彪接替彭德怀担任国防部长，罗瑞卿又兼任总参谋长。

罗瑞卿本来主要在国务院这边工作，担任总参谋长后，按照党中央的安排，便把主要精力转到了军队方面。这次罗瑞卿回军队工作，不是毛泽东的意见，而是国防部长林彪的提议。罗点点后来说：

> 1959年彭德怀下台后，主持军委工作的一直是新国防部长林彪。爸爸回军队，很大程度上是他的主意。爸爸和林彪历史上的关系很好，他们都是红一军团出身，同在抗大工作。

罗瑞卿这次是擢升。罗点点后来回忆：

> 1955年军队授衔的时候，爸爸成为十个共和国大将之一。比较而言，他的资历最浅。
> 有人出来说话：罗瑞卿的大将军衔授高了。[①]

罗瑞卿担任总参谋长，职务更在其他将军之上了。然而，党中央对他的重用还在加码。9月26日，中央政治局决定，由林彪主持中央军委日常工作，罗瑞卿为中央军委常委、军委秘书长。由此，罗瑞卿成为林彪领导之下具体负责中央军委日常工作的主要领导人了。

罗瑞卿的这些变动，除了林彪的推荐和工作能力外，自然还有毛泽东和其他领导人高度信任的成分。罗点点后来一语道破说："爸爸确实是从这时候

---

① 罗点点著：《我的父亲罗瑞卿》，上海文艺出版社1999年版，第108页。

第五章 罗瑞卿："党和毛主席的领导，是最好的领导"

(指庐山会议后)开始脱颖而出，毫无疑问，这是因为他正日益受到毛泽东的重视和任用……爸爸这样从公安部回到军队，颇有些受命于危难之际的意味。这一系列的任命，无不说明毛泽东、周恩来，甚至林彪，对他特殊的赏识。这以后，他果然成了深得信任的，行走在毛泽东、周恩来、林彪和各位军委副主席之间的，常常负有特殊使命的人。"

罗瑞卿去中央军委工作便不再担任公安部部长了。在公安部的欢送大会上，他说：

十年来，如果说我们的工作没有犯什么大的错误，基本上执行了党的路线，基本上完成了党交给我们在公安战线方面的任务，那么，这首先应当归功于党，归功于党中央和各级党委，归功于我们党的领袖毛主席的正确领导。

这段话，可以看作是他对工作成绩和组织信任的一个解读。

6."一个上传下达、有职有权的关键人物"

杨勇上将谈及罗瑞卿主持总参谋部工作时说："他是毛主席的好学生，是我们的好总长。"斯言不错。毛泽东对罗瑞卿的培养和教育，确实宛如一位孜孜不倦的"老师"。

1962年1月，七千人大会在北京召开，对前几年工作中出现的失误进行总结和检讨。在发言中，刘少奇、周恩来、邓小平等承担了各自的责任，毛泽东也进行了自我批评："凡是中央犯的错误，直接的归我负责，间接的也有份，因为我是中央主席。我不是要别人推卸责任，其他一些同志也有责任，但是第一个负责的应当是我。"

在会上，林彪也讲话了。

但是，这个讲话稿则把罗瑞卿和林彪的"差别"暴露出来。

会前，林彪的讲话稿是爸爸（罗瑞卿）这个军委秘书长找人替他准备的。林彪的妻子叶群是林彪办公室的主任，在北海附近的三座门军委办公地讨论这个发言稿的时候，她代表林彪说要加上关于毛泽东个人天才的内容。爸爸经过一番考虑，字斟句酌地说："毛泽东思想是在党和人民集体奋斗中形成的，这个话是从中南海出来的，是主席的秘书田家英提的。"爸爸是好心好意地告诉叶群，毛泽东本人未必同意天才的提法。爸爸这样说了，稿子上就没有出现天才的字样。

发言稿送到林彪的办公桌上，林彪觉得根本不是这句话写上不写上的事情，而是爸爸他们搞的发言稿根本不能用，根本没有体现他的意图，完全要另起炉灶的问题。[①]

林彪自己拟定了一个讲话提纲。罗点点回忆：

他（林彪）在会上的发言果然独树一帜，他说："三面红旗是正确的，是现实生活中的反映"，他认为，产生经济困难，"恰恰是由于我们有许多事情没有按照毛主席的指示，毛主席的警告，毛主席的思想去做。如果听毛主席的话体会毛主席的精神，那么，弯路会少走很多，今天的困难会要小得多。"

林彪强调指出："我们的工作搞得好一些的时候，是毛主席思想能够顺利贯彻的时候，毛主席的思想不受干扰的时候。如果毛主席

[①] 罗点点著：《我的父亲罗瑞卿》，上海文艺出版社1999年版，第124页。

第五章 罗瑞卿："党和毛主席的领导，是最好的领导"

的意见受不到尊重，或者受到很大的干扰的时候，事情就要出毛病。

我们党几十年的历史，就是这么一个历史。"

会后，林彪还把讲话稿送给了毛泽东。毛泽东很快看完，要罗瑞卿、田家英和王任重几人对稿子再作一些文字上的处理，对个别问题进行推敲，还要求"发给党内干部学习"。

而这件事情还没结束。

> 以后，毛泽东又将爸爸（罗瑞卿）叫到武汉梅园他的驻地，在一种私下的场合里问："林彪的这一篇讲话，你讲不讲得出来？"
>
> 爸爸认真地说："我怎么讲得出来？恐怕永远也不可能讲得出来。"
>
> 毛泽东说："讲不出来，要学嘛！这次你们给他准备的稿子不能用，还不是他自己写出提纲去讲了一遍。我也是这个办法，在会上边听边想边写提纲，最后就按提纲去讲了一遍。"
>
> 毛泽东对爸爸说："要懂得一些马列主义，要认真读几本马列主义的书。"
>
> 爸爸赶快领首称是，而且很有一些自责。
>
> ……
>
> 毛泽东要爸爸回北京后去找陈伯达，同他商量开出几十本马列著作的书目来，毛泽东还说他自己要替爸爸圈定这份书目，要爸爸好好学习。[①]

毛泽东与罗瑞卿的这番对话，是亲密的私下言语。"讲不出来，要学嘛！"是毛泽东对罗瑞卿的教导。

---

① 罗点点著：《我的父亲罗瑞卿》，上海文艺出版社 1999 年版，第 125 页。

毛泽东有意地培养罗瑞卿，并且在工作上十分倚重他，赋予重任。

1962年5月，毛泽东在上海，突然紧急召见罗瑞卿。据情报部门报告，蒋介石在台湾组成了最高五人小组，又称反攻行动委员会，准备对东南沿海的福建省和闽粤、闽浙结合部搞一次军事行动。为此，国民党军队还在美军的参与下在台湾南部举行代号"昆阳"的作战演习。这引起了毛泽东极大的警惕。

毛泽东召来罗瑞卿等人后，在上海召开了一个秘密会议，主要议程是修改《关于战略方针的建议》。

这是由中央军委起草的关于制定我军战略方针的文件。它已在毛泽东的办公桌上摆了两年之久。因为感到有战争迫近的危险，毛泽东才决定将它拿出来修改，并且把罗瑞卿作为这项修改工作的主将。在这次会议上，罗瑞卿领受了任务。

5月底，罗瑞卿刚刚修改完《关于战略方针的建议》，毛泽东再次紧急召见他。

5月30日，根据毛泽东的意见，由刘伯承、徐向前牵头的军委战略小组在北京开会研究东南沿海地区的作战问题。会后，作战部用保密电话向在上海的罗瑞卿报告会议情况以及林彪、陈毅在会上的讲话记录。罗点点回忆：

> 电话讲了四五个小时。那时好像是因为通讯技术不发达，设备难以承受这样负荷，反正根据档案材料记载，电话传达这次会议情况的过程中，用坏了两部电话机。爸爸的两位最干练的军事秘书邓汀和郭树元交替做电话记录，手都写麻了，也不敢稍有差池。当晚，会议的电话记录整理好，爸爸本来准备让总参作战部研究处处长谭旌樵去向毛泽东汇报。但凌晨一时，已到杭州的毛泽东打来电话，要爸爸亲自去。爸爸当然感到了事关重大，所以第二天上午十点，他乘专列赶到杭州。下午，就开始向毛泽东汇报。[①]

[①] 罗点点著：《我的父亲罗瑞卿》，上海文艺出版社1999年版，第110页。

第五章 罗瑞卿："党和毛主席的领导，是最好的领导"

毛泽东与罗瑞卿进行了长谈。

在谈话结束的时候，意犹未尽的毛泽东还惟恐有人对形势的危险估计不足，他目光灼灼地说："要准备蒋介石集团40万人秋后登陆。"

毛泽东要爸爸立即回上海，向正在那里召集的华东局地委书记以上干部会议作一次关于备战问题的报告。在会上，爸爸以确定、沉稳的口吻说道：主席找我谈了一次话，要我来向大家报告一个情况，就是我们大家要准备打仗……"①

6月4日，罗瑞卿召集南京军区、上海警备区、嵊泗要塞区和东海舰队、江苏省军区负责人会议，传达毛泽东要准备打仗的口信。会后，他又赶回北京，向主持军委工作的林彪和中央政治局其他成员汇报。东南沿海地区部队立即进入紧急战备状态，各军区入闽部队向东南沿海地区秘密开进。在不到一个月的时间里，解放军陆海空三军神不知鬼不觉地在东南沿海地区严阵以待。但是，由于美国总统肯尼迪发表公开谈话，不支持蒋介石的军事反攻行动。蒋介石只好将反攻行动付诸东流。

这是罗瑞卿在毛泽东的安排下主持的一次公开的军事大部署。罗点点后来谈及此事时说：

很多人从这次东南沿海备战的部署过程中开始了解，在新形成的军委领导班子里，爸爸作为一个雷厉风行、精明干练的军委秘书长和总参谋长，怎样成为一个上传下达、有职有权的关键人物。

对于毛泽东于罗瑞卿的信任，罗点点还记述了一件事情：

---

① 罗点点著：《我的父亲罗瑞卿》，上海文艺出版社1999年版，第110页。

1962年初夏的一天夜晚,毛泽东把爸爸和总政治部主任萧华召唤到中南海他的驻地。爸爸知道毛泽东一向在夜里工作,这个时候恐怕是刚刚起床,所以并没有感到奇怪。但是他以为毛泽东会和他谈东南沿海备战的事情,所以一路上都在动这个脑筋。

没想到刚见面,毛泽东劈头就问:"你们军队中是赞成单干的多,还是赞成社会主义的多?"

爸爸完全没有准备,一时被问住了,就说:"我们一直在忙着搞东南沿海备战,对这个事没有注意。"

毛泽东说:"这样的事你们都不注意?回去看看7、9、11三天的报纸和《参考消息》。"

临走的时候毛泽东又说:"赫鲁晓夫搞修正主义也还没有解散集体农庄呀,回去查查军队人们的意见怎样。"

爸爸回家就找出这三天的报纸和《参考消息》,这些报纸上登载着全国各地的农村实行各种形式的"包产到户",受到农民群众和许多基层干部的欢迎的消息。爸爸马上意识到,毛泽东是在以他特有的调查情况的方式向他吹风,党内又存在了严重的不同意见。

这个不同意见,就是毛泽东与刘少奇等人之间的分歧。毛泽东向罗瑞卿吹风,自然是一种罕见的信任。1962年9月,党的八届十中全会召开,罗瑞卿再次当选中央书记处任书记。

7."林彪大发脾气,当时就摔了电话"

若干年之后,郝治平谈到毛泽东和罗瑞卿的个人关系时说:

第五章 罗瑞卿:"党和毛主席的领导,是最好的领导"

罗瑞卿和群众在一起

有一年国庆,我得到了一次上天安门的机会,看见毛主席来了,我兴奋地和大家一起挤上去握手,回来后,瑞卿还责备我,说这样给毛主席的保卫工作增加了困难。瑞卿这一片赤心,毛主席是了解的。

毛泽东对罗瑞卿了解,所以很信任,甚至他还把自己的私人生活也交托给罗瑞卿去处理。毛岸青的事情就是一例。

毛泽东的儿子毛岸青1947年从苏联回国后一直住在大连养病。1960年,他与邵华结了婚。后来,夫妇俩给毛泽东写信,希望到北京来生活。罗点点回忆:

毛泽东觉得和自己住在一起不方便,要卫士长李银桥来找爸爸,要爸爸安排岸青两口子回北京的事情。爸爸马上交待总参管理局局长梁其昌,给岸青夫妇找了房子,配了专职的医生和护士,爸爸交待梁局长,岸青有病,要好好照顾。但也不要太特殊,不要和其他干部的生活水平相差太远,要真正为主席分忧。

在罗瑞卿安排下,毛岸青邵华夫妇的生活由总参管理局照顾,以后几十年都是如此,没有改变。

罗瑞卿是毛泽东和儿子之间的联系人。罗点点说:

> 岸青想见父亲,或者毛泽东想见儿子,都由爸爸来安排。记得爸爸妈妈都说过,岸青只要不犯病,就是个挺聪明的孩子,会写俄文诗,还会弹钢琴。每次由爸爸安排了去见过毛泽东之后,岸青总有一段时间特别兴奋和愉快,写诗弹琴的成绩就特别好。如果毛泽东恰巧比较忙,或者江青知道后不高兴,一时安排不上,岸青就情绪沮丧,病就犯得厉害。爸爸当然很替岸青着急,但也毫无办法。虽然爸爸知道事关主席家事,可能会落得吃力不讨好的结局。他每日的工作又千头万绪,难免一时照顾不到,出个差错。但爸爸一味尽心尽力地替毛主席分忧,实在忙不过来,就要妈妈亲自办。交给别人他不放心,生怕有个闪失。①

罗毛的这种关系,确实不同一般。

但是,在工作中,他们中间还间隔着一个人,那就是负责军委工作的林彪。罗瑞卿是林彪提议回到军队的,而林彪一直告病不在岗,后来毛泽东决定由中央军委副主席贺龙主持军队的日常工作,罗瑞卿作为秘书长,则是贺龙的主要助手。罗点点回忆:

> 林彪称病不出……所以毛泽东决定军委的日常工作由贺龙主持,而且明确告诉爸爸:"林总最近身体不好,军队的事情可以请贺总多管一下。"爸爸就真的一心一意配合贺龙抓军委工作。因为他病,好多事情贺龙和爸爸只好直接向毛泽东、周恩来报告。因为他

---

① 罗点点著:《我的父亲罗瑞卿》,上海文艺出版社1999年版,第126—127页。

第五章 罗瑞卿:"党和毛主席的领导,是最好的领导"

病,军委其他副主席交办的事情,爸爸也尽量不打扰他,快手快脚地自己都办了。日子一久,林彪开始不安。①

在工作中,罗瑞卿和其他几位军委副主席也"建立了融洽的工作关系"。这种情况更让林彪不安,而他的不安又因感觉到罗瑞卿的"不可靠"心慌。罗点点说:

> 林彪有一次若有所思地问爸爸:"我们的威信不够吧?因为我们不是南昌起义的领导人。"爸爸没有搭腔。因为他知道,林彪虽然用了"我们"这样一个共称代词,但这个主语实际上和他没有关系。南昌起义的领导人是数得出来的几个,林彪和这些人都是他的上级,都是他敬重的元帅。他的组织观念告诉他,这绝不是他应该参加讨论的问题。但这使林彪大为不悦,爸爸虽然用自己的沉默表示了对他的尊重,但林彪还是一下子看透了爸爸内心深处那汪太清的水。他明白了,罗瑞卿看重的东西已经超越了他林彪个人,罗瑞卿基本上不能做到唯他林彪马首是瞻。②

很快,林彪对罗瑞卿的失望又被一事加深:

> 还有一次,林彪从外地休养归来,一下飞机就打电话要爸爸马上去见他。爸爸在开会,还有其他军委首长在场。爸爸在电话上小心翼翼地说:"散了会马上去。"林彪大发脾气,当时就摔了电话机。后来,他在他那些当作备忘录的卡片上愤怒地写道:"大捧别人,大跟别人,回京后根本不来见面。……让他做绝。""当做又一彭黄也——"③

---

①②③ 罗点点著:《我的父亲罗瑞卿》,上海文艺出版社1999年版,第135—136、136、136页。

林彪以自己为罗瑞卿的恩人、伯乐自居，可是罗瑞卿却不是绝对忠于他，于是便下决心要把罗瑞卿扳倒。这样，罗瑞卿的祸就悄悄地来临了。

1964年，罗瑞卿协助中央军委两个副主席贺龙元帅和叶剑英元帅搞起了群众性练兵运动。此事惊动了毛泽东。他在贺龙呈送的一份大比武情况简报上批示："此等好事，能不能让我去看看。"

贺龙很兴奋，立即打电话通知罗瑞卿安排。于是，中央军委决定在北京十三陵水库一带举行一场大比武竞赛。中央工作会议正在北京召开。6月15日，毛泽东、刘少奇、董必武、周恩来带着全体中央委员来到了十三陵水库观看大比武。

罗点点后来描述说：

> 又搞如此盛大的军事检阅，不仅毛泽东去了，中央领导几乎全体出动，还带去了全国各省市自治区的负责人。前呼后拥，万头攒动。罗瑞卿更是跑前跑后，出尽了风头。

然而，这次参观大比武的活动，称病的林彪没有参加。毛泽东率全体中央委员前去观看的盛况，更让他不舒服，随后派叶群去广州部队搜集大练兵、大比武的"形式主义"缺点和冲击政治等问题。几个月后，在谈及部队工作中的问题时，林彪咄咄逼人地说："有的部队只抓军事技术，不抓政治思想，甚至弄虚作假，搞锦标主义和形式主义。这样下去，必然会把政治工作冲垮。"并且还说："今年的比武把政治工作冲垮了。明年要反对单纯军事观点、反对单纯技术观点、反对单纯生产观点。""军事训练、生产等可以占用一定时间，但不应该冲击政治，相反，政治可以冲击其他。"

林彪强调要突出政治后，不动声色地叫罗瑞卿就他的这个指示去进行修改。

罗瑞卿提出了一些修改意见。1965年初，在军委办公会讨论和传达林彪这个指示时，罗瑞卿又做了一个明确表达自己观点的发言，不同意给群众性练兵运动戴上"单纯军事观点"的帽子，与贺龙等人一起肯定和维护了群众性大练兵运动的主流是成绩。

8. "谁能相信瑞卿会反毛主席呢?"

谈到毛泽东对罗瑞卿十分信任的关系时,郝治平在几十年后还说:"谁能相信瑞卿会反毛主席呢?"

林罗之间分歧,使得林彪下决心要打倒罗瑞卿,但正如罗点点后来所说:

> 就算林彪已经洞悉了罗瑞卿的为人,但爸爸在军政两界担任的重要职务,他和毛泽东、周恩来的亲密关系以及在其他党的领导人,包括各位军委副主席面前已经建立起来的精明强干的形象,已经创造的卓越工作成绩,都使林彪不能等闲视之。
>
> 要搬掉罗瑞卿这块绊脚石,他还有许多事情得做。其中,动摇毛泽东对罗瑞卿的信任是解决所有这些问题的关键。

林彪要动摇毛泽东对罗瑞卿的信任谈何容易?为此他绞尽了脑汁,悄悄地选择了一个突破口,罗点点回忆:

> 1965年2月,上海华东医院的高干病房里,空军司令员刘亚楼正在艰难地走完他生命的最后的路程。刘亚楼得的是肝癌,医生们已经对他的病束手无策。刘亚楼的妻子叫翟云英,……据她讲,林彪的妻子叶群,在那一段时间里忽然成了刘亚楼病房里的常客。叶群一来就要谈上半天,连她翟云英也不准在场。……叶群和刘亚楼谈什么,翟云英不知道,刘亚楼不说,她也不问。她只是觉得丈夫在那一段时间里非常烦躁。使她更为吃惊的是,林彪竟然也一改平日怕

风怕光怕见人的规矩，打破他从来不看望任何下级，更不探视任何病人的常例，亲自跑到刘亚楼的病房里来和他谈话。内容仍是非常秘密的。

这时候，爸爸专程到上海给林彪汇报工作，林彪却让爸爸先找刘亚楼谈，爸爸对林彪的安排十分奇怪，但是他正好也想看看刘亚楼，就先去了华东医院。爸爸安慰刘亚楼，要他安心养病，要心胸开阔。刘亚楼对爸爸说："林总说了，现在几个大将，论身体、论能力，我不用罗瑞卿，用谁呢？"他还要爸爸对林彪不要有误会。这些话使爸爸如坠五里雾中，他并未意识到这是林彪通过刘亚楼对他进行的最后一次争取和试探，看他到底肯不肯上林彪这条船。后来，爸爸回想起这件事的时候曾经说："我当时只是想，他林彪，我罗瑞卿，都是为党为人民工作，这些话算是从何说起呢？"

刘亚楼沉吟了许久，又对爸爸说："我也有对不起你的地方，说了一些也许不该说的话。"爸爸对这些话同样没有在意，一个垂危的病人，常常会有特别伤感的想法。爸爸仍然嘱咐他好好养病，不用考虑太多的事情。

这场莫名其妙的谈话之后，林彪才出来见爸爸。林彪问爸爸和刘亚楼谈得如何，爸爸只是如实相告。林彪看出爸爸根本没懂他的意思，他对爸爸的表现又一次失望。但是时机还未成熟，他林彪更不能自己把这层窗户纸捅破。林彪看爸爸情绪低落，就把话锋一转，对爸爸用安慰的口吻说："去年（指1964年）的军事训练有四好：即用心好、内容好、方法好、效果好。以后打仗或准备打仗时，也许还要搞突击的军训。但今年要突出政治，不突出政治，一切坏的东西，庸俗的东西都会出来。"谈话到此结束，但是林彪的话却未使爸爸感到丝毫的宽慰。

实际上，爸爸虽然在军委办公会上为1964年在全军开展的群众性练兵运动进行辩护，虽然军队中的大多数将领都不同意全盘否定练兵运动的成绩，但是这个轰轰烈烈的练兵热潮已经急速降温

第五章 罗瑞卿:"党和毛主席的领导,是最好的领导"

了。更令爸爸心乱如麻的是,他完全无法估计他和林彪之间到底发生了什么事情,他只是觉得,林总行事说话越来越怪异。

爸爸后来曾经对妈妈说,1965年那一年,他的心情很不好。林彪经常会和他说一些莫名其妙,让人摸不着头脑的话。比如什么"你们都可以放心,我林彪就是犯了错误,也不会连累你们,连我的老婆孩子也不会连累"等等。对于类似的话,爸爸在大多数场合,只要能够维持礼貌就沉默,或者顾左右而言他。但是有一次,林彪说的太多了,他再不开腔实在不行了,爸爸小心翼翼地说:"林总,我想我们这些人和主席的关系是棒打不散的。"

……每次进行完一场这样的谈话,爸爸就觉得很忧郁,他不懂林彪为什么一下子变得这么多疑。他只能安慰自己,把这一切都归结为林彪在长期养病的生活中产生出来的坏脾气。①

罗瑞卿不明白林彪为什么如此,而事情却随着时间的推进变得越来越糟糕。

1965年4月上旬,罗瑞卿在广州,准备回北京参加作战会议。毛泽东在武昌,他打电话向毛泽东请示,说拟先到武昌向毛泽东请示作战会议的问题,然后再到上海向林彪请示。毛泽东处回电:不要来武昌,也不要去上海,先回北京开会,然后再来汇报。罗瑞卿便先直接回了北京。

4月28日,在北京开完了会,罗瑞卿陪同贺龙一起来到武昌,向毛泽东汇报了开会的情况,然后只身去上海向林彪汇报。罗点点回忆:

林彪知道爸爸先陪贺龙去了武昌,心里已经不满。一见了面就没头没脑地先说了一句:"要加强通气。"然后又说:"你过去通气是有的,但不够,要加强。"林彪还对爸爸和他之间的通气规定了五条。

---

① 罗点点著:《我的父亲罗瑞卿》,上海文艺出版社1999年版,第140—142页。

这五条大概的意思是,如林彪在北京,要×日一次汇报工作,如在外地也要×月一次。爸爸到他那里汇报工作用不着事先联系,也用不着事先打电话,随到随去等等。林彪在向爸爸说明通气的重要性时竟然还拿出了党章一字一句地念起来,还引用了毛泽东的语录。这种非同寻常的情况使爸爸感到了问题的严重性。但他仍然不能懂得林彪的火气到底从何而来。爸爸说:"我知道毛主席和你都是最痛恨不通气的。我今后一定照规定做。"林彪说:"你能做到,就好。"

林彪抓住了罗瑞卿历史上"不爱通气"的"毛病"。

罗瑞卿日益感到与林彪的工作交往都变得更困难,甚至去和林彪见一面都成了很棘手的难题。罗点点回忆:

> (罗瑞卿)最难的就是什么时候、以什么方式去向林彪汇报工作,原来规定的五条好像很明确,但实际上完全是一团乱麻。你若事前不打电话,车子开到门口,就说身体不好,不见。事前打电话,就说,不是说了吗?汇报用不着事前联系,要来就来。真的去了,又说,总是搞突然袭击,没有思想准备,搞得一个病人心惊肉跳满身大汗。那么下次就再打电话。又说打了电话头天就睡不着觉,一晚上都失眠。汇报时间短了,就说匆匆忙忙,敷衍了事。时间长了就说故意搞疲劳战,想把人累死。[①]

可是,林彪主持中央军委的工作,按照工作程序,罗瑞卿又不能不去向他汇报和请示。

这时能化解这个矛盾和难题的,自然是毛泽东。但是,罗瑞卿没有去找毛泽东进行沟通。罗点点后来说:

[①] 罗点点著:《我的父亲罗瑞卿》,上海文艺出版社1999年版,第140—142页。

> 我曾经非常奇怪,对于林彪和叶群的这种种恶劣做法,爸爸为什么能够忍耐。就当时爸爸和毛泽东、周恩来两人的关系而言,爸爸完全可以告他们一状,而且可以告准。但是爸爸却忍辱负重。后来,他和我说:"一直到坐了林彪的班房,我还认为是毛主席和林彪对我的误会。"……他本着老一套尊重上级,维护团结的精神,拼命躲避着射向他的明枪暗箭,心里头最惴惴不安的,是林彪,后来是毛泽东对他的误会。①

罗瑞卿沉默不言,没与毛泽东沟通,也没与其他人交谈,于是事情便急剧地往于他不利的方向发展,最终林彪夫妇抢先去告状,并且导致毛泽东对罗瑞卿也产生误会。

毛泽东对罗瑞卿的误会,除林彪夫妇的告状外,还与此时的历史背景分不开。

由于20世纪60年代纷繁复杂的国内外形势,毛泽东对国内出现的许多问题有了新的看法,由此认为"中国存在一个吸工人血的官僚主义者阶级,党内存在走资本主义道路的当权派。党里、政府里和军队里已经混进了一大批资产阶级代表人物和反革命修正主义分子"。于是他要打倒他们,以维护新生的人民共和国。

1965年10月10日,毛泽东在同大区第一书记谈话时说:中央出了修正主义,你们怎么办?如果中央出了修正主义,你们应该造反。

11月10日,上海《文汇报》发表姚文元的《评新编历史剧〈海瑞罢官〉》文章,认为作者吴晗是以新编历史剧《海瑞罢官》借古讽今,"要人民公社'退田'",为"单干风"翻案、"平冤狱","《海瑞罢官》并不是芬芳的香花,而是一株毒草"。吴晗是研究明史的历史学家,时为北京市副市长。姚文元的文章立即引起了各界的注意,但是遭到北京方面的抵制。

---

① 罗点点著:《我的父亲罗瑞卿》,上海文艺出版社1999年版,第147页。

25日，罗瑞卿到达上海。这时上海的报纸纷纷刊登有关评《海瑞罢官》的文章。华东局书记陈丕显告诉罗瑞卿，毛主席对北京各报不转载姚文元的文章很不高兴。并对他们上海的人说：他不转载，你们出单行本，看他转载不转载。罗瑞卿听到这个消息，立即叫秘书要来了一本单行本。

26日下午，罗瑞卿陪同毛泽东接见柬埔寨王国武装部队总司令兼总参谋长朗诺。在客人未到时，他对毛泽东说："评《海瑞罢官》的文章，我要了一本，还未看。"

毛泽东笑了笑，没说什么。

晚上，罗瑞卿看到江青，江青对他说："北京各报至今都不转载姚文元的文章，不知为什么。"还说："现在在北京看家的是彭真。"

回到住地，罗瑞卿赶快给北京市委书记彭真打电话，并且要求自己主管的《解放军报》进行转载。这时候周恩来也给彭真打招呼。罗瑞卿离开上海前，对毛泽东说他准备到苏州去看林彪。毛泽东神情开朗地嘱咐他："去看看好，要他好好养，要养得像七千人大会的时候一样，能够做三个钟点的报告。"罗点点后来说：

> 毛泽东情真意切地将这句话重复了好几遍。爸爸说至少到这个时候，他和毛泽东之间还是晴空万里。爸爸万万没有想到，这是他最后一次见到他爱戴和追随了一辈子的伟人毛泽东。

罗瑞卿来到苏州后，林彪接见了他，也没说什么不好的话。

11月30日，《解放军报》和《北京日报》同时转载姚文元的文章。

也是这一日，林彪给毛泽东写信，说："有重要情况需要向你报告。好几个重要的负责同志早就提议我向你报告。我因为怕有碍主席健康而未报告，现联系才知道杨尚昆的情况，觉得必须向你报告。"[①] 然后派叶群前去武汉，当

---

① 黄瑶、张明哲著：《罗瑞卿传》，当代中国出版社1996年版，第538页。

第五章 罗瑞卿:"党和毛主席的领导,是最好的领导"

面向毛泽东呈材料并作口头汇报。

叶群除带林彪给毛泽东的信外,还有 11 份材料,其中除刘亚楼(已于5月7日去世)给罗瑞卿的信外全是揭发罗瑞卿的材料,有林彪授意在海军方面的李作鹏写的,也有总参作战部副部长雷英夫在林彪、叶群向他交底后主动写的。

叶群在武汉向毛泽东汇报了六七个小时,主要是说罗瑞卿反对林彪,有野心,对林彪搞封锁,逼林彪下台。随从毛泽东在武汉的中央警卫团团长张耀祠后来回忆:

> 她(叶群)对主席说:"我过去对罗瑞卿是毕恭毕敬的,没有想到罗瑞卿跟林彪的关系搞得这样子。"
>
> 叶群又说:"罗瑞卿掌握了军队大权,又掌握了公安大权,一旦出事,损失太大,他的个人主义,已经发展到野心家的地步,除非林彪同志把国防部长让给他。""林彪的位子让给他没关系,但会不会发展到'逼上夺位'的程度呢,我想是会的。主席,他是两个眼睛盯着这个位置的。"叶群还罗列了一些罗瑞卿的罪名,她说:"罗瑞卿反对林彪'突出政治',他说,'病号嘛,还管什么事,病号应让贤!不要干扰,不要挡路'。"①

叶群告状后,毛泽东是什么思想?罗点点记述:

> 虽然那时毛主席对叶群的这些话半信半疑,但主席对罗瑞卿的看法变了。

罗点点说:"就算爸爸做梦的时候能想到林彪陷害他,但他绝不信,毛泽

---

① 张耀祠著:《张耀祠回忆毛泽东》,中共中央党校出版社1996年版,第30—31页。

东会改变对他的看法,他原以为,毛泽东对他的信任是一块谁也搬不动的大石头……"但由于叶群搬来的"人证物证"俱在,并且由于党内这时出现的一些特殊情况,使得毛泽东对包括罗瑞卿在内的一些人的看法改变了。

尽管几十年后郝治平谈起叶群告状事件还是坚持认为毛泽东从不相信罗瑞卿是个坏人,会反党,反他本人,但由于罗瑞卿反对林彪、"有野心"、"逼林彪下台",这是党的组织纪律不允许的,所以毛泽东决定对罗瑞卿进行组织上的处理。这样,林彪的状告准了。

12月8日,在毛泽东亲自主持下,上海会议召开。

> (在会上)毛泽东依据林彪、叶群提供的材料说:"罗的思想同我们有距离","罗把林彪同志实际上当作敌人看待","罗是野心家"。但是,他又对林彪说:"罗瑞卿反对你,还没有反对我嘛!他反对我游泳,那也是好意。"①

这时罗瑞卿和郝治平正在外地,接到会议通知后赶到上海,但有关方面没有让罗瑞卿参加会议。夫妇两人下飞机后就被安排在一个院子里。随后,周恩来、邓小平受党中央委托先后来与罗瑞卿进行组织谈话。

周恩来向罗瑞卿传达了会议的主要内容,并转述了会上叶群代表林彪对罗的指责,还告诉了毛泽东说罗瑞卿"反对林,还没有反对我"的话。邓小平则传达了毛泽东和中央政治局常委的几点意见:

一、情节是严重的。

二、同彭黄有区别。

三、从长远看,还是有成绩的。

四、中央未察觉也有一定责任。

五、党的方针仍然是惩前毖后,治病救人。只要认真地改,仍然准许革命。

---

① 黄瑶、张明哲著:《罗瑞卿传》,当代中国出版社1996年版,第540页。

第五章 罗瑞卿:"党和毛主席的领导,是最好的领导"

这个意见否定了林彪之前"又一彭黄也"的定性。但是,对于林彪和叶群的诬陷,罗瑞卿有口难辩,便提出找毛泽东和林彪当面说清楚。郝治平回忆:

> 瑞卿要求去见毛主席和林彪,把问题说说清楚。总理对瑞卿说,不要去见主席,也不要去见林彪。瑞卿当时想见的就是这两个人,不让见,别的还见什么人呢?所以,哪儿也没去,就在那个小院子里。从11号到上海,一直到17号离开,这期间哪里也没有去,就在家里等着。参加会议的那些领导同志,谁来了就和谁谈。我不能参加他们的谈话,只能谈完了,听瑞卿讲一讲,他说多少,我就知道多少。①

罗瑞卿和战士们在一起

16日,上海会议结束。在会议作总结时,总书记邓小平连罗瑞卿的名字都没有提及。毛泽东对罗瑞卿的问题采取了"挂起来"的办法。

会后,受毛泽东的委托,周恩来、邓小平再次与罗瑞卿进行谈话。他们向罗瑞卿传达了会上大家就人际关系、作风、工作、政治、组织五个方面对罗瑞卿提出的意见,并传达了毛泽东的话:"如果没有这三条(指反对林彪、伸手、反对突出政治),可以把问题先挂起来。中国有很多问题都是挂起来的,挂几百年不行,还可以挂一万年。有什么就检讨什么。"

---

① 罗点点著:《我的父亲罗瑞卿》,上海文艺出版社1999年版,第161页。

在林彪九一三事件后,1973年12月21日,毛泽东说:听了林彪的一面之词,错整了罗瑞卿。这说明毛泽东对罗瑞卿的处理是听信了林彪等人之言,而不是其他。再者,毛泽东发动"文化大革命",不是他与林彪"交易"的结果。

正如郝治平所说,毛泽东并不相信罗瑞卿会反对他本人,所以上海会议对罗瑞卿的问题没作结论,采取了"先挂起来"的办法,这也表明毛泽东对罗瑞卿是要以教育为主,以帮助为主,不是要把他一棍子打死。

毛泽东要把罗瑞卿的问题"挂起来",可为什么事情后来发展到不可收拾的地步?这与1959年就打倒的彭德怀在60年代照样受到"冲击"一样,是"文化大革命"运动的必然结果。而这个结局,违背了毛泽东把罗瑞卿"挂起来"的初衷。

9."我爬也要爬到天安门去参加毛主席的追悼会"

1965年12月17日,罗瑞卿夫妇和周恩来、邓小平、李富春同机离开上海,抵达了北京。罗瑞卿后来回忆:

> 从上海回到北京后,我即写了报告给主席、中央,请求调离我在军队中的一切职务及与军事有关的职务,如国防工业办公室主任、人民防空委员会主任、国防委员会副主席等。中央很快就批准了。并将批准及我的报告转发全国军队团以上,地方县委、县公安局长以上。并将电报抄给了我。
>
> 因我不在军队工作了,军委办公厅来人撤了电话机。我还要秘书将我的枪、猎枪和秘书们的枪都交上去。彭真同志专门打了一个电话给秘书,说猎枪可以保留一支给孩子们玩。我说,不要留,全部交。

第五章 罗瑞卿:"党和毛主席的领导,是最好的领导"

尽管在上海会议结束时,邓小平看望罗瑞卿时还转告了毛泽东的一句话:"告诉罗总长回北京,回北京再说吧。"可是,罗瑞卿受到了诬陷,迫切地希望党中央尽快澄清是非,把所谓的问题一一弄清楚。因此,他"交权"后还是对"先挂起来"的那些问题耿耿于怀,年底的时候又给周恩来、邓小平写信并转报毛泽东和中央政治局常委,对自己的问题进行认识和澄清。信中说:

你们第一次向我宣布的主席、中央对我的看法的第一个五条以及你们第二次归纳群众意见对我批评的第二个五条(关系、作风、工作、政治、组织),我完全拥护并深为感动。我的错误,责任完全由我担负,主席、常委、中央没有任何责任。我一定忠诚老实地对我的错误事实、性质、根源向党作彻底地、毫无保留地交待。一个人如果还要革命,还要跟党、跟毛主席革命到底,犯了错误,除了认识、检讨和坚决改正而外,还有什么别的办法?

还有另外三条(伸手、反对突出政治、封锁反对林副主席)或者四条(加挑拨)我确实没有。我有错误不承认,是没有党性,我没有的错误乱承认,也是没有党性。我不能反对有同志对我怀疑,甚至很多同志怀疑,但是没有的事我不能承认,请求中央严格审查。如果证明确有其事,那算我对党隐瞒,应该算是错上加错,或者罪上加罪。

关于伸手。就我所知道的,这次揭发的是两件材料。一件是说我向林副主席说老病的要让贤。我说过没有?如果说过,是在什么时候,什么情况下,指什么说的,我完全记不得了。不过,可以保证,我决没有暗示,要林副主席让贤之意。我没有这样坏、这样狂妄、这样愚蠢呀!一件是说刘亚楼说了四条,这个我完全不知道。是这次事情后我才听说。[①]

[①] 黄瑶、张明哲著:《罗瑞卿传》,当代中国出版社1996年版,第551—552页。

罗瑞卿急切地希望党中央尽快澄清是非的态度,让林彪更加不安,于是事情继续恶化。郝治平回忆:

> 快过春节了,我们回到城里自己的家中。中央一些负责人都来找瑞卿谈,但是还是不准见毛泽东和林彪,只让写检讨。……瑞卿自己一面写检讨,一面看毛选,尽量把自己的缺点、错误从重检讨。写好检讨,送上去,康生先说不行,说是只检讨了一些鸡毛蒜皮。这个检讨过不了关,还要写。瑞卿万般无奈,实在检讨不出来。然后,小平同志就说:检讨不出来,就好好读点书,把一些事情好好想想,从思想上提高提高,花上几个月、半年的时间。
>
> 这样的安排,我看瑞卿还是能够接受的样子。他也想安静安静,想想究竟是怎么一回事。他很认真地看毛选,还想读一点哲学著作。①

可是,就在罗瑞卿开始冷静下来的时候,林彪又出手了。郝治平回忆:

> 可是还是安静不了,3月份会议突然来了。3月3日下午,瑞卿接到通知说,毛主席和中央军委常委决定开个会,是专门解决你的问题的。下午通知,3月4日上午就开会。瑞卿思想上一点准备也没有。因为小平同志刚刚说了让瑞卿好好看看书,搞个半年左右,怎么忽然又开会呢?
>
> 这个会一开,问题就严重了。不是上海会议上提出的反对林彪、反对突出政治和向党伸手那三条了,瑞卿一下子就被说成反党反毛主席。一些从来没有听说过的事情也被编造出来。说什么瑞卿上林彪家去说,病号嘛,就是要休息,不要占着茅坑不拉屎。还在走廊上把林彪家的猫踢一脚,大声说:走开!这些事情真是闻所未闻。可是

---

① 罗点点著:《我的父亲罗瑞卿》,上海文艺出版社1999年版,第170页。

第五章 罗瑞卿:"党和毛主席的领导,是最好的领导"

硬是有人证。那就是林彪的老婆、女儿、还有秘书。统统是这些人亲耳听到的。

最让瑞卿受不了的是说他反对毛主席,反对毛泽东思想。

这真是天大的冤枉。本来林彪说瑞卿反对

罗瑞卿在练兵场上射箭

他,封锁他,这些问题瑞卿还是顶得住的。我也抱着很大的希望。直到 3 月会议前,都觉得这个事情是会弄清楚的。因为我们觉得毛主席是了解我们的,毛主席是会把这个事情弄清楚的。在上海时毛主席说过:反对你林彪,还没有反对我。还讲没有三条就挂起来,可以挂一万年。

可是 3 月会议一开就不是这样了,完全成了敌人,甚至混进党里来的阶级异己分子、军队中的赫鲁晓夫。比武硬说瑞卿没有向中央报告,是"擅自大比武",瑞卿当然知道不是"擅自",是写了报告的。但是写了那么多报告,这个报告是在哪一天写的?记不清了,让秘书给查,秘书拒绝。想找一个文件都不可能了。所以完全处于一种说你是什么,你就是什么的状况。而且,非要你自己承认。还有那 30 本马列的书是冲击学毛选。另外还有很刺耳的话,瑞卿听了从来不跟我说,怕我受不了。

……(罗瑞卿)早上起来,吃了饭就准备去。可是回来就不行了,连楼梯都上不动,第二天还是照样去,检讨照样写,但是每天回来都上不动楼梯。……每天回来都是这样。问他,他也不说,就是走不了路,不吃饭,晚上也不睡觉。我晚上去看看他,他就在那写检讨。他把窗帘拉得严严的,谁也看不见。

在这次军委常委会上,吴法宪、李作鹏等人提高了批罗的调子,上升到了"反对毛主席,反对毛泽东思想"的高度。"解决罗瑞卿问题"的京西宾馆会议反而成了对罗瑞卿的批斗会。

罗瑞卿对毛泽东忠心耿耿,大家却说他反对毛泽东,这对罗瑞卿是一个莫大的打击,正如郝治平所说这是"最让瑞卿受不了"。京西宾馆会议的状况让罗瑞卿意想不到,也使得他陷入了痛不欲生的境地。在万般痛苦之中,罗瑞卿做出了一个惊人且让所有人意外的决定。罗点点回忆:

1966年3月18日,天阴无风。爸爸吃了早饭,从桌上拿起他装满检讨的公文包,准备去开会,这时候,秘书桌上的电话响起来,军委办公厅通知说今天的会暂时不开了。

在这一刻,爸爸下定了自戕的决心。

如果说爸爸一直希望向党向毛泽东和他的同志们说清事情的真相的话,从他接到暂时休息的通知的这一刻起,他却忽然明白了,这一切根本是不可能的。……爸爸形容这一刻的心情时说:"我感到眼前一片黑暗,毫无希望,已陷进无可名状的痛苦深渊之中。觉得除此之外,别无出路。"

……爸爸伏在案上写下遗书:

"治平:

会议的事没告诉你,为了要守纪律……

永别了,要叫孩子们永远听党的话,听毛主席的话!

我们的党永远是光荣的、正确的、伟大的,你要继续改造自己!

永远革命!"

爸爸写好这张字条,把它放在抽屉里。

爸爸推开妈妈的房门,妈妈正拿着一本书读,妈妈回过头来看

第五章 罗瑞卿："党和毛主席的领导,是最好的领导"

爸爸,爸爸说:"你在这里好好看书吧。"爸爸轻轻地带上了房门……

就这样,罗瑞卿从自家三楼的露台上纵身跳了下去。可是,幸运的是,他居然没有死,只是身体重重地摔落在地上时摔断了双脚跟骨(左脚更严重),人昏迷过去了。

当罗瑞卿被人发现后,立即被送往了医院进行抢救。

罗瑞卿住院后,京西宾馆会议还在继续,4月8日结束。月底,中央工作组向党中央写出了《中央批转中央工作小组关于罗瑞卿同志错误问题的报告》。5月16日,党中央发出《五一六通知》,并向全党批转了上述报告。其中,把罗瑞卿和彭真、陆定一、杨尚昆联系在一起批判。5月18日,林彪在中央政治局扩大会议上作了耸人听闻的关于政变的讲话,并把彭、罗、陆、杨升级为"反党集团"。至此,罗瑞卿问题的性质完全发生了变化。

这样的结局让罗瑞卿始料不及,但是他对毛泽东个人的感情没有发生变化。

> 郝治平本来可以去医院看望罗瑞卿,这时不让探视了。深谙丈夫对于毛泽东敬仰之心的她,找出一尊毛主席托盘漆像,用一条红色手绢精心包扎起来,再包上一层红纸,外面用红缎子结了一朵花,托人送到医院。罗瑞卿得到慰藉,把毛主席像放在床头柜上。[①]

罗瑞卿在医院住了九个月才出院,但随即被关押起来。1967年,在林彪等人的策划下,党中央成立罗瑞卿专案组。这时"文化大革命"烈火正炽,罗瑞卿夫妇经常被造反派带去进行批斗。由于长时间站立,罗瑞卿的腿伤复发,并且越来越严重。

这个情况不知怎么让毛泽东知道了。据罗瑞卿在狱中写的政治自传中记

---

① 黄瑶、张明哲著:《罗瑞卿传》,当代中国出版社1996年版,第572页。

述:1968年7月一个下午,在审问之后,审问方通知罗瑞卿说:"毛主席亲自批准你再去医院。"

毛泽东的关切,让罗瑞卿又看到了希望。随后,他被减少了批斗,被安排在空军司令部以南什坊院东屋进行监护,从此过着与世隔绝的生活。"在挨斗、坐班房的日日夜夜,他(罗瑞卿)始终坚信,毛泽东会说话的。"

罗瑞卿对毛泽东的这份"坚信"果然成真。1971年九一三事件发生时,罗瑞卿并不知道林彪机毁人亡了。但在处理林彪事件时毛泽东并没忘记罗瑞卿。

  1973年11月20日,毛泽东批示,解除对罗瑞卿的监护……12月21日,毛泽东在接见参加中央军委会议的同志时说,我是听了林彪一面之词,所以犯了错误。小平讲,在上海的时候,对罗瑞卿搞突然袭击,他不满意。我赞成他。也是听了林彪的话,整了罗瑞卿。有几次听一面之词,就是不好呢,向同志们做点自我批评。
  ……
  (在罗瑞卿被打倒)八年后毛泽东终于说话了,他才获得解放。他这个老卫士对自己的领袖仍然是无怨无悔、忠心耿耿。[①]

在毛泽东的指示下,罗瑞卿随即被解除了监护。他向有关部门要求释放同时也被关押的妻子郝治平。

1974年1月5日,郝治平出狱。她立即去医院看望罗瑞卿。度尽劫波,他们终于可以一起回到久别的家了。然而,在回家的路上,罗瑞卿却建议他们先去天安门广场。

  当汽车开到广场时,他(罗瑞卿)要下车。郝治平劝他不要下车。

[①] 黄瑶、张明哲著:《罗瑞卿传》,当代中国出版社1996年版,第586、589页。

第五章 罗瑞卿:"党和毛主席的领导,是最好的领导"

他便让司机开慢一点。当车开到天安门正中毛主席像下时,罗瑞卿伸出右手,恭恭敬敬向毛主席像行了一个军礼,直到看不到毛主席像了,才把手放下。他的双眼闪烁着晶莹的泪花。[①]

10月,经中央批准,罗瑞卿夫妇到福建省福州市,请著名中医林如高治疗罗瑞卿腿疾。

1975年8月,罗瑞卿被任命为中央军委顾问,中央军委派专机把罗瑞卿接回北京,参加八一建军节活动。

从1965年11月在上海同毛泽东分别后,罗瑞卿一直未见到毛泽东。解除监护后,他立即给毛泽东写了一封信。但是此时毛泽东已经病重,罗瑞卿没有得到回音,没实现再见面的夙愿。

1976年9月9日,毛泽东逝世。罗瑞卿正在福州,闻讯后立即赶回北京。罗点点回忆:

爸爸心急如焚地赶回北京。在向毛泽东的遗体告别时,他坚持让人搀扶着,用他刚刚能够站立的双腿走过毛泽东的灵柩。他久久端详这个巨人的遗容,泣不成声。

9月18日,毛泽东追悼大会在天安门广场举行。可是,有关部门竟不通知罗瑞卿参加。罗瑞卿坚决要求参加追悼大会,最后获得了同意。而有关方面只给他和谭政、陈再道三人派了一台车。陈再道愤慨地说:"罗瑞卿一个人就得一台车,他、轮椅,还有推轮椅的,我们三人怎么去?"

罗瑞卿说:"没有车,我爬也要爬到天安门去。"

经过他们多方争取,有关方面终于增派了一台车,几人得以成行。

下了汽车后,罗瑞卿坐着轮椅,由儿子罗宇推着,穿过中山公园,来到了

[①] 黄瑶、张明哲著:《罗瑞卿传》,当代中国出版社1996年版,第589页。

哀乐低沉的天安门前。追悼会开始后，在罗宇扶持下，罗瑞卿坚持走下轮椅，拄着双拐，一直面对毛泽东遗像肃立着，泪流满面，泣不成声。在场的谢觉哉夫人王定国后来回忆：

> 他（罗瑞卿）由孩子推着手车从中山公园门口出来，停在会场的西北角落。我见他那样艰难的情景，劝他到荫凉的地方坐着。但他却坚强地说道："我连这里都来不了啊，还能坐到哪里？人家不要我参加追悼会。我对他们讲：你不给我汽车，我自己去，我爬也要爬到天安门去参加毛主席的追悼会。我是斗争来的啊！"
>
> 追悼会开始了。罗瑞卿同志咬着牙，忍受着双腿的疼痛，用棍杖支撑着身体，站了起来，向毛主席遗像致哀。他就这样坚持站了一个多小时，也一直哭了一个多小时！我看着毛主席的遗像，看着罗瑞卿同志的痛苦情景，不由得回想起以往罗瑞卿同志跟在毛主席身边，慢步走动的矫健身姿，周到细致的工作精神。

这就是罗瑞卿对毛泽东的真挚情谊，令人感动。在追悼大会之后，罗瑞卿因心情沉痛，冠心病复发，住进了301医院。

1977年8月，罗瑞卿参加党的十一大，当选为中央委员，并被任命为中央军委常委、军委秘书长。罗瑞卿完全复出了，他对身边的人说：要"在有限之年，尽自己的一切力量，为党多做点工作"，"做一个配称跟了毛主席几十年的老干部的人"。罗瑞卿以"配称跟了毛泽东几十年的老干部"鞭策、要求自己，在工作中再次焕发青春。而他对毛泽东的那份感情还是没有改变。在百务缠身的情况下，他坚持担任了毛泽东纪念堂管理委员会主任，直到他本人去世。

罗毛之情超越了时空，经受岁月的考验。罗点点由衷地说：

> 无论在这个以革命为主题的世纪里发生了什么事情，爸爸对毛泽东的信任和爱戴从未动摇过，他始终是这个伟大天才革命家的忠实追随者。

大河向东

THE
GREAT RIVER
FLOWS EAST

★ 第六章 ★

黄克诚：
"对毛主席评价的态度问题，这是一个根本的问题"

1. "黄克诚的幸运之处,在于他一开始便直接受到毛泽东的影响"

黄克诚认识毛泽东比较早。在众多的解放军将领中,他是真正当过毛泽东学生的少数人之一。但是,起初两人的直接交往并不多。

黄克诚走向革命道路,是在毛泽东亲自建立党组织的湖南衡阳第三师范,有人说:"黄克诚的幸运之处,在于他一开始便直接受到毛泽东的影响。"这个"直接影响"始于衡阳第三师范。

黄克诚是如何来到第三师范的?他的女儿黄梅后来有一个叙述:

> 父亲少小之时,并无过人的志向,也不先知先觉。他出身于湘南的一个贫苦的农民家庭,排行第二。自小从事农业劳动,生活艰辛,稍不如祖父的意,还要挨打。靠了族人帮助,他读了些年私塾。18岁了,才到县城上了个新式高小,一两年后又借别人小学毕业的文凭冒名报考,进了衡阳的湖南省立第三师范。上了师范,父亲起初很高兴,后来却不大能安心读书了。先是觉得穷人子弟无依无恃,读书也并无出路,很有点消极厌世。渐渐地,由于革命形势高涨,新思想风起云涌,他广泛地阅读了许多新书刊,才意识到存在着整个国家、民

第六章 黄克诚:"对毛泽东评价的态度问题,这是一个根本的问题"

族没有出路的大问题,从而得以从个人患得患失中解脱了出来。他常说,他原是个很消极散淡的人,是革命给了他积极性。①

黄克诚进入衡阳第三师范是 1922 年夏的事。

衡阳省立第三师范是一所具有革命传统的学校,我党早期就在这里播下了革命的火种。1920 年 8 月,毛泽东在长沙创办文化书社时就在第三师范设立了衡阳分社和书报贩卖部,出售宣传马克思主义等进步书刊。1921 年 7 月,毛泽东在上海参加建党,回长沙不久,就乘轮船溯湘江而上,到衡阳考察。次年 4 月,他再次来到衡阳,在第三师范操场发表讲演,并发展了蒋先云、夏明翰等一批中共党员。1922 年夏,张秋人、戴述人被陈独秀、毛泽东等人推荐到三师担任教员。黄克诚后来回忆:

> 这批优秀的共产党员,分别以读书和当教员作掩护,秘密领导着衡阳地区的党团活动,而第三师范则成了湘南地区党团组织和革命学生运动的中心。②

黄克诚在三师开始接触实际的革命斗争。1923 年 3 月,三师因为校长克扣伙食费爆发学潮,一直闹到 6 月,学生拒不复课。学校当局没有办法,便宣布放假,食堂不开饭,学生只好散掉了。张秋人、蒋啸青、屈子健、贺恕等党员教师也被强行辞退。黄克诚后来回忆:

> 三师学潮是我接触的第一次群众性的斗争,它给我的教育很深,感触甚多。虽然当时我还不能理解这场斗争的意义,但那些为首的学生们不畏强暴、奋不顾身的斗争精神,使我由衷地钦佩。

---

① 黄梅著:《岁寒心——我心目中的父亲黄克诚》,载《黄克诚纪念文集》,湖南人民出版社 2002 年版,第 684—685 页。
② 《黄克诚回忆录》,解放军出版社 1989 年版,第 14 页。

这些斗争对黄克诚影响非常大。跟随黄克诚征战多年的陈绍昆少将后来说：

> 他认识到不光是他个人没有前途,整个中华民族都处在水深火热之中。他带着这些中国社会的实际问题进行了深入的思考,并如饥似渴地阅读《向导》、《新青年》以及国民党第一次全国代表大会宣言和孙中山的一些著作,寻找答案。他开始认识到"只有打倒帝国主义和军阀,中国才会有出路,要救中国必须进行革命;而要革命就要有革命党"。1924年下半年,他发起组织了永兴县旅衡学友互助社,把永兴籍的进步学生组织一起读书讲座,学习新思潮。后来他又加入了以孙中山为旗帜的国民党。此后,他又阅读了许多外文译著,如达尔文的进化论、考茨基的阶级斗争、列宁的《两个策略》和《国家与革命》、马克思恩格斯的科学社会主义以及布哈林等人的著作,还有关于苏俄社会主义革命情况的介绍等文章,从而,使他的思路和视野更加广阔和深邃了。特别是他反复熟读了《共产党宣言》,使他的思想发生了深刻的变化和提高,接受了"阶级斗争和社会主义思想",并且认识到国民革命的不彻底性,不能从根本上解决中国社会的问题。要解决中国社会乃至人类社会的根本问题,只有实行彻底的无产阶级革命。于是,他选定了走马克思主义无产阶级革命的道路,决心参加中国共产党。
>
> 1925年10月他加入了中国共产党。[①]

黄克诚是在不断学习和思考之后加入中国共产党的,以后,他信仰马克思主义完全是自觉的,而且是经受住各种考验坚定不移、终生不渝的。

随后,黄克诚就被选派到广州,进入国民党中央政治讲习班学习。这个讲

---

① 陈绍昆著:《为党为民鞠躬尽瘁,坚持真理百折不回——纪念黄克诚同志诞辰一百周年》,见《黄克诚纪念文集》,湖南人民出版社2002年版,第383页。

第六章 黄克诚:"对毛泽东评价的态度问题,这是一个根本的问题"

习班实际上由林伯渠、毛泽东等共产党人主持。李智舜说:

> 黄克诚入党后不久,见到了仰慕已久的毛泽东。
>
> 1925年8月,毛泽东顶着骄阳又一次来到衡阳,在三师附近的东山庙,召开了一次党员会议,提出派一批骨干到广州去学习,培养工农运动的领导者。
>
> 黄克诚受中共湖南党组织的派遣,到广州考取了国民党中央政治讲习班。……讲习班的学员大都是湖南人,毛泽东等7人组成理事会,领导讲习班的工作。在这里,黄克诚亲眼目睹了毛泽东的风采,亲耳聆听了毛泽东的教导。他被深深地吸引住了。

黄克诚

由此,黄克诚成为了毛泽东的学生。

毛泽东的讲课内容是中国农民运动。每次课上,黄克诚都聚精会神,用力捕捉着讲课人的每一句话,每一个动作,唯恐落下一个字。毛泽东的讲课在他眼前展现了一个全新的世界,毛泽东对农民运动的独到见解更令他折服。在当时,不仅反动派疯狂反对、谩骂农民运动,党内和整个社会舆论也都指责农民运动"过火"。只有毛泽东,经过实地调查研究,用十分鲜明的立场和极其生动的语言,驳斥了各种非议,热情赞扬农民运动"好得很!"这是多么的了不起!毛泽东对中国农民阶级状况和农民运动情况的分析,作出的中国的问题主要是农民问题的判断,使黄克诚确有顿开茅塞之感。毛泽东的形象在黄克诚的心中牢牢地树立起来。

如果说，同乡关系使黄克诚对毛泽东有一种自然的亲切感，那么，师生关系又使这份亲切感加重了。

但是，在此期间，毛泽东与黄克诚没有个人交往。在中央政治讲习班，黄克诚只是几百名学员之一，毛泽东认识不认识他，尚无记载，黄克诚也不曾提起过。

由于北伐战争的需要，这个讲习班提前毕业，黄克诚希望去军队工作。于是，经党组织同意，1926年6月下旬，他转入了北伐军总政治部办的训练班。再过两个星期，黄克诚在训练班毕业，编入北伐军前敌政治部宣传队，随后进入唐生智第8军第4师第13团。

可是，黄克诚在这个部队待的时间并不长。1927年夏，轰轰烈烈的大革命失败，唐生智也倒向了蒋介石的南京政府，黄克诚便离开第8军，四处寻找党组织。在白色恐怖中，他没有找到党组织，便返回家乡永兴县，联络地下党员，准备东山再起。恰好在这时"霹雳一声震天响"，毛泽东发动了秋收起义，然后率部上井冈山，建立了井冈山革命根据地。这对在永兴的黄克诚震动很大。他后来对毛泽东成功地建立井冈山根据地之举评价很高：

> 后来我曾经想过，当时湖南敌人的兵力比较空虚，唐生智的部队大部在外地。如果南昌起义部队不去攻打军事力量比较强大的广东，而去攻打湖南，再从湖南向四川、贵州方向发展，形势会好得多。但是，那个时候我们还不懂得避实就虚，更不懂得打游击战，实行武装割据，建立革命根据地等等，而习惯于攻城略地，猛扑猛打。只有毛泽东及时地提出了正确的主张，并且亲手建立了井冈山革命根据地。井冈山革命根据地的创立，这在中国革命斗争史上的意义是无法估量的。如果没有井冈山这块革命根据地的接应，则朱德率领的南昌起义余部以及后来彭德怀领导的平江起义部队，都很难立足。

这大概是毛泽东在中央政治讲习班之后给一度从军过的黄克诚上的另

一堂课——胜敌的军事课。

2."毛泽东同志接受了我们那次失败的教训"

黄克诚说：

> 井冈山上的红旗不倒,极大地鼓舞了共产党人进行武装斗争的斗志,坚定了革命必胜的信念。在井冈山红旗的指引下,各地被打散了的革命力量又纷纷聚集起来,星星之火,遂成燎原之势。

黄克诚回到永兴拉起队伍,1927年年关时节,朱德陈毅率领南昌起义余部自广东转战到湘粤边界,发动湘南暴动。黄克诚等人率领100多人进行响应,缴获民团的枪,与另外一支农民暴动军合编为永兴红军警卫团,尹子韶为团长,黄克诚为党代表兼参谋长。这样,黄克诚也被卷进了中国革命的激流中心。从这个时候起,他在许多重大问题上与毛泽东有着一致的看法。这些"一致",促进了他对毛泽东及其思想的认识,也深化了他对中国革命及其规律的认识,然而却体现在黄克诚多次被人指责的"右倾"上。

湘南年关暴动后,1928年春,湘南特委自衡阳迁到耒阳。特委书记陈佑魁"左"得很,下令各县大烧大杀,要求农军不仅烧衙门机关、土豪劣绅的房子,还要把县城整条街道和所有商店都烧掉,甚至要将沿衡阳至坪石公路两侧15华里的所有村庄统统烧掉,以使敌人进攻时无房可住。陈佑魁想用这个办法阻止敌人的进攻。但是,遭到了黄克诚的抵制。

后来黄克诚回忆：

> 当时已是3月份,各乡农民已分配了土地,正忙于春耕。农民对

这种乱烧的做法非常反感。我哥哥是个同情革命的老实农民,他曾悄悄对我说过:你们为什么要烧房子呢?把这么多、这么好的房子烧掉多么可惜!即使是土豪劣绅的房子也不应该烧掉,可以分配给穷人住嘛。烧房子的做法很不得人心,使老百姓不得安生。

这时的黄克诚是冷静的,所以他的行动也没那么激进。他后来说:

> 我哥哥的这席话是人民群众的心里话,使我很受启示。我本就对这种做法有怀疑,很抵触。听了我哥哥的话后,更加坚定了自己的看法。当永兴县委开会讨论贯彻湘南特委的指示时,我坚决反对烧房子。县委书记李一鼎严厉地指责我右倾,并责成我负责烧县城。我拒绝执行。李一鼎以组织名义命令我必须执行,否则将受到严厉处分。我被迫服从了,但采取了折衷的办法,只在县城烧了衙门、祠堂、庙宇和个别商店,没有整条街地烧,最后永兴县城的大部分房屋商店;还是保留下来了。当时郴县、耒阳都按照特委的指示,把县城烧得一空。

这是黄克诚第一次向党组织提出不同意见而被指责为"右倾"。就在备受指责的时候,黄克诚突然发现他的看法与毛泽东是相同的:

> 这时,湘南特委委员周鲁奉命到井冈山传达省委的指示,回来路过永兴,谈他在遂川的见闻,大讲毛泽东"右倾",不实行烧杀政策云云。我一听说毛泽东也反对乱烧滥杀政策,心里很高兴,进一步坚定了我自己的看法。①

---

① 《黄克诚回忆录》,解放军出版社1989年版,第57页。

第六章 黄克诚:"对毛泽东评价的态度问题,这是一个根本的问题"

黄克诚坚定自己的看法后,就更加明确反对这种不分青红皂白的烧杀政策了。不久,永兴县马田圩高亭司一带农民,受到邻县农民"反水"的影响,在地主豪绅的策动下,也打出白旗,反对苏维埃政府。县委派尹子韶率领警卫团主力去弹压。尹子韶带队伍出发后,黄克诚在县城里放心不下,担心他们对"反水"农民采取乱烧滥杀的报复手段,连夜离开县城,追赶尹子韶等人。等他在拂晓前赶到马田圩时,尹子韶正指挥部队放火焚烧马田刘家。

这是一个打白旗的村子,全村300来户人家。此时已笼罩在一片火海之中。黄克诚赶忙找到尹子韶问明情况,得知他们还准备去焚烧另外几个打白旗的大村子。他坚决予以制止说:"这种蛮干的做法太脱离群众,只会造成与农民的尖锐对立情绪,并有可能被反动派所利用。"

他先说服了尹子韶,然后召集干部开会,宣布今后不许烧农民的房子,并作为部队的一条纪律,严格遵守。①

黄克诚之所以敢于将此作为部队的一条纪律,自然是毛泽东的思想给了他这种做法的正确性和坚决性。

不久,黄克诚带着800多名永兴县农军,随着朱德、陈毅南昌起义的余部上了井冈山,与毛泽东在宁冈砻市会师。会师后,几支部队合编为工农革命军第4军,朱德任军长,毛泽东任军委书记兼党代表。黄克诚率领的永兴独立团改编为第12师第35团,黄克诚任团长(师长是陈毅)。黄克诚第二次来到了毛泽东的麾下。

但是,黄克诚上井冈山不久后,上级决定把耒阳、永兴、郴县、资兴四县的农民武装编成游击队回湘南打游击。黄克诚被任命为第二路游击司令,返回永兴。此举导致黄克诚与毛泽东分离多年。黄克诚的女儿黄楠回忆:

> 在回乡的途中,部队就发生了分歧。当时有两个人一心要回自己的家乡,要去打县城,我父亲说不能去打县城,我们的力量根本不

---

① 《黄克诚回忆录》,解放军出版社1989年版,第57—58页。

够,只能够想办法开展游击战,先积蓄自己的力量,所以,就不肯。结果碰上要打什么城,还没打,碰上人家的民团,一冲,这个部队就打散了。好不容易把部队收拢来了,逃跑主义就产生了,这些人就说要逃,要逃回自己的家里去。我父亲又说不能逃,但有一天晚上,他们睡了一觉,发现所有人都跑没了,就剩下几个人。①

黄克诚一个人在湘南坚持一段时间,由于白色恐怖,最后不得不辗转各地。

但是,黄克诚等人的失败引起了毛泽东的高度重视。黄克诚回忆:

以后陈毅同志曾对我说过,毛泽东同志由于接受了我们那次失败的教训,对第二次回返湘南的行动坚决反对。但是,部队没有听从毛泽东同志的劝说,贸然下山,故而再次受到损失。

黄克诚在家乡待不下,先后辗转武汉、南京、上海,甚至被派去国民党军工作。但是,在国民党军队中,他被怀疑是共产党,迟迟不给工作。黄楠后来说:

这样一年多,最后他(黄克诚)发现还是得回到自己的部队里头,自己跟着部队打仗,去打天下才行,否则路很难走。这样就要求回到红军。

黄克诚的老部下陈绍昆说:

他(黄克诚)在上海接上党的关系后,要求党组织将他派到红军

---

① 黄楠:《我的父亲开国大将黄克诚》,载中国共产党新闻网。

游击区去。行前,把曾在北伐军受过他训练的两个连长动员随他一起去了红5军。①

1930年春,黄克诚带着那两个连长在湖北阳新一带找到了中共鄂南特委,不久汇入彭德怀领导的红5军之中,由此与彭德怀结缘。

> 到1928年2月份春天的时候下了山,到1930年的1、2月份回来,(黄克诚)等于在外面游荡了两年,又历尽千辛万苦,这是第二次,找到党才又重新回到自己的队伍里来。②

但是,经过这番周折,本来应是在毛泽东领导下的红一军团中的黄克诚,却成了彭德怀领导的红三军团中的一员,成了之前素不相识的彭德怀的麾下。这个关系的变化和发展,使得黄克诚在以后的人生命运,伴随着毛泽东与彭德怀关系的变化推进,甚至,黄克诚1959年在庐山会议被打倒,也不能不说是起始于此。这是后话。

3. "请毛泽东出来指挥,或许可以扭转危局"

黄克诚虽然认识毛泽东较早,但对毛泽东的认识,经过了一个较为漫长的过程。可以说,黄克诚是在党和红军长期对敌斗争的胜败和正误中一步步加深对毛泽东认识的。而在这个过程中,他与毛泽东之间的直接交往不多,算是一种"神交"。

---

① 陈绍昆著:《为党为民鞠躬尽瘁,坚持真理百折不回——纪念黄克诚同志诞辰一百周年》,见《黄克诚纪念文集》,湖南人民出版社2002年版,第383页。
② 黄楠:《我的父亲开国大将黄克诚》,载中国共产党新闻网。

黄克诚再次来到红军不久,1930年6月,李立三主持中央政治局通过《新的革命高潮与一省或数省首先胜利》决议案,要求红军夺取中心城市。这个指示传达后,红三军团从上到下,无不群情激奋,摩拳擦掌,踊跃响应。但是,时任第三纵队第二支队政委的黄克诚听了传达后,却是另一番心情:预感情况不妙。他后来回忆:

> 我从自己的亲身经历中意识到,夺取中心城市的计划,在当时是很不现实的。自湘南失败之后,我几经辗转,颠沛流离,好不容易才在上海找到党组织。这期间,我慢慢悟出了一个道理,即红军的发展壮大,是与根据地的巩固发展密切相关联的。没有根据地作依托,红军就无法生存。离开建立巩固的根据地,单凭攻打几座城市求发展,是不可能持久的。……现在,形势虽然有所好转,红军也得到发展壮大,但敌强我弱的总形势并没有根本改变。靠我们现有的力量去夺取中心城市,无异于以卵击石,很有可能重蹈以往几次失败的覆辙。

与此同时,黄克诚每天都在与纵队政委张纯清进行争论。争论的问题就是围绕中央关于夺取以武汉为中心的大城市的计划,两人一路行军一路吵,宿营时接着吵,吵来吵去,谁也说服不了谁。黄克诚便给红三军团军团长彭德怀写了一封信,陈述不能去攻打大城市的理由。

彭德怀收到黄克诚的信后,赞同他的看法,也认为红军尚无足够的力量去攻取武汉。于是,他便率红三军团沿着粤汉路向湖南发展,于7月初前后攻克岳州城,接着乘胜向东开进,扑向平江。平江城守敌见红军来势凶猛,不敢抵抗,仓皇之中弃城而逃。随后,红三军团前委、湖南省委、湘鄂赣特委举行联席会议,就当前形势、部队任务及下一步行动等问题展开讨论。

会上,一部分人尤其是红8军的将领们极力主张进攻武汉,但也有一部分人提出先取长沙后取武汉。双方争执得十分激烈,相持不下。可是,黄克诚既不同意前者的主张,也不同意后者的意见,认为两者都是不可取的。黄克诚

第六章 黄克诚:"对毛泽东评价的态度问题,这是一个根本的问题"

回忆:

> 我在这次会议上又发表了反对攻打中心城市的意见。
>
> 我说,现在提出夺取武汉的主张是不现实的……因为目前我们根本不具备夺取武汉的条件。我进一步指出,长沙不是不可以打,但不是暴动夺取长沙,也不可能是先取长沙后取武汉,而只能是采取游击军事行动,设法将长沙守敌吸引到野外歼灭之。若打胜了,相机占领长沙,可以达到扩大政治影响和扩军筹款之目的。
>
> 我讲完上述意见之后,立即受到与会同志的严厉批评,指责我的观点是严重右倾机会主义。

黄克诚的这种思想与会议的主调大相径庭,也与党中央的指示背道而驰。结果,大家认为他这种思想状态不适宜再去担任重要领导工作,于是撤销了原要他去担任纵队政委的任命,决定继续留任支队政委。

然而,黄克诚的预料却是正确的。

随后,彭德怀率领的红三军团和毛泽东率领的红一军团组成红一方面军。红三军团主力打进长沙后又退出来,以后,红一方面军集中两个军团主力一起进攻长沙城,还是久攻不下。此时毛泽东对攻打中心城市也是持反对意见的。陈士榘上将回忆:

> (当时)毛泽东多次讲到利用根据地的优势,实行诱敌方针的必要性。他说:敌人的力量强于我们数倍,强打硬拼我们是要吃亏的。但是,如果把他们引到根据地里来,就由我们说了算。我们既可以利用根据地的群众让敌人变成聋子、瞎子,又能够利用我们对根据地情况熟悉的优势,牵着敌人的鼻子转圈子,使他们变成跛腿拐子。如此,歼敌的机会就来了。

红军主力兵临城下,久攻不下,敌援军也急急赶来。毛泽东耐心说服大家

从长沙撤军,退往江西吉安一带。此时黄克诚也随红三军团在红一方面军撤退之列,对毛泽东的这个决策有深刻的体会。他后来回忆:

> 红军去夺取敌人重兵把守、坚固设防的中心城市,不是正确的方针,对中央制定的夺取以武汉为中心的大城市的计划,(毛泽东)认为在当时是肯定行不通的。毛泽东还考虑到,在蒋介石正集结重兵,即将对苏区和红军大举进攻的情况下,若红军主力继续远离根据地,在白区分散作战,将会陷入十分危险的境地。于是,他果断地主张红军主力应尽快撤回到赣东最大的苏区集结,抓紧时机整训部队,待敌人大举进攻时,红军能依托根据地同敌人周旋作战。这就是著名的"诱敌深入"方针的提出。

但是,黄克诚对毛泽东的这个方针没有公开表态支持。他后来说:

> "诱敌深入"方针与当时中央的方针是截然对立的,而中央的方针已被广泛接受和拥护。我虽然非常赞成毛泽东的方针,但由于我曾极力反对攻打长沙而被视为右倾,党内的一些会议已不准我参加,我也不便于发表自己的意见。尤其是长沙曾经被红三军团打开过,一些力主攻打大城市的同志,以此来证实中央的方针和计划是完全可以实现的。这样,我只好沉默不语。

虽然黄克诚采取了"沉默不语",但他内心是赞成毛泽东的。随后,毛泽东领导红军实行"诱敌深入"的战术,先后击溃蒋介石的第一至第三次"围剿",取得令人振奋的胜利。黄克诚更加坚定了对毛泽东"诱敌深入"战略战术的信心。

但是,由于临时中央搬迁到中央苏区,王明"左"倾路线对毛泽东进行排挤打击,毛泽东被迫离开红军领导岗位。1932年1月,临时中央继续推行"集中主力夺取中心城市"的方针,调集重兵攻打江西赣州城,其中,红三军团和

第六章 黄克诚："对毛泽东评价的态度问题，这是一个根本的问题"

黄克诚（后排右）与罗荣桓、邓小平、杨尚昆等合影

红一军团红4军负责攻城，彭德怀为前敌总指挥，红三军团为主攻，红4军打援；江西、闽西军区的地方部队负责游击、警戒任务，由江西省军区司令员陈毅为总指挥。对这次攻坚战，黄克诚又是反对，不同意打。对于此次战役，黄克诚在回忆录中记述了他曾三次提出撤围建议的情形：

赣州战役开始之前，我就对此次攻打中心城市的行动持反对态度。待抵达赣州城下，我发现地形条件对我十分不利，越发感到这个仗打不得。第一次攻城受挫以后，我曾向军团司令部提出撤围的建议，但未获批准。

苏区中央局和总政治部力促红三军团加紧攻夺赣州城。于是，各攻城部队在坑道内填放了大量炸药，再次实施爆破。位于城东门附近的红7军首先将炸药引爆，爆炸后冲起的砖石泥土飞到半空足有一百米高，落下来时正好压住了预伏在城下的我军突击队，一支二百余人的突击队被埋掉了。城墙被炸开一道口子后，守敌一个连被炸死，但敌人很快作了兵力调整，加强了突破口处的守备力量。

我军重新组织突击队进攻时,战机已失,第二次攻城又未奏效。我再次提出撤围的建议,仍未获准。此后,我军又连续组织了两次爆破攻城,均未奏效。

　　我军屯兵坚城之下,屡攻不克,伤亡越来越多。这时,陈诚奉蒋介石之命,派第11师师长罗卓英率部自吉安驰援赣州。……敌第11师渡江后,由北门潜入赣州城,加强了守城兵力。敌另一部援兵则分路包抄我军侧后,并向飞机场方向进击。我见敌援兵已入城,并对我攻城部队形成分割包抄之势。在这种态势下,我军攻城显然已无望;且我军久战而疲,减员不断增加,若继续滞留赣州城下,后果将不堪设想。于是,我直接向彭德怀军团长建议撤围,并批评他是"半立三路线"。但彭德怀依然不予理睬。

　　援敌第11师一部进城后,乘夜在城墙底下打了许多洞口。在一天的下半夜两点钟光景,敌军从洞口出城,突然向我军发起反攻,城外敌援兵也一齐向我进攻。敌人内外夹击,遂使我军陷入腹背受敌的不利境地。

黄克诚后来谈到打赣州时强调指出:

　　毛泽东是不赞成打赣州的。他主张中央红军应在支援第十九路军抗战的口号下,集中力量向敌人统治比较薄弱、党和群众基础比较好、地形条件比较有利的赣东北方向发展,在赣江以东、闽浙沿海以西、长江以南、五岭山脉以北广大地区发展革命战争,消灭白色据点,逐步扩大巩固根据地。但这一正确主张未被采纳。

黄克诚为什么反对打?他的老部下陈绍昆分析说:

　　湘南暴动八千多湘南子弟,离开井冈山根据地,在很短的时间里,就几乎全部消散殆尽了。这就使他认识到红军的生存与发展壮

第六章 黄克诚:"对毛泽东评价的态度问题,这是一个根本的问题"

大是同革命根据地的有无与巩固密切相关的。没有根据地作依托,红军就无法生存,当然就更谈不上发展壮大;不进行艰苦细致的根据地的建设,单凭攻打几座城市求发展是不可能持久的。所以,在长期的革命战争中,在敌强我弱的总的形势未改变之前,他一直坚持并创造性地贯彻了毛泽东的战略思想,正确地处理了作战与建设革命根据地的关系。

由于反对红军与敌军强攻对打,黄克诚多次受到批评,但他仍然坚持己见,不仅"主动撤走",还对批评"不服气",越来越成为毛泽东思想的支持者。

1932年初,苏区中央局决定红一方面军夺取赣州,黄时任三军团3师政委,为主攻部队。事前他极力反对打赣州。后来赣州久攻未克,伤亡重大,敌军反攻,始被迫撤围。战役进行中,黄曾数次建议撤退,并批评彭德怀为"半立三路线",敌人反攻时,未接命令,主动撤走,幸未追究。后来开会批判,被认为是对抗中央路线,还说他一贯右倾,如反对中央的土地政策,支持打"土围子"扩大苏区(这都是毛泽东的主张)等,黄很不服气。部队过赣江西岸之后,他一路行军,一路挨批判,黄也就同批判他的军政治委员贺昌争吵了一路,拒不作检讨,并表示要和他们争论20年。这次没有受处分。这年10月,开了批判毛泽东的宁都会议之后,三军团随即在广昌开会,贯彻宁都会议精神。因为黄支持毛的路线,就把他拉出来批判,会后撤销了他师政治委员的职务。[1]

黄克诚多次反对攻打赣州,且与人争吵受了批评但没受过处分,却因为支持毛泽东的路线被撤职,这说明此时的黄克诚已是坚决支持毛泽东的少数

---

[1] 李锐著:《一个一辈子讲真话的人》,载《文汇报》1992年12月25日。

派、"顽固派"。

黄克诚性格倔强，认准的事情只会坚持，不会屈服、让步，他对毛泽东的认识也是这样。当他认识到毛泽东的正确性后，便成为毛泽东的支持者，尽管被撤职还是不改初衷。当"左"倾路线指挥红军与强敌死拼硬打、损失巨大时，他更加"挺毛"，甚至多次公开要求毛泽东复出，回到党和红军的领导岗位来。由于他的坚持态度，最终这种思想也对彭德怀产生极大的影响，以致彭发生与李德公开闹翻的事情。黄克诚后来回忆：

1934年4月中旬，敌人集中兵力进攻广昌。红一、红三军团奉命在广昌一线固守。这时李德亲临前线指挥，在广昌与敌军决战。开始，敌军发动进攻，我军奋起反击，将敌军击退。但在敌军后面一两千米处就是堡垒群，敌军钻进堡垒里，我们就无法可施。就这样，敌军从堡垒群里轮番出击，并用炮火猛烈轰击我军阵地，敌人的飞机也在空中投弹扫射。敌我双方反复拼杀攻夺，整天是炮声隆隆，枪声不断。

同敌军搞堡垒对阵的结果，虽然也杀伤了不少敌人，但红军总拼不过在数量上和装备上都占绝对优势的敌军，我军伤亡日增，仗打得越来越艰苦。记得红三军团从福建沙县回师黎川时，我曾对彭德怀说："照这个样子打下去，红军要被搞垮的，一点儿出路也没有。你现在讲话还能起点作用，是不是你向中央提个建议；请毛泽东出来指挥，或许可以扭转危局。"彭德怀也有同感，但对向中央建议事沉默不语。我再三向他劝说，他总是不讲话，大概他当时有难言之隐。到广昌战斗时，彭德怀真忍耐不下去了，对李德的瞎指挥公开表示不满。广昌战斗后，彭德怀与李德见面时，彭德怀说李德是"图上作业的战术家"，并骂李德无耻，"崽卖爷田心不痛"。李德听后暴跳如雷，就与彭德怀对骂，互不相让。彭德怀气愤地不给李德饭吃，把李德气走了。

第六章 黄克诚:"对毛泽东评价的态度问题,这是一个根本的问题"

彭德怀与李德的斗争,无疑有着黄克诚的作用。

这一时期,黄克诚与毛泽东虽然没有很深入的私交,但是少数最先认识到毛泽东军事路线正确的人之一。1935年1月,当毛泽东在遵义会议上再次回到党和红军领导岗位时,久盼甘露的黄克诚的喜悦之情完全溢于言表。黄克诚后来回忆:

> 我没有参加遵义会议,是会后听的传达。我对在最危急的关头解决了军事路线和军事指挥问题,重新确立了毛泽东在红军中的领导地位,心中非常高兴!感到中央红军又有了希望,长期以来紧缩的心情开始松弛了下来。
>
> ……中央红军到达遵义和中央政治局扩大会议的召开,是长征以来迈出的艰难而关键的一步。这一步的迈出,是我们党和红军发展史上一个生死攸关的转折点,使广大指战员在迷茫之中看到光明,受到鼓舞,增强了信心。

毛泽东复出了,黄克诚感到由衷的高兴。但他是一个善于思考的人,对会议中的一些做法不理解,并且还有所不安。而随着时间的推进,他对毛泽东的深谋远虑更是由衷敬佩。黄克诚后来回忆:

> 可是,我对这次会议只谈军事路线而不谈政治路线问题不能理解,尤其是对没有明确毛泽东在党中央的领导地位而深感不安。当时我虽然没有把自己的想法讲出来,但这个问题在我的头脑中缠绕了很久也没有得到解决。直到后来红一、红四方面军会师后又分离,同张国焘分裂主义作斗争的过程中,我才认识到。遵义会议上,毛泽东把问题处理得非常得体,表现了他的雄才大略和政治远见。假使遵义会议上提出解决政治路线是非问题,短时期内肯定解决不了,而当时的形势又不容许长时间争论不休,久拖不决。
>
> 当时面对的主要问题是战争,解决军事路线问题是当务之急,

刻不容缓。军事路线问题一经解决，就可望在战争中取得胜利，挽救红军，为革命保存有生力量。另外，暂时不谈政治路线是非，只解决军事路线问题，也更便于为原在中央执行过错误路线的同志所接受，有利于党中央的团结一致。事情的发展，证明了这样做确是英明之举。……至此，我对遵义会议只解决军事路线问题而不谈政治路线是非的处置方法心悦诚服，脑子里再也不纠缠这个问题了。政治路线的解决，是在七年之后的延安整风运动中，那时才具备了解决这个问题的一切条件。因此，解决得非常彻底，使全党全军政治上、思想上达到空前的团结一致。

黄克诚对毛泽东的敬佩，由于与张国焘分裂主义的斗争愈发加深。黄克诚回忆：

当时随右路军行动的红军大学中，有红一方面军的学员，也有红四方面军的学员。担任红军大学校长的是红四方面军参谋长李特。李特见红一、红三军团随中央单独北上，而徐向前、陈昌浩所率领的红四方面军部队没有与中央一起行动，便要红军大学的学员回头南下，脱离右路军。为此，在红军大学的学员中发生了激烈地争吵，有人主张随中央一起北上，有人主张南下去寻找红四方面军部队。当时我们教导营担任后卫，掩护中央和红一、红三军团北上，并负责收容掉队的同志。我见李特鼓动红大学员南返，就劝说他们要跟随中央北上，说明南下没有出路。

但李特根本不听，执意要带领红大学员南下。彭德怀得知这一情况之后，赶来进行劝阻。彭德怀指着李特的鼻子大骂他是反革命，并气愤地说要枪毙李特云云。当时毛泽东的态度则非常镇静从容，他对红四方面军的干部说："我们先走一步，你们随后再跟上。"

对此，黄克诚后来说："在形势非常严重困难的情况下，毛泽东表现了一

第六章 黄克诚:"对毛泽东评价的态度问题,这是一个根本的问题"

个革命家顾全大局的宽阔胸怀,对张国焘始终采取说服教育、耐心等待的方针,并做到以诚相待,仁至义尽,以求团结红四方面军广大指战员。

这个时期,黄克诚职务不算高,由于工作关系与毛泽东可能没有直接交往,但他对毛泽东的正确性的认识是准确的,内心里敬佩毛泽东,甚至与其他中下级将领一样对毛有着一种崇拜的心理。而正是这种心理,使得黄克诚的正确与毛泽东的正确紧紧地连接在一起。

4."黄克诚同志善于领会和灵活运用毛主席的军事思想"

长期跟随黄克诚南征北战的李雪三、石瑛、张峰、彭仲韬、张竭诚、汪洋、王扶之、陈绍昆等人说:"黄克诚同志对毛泽东军事思想的创造性掌握和运用,还表现在他敢于在关键时刻实事求是地提出军事上的建议和意见。"[1]与黄克诚共事多年的洪学智上将也说:"黄老具有战略家的眼光,善于独立思考,勇于提出事关全局的重大建议。"[2]这些共识很准确,也符合黄克诚个人的历史。

黄克诚好提意见在党内是出了大名的。由于爱提意见,他多次被撤职,吃过很多亏,但是这个性格不曾改变过。李锐回忆:

> 长征途中,黄一直担任三军团先头部队第4师的政委……他看到主力红军受到如此重大削弱,再也经不起消耗了,便向领导同志提出:当前保存革命力量为第一重要,应当尽量避免打硬仗。他还具

---

[1]《高瞻远瞩,功垂青史》,载《大江南北》1992年8月版。
[2] 洪学智著:《风范长存,光照千秋——沉痛悼念黄克诚同志》,载《解放军报》1987年1月9日。

体谈到有几次战斗,其实是不必打的。黄的这次谈话,又一次被认为是右倾和缺乏信心的表现,又认为他已不宜于带兵打仗,调离所在部队,回军团司令部赋闲。后经他恳求分配点工作,才被任命为司令部侦察科长。在会理会议之后,批判右倾机会主义时,黄虽已不担任领导工作,由于是"老右倾",又被当作靶子,被批判了一通。

红军出了草地之后,从一军团调了几名领导干部到三军团。黄不改好提意见的秉性,依旧照常向新来的领导提意见,并坚持自己的看法。于是被认为"狂妄","目无组织",甚至有这种说法:像黄克诚这样的人,年纪大了(当时他不过30来岁),又不中用,当个普通战士都不够格,还怕他掉队,落入敌手以成后患。这说明他当时处在一种相当危险的境地。

而黄克诚没有被埋没,源自彭德怀和毛泽东对他的欣赏和支持。1935年冬,毛泽东和党中央调黄克诚为总政治部组织部部长;1936年5月,再调任红一军团第4师政委。1937年8月,抗日战争全面爆发了,红军三大主力改编为第八路军。党中央调黄克诚再次出任总政治部组织部部长。

从这时起,黄克诚才与毛泽东发生直接的个人关系。这在两人的个人关系史上多少有些戏剧性的色彩。

黄克诚和毛泽东的直接交往,是由任弼时促成、以黄克诚向毛泽东发电报反映问题的方式开始的。具体地说,此事发生在平型关大捷之后。

1937年秋,面对侵华日军"三个月灭亡中国"的疯狂叫嚣和进攻,八路军昼夜兼程,挺进抗日前线。9月25日,115师首战告捷,取得平型关战役的大胜利,歼灭日军精锐第5师团第21旅团1000余人,缴获步枪1000余支、机枪20余挺,击毁敌汽车100余辆、马车200余辆,一举粉碎了"日本皇军不可战胜"的神话。

对于这一仗,黄克诚后来说:

> 对于毛泽东的战略战术思想,起初前方不少将领接受不了,总

第六章 黄克诚:"对毛泽东评价的态度问题,这是一个根本的问题"

想打运动战,尽速予日军以歼灭性打击。平型关战斗和后来抗日游击战争的实践,证明了毛泽东的上述指导思想是符合客观实际的,是完全正确的。

平型关大捷后,八路军115师撤到五台山地区进行休整。驻五台县东茹村的总政治部主任任弼时便派组织部部长黄克诚到115师检查部队的政治

黄克诚在抗战中,前排右三为黄克诚

工作情况。

黄克诚来到115师后,同师首长和团营连干部及战士多次进行座谈讨论,探讨在国共合作的新形势下,如何开展敌后游击战争及如何加强部队的思想政治工作等问题。

经过半个月的调查研究,黄克诚发现,红军虽然改编不久,又取得了平型关战役的胜利,但部队作风却起了很大变化,军阀习气开始滋长蔓延。这主要是由于红军改编时,因受国民党的干涉取消了政治委员制度,政治工作显著削弱所致。他同聂荣臻等师首长商量时提出建议,为加强党对红军的绝对领导,应恢复红军的政治委员

制度,开展对军阀主义的斗争。聂荣臻等一致赞同。①

黄克诚返回总政治部驻地后,向任弼时主任作了汇报。任弼时当即指示黄克诚将到部队检查了解的情况和他的建议,起草一份报告上报党中央。很快,黄克诚写成了电报稿,送任弼时审阅后,以朱德、彭德怀、任弼时的名义报告党中央。电文如下:

> 部队改编,政治工作人员的公开地位降低……因而影响到政治工作人员积极性降低,政治工作已开始受到若干损失。而在各级指挥方面,仍有个别同志因改单一领导不大接受他人意见,多数单一首长感(到)自己能力不够,致使军队建设上也受到某些损失。对此现象我们认为,除教育干部反对地位观念及轻视政治工作外,还需各级从组织上得到适当的解决,以红军的传统,并以此传统影响友军。同时,最近阎锡山、胡宗南、陈诚、张发奎等,感觉大革命时期党代表及政治部组织有恢复之必要,且闻已向蒋(介石)提议。
> 　阎已要我们起草政治组织条例,并在决死队内已设立政委,故我们更不应迁就友军。组织的具体改变如下:
> 　(一) 团以上或独立营执行党代表制度,争取党代表名义的公开。党代表的职权一般与过去政委相同,应是负责保证党的路线与上级命令之执行,领导政治工作和党的工作,对党和政治工作有最后决定权力。
> 　(二)估计到山地游击战争任务与方式,部队分开活动,旅应设政治处,负责旅政治工作之领导。
> 　(三)各营独立行动时,可临时派遣营党代表,并由团政治处分配一部分工作人员,在营党代表或教导员指挥之下,进行政治工作。

---

① 阎稚新著:《黄克诚对我军政治工作的重大贡献》,载《黄克诚纪念文集》,湖南人民出版社2002年版,第485页。

第六章 黄克诚:"对毛泽东评价的态度问题,这是一个根本的问题"

(四)师政训处改为政治部,连仍为指导员。

(五)军政委员会书记如不是党代表兼任,则党代表应任副书记职。

(六)以上改变意见,请即考虑电复。①

黄克诚的这个报告,毛泽东是很满意的。电文发出后第三天,党中央就给朱、彭、任发来了回电,批准在全军开展反军阀主义的斗争,下令恢复我军的政治委员和政治机关制度。这份回电,是毛泽东亲笔修改的。全文如下:

关于恢复政治委员及政治机关原有制度,我们完全同意,请即速令执行。惟党代表名义不妥,仍应名为政治委员。将来国民党采用党代表制时,我军方可改为党代表。

在国共合作的新形势下,毛泽东不叫党代表而叫政治委员的考虑,显然比黄克诚要高明。

对于这次黄克诚发现的问题,老红军阎稚新后来说:

黄克诚在第二次国共合作和红军改编的历史转折关头,以他特有的政治敏锐性和革命胆略,发现部队开始滋长的军阀主义倾向,提出恢复政治委员制度的建议,被党中央、毛主席如此迅速地全部采纳和推广全军,为巩固我军的政治委员制度、政治工作制度,保证党对八路军的绝对领导,做出了一次历史性的重大贡献。

不久,毛泽东在延安的一次报告中说:"因受国民党干涉而取消的政治委员制度,因受国民党干涉而改为政训处的政治部的名称,现在已经恢复了。"

---

① 阎稚新著:《黄克诚对我军政治工作的重大贡献》,载《黄克诚纪念文集》,湖南人民出版社2002年版,第485—486页。

在八路军恢复政治委员的时候，1937年10月，黄克诚调任115师344旅政委，来到了抗日前线。1940年2月，黄克诚任八路军第二纵队政委兼冀鲁豫军区司令员。4月，他奉命率部离开太行山开赴冀鲁豫。6月下旬，第二纵队到达豫皖苏后，与彭雪枫新四军第六支队会合，合编为八路军第四纵队，彭为司令员，黄克诚为政委。

6月27日，中央军委电示黄克诚与彭雪枫合编后"活动于津浦路西、陇海路以南，以对日寇作战，巩固豫皖根据地，扩大与整训部队为中心任务"。可是一日后，中原局书记刘少奇来电要黄克诚作东进准备："20天后派三个团过津浦路活动。"

豫皖苏边区面对日军，背后是国民党顽军，是个夹在敌伪顽缝隙之间的一块地方。这时彭雪枫因部队不多，也坚决不同意黄克诚走。为此，他还起草了一份电报，略谓：与敌伪顽长期斗争，以向西发展为有利，平原作战须有山地作依托；黄部应留下，培养主力，建立巩固根据地；一旦形势有变，即可西入伏牛山，南进大别山，等等。他的这个思想获得了黄克诚的赞同。但在刘少奇与中央军委意见不一致的情形下，黄克诚到底是走还是留呢？他的办法是请示毛泽东。

黄克诚后来说：

> 我刚刚到达豫皖苏，尚不明了毛泽东关于控制陇海路以南、津浦路以东、长江以北、大海以西地区的战略意图，以为我仍受八路军总部和北方局直接指挥，且觉得彭雪枫所起草的电报内容与我自己原来的看法比较一致，又不违背中央军委6月27日电报指示精神，遂于7月1日以彭黄联名电复中原局。7月15日和7月17日、18日，刘少奇连续三次来电催我速率所部过津浦路，东进皖东北。我感到刘少奇的电报与中央军委前电不尽一致，为弄清指挥关系以确定部队的行动，我即打电报请示毛泽东。毛泽东回电指示我服从中原局胡服（即刘少奇）指挥。我拿着毛泽东的回电给彭雪枫看，说我准备立即东进皖东北。彭雪枫继续对我进行挽留。但此时我对中央的

第六章 黄克诚:"对毛泽东评价的态度问题,这是一个根本的问题"

战略意图已经明了,决心遵照中原局指示东进。遂……离开豫皖苏,越过津浦铁路,向皖东北挺进。此后,我便在中共华中局的直接领导下,开始了开辟、建设苏北抗日根据地的斗争。

这是黄克诚第一次以自己的名义直接向毛泽东发电报。

尽管黄克诚原本与彭雪枫的看法一致,但一旦弄明白了毛泽东和党中央的意图后,他便不顾彭的继续挽留,毅然决然率部向皖东北挺进。到达皖东北后,所带的部队整编为第五纵队,黄克诚奉命担任了纵队司令员兼政委。黄克诚的这次行动说明:他对毛泽东的战略意图一旦领会,就不再犹豫,执行得很坚决。

在艰苦卓绝的斗争中,黄克诚是锐智的,也是冷静的,因此对毛泽东的战略常常总能够理解透彻,从而坚决执行。李锐以后说:

抗日战争时期,由于毛泽东、党中央的正确领导,在华中新四军的战斗岁月中,黄克诚的处境比过去内战时期大不相同,得以发挥自己的才能,为苏北根据地的主要创建人。他的严格的实事求是精神,遇事多从困难处着眼等,在实践中自有新的发展;他的好提意见并坚持己见的性格,自然也丝毫没有改变。

由于这种性格,在苏北地区抗日反顽斗争中,黄克诚同新四军领导人发生过一些争论。

1940年10月,在黄桥战役胜利后曹甸战役的争论就是其一。

在黄桥战役中,国民党顽军韩德勤部惨败后,尚有2万余兵力退守曹甸等地。蒋介石为了保持苏北一席反共阵地,下令调路西、山东各路顽军南下增援韩德勤。韩德勤见援军将至,便向新四军提出无理要求。新四军为了巩固苏北抗日根据地及彻底肃清韩顽残余势力,经党中央同意,军领导决定进攻曹甸,歼灭韩顽,并认为这是巩固和发展苏北抗日根据地很重要的一仗。黄克诚却对此战持反对意见:

> 黄克诚同志却认为这一仗不能打，与当时军领导发生了很大争论。黄的理由是："(一)攻打曹甸与黄桥自卫反击战不同，黄桥是顽军向我进攻，我军以运动战形式自卫反击有理；(二)顽军败退曹甸深沟高垒死守，我军缺乏攻坚利器，又无水网作战经验，加之准备不足，匆忙进攻不算有利；(三)黄桥战役刚结束不到两个月，又向曹甸进攻，不算有节"。①

沈启贤少将认为，"黄克诚是根据毛泽东关于同顽固派斗争，必须坚持'有理、有利、有节'的原则提出上述建议的。"

但是当时军总指挥未采纳黄克诚的意见，仍下令部队以运动战形式猛打猛冲，历时18天，虽然在曹甸外围歼俘敌军8000余人，自己亦伤亡2000余人，曹甸战役目的未能达到。

> 刘少奇认为，曹甸战役失利的主要原因是黄克诚的作战消极，有右倾表现。……刘少奇认为黄克诚长期担任政治委员职务，做思想工作是他的强项，但不适合带兵打仗。于是，他以中原局的名义电报中央，建议撤销黄克诚五纵队司令员职务，保留政治委员，由陈毅兼任五纵队司令员。②

这一结果，黄克诚虽然有些委屈和无奈，但也只能接受。然而，出乎预料的是，这一切还没有结束。接着，黄克诚又因为盐城战役与新四军领导发生争执：

---

① 沈启贤著：《我军高级将领的楷模——深切缅怀黄克诚同志》，载《黄克诚纪念文集》，湖南人民出版社2002年版，第350页。
② 刘小清著：《曹甸战役的历史真相，刘少奇陈毅曾作自我批评》，载中国共产党新闻网。

第六章 黄克诚:"对毛泽东评价的态度问题,这是一个根本的问题"

1941年7月,伪军乘我立足未稳,调集了17000多人,以盐城为目标进行大"扫荡"。当时新四军的领导认为盐城是华中抗日根据地中心,要"坚决保卫"。黄不大同意。他在敌、伪军"扫荡"前曾提出建议:华中局、军部及早撤出盐城,转移到阜宁地区,跳出敌人包围圈,展开分散的游击战争,等敌人兵力分散疲劳沮丧,再相机集中兵力,适时转入反攻,一口一口的吃掉敌人,这是符合敌后抗日游击战争的战术原则的。当时军领导未置可否,直到日寇逼近盐城,军部才仓促转移,使机关受到一些损失。总之,当时华中局、军领导对黄克诚同志所提正确建议不但未采纳,反而对黄进行错误地批判,扣上"机械地保存主力"、"右倾保守、退却逃跑、一贯消极,是右倾机会主义……"等大帽子,认为"三师是八路军主力之一,一年来没有完成曹甸战役、保卫盐城战役的主要任务,其战绩及其战斗积极性比其他各师均差。"黄据理力争,双方展开争论。这种批判不符合实际。[①]

在这几次争论中,黄克诚受到了不公正的对待。毛泽东获悉此事后,却对黄克诚进行了"慰勉"。

在抗日战争时期的曹甸战役和盐城保卫战中,黄克诚为坚持正确的作战方针曾同上级领导发生激烈的争论,一度被撤销了领导职务,并责令其在干部会议上作检讨。黄克诚权衡再三,尽管内心充满了难以名状的痛苦,最后还是为顾全大局,委曲求全,违心地作了检讨。毛泽东得知此事,特地给他发来电报加以慰勉。[②]

在黄克诚受到组织上的批评时,毛泽东罕见地"发来电报加以慰勉",至

[①] 沈启贤著:《我军高级将领的楷模——深切缅怀黄克诚同志》,载《黄克诚纪念文集》,湖南人民出版社2002年版,第350页。
[②] 《共产党人的楷模》,载《黄克诚纪念文集》,湖南人民出版社2002年版,第252—253页。

少说明他对黄克诚的反对意见很重视,甚至有某种程度上的赞同之意。后来,随着形势的发展,刘少奇和陈毅分别以讲话或发电报等方式,肯定黄克诚坚持的意见是正确的,为这些争论画上了句号。

尽管黄克诚再次被批评为"右倾保守",但在他领导下,新四军3师(由第五纵队改编)从华北南下,开辟了苏北根据地,在苏北五年中作战近5000次,歼敌6万余人。部队由不足2万余人发展到7万人,自己也付出伤亡万余人的代价。可见,黄克诚不是"右倾"或"畏战",相反是较好地贯彻了毛泽东游击战的思想。

1945年秋,抗日战争胜利后,蒋介石为了独霸胜利果实,一方面,从大后方调集重兵抢占大城市和交通要道;另一方面,借和谈以争取备战时间。当时东北地区由苏联红军接管,国民党军队鞭长莫及,冀中八路军一部抢先进入东北。9月13日,黄克诚在华中局得知此消息后,立即意识到必须尽快抢占东北这块战略要地,请华中局书记饶漱石向党中央发电报,建议速派大部队进军东北。李雪三、石瑛、张峰、彭仲韬、张竭诚等人回忆:

> 当时饶不同意,黄克诚同志遂于14日以个人名义致电中共中央及中央军委,提出《对当前局势及军事方针的意见》。在这份电报中,黄克诚同志洞察时局……指出国民党当局对"和谈"毫无诚意,只以此作欺骗人民、麻痹我军、拖延时间之手段。到适当时机,和平压力无效后,即以大军向我进攻,以收各个击破之效。电报从战略高度提出了迅速抽调主力部队进军东北"建立联系一大片的大战略根据地"的必要性和可能性。并建议进军东北的部队应"尽量多派,至少应有5万人,能去10万人为最好,并派有威望的军队领导人去主持工作"。[①]

[①]《高瞻远瞩,功垂青史》,载《黄克诚纪念文集》,湖南人民出版社2002年版,第337页。

第六章 黄克诚:"对毛泽东评价的态度问题,这是一个根本的问题"

在延安主持党中央工作的刘少奇接到黄克诚发来的电报后,将它转报在重庆参加国共和谈的毛泽东。毛泽东同意黄克诚的判断。9月19日,党中央正式发出进军东北的命令。

11月初,黄克诚奉命率领3师开赴东北。

值得一说的是,在黄克诚领导的这支约7万人的部队中,约35000余人跟随黄克诚进军东北,后来这些部队发展成为东北解放军主力之一。而留在苏北的部队约35000余人,和苏中部分部队又组成两个纵队,很快它们也成为了华东野战军的主力。这样的结果,正是由于黄克诚在抗战时期正确地贯彻了毛泽东的战略战术。

在进军东北途中,黄克诚多次接到毛泽东的电报,要他和林彪提前赶到锦州,看好地形和作出兵力部署方案,等国民党军到达时给予坚决反击,挫其锐气,为尔后开展东北工作创造条件。此时山海关炮声隆隆,另一支八路军部队杨国夫部正阻击国民党军,黄克诚率领3师绕道长城,出冷口向锦州急进。在行进中,他们与国民党军几乎是并行前进。一天夜里,两军居然宿营在一个村子里,结果因筑工事发生冲突。但3师没有恋战,立即撤军,继续快速前进,沈启贤少将后来回忆:在3师走后,敌人拾到他们遗留下的一条米袋,敌将杜聿明惊讶地说:"关内老八路来了,不可轻敌冒进。"黄克诚率领3师很快到达锦州西侧山区,然后集结待令。

黄克诚与林彪见面后,带着部队向阜新方向转移。随后,发生黄克诚又直接向毛泽东发电报的事情。沈启贤回忆说:

> 此地是露天煤矿区,大批日军家属滞留在这里,当时还驻有苏军部队,我军进驻休整。林彪拟在这一地区集中8个旅予杜聿明部等国民党军以歼灭性痛击。后来山东部队独2师在北镇县一个团遭受重大损失,林彪便决定,3师及山东部队全部向北转移。3师部队一举攻占通辽。在此休整期间,接到彭真同志发来的电报,大意说:"苏联红军军官要带国民党军队来接收通辽,你师应转移其他地区……"黄很生气,把我叫去看电报并气愤地说:"我们撤到哪里去?难

道叫我们到蒙古去吃沙子……你拿电报纸，我说你记。"电报是用特急发给毛主席的。几个小时后毛主席回了电报说："克诚电悉：国民党军来了之后，先把苏军军官放进城，然后集中4个旅部队，他来多少消灭多少……"黄要我迅速通知4个旅旅长、政委来开会。随后，黄将毛主席电转发彭真，彭拿着电报转告苏军说："他们要打，怎么办？"苏军负责人"只摇头不去了"。

这是黄克诚进军东北时第一次直接给毛泽东发电报，再次获得了毛泽东的支持。黄克诚的部下李雪三、石瑛、张峰、彭仲韬、张竭诚、汪洋、王扶之等人回忆黄克诚直接给毛泽东发报的经过：

> 黄克诚同志感到东北局电令与中央军委前电精神不尽一致，若按东北局电令执行，我们和梁兴初师全部集结于抚宁地区，尚需六天时间，且部队经长途跋涉，极度疲劳，不仅无好仗可打，而且将贻误进军东北战略意图的达成。为此，黄克诚同志于14日致电请示中央军委，请尽速指示部队如何行动。毛主席于当日以中央军委名义回电，令我部与梁兴初师速分头平行前进，限24日到达锦州地区休整。

黄克诚的电报引起了毛泽东的高度注意。15日，他电示东北局：

> 我黄、梁两部42000人远道新到，官兵疲劳，地形不熟，目前至义院口、驻操营必无好仗可打。即使歼敌一部，不过战术胜利，而兵力暴露，不得休整，势将处于被动。应令黄、梁两师从冷口、界岭口分路隐蔽开至锦西、兴城三角地区，处于内线，休整部队，消除疲劳，补充枪弹，熟悉地理民情，创造战场，演习夜战，准备决战。

遵照毛泽东的指示，黄克诚避开国民党军主力的纠缠，迅速出冷口，于

第六章 黄克诚:"对毛泽东评价的态度问题,这是一个根本的问题"

11月25日进至锦州附近的辽家屯地区,按期完成了进军东北的战略任务。

此时,东北已是天寒地冻的隆冬季节,相继进入东北的八路军、新四军部队达10万余人。同时,蒋介石依靠美国的军舰、飞机等把大批美械装备的国民党军队源源运往东北,抢占各大城市和交通要道。在国共两军在东北地区的战略决战已势不可免的情况下,黄克诚认为,我们在东北地区,必须作长期斗争的准备。在目前敌强我弱的条件下,我们应力避同国民党军队主力大规模作战,要把工作的重点放在中小城市和广大农村。李雪三、石瑛、张峰、彭仲韬、张竭诚等人后来认为,黄克诚的这个认识源自于对毛泽东思想的运用,因为"根据毛主席人民战争的思想,首先建立根据地作为依托,发动群众,依靠人民的力量逐步壮大自己,削弱敌人。只有经过长期艰苦的斗争,才能最后达到歼灭敌人、解放东北全境的目的"。于是,黄克诚以高度的政治责任心再次给毛泽东和中央军委发报,力陈己见。

黄克诚在新四军3师

李雪三、石瑛、张峰、彭仲韬、张竭诚等人回忆:

> 就在我们到达辽家屯的第二天,11月26日,锦州已被国民党军队占领。东北局电令我军切断北宁铁路,以阻止国民党军队进入沈阳。黄克诚同志考虑到当时部队所面临的难以克服的困难和东北地区的实际情况,认为目前尚不具备在铁路沿线同国民党军队主力决战的条件,当务之急,是休整部队,建立农村根据地。于是,26、27日,黄克诚同志连电毛主席和中央军委,实事求是地报告了部队所

面临的一系列困难，建议"我军暂不作战，进行短期休整，消除疲劳，并以一部主力去占领中小城市，建立乡村根据地，作长期斗争准备"。强调"如不及早着手建立根据地，我主力在东北亦很难应付"。29日毛主席和中央军委回电嘱黄克诚同志直接向东北局请示和提出建议。关于部队编制、干部配备、活动地区和作战等问题，"可与林彪坦白商谈，并由你与林向中央提出意见解决"。

黄克诚

遵照毛泽东的电示，黄克诚致电东北局，建议暂不同国民党主力决战，而"运用冬季不能大规模作战的五个月时间，发动群众，肃清土匪，建立各级党与政权"。同时建议各主力部队建立自己的根据地。

可是，东北局按照中央军委原来的部署，却要求黄克诚所部准备在铁路沿线同国民党主力作战。黄克诚只好派参谋程国璠到林彪处接受任务。

林彪对3师作了详细了解，询问沿途河流道路村庄情况后，令程国璠返回。次日，黄克诚和程国璠一起来到林彪处，向林彪陈述了建立根据地，站稳脚跟，逐渐发展壮大自己，以期将来同国民党军队决战的想法。黄克诚说："目前情况下，同国民党精锐部队决战是'策疲乏之兵，当新羁之马'，不足取的。"

林彪接受了黄克诚的建议，放弃了在高桥附近歼敌一部的意图。

11月下旬，3师部队转移至阜新。黄克诚就建设根据地、迅速打开东北工作局面问题再次向林彪阐述了自己的意见。这时，毛泽东也来电征询东北地区各负责人对东北工作的意见。黄克诚根据自己的上述想法，拟出电报稿，交林彪阅后，以林黄联名呈毛泽东。

第六章 黄克诚:"对毛泽东评价的态度问题,这是一个根本的问题"

黄克诚的部将李雪三、石瑛、张峰、彭仲韬、张竭诚、汪洋、王扶之、陈绍昆说:

> 黄克诚同志善于领会和灵活运用毛主席的军事思想,执行中央的决策一向认真果断。为了实现既定的战略意图,他总是从多方面进行深思熟虑的筹划,尤其是对各种不利因素和困难条件尽量估计充分些,以做到有备无患。而且,敢于排除各种干扰,坚定不移地把握住全局。

那么毛泽东对待黄克诚那些"深思熟虑"的建议又是一种什么态度?完全接受,并且加以完善。对于黄克诚多次提出的东北要建立根据地的建议,12月28日,毛泽东向东北局发出《建立巩固的东北根据地》的著名电报指示。其中,指出东北斗争的艰苦性和长期性,明确地提出把东北工作的重心放在离国民党占领中心较远的城市和广大乡村方面,"让开大路,占领两厢",以便认真发动群众,建立巩固的根据地,逐步积蓄力量,准备在将来转入反攻。由此可见,毛泽东完全接受了黄克诚的建议。

> 毛主席特别提醒:"必须使一切干部明白,国民党在东北一个时期内将强过我党,如果我们不从发动群众斗争、替群众解决问题、一切依靠群众这一点出发,并动员一切力量从事细心的群众工作,在一年之内,特别是在最近几个月的紧急时机内,打下初步的可靠的基础,那末,我们在东北就将陷于孤立,不能建立巩固根据地,不能战胜国民党的进攻,而有遭遇极大困难甚至失败的可能;反之,如果我们紧紧依靠群众,我们就将战胜一切困难,一步一步地达到自己的目的。"[1]

---

[1]《高瞻远瞩,功垂青史》,《黄克诚纪念文集》,湖南人民出版社2002年版,第342页。

毛泽东把黄克诚的根据地思想进行了进一步的完善和规定。对于毛泽东的这份指示，当时在东北的将士们后来回忆：

> 毛主席的电报指示，及时指明了东北工作的正确方针，为统一大家的思想，坚定信心，为最后夺取解放东北的胜利奠定了牢固的思想基础。自此，黄克诚同志更加坚定不移地率领我们全力投入到建设根据地的斗争。①

毛泽东的这份电报指示是集思广益形成的，其中黄克诚的功劳很大。黄克诚本人对这份指示也评价很高，几十年后他回忆此事还深情地说：

> 毛泽东的这一指示，指明了东北工作的正确方针，对统一大家的认识、坚定信心，为最后夺取解放东北的胜利，奠定了思想基础。

从抗日战争和解放战争初期黄毛之间的互动来看，"黄克诚同志善于领会和灵活运用毛主席的军事思想"，而毛泽东则对黄克诚的建议也十分重视，明察秋毫地及时给予支持和指导，因此，黄克诚的那些建议对新四军3师乃至整个华中和东北的大局都曾发生巨大作用。对黄克诚爱提意见这一点，他的女儿黄梅后来说：

> 父亲在党内爱提意见是有点"名"的。毛主席曾说过：他这个人，上到中央，下到支部，他都要提意见。不知主席是褒是贬，或是兼而有之。②

---

① 《高瞻远瞩，功垂青史》，《黄克诚纪念文集》，湖南人民出版社2002年版，第342—243页。
② 黄梅著：《岁寒心——我心目中的父亲黄克诚》，载《黄克诚纪念文集》，湖南人民出版社2002年版，第702—703页。

5. "我就是喜欢黄克诚这一点"

1948年年底,辽沈战役胜利结束,东北野战军准备入关作战,解放平津地区。时任东北野战军副司令员兼任后勤司令员的黄克诚到沈阳参加东北局会议,接到通知,毛泽东决定他和黄敬在天津解放时担任市军管会正副主任。随后,党中央又任命黄克诚为中共天津市委书记。

1949年1月14日,东北野战军对天津发起了总攻,次日下午三时全歼守军,天津回到了人民的怀抱。黄克诚等人随即进入天津,宣布成立天津市人民政府,

黄克诚(左一)与罗荣桓、林彪等人在东北

黄敬为市长。接管工作随即展开,经过一段时间的努力,天津的社会秩序很快稳定下来,工厂、企业恢复了正常的生产。

继天津解放后,北平也于1月31日和平解放。党的七届二中全会结束后,毛泽东等中央领导由河北平山进入北平城。5月,毛泽东把黄克诚从天津召到北平,向他了解天津接管和城市民主改革的情况。

黄克诚汇报了在天津几个月来的工作情况。

随后,毛泽东留他一起吃晚饭。

黄克诚回忆:

毛泽东仍保持俭朴的生活作风，席间只有四菜一汤，菜做得也极简单，我们都是湖南人，都喜欢吃辣椒，每盘菜多放些辣椒就是了。我们边吃边聊。

但是，此时两人对于当前形势的看法却不一样。黄克诚后来说：

突然间，毛泽东停下筷子，问我道："你认为今后城市工作的主要任务是什么？"我毫不犹豫地回答说："当然是发展生产。"毛泽东很严肃地摇了摇头说："不对！主要任务还是阶级斗争，要解决资产阶级的问题。"我一听此言，方知自己的想法与毛泽东所考虑的问题也有很大差距。在这次当面考试中，我在毛泽东的心目里是不及格的。[①]

尽管"不及格"并没有影响毛泽东对黄克诚的重用。餐后，毛泽东嘱咐他："要养好身体，准备迎接新的任务。"

什么新的任务呢？他没有明说。

可是，没过几天，党中央就决定黄克诚到即将解放的湖南省担任省委书记，并兼湖南军区司令员、政委。原来，毛泽东约见黄克诚的目的在于此。

黄克诚接到任命后，便开始考虑建设新湖南的大政方针。8月4日，程潜、陈明仁通电起义，湖南和平解放。黄克诚在北京参加完全国政协会议后，于10月抵达长沙。随即，党中央正式发布黄克诚为中共湖南省委书记兼湖南军区司令员、政委的任命书。

黄克诚来到湖南后，对湖南的敌情立即有了体会：

[①]《黄克诚回忆录》，解放军出版社1989年版，第364—365页。

第六章 黄克诚:"对毛泽东评价的态度问题,这是一个根本的问题"

> 当时,湖南社会情况极为复杂,形势相当混乱,刚建立的人民政权极不巩固,有10多万土匪武装没有消灭,特务、反革命分子到处进行破坏活动……

黄克诚于是召开省党代表大会,议形势、论任务、订措施,紧紧抓住巩固新生政权这个当务之急推动各项工作开展,集中镇压了一批罪大恶极的反革命分子,使得社会秩序迅速安定下来,群众拍手称快。随后,他把这一工作情况还报告党中央,得到毛泽东的重视。毛泽东特地将黄克诚的报告批转给各中央局参考。

> 1951年3月23日,他(黄克诚)又致电毛泽东,说:湖南已镇压了一批反革命分子,打落了敌人的气焰,鼓舞了群众斗志,清醒了干部头脑,今后要收缩控制,主要对付隐藏的反革命分子,应有计划有步骤地进行斗争。这个报告又引起毛泽东的重视,通报各中央局,指出:"黄克诚的意见是正确的"。[1]

黄克诚"及格"了。

湖南是黄克诚的家乡,也是毛泽东的家乡。黄克诚担任毛泽东家乡的父母官后,不可避免地要与毛泽东的家乡人发生关系。其中,值得一提的是1950年9月一件事情。

毛泽东的家乡韶山是1949年9月解放的。新中国成立后,不少人前来毛泽东旧居参观。1950年1月12日,"老大哥"苏联的电影团摄影师勃拉斯可夫带领一队人马来到韶山,还拍摄了韶山冲的风景纪录片。随着来韶山参观的人越来越多,韶山人沉不住气了:毛泽东旧居上屋场破败成那个样子,通往向上屋场的山间小道那么狭窄!他们觉得这很丢毛泽东的脸。于是,大家议论

---

[1]《忠诚的战士 光辉的一生》,载《黄克诚纪念文集》,湖南人民出版社2002年版,第520页。

将旧居的房屋修缮一下,并修一条大道将上屋场与外面的公路连通起来。这些想法一层层反映到了乡里、县里。

此时湘潭县政府正为日益增多要求来毛泽东故居参观的信函困扰,也认为韶山的接待能力及交通问题必须要有所改善,便派技术员实地勘查,拟与韶山乡政府实施修路工程。勘查完毕,湘潭县委经长沙地委报湖南省委批准,决定原由韶山乡实施的"连路"计划改为修一条由湘潭县至韶山的公路,并在韶山冲的上屋场和南岸之间的稻田处修建一栋大房子代替已显破败的故居。

湖南省委第一书记黄克诚和省委很快批准了湘潭县的计划。于是,韶山开始了备料、打基工作。《人民日报》也报道了修复毛泽东故居的消息。

不知毛泽东是从报纸上还是从进京乡亲们的口中,知道了为他修路建房的消息,立即让秘书调查是否确有其事。

韶山冲很闭塞。毛泽东是从那里走出来的,自然清楚路对韶山人的意义。当年他的父亲挑着谷米去湘潭城里的米店,要扎扎实实地走一天的路程,经常脚底磨出血泡,十分辛苦。修建一条通往外界的公路一直是韶山人的梦想。1927年,毛泽东在韶山开展农民运动,在讲到打土豪,分田地,建立自己的政权,创造美好的生活时,曾以具体的事例向他们描述说:今后翻身了,韶山就会有自己的公路,到那时,"清早搭汽车去湘潭买肉,可以赶回来吃早饭"。[①] 二十多年过去了,韶山"翻身"也已经成为了事实,可是那条公路还没影子。现在政府出资修路,实在是一件好事,何况还能把毛泽东当年描述的革命理想由蓝图变成现实,这是一件多么有意义的事情。

然而,毛泽东获悉韶山确实是要修路时,却否决了这个经乡、县、地委和省委四级的决定。9月20日,他给黄克诚及省政府主席王首道写信,并请他们转告中南局第三书记邓子恢,让地方政府立即停止建房修路之事:

克诚、首道并告子恢同志:

[①] 转引自《湖南党史月刊》1990年第7期,第14页。

第六章 黄克诚:"对毛泽东评价的态度问题,这是一个根本的问题"

> 据说长沙地委和湘潭县委现正进行在我的家乡为我建筑一所房屋并修一条公路通我的家乡。如果属实,请令他们立即停止,一概不要修建,以免在人民中引起不良影响。是为至要。
>
> 毛泽东
> 9月20日[1]

由于毛泽东的坚决态度,黄克诚收到信后,立即以省委的名义责令工程马上停工,筑路之事于是被搁置。直到1951年冬,为响应越来越多的群众来韶山参观学习的迫切需要,当地政府才组织群众修筑了一条通往韶山的简易公路。

黄克诚在长期的革命生涯中,与毛泽东面对面的接触其实并不多,但是这次毛泽东否决修路修房的事情和上一次与毛泽东吃饭时的俭朴的作风给黄克诚很深刻的印象。

这时候还是实行供给制,黄克诚虽然是省委第一书记,但每月只报销一百来元的开支,这包括他招待客人吃饭的费用在内。这个作风让黄克诚保持了一生。黄克诚在湖南主政三年,1952年10月,调任解放军第三副总参谋长兼总后勤部部长、政委,主管全军后勤工作。他调到北京后,在湖南一起工作的杨第甫去北京看望他,黄克诚邀杨去家里吃饭,餐桌上只有四菜一汤。杨第甫见状,不由得感叹:"他身居高位,仍然保持艰苦朴素的优良作风,是难能可贵的。"

新中国成立初期,军队后勤工作摊子大,任务重,问题多。黄克诚上任后,从调查研究入手狠抓思想、组织、作风、制度建设,经过两个月的努力,后勤工作由被动转入主动。他把这一工作情况向毛泽东作了书面报告。毛泽东阅后十分满意,在报告上批道:"后勤工作有进步。"[2]

在调查研究中,黄克诚还发现,军队后勤系统存在着严重浪费现象和各

---

[1] 引自谢柳青编著《毛泽东的亲情、乡情、友情》,辽宁大学出版社1987年版,第185页。
[2] 《忠诚的战士 光辉的一生》,载《黄克诚纪念文集》,湖南人民出版社2002年版,第520页。

种错误思想倾向,于是召开总后党委扩大会议,批评工作中存在的官僚主义和各种不负责任的现象,明确提出后勤工作必须适应现代战争和现代军队建设的要求,确立对国家、对部队负责的指导思想。会议经过反复讨论,明确了今后任务,制定了各项措施。

会后,黄克诚将会议情况和今后任务向毛泽东作了专题报告。中央军委将此报告转发全军各大单位,并批示:"报告已经中央批准,兹发给你们,作为目前后勤工作的指示文件。"周恩来总理称赞黄克诚是管家理财的行家。

黄克诚的俭朴之风也得到了毛泽东的赞许。杨第甫回忆:

> 1956年5月,我随周小舟同志去广州向毛泽东主席汇报湖南工作情况,当谈到地方工业时,追述黄老于解放初领导湖南工作,树立了艰苦朴素的作风,一切因陋就简,把节余的财源,都用在建立地方工业方面。如省委机关的经费节余,就办了一个湘江织布厂。毛主席听到这里,高兴地说:"我就是喜欢黄克诚这一点。"①

1954年9月,黄克诚被任命为中央军委秘书长、国防部副部长,协助中央军委副主席、国防部长彭德怀主持中央军委和国防部工作。毛泽东指示,今后在中央会议中有关军委工作的日程,由黄克诚作简要说明,有关作战和军队建设的重要指示,他也都批给彭德怀和黄克诚处理。1955年9月,黄克诚被授予大将军衔。

1956年,在党的第八次全国代表大会上,黄克诚当选为中央委员、书记处书记。1958年6月,毛泽东在中央军委扩大会议上说:"我四年未管军事,一切推给彭德怀同志……讲责任,第一是我,第二是彭德怀,第三恐怕是黄老(对黄克诚的习惯称呼),因为他是秘书长。"

毛泽东的这个讲话,从一个侧面反映了黄克诚当时在军委工作中所处的

---

① 杨第甫著:《音容如在,风范长存》,载《湖南日报》1987年1月14日。

第六章 黄克诚:"对毛泽东评价的态度问题,这是一个根本的问题"

地位和作用。

1958年10月,黄克诚被任命为总参谋长,还身兼中央军委秘书长、国防部副部长数职。有人说:

> 从1949年1月到1959年7月庐山会议之前,在这不到11年的时间里,党中央、毛泽东不断地把黄克诚选用于解放新区或重要领导岗位,让他去开创新的工作局面,总结经验。他从任天津市委书记到军委秘书长,平均不到三年换一个新的领导岗位,而每到一个新的岗位总是不负使命,尽责尽力,以勤奋、廉洁、高效的作风,把手中权力和全部智慧化为开拓精神,创造一个又一个工作业绩,屡屡受到毛泽东的称赞。①

50年代黄克诚在湖南

6."他并不剖白自己的忠诚,或诉说自己的冤屈"

黄克诚位高了,权重了,但还是原来那个黄克诚,倔强、敢讲真话、坚持己

---

① 《忠诚的战士 光辉的一生》,载《黄克诚纪念文集》,湖南人民出版社2002年版,第519页。

见且不轻易让步、低头的性格，还是没有改变。黄克诚和毛泽东之间的信任关系，在庐山会议上发生转折。

1959年夏，党中央在江西庐山召开政治局扩大会议。在会议快要结束时，彭德怀上书毛泽东，批评"大跃进"运动，但是，信中"小资产阶级狂热病"等激烈言辞引起了不少人的不同看法，会议由纠"左"变成了反右。黄克诚意外地卷进了这次政治风波。

谢振华回忆：

> 时任军委秘书长兼总参谋长的黄克诚同志奉命留守北京，主持军委日常工作。会议开到一半，中央决定让黄克诚同志上庐山参加会议。开始，他没有明白中央让他到会的目的是批判彭德怀同志，只是带着两个有关工业工作的文件准备汇报。同时，也得知彭德怀同志给毛主席写了"意见书"，可能要受批评。但他觉得自己对有关党和国家命运的重大问题的一些看法应该借这个机会向党中央作些反映。①

尽管当时一些人一边倒地否定彭德怀的意见书，抑或几十年后一些人又一边倒地肯定彭德怀的意见书，黄克诚的冷静性格使得他对彭德怀的意见书的看法显得比较客观。谢振华回忆：

> 上庐山后，黄克诚同志通过参加小组会和会后与同志们交谈，了解到一些具体情况，觉得彭德怀同志的信，在大的方向上是正确的，只是个别言辞偏于激烈了。于是，在会上发言时不仅没有批判而且还支持了彭德怀同志的一些对"大跃进"等实际问题的看法，并比较全面地阐述了自己的观点。

---

① 谢振华著：《学习黄克诚坚持真理无私无畏的精神》，《黄克诚纪念文集》，第373页。

第六章 黄克诚:"对毛泽东评价的态度问题,这是一个根本的问题"

黄克诚的女儿黄梅也回忆:

> 彭德怀同志给毛主席写信提意见,父亲事后才知道(他是在毛主席将彭信转发后才上庐山的)。他对意见本身基本赞成,但对写信的方法及个别说法也不无保留。(父亲说:有什么话都可以讲嘛,何必写信?)当时他已意识到彭老总"捅了娄子"。

黄克诚肯定彭德怀的意见书"大的方向是正确",但"个别言辞偏于激烈","写信的方法及个别说法"不妥,一分为二,没有偏颇,实事求是。然而,相较于前者,后者自然是次要的,所以他支持了彭德怀对"大跃进"的一些看法。为什么他认为彭德怀的信"大的方向是正确"呢?

李锐有一个回忆:

> 黄老3月间来过湖南,到邵阳等地看过小高炉炼铁,认为这样炼铁,浪费资源,劳民伤财,太不划算了,这种不讲经济不讲科学的蠢作法,是得不偿失的。他肯定湖南没有强迫推广密植做得对,粮打得多一些,不像湖北、广东,有些地方已经开始饿肚子。小舟还告诉我,北戴河会议时,通过了全国搞人民公社的决议后,黄老曾向他谈过(在座有陶铸、王任重等),人民公社挂个牌子算了。黄老这次走了几个省,深深感到,到下面了解真实情况已很困难。3月2日,他在邵阳对陪同他的地委正副书记和军分区政委讲了这样一段话:"近年来,在我们党内,在我们干部中,有一种反常现象,不敢说真话;说真话的受压制打击,看风说假话的反被提拔重用。有些假话是上面逼出来的。上面瞎指挥,下面怕戴'右倾'帽子,就大放'卫星',讲粮食亩产几万斤,一个县讲生产钢铁多少万吨。"他最后说:"我见什么问题,喜欢一吐为快,敢讲真话,实事求是。正面的意见、反面的意见我都听,不主观武断,不无理压服别人。"

黄克诚支持彭德怀,但面对已经发生的问题和一些人的理解,他主张"有意见可以再去找毛主席谈清楚"。李锐回忆:

> 这时彭德怀的《意见书》已经印发。18日一早,周小舟、周惠和我去看望他(黄克诚)。
>
> 我们都谈到,在小组会上还有不能多谈缺点的压力。黄说,在书记处的会议上他也讲过,我黄克诚总还算一个敢讲点真话的人,但现在也不好讲了。谈到彭总的信,黄说粗看了一下,有漏洞,有问题,还有刺;按照实际情况,缺点还可以说得更重一些,但这话不能对彭说。他明明知道会议对"大跃进"的看法还有分歧;他尤其清楚毛彭之间存在历史上的恩恩怨怨,有些老疙瘩一直没有解开;他也知道这时要他上山来,自有特殊原因,但他还是在19日的小组会上讲了真话,以支持彭的意见。他大谈"大跃进"中的缺点,说有缺点不可怕,可怕的是有缺点不讲。当时河南最早放炼铁"卫星",中央工交工作部副部长高杨去调查,向中央报告了真实情况,河南省委大为上火。他说,这就是报喜高兴,报忧就不愉快。他用这样一句话结束他的发言:毛主席讲过开动脑筋,放下包袱;缺点不讲,总是个包袱。
>
> 关于庐山会议的情况,……这里只重提两件事。一是7月23日毛主席批彭讲话后,当天晚上,我思想不通去找周小舟、周惠交谈,这已是很不应当的了。不幸的是,周小舟硬要再去找黄老一谈,我说了这样担心的话:"人家会说我们还有小组织活动",也未能阻止住,黄老也只好同意我们去,黄一直劝导我们,有意见可以再去找毛主席谈清楚。小舟和我仍激动,小舟说了"斯大林晚年"的比喻。此事最后被捅开,当然更是火上加油,定案成"反党集团"。弄成这个局面,23日夜之事有很大关系,至今仍感到内疚无已。二是,我们三个人(我与二周)几次作检讨写交代,关于黄老,我们都无一字一句贬语,都是实事求是地讲他为人处事的长处,尤其民主作风好,对干部宽

第六章 黄克诚:"对毛泽东评价的态度问题,这是一个根本的问题"

厚,以及我们对他的敬重和师事。①

黄克诚上山后,毛泽东专门找了黄克诚、周小舟、周惠和李锐等四人谈话。

这次召见,毛泽东本是希望黄克诚与彭德怀划清界线的,结果反而和毛泽东吵起来了。黄梅回忆:

> 那时主席也曾召见他和周小舟、周惠、李锐几人。父亲对毛主席的敬仰和爱戴是极深极厚的。但他并不剖白自己的忠诚,或诉说自己的冤屈,只一项一项据理力争,试图驳掉主席给他戴上的几顶"帽子"。言谈间不知怎的提到解放战争中东北的"保卫四平"的战役。父亲当初就对该战役有看法,也曾向林彪提出过,林彪未置可否,也没采纳他的意见。这时主席说:那是我决定的。父亲便说:"你决定的也是错误的。"在大难临头的处境里还要如此不依不饶地争一桩如今已无关紧要的往事的是非,父亲的"迂"和"倔"由此也可见一斑。主席当时说,看来你是个右的方面的很好的参谋嘛。②

谢振华也证实说:"谈话中,黄克诚同志仍坚持自己的意见,没有说违心话。"黄克诚为什么坚持己见?黄梅说是他的"迂"和"倔",但谢振华这么解释:

> 黄克诚同志就是这样,为了实事求是,坚持真理,宁可担当政治风险,也不随声附和错误的意见,决不为个人的名利得失而放弃原则,丧失一个共产党员的品质。

---

① 李锐著:《一个一辈子讲真话的人》,载《文汇报》1992年12月25日。
② 黄梅著:《岁寒心——我心目中的父亲黄克诚》,载黄克诚纪念文集编委会编:《黄克诚纪念文集》,湖南人民出版社2002年版,第701—702页。

黄克诚和战士在一起

黄克诚不愿去打倒彭德怀，接着，政治局常委开会，批判彭德怀，要黄克诚列席。黄梅后来说：

> 尽管如此，父亲上了庐山仍慷慨陈词，直抒己见，批评了"大跃进"中的许多做法，不肯为明哲保身而委屈真理。受批判之初，他本人尚未定性，还有转弯余地。有的负责同志也曾明言劝过他。但父亲摇摇头回绝了，不愿搞什么"反戈一击"，"落井下石也要有石头呀，"他说，"我没有石头。"

由于黄克诚和彭德怀历史上的关系，这次又支持彭德怀，结果被打成"彭德怀反党集团"第二号人物，撤销军内外的一切职务。

> 庐山会议最后阶段，迫于形势，必须维护党的总路线，维护党的团结一致，维护毛主席和党中央的威信，彭德怀、黄克诚和张闻天只

第六章 黄克诚:"对毛泽东评价的态度问题,这是一个根本的问题"

能"缴械投降"、"要什么给什么",把一切都兜揽起来。他们做这种违心之事,当然痛苦万分。那又有什么法子呢,这是历史铸成。黄老后来对他的儿女说过,庐山会议后期,他还是违心地认了账,虽说这是万不得已,出于服从决定、服从上级的惯性,但总觉得自己讲了不实事求是的话,心中一直耿耿。①

黄克诚被撤职后受到的责难是很大的。沈启贤少将回忆:

> 黄克诚到庐山后有人鼓动他揭发彭,要他同彭划清界限。但他认为彭反映的问题属实,没有错,他决不乘人之危落井下石。他由于不肯揭批彭德怀,因此也遭到了残酷批斗,被扣上"彭黄反党集团"的大帽子,他仍然是坚持说理,决不妥协。后来我参加了军委在北京召开的面对面批斗黄克诚大会,看到吴法宪发言时竟然大骂。黄克诚当即反责:吴法宪,我犯了错误,你骂我干什么?激起全场对吴法宪的耻笑。

庐山会议使得黄克诚离开了共和国的高层政治舞台,赋闲了。

但是,毛泽东还是没有忘记他。过了五六年,事情逐渐平息了。1965年9月,黄克诚写信要求出来做点工作。毛泽东欣然同意,决定他到山西省当副省长,并要求他在国庆节前去报到。黄克诚写下"衔命西去无别念,愿尽余生效薄绵"的诗句,把节省下来的1000斤粮票交给公家,立即赶去山西赴任,随后分管农业工作。

但是,"文化大革命"开始后,黄克诚的那些所谓的"历史问题"再次被造反派挖了出来,他又靠边站了,接着遭批斗、关押,再受审查,第二次被打倒。毛泽东让黄克诚复出的打算夭折了。

---

① 李锐著:《一个一辈子讲真话的人》,载《文汇报》1992年12月25日。

在"文化大革命"中,黄克诚受到更残酷的迫害,关进了监狱。即使在这种情况下,他仍然不改本色,在一首诗中写道:"抓走不外杀管关,人生一世也平常。反躬自省无憾事,脸不变色心不慌。"在狱中,他继续同迫害他的人进行顽强的斗争。但是,黄克诚对毛泽东思想的信仰并没有动摇。陈绍昆回忆说:

> 庐山会议后,他(黄克诚)被审查在家中赋闲和"文化大革命"被关押监护期间,仍然坚持学习。用他的话说:"马列主义和毛泽东著作当然是允许读的。有了书报,我的日子就好过多了",他还赋诗一首,其中两句是"无端入狱亦寻常,且把牢房作学房"。当与家人隔离五年之后允许探视见面时,他主要不是谈亲情,而是谈学习马列主义和毛泽东著作的情况。

这就是黄克诚于毛泽东的感情。

7. "他对毛主席的态度是始终一贯的"

庐山会议一别,然成为了黄克诚和毛泽东的最后一面。1976年9月,毛泽东去世。黄克诚的心情很沉重。

1976年是共和国的多事之秋,发生了很多的大事情,其中不乏让一些受过迫害和打倒的人高兴的事情,但是一直受打击和靠边站的黄克诚却没有那种"兴奋"。黄克诚的女儿黄梅在一次谈及父亲和毛泽东的深厚感情时说:

> 还有一件事颇能说明父亲对毛主席的感情及他看问题的角度。那就是他对四五运动的反响。当时周总理在人民心目中化作了一个神圣的象征,代表着被"四人帮"践踏了的一切美好的东西。我们明

第六章 黄克诚:"对毛泽东评价的态度问题,这是一个根本的问题"

确地意识到了纪念总理的群众运动便是"四人帮"覆灭的丧钟,因而情绪激昂,兴奋不已。身在太原的父亲极为关心事情的动向。出我意料的是,在一番兴奋激动的长久议论之后,父亲竟有些戚然。"几十万人,不得了啊!"父亲说,"这是毛主席的不幸呀。他一辈子主张为人民。可现在这样多的人上街去了。"至今我不敢说自己是否正确把握了父亲在此事上的复杂心态。他当然是与群众一道反对"四人帮"、希望"四人帮"早日垮台的。然而他却又久久地无语默然,几乎有些沉重。起初我以为他大约有点旧社会士大夫的"德",所谓"处江湖之远,则忧其君"罢。但渐渐地,我意识到也不尽然。父亲所忧所念的,是毛主席所代表的事业。他深知"文化革命"绝非仅仅几个跳梁小丑的罪恶。在更根本的意义上,这是党的重大失误,是毛主席的悲剧。……也许由于这个缘故,父亲的心情沉重多于兴奋。

很快"四人帮"被打倒了。1977年8月,黄克诚正式复出。在参加中央军委座谈会时,黄克诚与一些老同志见面了,他与他们紧紧地握手说:"终于胜利了,我们都没有被整死,感谢马克思在天之灵。"12月,黄克诚出任中央军委顾问。

1978年12月,在党的十一届三中全会上,黄克诚被增补为中央委员并当选为中央纪律检查委员会常务书记。1959年庐山会议后,黄克诚受到错误批判和不公正待遇长达18年,现在他确实"胜利"了。

结束"文化大革命"后,我党面临一个根本性问题,那就是如何评价毛泽东和对待毛泽东思想,这是一个摆在党中央和黄克诚等高级领导人前面的大问题。1980年3月到次年6月党的十一届六中全会前,党中央开始起草建国以来党的若干历史问题决议,后担任过解放军总政治部副主任的华楠回忆:

"决议"初稿写出后,1980年10月、11月,中央决定在党内4000人范围内进行讨论,征求意见。讨论中,大家提出了许多很好的意见,但也有一部分人,对毛泽东同志和毛泽东思想有些偏激,对其错误看过了头。①

当党内和社会上开始流传否定毛泽东和毛泽东思想的言论时,黄克诚没有人云亦云,而是从党的利益出发,坚决维护毛泽东在全党的威信和毛泽东思想。1980年11月27日,他在中纪委第三次贯彻《关于党内政治生活若干准则》座谈会上发表长篇讲话。讲话的第一部分后来独立成篇,取题目《关于对毛主席的评价和对毛泽东思想的态度问题》,说的就是维护毛泽东和毛泽东思想的问题。军旅作家董保存描述了当时的感人情景:

> 此时已经双目失明的黄克诚是在别人搀扶下走上主席台的。
> 他没有讲稿,也不可能有讲稿,他的眼睛已经看不见了。
> 如果说那天他的讲话是口若悬河的话,那一点都不夸张。他坐在台上,开口便说:"今天我来这里讲话,不讲别的,想先谈一谈怎样对待毛泽东同志和毛泽东思想的问题……"他从我党我军的创建时期说起,讲到毛泽东在危机中怎样挽救革命,讲到毛泽东受排斥后中国革命受到的损失;从毛泽东思想的形成,到坚持毛泽东思想的重要意义……他一讲就是两个多小时,没有套话,没有官话。
> 会场上安静极了。
> 会后的反响强烈极了。
> 有人说,好久没有听到这么有见地的报告了;
> 有人说,好久没有见到过高级领导人这样讲话了。②

黄克诚具体是如何讲的?他的开场白就让人惊讶:

---

① 华楠著:《立足实际高瞻远瞩无私无畏——纪念黄克诚同志诞辰一百周年》,载《黄克诚纪念文集》,湖南人民出版社2002年版,第325页。

② 董保存著:《大将军外传》,载《黄克诚纪念文集》,湖南人民出版社2002年版,第666页。

第六章 黄克诚:"对毛泽东评价的态度问题,这是一个根本的问题"

同志们:

　　本来我是不准备讲话的。中央让我担任中央纪委的常务书记,我身体不好,没有下去检查工作,只能联系很少的干部与群众。因此,我讲的意见就不一定准确。但我是心里有话就要讲的。所以今天还是向同志们讲讲。我这个讲话,请同志们不要记录,也不要传达,

黄 克 诚

等整理好送中央审阅,如认为可以向各级纪律检查部门传达,再发给你们。我的讲话,有些同志听了可能不痛快,请你们原谅。[①]

随即,接着他就进入了主题:

　　关于对毛主席评价的态度问题,这个问题看起来与我们这次召集座谈会讨论的问题关系不大,但我认为,对我们党和国家来说,这是一个根本的问题。

　　对毛主席的评价问题,小平同志代表中央曾经表示过原则的意

[①] 录音记录稿:《黄克诚同志在中央纪委召开的第三次贯彻〈准则〉座谈会上的讲话》,载《黄克诚回忆录》,解放军出版社1989年版,第369页。

见。小平同志讲,在我们党和国家的历史上,毛主席的功绩是第一位的;他的错误是第二位的。小平同志还说过"没有毛主席就没有新中国","他多次从危机中把党和国家挽救过来,没有毛主席,至少我们中国人民还要在黑暗中摸索更长的时间。"在谈到毛主席晚年的错误时,小平同志说:不能把过去的错误都算成是毛主席一个人的,我们这些老一辈的人也是有责任的。我们今后还要继续坚持毛泽东思想。在评论和处理党内的某些历史问题时,小平同志曾讲过"宜粗不宜细"。就是说,对那些不很重要的问题,不要过分纠缠。小平同志的这些原则意见是代表中央讲的,我完全赞成。所有的共产党员应该本着这些精神去考虑对毛主席的评价问题。

黄克诚这段话是有感而发的。他接着说:

前一段时间,听到一些对毛主席和对毛泽东思想评价的议论,感到有些议论违背了小平同志代表中央所讲的原则。有个别人甚至放肆地诋毁毛泽东思想,谩骂、丑化毛泽东同志。这种倾向使我很忧虑。作为一个老共产党员,对这个问题我想讲的话很多,也有责任讲讲我的看法。为了有助于理解小平同志讲述的那些原则,我想先讲点历史。

然后,黄克诚分阶段地讲起了历史,先是回忆了大革命失败后我党在最危险、最关键的历史转折关头毛泽东的贡献。他的结论是:

总之,大革命失败以后,毛主席在创建红军时期,为我们党建立了不朽的功勋。很明显,没有他,没有井冈山这面红旗,很难设想中国革命将会是什么样子。毛主席在这个时期的历史功绩谁能比得了呢?哪个有这样大的功劳呢?现在有人讲这段历史,想用其他人来代替毛主席,好像别人比毛主席更高明、功劳更大,我说这完全是对历

第六章 黄克诚:"对毛泽东评价的态度问题,这是一个根本的问题"

史开玩笑!

随后,在谈到古田会议的时候,黄克诚饱含深情地说:"有的人现在把古田会议说成是别人领导的,不是毛主席领导的。我听了以后真是啼笑皆非。我们党内现在有些人不顾历史事实,一说毛主席有错误,就好像什么正确的事情都不是他干的,错误的事情就都归他。这怎么行呢?"

他再从中央苏区五次反"围剿"作战、长征、与张国焘的斗争、抗日战争,一直讲到解放战争,然后说:

> 毛主席对中国革命的贡献,远远不止我讲的这些。我讲这些历史,只是想具体说明:小平同志讲的"没有毛主席就没有新中国"、"没有毛主席,至少我们中国人民还要在黑暗中摸索更长的时间"绝不是颂扬、溢美之词,而是对历史公正的科学的论断。这样讲,并不是把毛主席捧为救世主,也不是抹杀其他革命者的功劳。毛主席作为我们党和国家的主要缔造者,多次在危机中挽救了革命,这是我们党内任何其他人都不能比拟的。

黄克诚对待毛泽东有着他惯以有之的客观认识,认为毛泽东的功勋是主要的,但是"毛主席在晚年有缺点,有错误,甚至有某些严重错误"。具体地说,一是在具体的经济建设工作中犯了贪多图快的急性病错误,一是把许多人民内部的矛盾当作敌我矛盾,提出了一套关于社会主义时期阶级斗争的理论。但是他又指出:"有的同志把新中国成立以来我们党犯的所有错误都算在毛主席身上,让他一个人承担责任。这样做不符合历史事实,也违背了小平同志讲话的精神。小平同志讲了包括他自己在内,我们这些老同志都是有责任的。有一个同志曾问我:'不让毛主席一个人承担错误的责任,你承担不承担?'我说:'我也要承担一些责任。但对搞文化大革命我不承担责任,因为那时我已不参加中央的工作,没有发言权了。'我认为:凡是我有发言权的时候,我没有发表意见反对错误的决定,那么事后我就不能推卸对错误的责任。"

对于那些曾经出现的错误，黄克诚认为参与过决策的人不能推卸责任，并继续说道：

> 比如反右派扩大化，错整了很多人，就不能只由毛主席一个人负责。我那时是书记处成员之一，把有些人划为右派，讨论时未加仔细考虑就仓促通过了。自己做错的事情怎么能都推到毛主席身上呢？全国为什么错划了那样多右派？我看各级党委都要负一定的责任。大跃进中，许多做具体工作的人盲目地浮夸，将事实歪曲到惊人的程度。使错误发展到严重的地步，也是有责任的。同志们可以想一想，反右派、大跃进、五九年庐山会议、提出社会主义时期阶级斗争理论、决定搞文化大革命、以至错误地开除刘少奇同志的党籍等等，哪一次不是开中央全会举手通过决议的？如果中央委员多数都不赞成，各级领导干部都不赞成，毛主席一个人怎么能犯那样大的错误呢？当然，毛主席是要负领导的责任。过去解放全中国、建设新中国，我们这些老共产党员都尽了一份责任，功劳大家有份。现在把错误却都算到毛主席一个人身上，好像我们没有份，这是不公平的。如果我们大家来分担责任，那才符合历史唯物主义思想。毛主席的担子也就轻了。毛主席去世了，革命事业还要我们这些活着的人来干。我们多从自己方面总结经验教训，只会有利于我们更好地为人民工作。

黄克诚以自己为例，说明应该如何正确地去对待毛泽东个人这个问题：

> 有些同志对毛主席说了许多愤慨的话，有的人甚至把毛主席说的一无是处。我认为这样做对我们的党和国家是非常不利的。我并不是说，讲愤慨的话就是出于恶意，愤慨是可以理解的。特别是那些受过打击、坐过牢的同志对毛主席有愤慨情绪更可以理解。大家都知道，在毛主席晚期我也吃了些苦头。但我觉得，对于这样关系重大

第六章 黄克诚:"对毛泽东评价的态度问题,这是一个根本的问题"

的问题,决不能感情用事、意气用事。更不能从我们个人的利害得失、个人的愤慨不平出发。我们只能从整个党和国家的根本利害、从十亿人民的根本利害出发,从怎样做才有利于我们的子孙后代、有利于社会主义革命事业出发来考虑问题。多少年来,举世公认毛主席是我们党和国家的领袖,是中国革命的象征。丑化、歪曲毛主席,就是丑化我们的党和国家。那样做,会危害党和国家的根本利益、危害十亿人民的根本利益。现在国内外的敌对力量都希望我们把毛主席搞臭,把人们的思想搞乱,把我们国家引向资本主义。人民内部也有些人受了西方个人主义、自由主义思想的影响,和那些人唱同样的调子,这是很值得警惕的。

黄克诚提出要维护毛泽东的历史地位和继续坚持毛泽东思想的旗帜后,深情地说:

毛泽东思想的基本宗旨、原则将长期是我们党和国家的指导思想,这是写在我们党章和《准则》上的,是中央一再申明的重大原则。一些人违反党章、违反中央的原则,诋毁毛泽东思想,又没有本事拿出一套更好的东西来!我们这些老共产党员、一切真正为人民的事业而奋斗的共产党员,要同诋毁毛泽东思想、丑化毛泽东同志形象的现象作斗争,以维护党和人民的根本利益。

华楠后来回忆说:"在这篇文稿(指黄克诚讲话录音整理稿)中,黄老把他对毛主席那种无限景仰之情和对党对国家的忧患意识全部凝聚笔端,显现于字里行间,感人肺腑,让人敬佩!……其激昂慷慨之情跃然纸上,字字句句情真意切,铿锵有力。"

黄克诚的讲话当即引起轰动,在许多人心中产生共鸣。讲话一结束,会场立刻爆发出热烈的掌声,持续了好几分钟。

黄克诚的女儿黄梅回忆说:

当父亲决心对毛主席的评价问题讲讲话时,他已双目失明。别人帮不上什么忙。全凭他出色的记忆力以及他对社会情况的了解和判断,自己构思、自己讲话。

会议结束后,有人给黄克诚送来了这次讲话的录音整理稿,并且建议说:"黄老,你的这个讲话可以拿出去发表。"

黄克诚说:"这完全是我个人的一个讲话,如果拿出去发表,一定要请中央的同志审查。"

随后,这份录音整理稿送到了邓小平的案头。邓小平很忙,但还是很快看了,并且批示:"此稿可以发表,请乔木同志在文字上把把关。"

录音整理稿又送到了胡乔木的桌上。胡乔木看了稿子,作了一点技术上的处理,就送给新华社发了通稿。

华楠回忆了此文发表的详细过程:

在1981年初召开的全军政治工作会议期间,黄老的秘书交给我一篇文章,说是黄老在中纪委一次座谈会上讲话的第一部分,后两个部分已经发表了,要我看看这部分,是否可以在《解放军报》发表。我接过文章一看,是关于评价毛主席和毛泽东思想的,内容很翔实,感情很真切,又很符合小平同志的讲话精神,是一篇站得很高、看得很远、非常感人、很有说服力的好文章。我便很快报告了当时总政的韦国清主任和梁必业副主任,又征求了报社有关领导同志的意见,他们都认为此文非常好,赞成发表。于是,我便报告黄老此文可发。黄老说:"请报告小平同志批准后再发。"很快,我们将文稿和有关发表的建议呈报给了小平同志。3月27日,韦主任、梁副主任和我向小平同志汇报工作时,小平同志说:"黄老的文章我同意发。发表前请乔木同志看看。"乔木同志接到稿子后在个别文字上略作了修改。

第六章 黄克诚:"对毛泽东评价的态度问题,这是一个根本的问题"

发表前,黄老又讲:"我现在还不习惯称'毛泽东同志',从感情上来讲过不去,还是称'毛主席'为好。"

就这样,4月10日,军报在第一版发表了。

这篇文章发表后,全国各大报纸纷纷转载,立即在党内外、国内外引起了强烈反响和震动,许多党员、干部读后热泪涌流,纷纷给报社和黄克诚本人写信,盛赞黄克诚维护毛泽东和毛泽东思想的科学态度,钦佩他光明磊落,不计个人恩怨,忠心为党为国家着想的品格,一些原来运动中挨过整、受过委屈的干部也表示要学习黄克诚的博大胸怀。黄克诚的老部下、解放军高级将领刘震、吴信泉、李雪三等人由衷地说:

我们捧读这篇讲话时,心里久久地激动不已。敬爱的老首长啊!多年来受到多少迫害和折磨,但他不计个人恩怨,而是以马克思主义的科学态度,正确评价了毛泽东同志的历史地位和作用。正如他在讲话中所说那样:"对于这样关系重大的问题,决不能感情用事,意气用事,更不能从我们个人的利害得失、个人的愤懑不平出发。我们只能从整个党和国家的根本利害、从十亿人民的根本利害出发,从怎样做才有利于我们的子孙后代、有利于社会主义革命事业出发来考虑问题。"这是何等的顾全大局,何等的深谋远虑,何等的宽阔胸怀啊!①

当有人贬低甚至诋毁毛泽东和毛泽东思想时,黄克诚为什么能站出来呢?谢振华说:

黄克诚同志在全国解放后算挨整时间最早,受冤屈最多,受处

---

① 刘震、吴信泉、李雪三著:《胸怀全局,深谋远虑——怀念老首长黄克诚同志》,载《人民日报》1987年1月19日。

分最重的人之一,怎么还这样忠于毛泽东思想?因为,黄克诚同志不计较个人得失,而把党的事业和利益放在第一位。

谢振华的这个解释是符合历史事实的。柏曼卿、毕庶政、刘峻等人说:

> 众所周知,早在1959年庐山会议上,他因批评"大跃进"和人民公社化运动中"左"的作法而被打成"反党集团",并传达全党,指令批判;1981年,他发表的《关于对毛主席的评价和对毛泽东思想的态度问题》的文章传遍天下,有口皆碑。虽然这是发生在他一个人身上的两种性质不同的大事,却相通于他的一颗赤诚的心:忠于革命、忠于党、忠于人民。①

黄克诚之所以能够做到这一点,除了他"不计较个人得失,而把党的事业和利益放在第一位"和"忠于革命、忠于党、忠于人民"外,黄克诚的女儿黄梅还有一个解释,就是父亲之于毛泽东的那份超越时空、超越恩怨的感情:

> 他(黄克诚)对毛主席的态度是始终一贯的。粉碎"四人帮"之初,他十分高兴,但也再三说,毛主席的旗帜不能丢。他用亲身经历向我们说明毛主席的英明和远见。他举个例子说:当毛主席决定在红军实行军事共产主义时,他本人就很怀疑,以为自古当兵吃饷,不给钱怎么行呢?结果不但行通了,而且红军由此官兵同甘共苦、上下一致,在极恶劣的条件下生存了下来,并能不断克敌制胜。他对毛主席的尊敬植根于中国革命胜利的历史事实。如果说过去他没有让这种尊敬转化为盲从,那么如今在他来说,对过去的检讨和清理也决不意味着对传统的破坏性的大否定。

---

① 柏曼卿、毕庶政、刘峻著:《忠诚的战士,光辉的一生——纪念黄克诚大将诞辰一百周年》,载《黄克诚纪念文集》,第509页。

第六章 黄克诚:"对毛泽东评价的态度问题,这是一个根本的问题"

黄克诚对毛泽东尊敬但不盲从,但是有一种真挚的情感。

解放军总政治部副主任华楠认为,黄克诚的这次讲话,"进一步提高了人们对如何正确评价毛主席和毛泽东思想的认识,对统一全党的思想起到了极为重要的作用,也为《关于建国以来党的若干历史问题的决议》顺利出台打下了良好的舆论基础,发挥了正确的舆论导向作用,有着很强的指导意义和深远的历史意义"。但是,黄克诚的讲话发表后也出现过一些不和谐的杂音。黄梅回忆:

黄克诚大将

> 讲话见报后,很多属于不同阶层、具有不同思想色彩的人都议论纷纷。有不少人热烈地赞同。
>
> 也有不少人,包括一些老同志、老朋友,颇有异议。还有人说父亲"不识时务"、"'左'倾僵化",声称这是他的"第二个悲剧",甚至非议他的动机。

面对这些杂音,黄克诚是什么态度呢?黄梅回忆说:

> 对于世人的毁誉,父亲一向淡然处之。
>
> 我们曾就这类事半认真地劝他别再多事。我们说:你也到了"退役"的时候了。今天和明天,毕竟属于后来人。既不可能代庖,何不就此"撒手"呢?他点点头,却又十分认真地说:只是自己想到些问题,认为有关国家前途,不讲出来对不起党,心里不得安宁呀。

以往，黄克诚对自己坚信正确的东西有着执著的"倔"，这次对于毛泽东的历史地位和毛泽东思想的坚持，他也是如此。1989年4月，黄克诚出版了回忆录。在回忆录中，他没有收集自己几十年中对中国革命和建设的历史进程起过关键作用的重要讲话或者重要电文，比如大举进军东北的建议、比如在东北建立根据地的建议，等等，但附录了他关于毛泽东和毛泽东思想的那份《黄克诚同志在中央纪委召开的第三次贯彻〈准则〉座谈会上的讲话》，唯此一篇。他是要把自己对毛泽东历史地位和毛泽东思想的评价放到历史的长河中去经受检验，还是要表达他本人对毛泽东和毛泽东思想终生不变的信念呢？这只有他自己才知道。事实就是，他在回忆录中只附录了这篇说明他本人之于毛泽东的态度的讲话记录。

大向河东

THE
GREAT RIVER
FLOWS EAST

★ 第七章 ★

许世友：
"毛主席了解我，救了我，又信任我"

1."许世友这个名字就沿用了半个多世纪"

许世友于 1927 年入党,就参加了革命,但见到毛泽东却在近八年后的 1935 年。

1935 年 6 月 12 日,红四方面军红 9 军和红 30 军各一部在夹金山下与红一方面军胜利会师。不久,党中央在毛儿盖附近召开沙窝会议。在这次会上,隶属红四方面军的红 4 军军长许世友第一次见到了久仰的毛泽东。

这次见面据说是毛泽东主动的。当时的情形大概如下:

会议中间休息时,毛泽东向许世友走过来,在一条旧长凳上坐下,问道:"你就是许世友吧?"

"是。"许世友回答。

"哪个世呀?"毛泽东问。

许世友谈起了自己名字的来历:"我的乳名叫友德,我大名叫许仕友,按家谱'仕'字辈排的,就是做官的意思。参加革命后,我才发现这名字不好,改名叫士友,在部队要做士兵的朋友,为民族解放多做点事!"

讲到此时,毛泽东笑道:"看来,你不仅是士兵之友,而且也是民族之友啊!"接着话锋一转:"不过,我觉得这个'士'字还是显得标准低了点。古人云,国家兴亡,匹夫有责。我看,你这个'士'字还可以再加上几笔,改为世界的'世'字。咱红军不光要解放全中国、全民族,将来还要为解放全世界做贡献。'士'改为'世',你就成了'世界之友'嘛!"

毛泽东说完,许世友立即"啪"地向他敬了一个军礼,大声地说:'士'、'世'一字之别,但我找到了今后的奋斗目标!"

随后,毛泽东问起了许世友的身世:"听说你在少林寺做过和尚?"

许世友不好意思地说:"不是和尚,是杂役。"

毛泽东笑了,又接着问道:"学了几年武功?"

许世友

"不算在家学的,光寺里就学了8年。"

"嗬!都超过打虎的武松了呀!你现在也是打虎的英雄了,打国民党这只虎,在万源城下,你一把大刀称得上威震敌胆……"说罢,毛泽东接过许世友身上背着的大刀说:"好沉呀!真是把好刀!"

两人就这样一席话,"许士友"改名叫"许世友"了。许世友一出门就说:"毛主席好厉害啊,一见面就帮我改了姓名,做全世界的朋友了!"

毛泽东为许世友改名且许世友沿用一生,有人认为,"不论这则已多处发表过的传闻是否有历史依据,但毛泽东对许世友的偏爱和许世友对毛泽东的尊重之情,洋溢在字里行间"。但是,许世友对毛泽东的膺服却并不是一见面就有了。作为长期在红四方面军尤其是张国焘手下的部将,起初许世友对毛泽东可能只是"尊重",而不是真正就在思想上、行动上膺服这位后来让他一辈子铁心跟随的"三军主帅"。

沙窝会议重申了红一、四方面军会合后北上、创造川陕甘根据地的方针。随后,许世友率领4军跟随毛泽东率领的右路军北上,并担任后卫。

8月底,在毛泽东指挥下,许世友参加包座战役,负责攻打包座以北的求吉寺。红4军打得很勇猛,10师师长王友均牺牲。包座之战打开了甘南的门户,虽然是红四方面军在毛泽东直接领导下取得的第一个胜利,但由于王友均牺牲,许世友反而陷入极度悲痛之中。后来,他总结这次战役认为打赢,主要有三点原因:一、及时掌握了敌情,二、正确的战术,三、红军英勇顽强的战斗作风。可以推测,毛泽东的军事才华可能让许世友有些感觉,但此时的他更为痛失爱将王友均而陷入悲痛和惋惜之中,不及去细想。包座战役前后,许世友与毛泽东的这段短暂的上下级交往,甚至还没使得他们建立起一种直接乃至真正心悦诚服的上下级关系,于是当张国焘野心膨胀、阴谋分裂党和红军,下令"左路军和右路军中的四方面军部队全部南下"时,作为红四方面军的将领,许世友也随红四方面军大流率部南下,脱离了毛泽东率领的右路军。

　　许世友此去随红四方面军再过草地,转战川南。10月,张国焘召开红四方面军高级干部会议,另立"中央",分裂党和红军。但是,张国焘的错误方针直接导致红四方面军在川南损失惨重,最后在毛泽东、朱德等人的斗争下,张国焘碰壁之后不得不率领红四方面军掉头北上。1936年10月上旬,许世友率部随红四方面军主力到达甘肃会宁,红军三大主力实现了大会师。

2."从此,我对毛泽东思想坚信不疑,对毛泽东同志深为敬佩"

　　曾经和许世友朝夕相处多年的秘书徐开福说:"许世友特别的性格,特殊的经历,在他的上下左右构建成特定的人际关系。在许世友的一生中,对他影响最大的,首推毛泽东。"[1]

---

[1] 徐开福著:《许世友的晚年岁月》,江苏人民出版社1995年版,第125页。

第七章 许世友:"毛主席了解我,救了我,又信任我"

毛泽东对许世友的影响是公认的,毫无疑义。毛泽东之于许世友的这个影响,或者说他们之间的真正交往,却是以戏剧般的情节开始的,堪称一部令人拍案叫绝的当今传奇。

红军会师后,许世友进入了抗日军政大学学习。开始他表现得很好,学员到校的第一课就是挖窑洞。许世友挖窑洞又快又好,为此还获得了学校颁发的奖品:一双袜子,一个本子。对此,许世友很得意,对同班的学员们说:"我在老家干农活打下的基础扎实,你们谁也赢不了我!"

但是,他的"好表现"没有持续多久。在三大主力会师前后,作为长期在张国焘领导下的红四方面军将领,他对张国焘错误的认识却不是很深刻。1937年3月31日,党中央作出《关于张国焘错误的决定》,批判张国焘的错误。多数红四方面军将领拥护党中央的决定,积极参加学习讨论,揭发、批判张国焘的错误,可许世友跳了出来,酿成一个"大事件",并且差点儿丢了脑袋。

对这一事件,许世友后来有一个较为详细的回顾:

> 到延安以后,就有人说张国焘如何长如何短,我也不作声,只要你不说到我头上我就不管。以后西路军失败,我非常痛心,半月没好好休息。加上反张国焘路线听了不少乱言乱语,有的说我们是托洛茨基,有的说我们是土匪……下面干部看不起四方面军的同志。我非常生气,病得吐了血到医院休养。我想,从前反陈独秀、李立三时,我们这些干部只是知道他们错了,至于到底怎样错,什么叫路线、方针错了,我们是不知道的。我也没参加过这么大的斗争会,这样的斗争会实在害怕。当时我想赶快打仗,我到前方与敌人拼死,也不愿开这个斗争会。加上下面又谣传要枪决周纯全、何畏、张国焘,我也是张国焘军级干部之一,也不能没有我的事。我自己也觉得在这里被枪决太冤枉了。我南征北战带了这些彩,没有功还有罪吗?那时认为党中央在争权夺利,要把我们搞掉。我这个认识是大错了,所以基本上就动摇了,我的态度是非常不满,在病中苦闷到极点。
>
> "我病休中,斗争会一天比一天开得厉害。这时,四方面军的营、

团、师、军级干部,都来看我,没有一个不哭的。一连这样三天,尤其军级、师级干部的哭,对我影响很大,过去都是老同事,现在都感觉没有出路。我想了几天想出办法来了,他们来看我时,我对他们说:我们回四川去,那里有刘子才,他们有1万多人,又是我们的老部下,在这里天天说我们是反革命要枪决,我们到四川去,叫他们看看我们到底是不是革命的,愿去的就走,不愿去的也不要告诉中央。

"到第三天,有20多个团级干部,2个营级干部,6个师级干部,5个军级干部,都愿意走。当时,我们决定不带张国焘、何畏、周纯全,因为他们都要骑马。我们准备步行七天七夜,通过陕北到四川汉中靠巴山会合刘子才部再说。一切计划都是我作的,路线也是我画的。还有给毛主席的信都在我身上,准备4月4日夜10时出发。

"当天下午4时,党中央发觉我们要走,把我们叫去问,我就从头到尾有什么说什么。"①

这是许世友在20世纪50年代一份学习总结中的文字,由许世友秘书徐开福摘出后公诸于世。

尽管许世友的叙述较为平淡,但涉及"20多个团级干部,2个营级干部,6个师级干部,5个军级干部",当时在延安却是一个"天大的事件",性质十分严重。党中央并不是轻描淡写地"把我们叫去问",而是采取了异常果断而严厉的措施。时任"抗大"政治部主任的莫文骅中将后来讲述了事情的经过,且称之为"事变":

4月3日是星期日,天气晴朗,学校放假休息,教职员、学员们大多到延安城内,到宝塔山和清凉山等地去玩了。我因为有些事要做,没有外出。上午11点钟左右,校党总支书记邓富连(现名邓飞,

---

① 转引自徐开福著:《许世友的晚年岁月》,江苏人民出版社1995年版,第130—131页。

第七章 许世友:"毛主席了解我,救了我,又信任我"

曾为国家粮食部副部长,仍健在,住北京)突然跑来找我,他神情紧张,上气不接下气,急急忙忙地告诉了我一件意外的事情。原来,他刚刚接到第二队的党支部书记、校党总支委员谢富治的报告:在"抗大"学习的少数四方面军的军、师级学员,由于不满意抗日民族统一战线,又受张国焘拒不承认错误的影响,心怀不满,由许世友领头,王建安、洪学智、陈再道、朱崇德、刘世模、詹才芳等10多名军师级干部参与,密谋带领每人身边的武装警卫员共20多人,携枪逃跑。他们准备当晚午夜举事,杀死×××,然后从北门城边墙脚下的水沟爬出去(因为城门有卫兵),到山中去打游击。这是他们平时就侦察好的。水沟能同时爬出两人,可以避免被城门口和城墙上的哨兵发觉。

……王建安(军长)是参与者,后来他觉得这一行动太不应该,认识到党内矛盾可以在党内解决,何必用暴力?况且又要杀死某某,这不是叛变革命吗?这是非常危险的行为,政治上没有前途,人身也不保险。所以他决定不走了。上午,当许世友问他准备情况时,他说有病不能走了。但他们逼他一定得走,否则采取强制措施。这样,王建安感到两头为难。走了不合适,不走又怕有意外危险。经过仔细考虑,不得不亲自向谢富治揭发了事变阴谋。

……当我听邓富连讲完这件事后,心情也非常紧张。自红军成立以来,还没有发生过这样的事,真是破天荒了!我控制住自己的情绪,冷静地考虑了一下,决定让邓富连留下,注意继续了解情况,观察动静。同时,我去找刘亚楼、傅钟等校领导。跑了几处都没找着,于是只得直接去找林彪校长。

得知他在毛主席处开会,我即去找他。主席住在凤凰山脚下的石窑洞里,离学校不远,只过一条街,很快就到了。我向林彪详细报告了此事,他让我回校,不动声色,注意了解新的情况,并做好防备。待向毛主席和中央报告后,再回校处理。这样,我便急忙回校了。

好在时间还有,只要消息没走漏出去,不至于立即发生什么意外情况。尽管如此,我还是向保卫科同志及身边的人密告了此事,并布置好一切,以防万一。不久,林彪回来了,马上召集刘亚楼、傅钟、我和邓富连及谢富治,还有保卫科同志等开会,宣布党中央、毛主席的决定,立即将许世友等一伙人逮捕,以防止事变的爆发引起恶劣的后果。于是,学校于下午4时吹紧急集合号,召集学员在各队开会,高干的第一、二队学员也到各自教室开全体会议。

第一队由党支部书记胡耀邦主持,第二队由队长倪志亮主持,由傅钟向一队、谢富治向二队宣布了许世友等人密谋拖枪逃跑的罪行和中央的逮捕决定。宣布前,陕甘宁边区保安处处长周兴,已派人把两个队的教室包围起来。各队把参与密谋的人一一点名叫了出去,由保安人员捆绑起来押走了,一共抓了10多人。与此同时,由邓富连带几个人到学员宿舍,收了所有的手枪。这场危险的未遂事变,就这样被平息了,使"抗大"以至党中央避免了一次灾难。[①]

莫文骅称之为"事变",可见事情之严重。

许世友被捕后,火气冲天,大吵大闹,看见谁就骂谁,还扬言要动武。放风时,被关押的这批干部聚到一起,有的军师级干部感到这下子全完了,禁不住痛哭起来。见此,许世友破口大骂:"哭什么,孬种!"

"要枪毙就枪毙,要砍头就砍头,老子不怕!"

"砍头不过碗大的疤!"

"20年后,老子又是一条好汉!"

由于许世友的"不安分",先给他戴上手铐,后来又钉上脚镣。在被逮捕关押的那么多干部中,他是唯一享有这种"特殊待遇"的。[②]

[①] 莫文骅著:《许世友在延安受审真相》,载《炎黄春秋》1993年第7期。
[②] 徐开福著:《许世友的晚年岁月》,江苏人民出版社1995年版,第133页。

第七章 许世友："毛主席了解我，救了我，又信任我"

这是徐开福的叙述。对于叙述的准确性，他在《许世友晚年岁月》前言中有一段这样的话：

> 我之所以写下这本书，不完全是因为我曾经和晚年的许世友朝夕相处，也不完全是因为我敢于说真话。当五花八门的所谓许世友的"传奇故事"，频频出现在书籍报刊上时，确实激励了我写作此书并将之付梓的愿望，我之所以用纪实手法写下这本书，是想用历史和事实告诉读者，许世友由一个农民的儿子成长为中华人民共和国的三星上将，走过了一条艰难而辉煌的道路。

徐开福是许世友生前的秘书，并参加许世友回忆、口述《我在山东十六年》和《我在红军十年》(后合并为《许世友回忆录》)写作班子。他的叙述应该是准确、可信的。许世友本人在撰写回忆录时回忆此事说：

> 这时，延安讲得很厉害，说我要领导暴动，又说我要把延安怎么样。我知道事情不好，以前我想这是小事，这时知道不小了，就等着死，没有想活的余地。我想，大家把我讲得这样厉害，我就是遍身长嘴也没有我说的，我就什么也不说了。当时思想是乱骂中央，我也亲口骂了两次，只求死得快点，认为这样骂了一定有人报告党中央，我就能快死，结果没有达到目的。

这一案件随后由抗大政治部主任傅钟担任公诉人提起公诉。

审讯期间，鉴于许世友态度如此恶劣，有人主张该判枪毙。但是，毛泽东行使了否决权，使许世友留下了一条命。6月6日上午，特别军事法庭公审许世友等人拖枪逃跑一案。认定他们过去对革命有过功劳，决定从轻判决，判决许世友一年半徒刑，其余分别判处1年，8个月或6个月不等。

但是，判刑坐牢后，许世友并不服气，正如他后来所说"只求死快点"大吵大闹。他的态度果然引起了毛泽东的关注。毛泽东认为他们过去对革命有功，可以从轻判决,并且这样可以团结红四方面军的广大将士,使革命队伍在新的基础上获得新的团结。对许世友这样的狂傲不羁的虎将,毛泽东虽然与他只是有过短暂的接触却更有喜欢之意。于是,他决定亲自去做许世友的思想工作,降伏这只狂傲不羁的"老虎"。据徐开福说,"毛泽东先托人给许世友捎去一条'哈德门'香烟。徐向前刚到延安,他又叫徐向前去看看许世友等人,做点工作。"有了这些铺垫以后,毛泽东才去与许世友见面,结果"两顾茅庐"让许世友这条汉子感动得热泪盈眶。

> 他(毛泽东)第一次来看许世友。
>
> 在吞云吐雾中,毛泽东讲了许多道理,说明张国焘的错误。许世友不说一句话,只是侧耳倾听。毛泽东一时难以说服他,便婉转地结束了第一次谈话。
>
> 第二次,毛泽东变换了口吻,一见面就脱下了帽子说:"世友同志,你打了很多仗,吃了很多苦,够辛苦的了,我对你表示敬意!"
>
> 许世友心头一热。
>
> 毛泽东接着说:"红四方面军的干部,都是党的干部、党的宝贝,不是他张国焘的干部。张国焘是党中央派到四方面军去的,他的错误应该由他自己负责,与你们这些同志没有关系。"
>
> 这一番话,深深打动了许世友,毛泽东分明看见,眼前这个刚强的硬汉子掉下了热泪。
>
> 毛泽东趁热打铁,谈起张国焘路线错误的实质、危害和根源,张国焘的"愚民政策"和两面手法,及其给中国革命造成的巨大损失等等。
>
> 据说,毛泽东亲自为许世友打开了脚镣、手铐。许世友紧紧握着毛泽东的手,迸出一句话:"斗争中考验我许世友!"[①]

[①] 徐开福著:《许世友的晚年岁月》,江苏人民出版社1995年版,第134—135页。

第七章 许世友："毛主席了解我，救了我，又信任我"

毛泽东的谈话完全让许世友眼前一亮，消除了内心的抵抗。许世友后来说："毛泽东这几句话，一下子解开了我的思想疙瘩，使我感到非常舒畅，非常温暖。毛主席多么了解我们这些工农干部啊！我郁结在内心深处的苦闷情绪，给毛主席温暖的话语一扫而空。"①

他连用两个"非常"，可见他当时的感觉是多么的强烈。这次谈话，让许世友真正认识了毛泽东的伟大，使得他"坚定地从思想上、行动上团结到伟大的毛泽东思想的旗帜之下"。许世友自己后来也说："从这一天开始，毛主席给了我新的政治生命。"

许世友的另一位秘书、原国防大学政委李文卿后来说：

在那种情况下，要不是毛主席"巨眼识英豪"，保了他一下，很难说我军历史上还会有一位上将司令许世友。②

在分别时，毛泽东吩咐许世友多看看书，许世友表示："坚决执行毛主席的指示。"

之后许世友真的去读书了，并且读的就是毛泽东的著作。他后来说：

中央处理我的问题是开除党籍八个月，送到抗大四队学习，开始还是口服心不服，直到学习了列宁主义和毛泽东《论反对日本帝国主义的策略》，才知道错误严重。

以前总是对中央不满，认为中央是报复我们。经过两个文件的学习，得到许多同志的帮助，这个问题才打通。毛主席与我亲自谈了两次话，也打通了一些问题。不是这样教育，我们的转变是很不容易的。③

---

① 许世友著：《毛主席永远活在我们的心中——纪念伟大的领袖和导师毛主席逝世两周年》，载《许世友回忆录》，解放军出版社1986年版，第613页。
② 李文卿著：《近看许世友》，解放军文艺出版社2002年版，第14页。
③ 徐开福著：《许世友的晚年岁月》，江苏人民出版社1995年版，第133页。

在学习毛泽东的著作的同时,许世友在抗大见到毛泽东的次数也多了起来,这更加加深了他对毛泽东及其思想的理解和领会,对他的抗大学习也起了很大的作用。

> 尔后,在抗大多次聆听毛泽东同志讲哲学,讲政治,讲军事,讲形势,得益匪浅,更加感受到毛泽东同志是我党我军当之无愧的英明领袖。从此,我对毛泽东思想坚信不疑,对毛泽东同志深为敬佩。[①]

在毛泽东等人的引导帮助下,通过自己的学习和反省,许世友不仅又回到正确道路上来了,而且成为了毛泽东指向哪、他就打向哪的"铁杆猛将"。

1938年1月,党中央撤销了对许世友的处分,并恢复了他的党籍,毛泽东还安排他担任了抗大校务部副部长。这使许世友激动不已。

这次在抗大所谓的坐牢学习生活,的确让许世友受益匪浅,也让他终生难忘。在"文化大革命"中,南京军区一位领导干部在无锡"支左"中受了冲击,当他去看望许世友时,许世友对他说:"受点冲击好。你不如我,你没有坐过牢,我坐过牢。坐坐牢有好处,坐一年牢,顶上两年大学。"

其实,许世友在延安坐牢时的状况并不像他后来说的那么"美好",南京军区原副司令员邓岳,当时是许世友的警卫干部,经历了这个事件的全过程,后来他回忆说:

> 毛主席放出他(许世友)以后,让他在红军大学当管理科副科长,手下没有一个人,胡子拉碴,没有衣服,没有被子,住的那间小破房,连我现在的车库都不如。我当时给了他一床被子,又把我的一套衣服送给他了。有时弄点酒,弄点肉,他就来吃一顿,喝酒用碗,一吃肉就是一大盆。[②]

[①] 许世友语,转引自徐开福著:《许世友的晚年岁月》,江苏人民出版社1995年版,第135页。
[②] 徐开福著:《许世友的晚年岁月》,江苏人民出版社1995年版,第136页。

第七章 许世友："毛主席了解我,救了我,又信任我"

大概"抗大"校务部的工作性质跟红军大学管理科差不多,所以邓岳如此称呼。然而,正是在这样艰苦的环境中,在毛泽东等人的耐心帮助之下,许世友通过自己的思考和学习,提高了政治觉悟,获得了进步。"坐一年牢,顶上两年大学",不是许世友对坐牢滋味的感慨,而是他对自己思想提高过程的深刻体会。

许世友的这个事件后来被有的人称为"拖枪逃跑事件",这是不准确的。许世友等人不是叛变革命,而是对"整他们的方法有意见","想拉队伍去鄂豫皖打游击继续革命"。徐向前在回忆录《历史的回顾》中对这个事件说:"'抗大'搞出个反革命事件,关押了许世友等数十名高级干部,罪名是'组织反革命集团'、'拖枪逃跑'、'叛变革命等'……其实,这是一个冤案。"①

总之,通过这次传奇性的波折经过,许世友从心底里跟上了毛泽东。几十年之后,他还常挂在嘴边一句话:"有恩不报枉为人。毛主席是我的救命恩人,我许世友永远忠于毛主席。"②

3. "毛主席对他别有一段非同一般的知遇之恩,也可以说是救命之恩"

担任过许世友秘书的李文卿说:"许司令对毛主席的忠诚是有口皆碑的。几乎人人知晓,毛主席对他别有一段非同一般的知遇之恩,也可以说是救命之恩。"

回顾许世友的人生历史,徐开福说:

---

① 徐向前著:《历史的回顾》(中),解放军出版社1987年版,第121页。
② 李文卿著:《近看许世友》,解放军文艺出版社2002年版,第14页。

> 许世友在红军后的军事辉煌,与毛泽东的慧眼识珠分不开。①

此言不为过。

许世友在张国焘麾下长达五年之久,但对他影响最大的却"首推毛泽东",而不是老上级张国焘。对此,许世友有一个"毛主席救了我"的说法。一个"救"字,可以说他感恩之情溢于言表。在延安发生的抗大事件,让许世友在革命道路上摔了一个大跟头,对许世友的影响是毋庸置疑的。

1937年7月全面抗战爆发后,许多将领从延安奔赴抗战前线,几天之间,偌大的抗大,学员们走了一大半,校园空了一大半,而许世友还当着校务部副部长。作为一员虎将,不上战场,许世友的心情可想而知。

他耐着性子又待了一段时间,还是不见令他上战场的消息。许世友不得不去找毛泽东,提出要去抗日前线杀敌建功,并且坦诚肺腑之言说:"我宁愿死在战场上,不愿再窝在学校里。"

毛泽东欣然同意。

不久,许世友便跟随着朱德去了太行山,投身到抗日战争的激流。但是,此时许世友却没有兵,仍然是挂着抗大校务部副部长的身份。

毛泽东是懂得许世友的,似乎和许世友有着同样的想法,不愿让这员战将在轰轰烈烈的战争中赋闲。1938年10月,在毛泽东的安排下,许世友被任命为八路军120师386旅副旅长。

许世友以前当过军长,但红军改编为八路军时原来军团长级别的将领只能当师长、副师长,许世友的副旅长属于正常任用。这就是说,毛泽东没因许世友犯了错误而降职使用。许世友去的386旅旅长,是原在红四方面军工作过的陈赓,他与许世友是老相识,也是许世友的老上级。因此,毛泽东派许世友去386旅当副旅长,是一种妥当的任用。这也让许世友感激不尽。

来到386旅后,许世友参加了一些战斗,有胜有败,有得有失。但因为不

---

① 徐开福著:《许世友的晚年岁月》,江苏人民出版社1995年版,第138页。

是主要指挥员，他在军事上并无多少建树。12月，386旅随师长刘伯承转战冀南。第二年春，在一个叫作香城固的地方，许世友终于指挥部队打了个漂亮的伏击战。据徐开福说，许世友在南京军区时都还经常提起这一仗。在《我的军人生涯》自传中，他也作了专门记述：

副旅长许世友

> 1939年初，日军纠集三万多人，分兵十一路，向我冀南抗日根据地发起大规模"扫荡"……2月7、8、9三日，我旅以一部连袭威县、曲周等城，致使敌恼羞成怒，组成快速部队，由一个大队长带队，向我"扫荡"而来。10日中午，日军果然中我圈套，全部进入我旅预设阵地的香城固一带。我们立即于四面发起攻击。前后仅八个小时，全歼日军一个加强步兵中队，毙敌大队长以下200余人，生擒八人，缴获其全部装备。
>
> 这一仗，大长我志气，大灭敌威风，戳穿了所谓"不可战胜"的神话，创造了平原反"扫荡"作战的光辉战例，使那些摇头的、叹气的、说风凉话的人瞠目结舌。①

最后，许世友还总结了此战的意义和影响：

---

① 许世友著：《我的军人生涯》，载《许世友回忆录》，解放军出版社1986年版，第20—21页。

> 面对强敌,首先不能在精神上被其吓倒。敌硬,我更硬。一抓住战机,就狠狠敲他一下,猛打善打,打则必胜,这就有可能把敌人打熊。以后再交手,敌就会闻风丧胆,不战自怯。世上没有打不得的兵,只有打不得的官。几次硬仗一打,士气、胆量、作风、经验全有了。反之,你越避他,他越猖狂。如果我们顶不住,不敢打,不敢拼,遇敌绕着走,不要几回,本来硬的部队就会变软,甚至很长时间缓不过劲来。香城固一战的意义和影响,大部在此。

这是全面抗战爆发后许世友值得一说的一次战斗。而应该指出的是,旅长陈赓也是一位赫赫有名的战将,这一仗打得好,是两人共同指挥的结果,因此许世友在《我的军人生涯》中也用上了"陈赓旅长和我们"的字句。总的来说,相对于红军时期,许世友在抗战初期战绩并不惊人。

> （香城固战斗之后）接下来,许世友又打了一些并不高明的小仗。正如他自己所说:"打了些硬仗,有时应该转移没有转移,一打上就到天黑,部队伤亡较大。"①

战绩平平,1939年秋,许世友又调去华北党校学习,这一去,他又远离了如火如荼的抗日战场。许世友是一种怎么样的心情,外人不得而知。

可是,毛泽东没有忘记他。

1940年由于敌后抗战形势出现新的情况,毛泽东考虑放手发动群众,壮大抗日根据地,因为山东有着特殊的战略地位,毛泽东认为"山东是一把刀,一把对准日军软腹部的尖刀",先后派去罗荣桓、徐向前等善战的将领。不久,他又决定把许世友也派去山东纵队并担任旅长。毛泽东此举还突破了不少的

---

① 徐开福著:《许世友的晚年岁月》,江苏人民出版社1995年版,第136页。

第七章 许世友:"毛主席了解我,救了我,又信任我"

阻力。

据说,对于让许世友握兵权而据一方,延安上层中有些非议,其中有许世友到前方后"战绩平平"的因素,主要还是"抗大事件"的影响。毛泽东坚持己见:"还是许和尚吧",任命许世友为山东纵队5旅旅长,后来又任命为胶东军区司令员,并赋予巩固和开辟胶东抗日根据地的重任。①

对于上层对许世友安排的异议,邓岳少将后来也证实说:

……后来毛主席派他(许世友)到山东去,中央有不同的意见,有人不放心,说不能把许世友单独派出去带兵。毛主席相信他,还是把他派去了。

这时张国焘已于1938年4月乘祭黄帝陵之机逃出陕甘宁边区,投靠蒋介石,正在国民党军统特务机构从事反共策反等特务活动。因为许世友的"拖枪事件",那些反对派出许世友单独领兵一方的人的担心不无道理。而毛泽东慧眼识才,完全相信许世友的革命坚定性和忠诚的党性。结果,他力排众议,再次点将许世友,把"窝在学校"又近一年的许世友推向了抗战的另一个最前线。

这为许世友创造后来新的辉煌奠定了一个起点。

受到毛泽东的重用,许世友踌躇满志,杀敌心切的他只带了一名警卫员,冒雪出发,千里迢迢赶去山东。

当他风尘仆仆地赶到山东时,已是1941年春,雪水开始融化了。2月17日,他率领清河独立团挺进胶东,3月14日,他在胶东区党委召开的大会上

---

① 徐开福著:《许世友的晚年岁月》,江苏人民出版社1995年版,第139—140页。

许世友在胶东

首次亮相。这是他第一次与胶东的干部们见面,第一句话就说:

> 我来胶东就是要打仗的,太平我不来,我来不太平。

众人一怔,胶东来了个"煞将"!随即热烈地鼓掌。许世友不理睬掌声,继续说道:

> 蒋介石制造了血腥的皖南事变,胶东的投降派和鬼子天天打我们。不打就没有出路,不打就不能坚持抗战到底!我们一定要当硬骨头,坚决打,打垮投降派的进攻,打出胶东的新局面!

第一次见面,许世友才讲两句话,其中七个"打"字,杀气腾腾,并且志在必得。

随后,许世友白天开会,晚上带兵对着各路"司令"开战,胶东的局面随即打开,打鬼子、捉汉奸的新闻在胶东大地流传,八路军成为人心所向。

1942年,山东纵队改为山东军区,许世友被任命为胶东军区司令员。这是许世友参加革命以来,第一次全面负责一个地区的军事工作。

有了更大的舞台,许世友的指挥艺术和战斗作风大放异彩,由此形成了他军事生涯中又一个高潮。徐开福后来对他这个时期的作为作了一个总结:

> 从1941年春许世友到胶东,至1945年8月日军宣布无条件投降,他在这四年多时间里,以大无畏的革命气概,与敌伪军浴血奋战,一举扭转了我军在胶东地区的被动局面,消灭了以赵保原为首的二三十个大小投降派司令,粉碎了日军多次"拉网式"扫荡,并广泛发动群众,建立民兵武装,"地雷战"大显神威。仅一个秋季攻势作战,就消灭日伪军5000余人,解放140多万人口,扩大根据地5000平方公里。到日本投降前,胶东抗日武装迅猛发展,根据地完全连成了一片。①

这一连串的捷报,不仅在胶东,而且在延安,都为许世友重新赢得了声誉。

4."毛主席了解我,救了我,又信任我!"

毛泽东与许世友的交往,不像他与朱德、陈毅、罗荣桓等人几十年朝夕相处,两人在一起的时间只能以见面的次数计算,但是毛泽东对许世友的性格、个性充分了解,并且热情地给予帮助、指导、鼓励和关怀。许世友与毛泽东的关系,实质上是将与帅的关系。可他们这种将帅关系,又不是那种纯粹的军事

---

① 徐开福著:《许世友的晚年岁月》,江苏人民出版社1995年版,第140页。

上上下级指挥和被指挥的关系,而是一种带着深厚的个人感情色彩的帅与将的关系。

跟随许世友很多年的秘书李文卿说:

> 无论讲党性还是讲个人感情,许司令对毛主席忠贞不贰,跟毛主席义无反顾,皆可谓发自内心,没有一丝一毫的矫情与勉强。①

人与人之间的感情不是无缘无故萌生的。许世友对毛泽东的感情也是如此。"毛主席救了我",是一个方面,另一方面,就是毛泽东对许世友的关爱不是一朝一夕,而是持续的、长久的。

1938年底,许世友延安与毛泽东一别,弹指一挥间,十年过去,毛泽东对这员猛将的重视和关爱十年如一日还是如此。

1948年在许世友指挥山东的解放战争凯歌行进的时候,毛泽东统观解放战争全局,以领袖的宏大气魄酝酿部署三大战役,决定首先攻克国民党在山东的堡垒——省会济南城。

济南是我军战史上攻打的第一个坚固设防的大城市。毛泽东极其重视,仅由他本人亲笔起草发给华东野战军的电报,就达24份之多。可在济南战役的谋划阶段,作为这次攻济集团主要负责人许世友,却一直"不在现场"。换句话说,济南战役从作战构想、作战方针、兵力部署、突击重点到物资筹措等,却是在中央军委直接指挥下由华东野战军副司令员粟裕、副政委兼山东兵团政委谭震林等人反复研究后一项一项部署的,许世友几乎没有参与。

为什么呢?

原来许世友因腿伤复发,远在数百华里之外的胶东蓬莱县艾山汤治疗。他不仅没有参与其谋,最初济南战役攻城部队的总指挥,华野司令部和山东兵团也没有选择他,而是其他人。为什么突然变成了许世友呢?

---

① 李文卿著:《近看许世友》,解放军文艺出版社2002年版,第14页。

第七章 许世友:"毛主席了解我,救了我,又信任我"

是毛泽东点将了许世友。

当毛泽东接到华野有关领导联名请示增加济南战役作战兵力的报告时,发现没有许世友的签名,很是生气,专门发电报查问:许世友在哪里?

华东野战军司令部赶紧回电报说,许世友在艾山汤养病,已经通知他即刻赶往济南前线。①

徐开福后来解释说:"这件事,毛泽东出面进行了干预。他又亲自'点将',点中许世友,明确指定必须由许世友担任攻城总指挥。"这让许世友也有些意外。

许世友接到华野电报,得知毛泽东"点名"叫他指挥攻打济南。领袖的信任使他欣喜若狂。虽说腿伤还没有养好,这时也全然不顾了,乘坐一辆美国军用吉普车日夜兼程,赶到设在泰安的山东兵团司令部。

毛泽东得知许世友到达泰安后,兴奋地告诉朱德:"许世友终于出山了!"并亲笔拟写一份电报给许世友,电文开头就是:"你已到前方,甚慰。"

毛泽东这份电报签发的时间为1948年9月11日23时,离济南战役正式发起的9月16日,只剩下五天。

临阵换将,历来为兵家大忌。毛泽东偏偏破忌,可见对许世友的倚重和对他的军事才华的信任。而许世友也不负毛泽东等人的众望。原来中央军委计划三个月攻下济南,结果,他八天八夜就攻克了济南。城坚墙固的济南城被许世友在这么短的时间内攻克,胜利令许多人难以相信。这时延安派了一个解放军观察团准备去济南城下观战,才走到石家庄就听到了许世友攻克济南的捷报,开始还以为是谣传,打电报到中央军委才确认此事,大家立即欣喜若狂。

---

① 徐开福著:《许世友的晚年岁月》,江苏人民出版社1995年版,第141页。

大河向东：他们为什么追随毛泽东

许世友麾下著名的济南第一团

这一伟大胜利，不得不让人敬佩毛泽东点将有方、用人极当！

许世友本人对济南战役的巨大胜利，也是很高兴的。他的回忆录写到济南战役的胜利就打住了。为什么，大概他认为这是他一生指挥最成功的一场战役吧。

许世友在山东长达16年，对山东具有特殊的感情。谈及在山东的岁月，虽然与毛泽东相隔千里，但许世友认为自己与毛泽东是心心相连的：

> 从抗日战争到解放战争，不管斗争多么复杂，条件多么艰苦，我都尽自己的努力贯彻执行党中央、毛主席的政治路线和军事路线。如果说在那一段时间我为党为人民做了一点有益的工作，那首先应当归功于毛主席对我的教导。[①]

毛泽东三次"点将"许世友，都是毛许关系的佳话，许多了解内情的人不无敬佩地说："毛主席看人看得准，点将点得对！"

许世友则说："毛主席了解我，救了我，又信任我！"

[①]《毛主席永远活在我们的心中——纪念伟大的领袖和导师毛主席逝世两周年》，载《许世友回忆录》，解放军出版社1986年版，第614—616页。

5. "我喜欢运动,在山东还跟许世友学过少林拳"

1949年10月新中国成立后,许世友一直在山东军区当司令员,他与毛泽东的交往,可能仅仅限于他去北京开会或者毛泽东去山东和华东视察期间。

1952年10月下旬,毛泽东第一次到山东视察,许世友全程陪同,有意思的是,毛泽东还跟他学了一次少林功夫。

> 那是1952年,毛泽东到山东视察,在济南游完大明湖后赴曲阜,许世友作为山东军区司令员随行。在专列上,许世友应邀表演了一套少林拳,毛泽东很感兴趣,跟在后面一招一式地模仿,学得非常认真。多少年以后,毛泽东对此事仍记忆犹新,他到浙江视察,对浙江省委书记谭启龙说:"我喜欢运动,在山东还跟许世友学过少林拳。"[1]

由于家里贫穷,许世友8岁时就来到少林寺当杂役,学过少林功夫,他后来对人说:"景阳冈打虎的武松,在少林寺只学了六年武艺。我在少林寺练了八年,比武松还要多两年。"许世友的少林功夫如何?同在少林寺当过杂役的钱钧中将一直推崇他的武功,说:"我在少林寺,练的朱砂掌和大洪掌。许司令武功比我高。他会气功,内外双修,能猛退几步,用背脊吸在墙壁上,不掉下来。"有人曾就这个问题请教许世友,许世友遗憾地说:"红军时期打大山寨,

---

[1] 李文卿著:《在许世友身边的日子里——我给许世友当秘书》,广东省出版集团、广东人民出版社2011年版,第109页。

我被敌人用竹杠子打得昏迷了两天两夜,伤了真气,差点死掉,打这以后,气功就做不起来了。"① 许世友的少林功夫到底如何,对人来说一直是个谜团。因为,除非了在战场上,平时他是不外露功夫的。而按照许世友的性格,他不做的事情,其他人谁也不能让他做。但是,当毛泽东问起他的少林功夫时,他居然破例为毛泽东表演起了少林功夫,而毛泽东一招一式地模仿,并且以后还说跟许世友学过少林拳,两人可谓是"交情深厚"。

李文卿上将后来回忆:

> 尽管许世友没有像世人传说的那样在北京人民大会堂为中央领导表演过少林功,但他引以为自豪的是曾给毛泽东表演过少林拳。②

这是毛泽东与许世友难得的一段情缘,堪称少林武术的又一佳话。

在济南战役之后,毛泽东一直把许世友这员战将放在镇守山东,为解放战争当后勤。直到1953年3月,毛泽东才又把他派上战场,参加抗美援朝战争。许世友担任中国人民志愿军第三兵团司令员,参与了指挥夏季反攻战役,在战斗中志愿军在金城地区突破敌人防线,促进了朝鲜停战的实现。对于这次直接与以美国为首的外国军队的血火较量,战后许世友引用了毛泽东一句话:"凡是反对派都是纸老虎,都没有什么了不起!"大有藐视对方、不值得挂齿的味道。

次年2月,许世友回国,担任华东军区第二副司令员,10月兼任解放军副总参谋长。1955年3月,原华东军区撤销,成立南京军区,许世友担任军区司令员。1955年9月,许世友被授予上将军衔,并被任命为国防部副部长兼南京军区司令员。这是毛泽东对他的重用和信任。

---

① 徐开福著:《许世友的晚年岁月》,江苏人民出版社1995年版,第31页。
② 李文卿著:《在许世友身边的日子里——我给许世友当秘书》,广东省出版集团、广东人民出版社2011年版,第109页。

第七章 许世友:"毛主席了解我,救了我,又信任我"

毛泽东的这种信任不是没道理的。

1958年前后,毛泽东在干部中力推一项重要工作,那就是计划用十年左右时间,经过几次轮换下放,使干部队伍在参加体力劳动中得到全面的锻炼和改造,使得各级干部以普通劳动者姿态参加体力劳动,以此"破除官气","扫掉官气",

许世友表演武功

"改变官僚主义的习气"。随即百万干部下放到农村、工矿企业参加体力劳动。在此基础上,1958年8月,毛泽东在北戴河会议上又发出"军队干部下连当兵"的号召,要求军队干部下基层当兵。

9月20日,毛泽东南下巡视到达江苏南京。

21日下午,南京军区正在军人俱乐部礼堂内举行常委扩大会议。会议主持人突然宣布:"毛主席马上要来接见会议代表!"

会场上顿时鸦雀无声。就在大家屏息静待的时刻,在江苏省委书记江渭清的陪同下,毛泽东缓步进入会场。在一片掌声中,毛泽东来到许世友前面,握着他的手说:"世友啊,现在地方上规定每个领导干部要有一段时间进工厂当工人,下乡当农民,你们部队干部可不可以下连当兵?可不可以做个决议?"

许世友不假思索地回答:"完全可以,坚决照办!"

第二天上午,许世友在南京军区召开常委会议,讨论如何落实毛泽东的指示。会议研究决定,批准许世友上将,张才千、萧望东、林维先、饶子健中将,龙潜、段焕竞少将等军区机关、省军区、野战军主要领导人共30位将军首批下连当兵。

许世友下连队当兵的消息很快传遍了整个军区机关。苏军驻南京军区顾问格尼哥柯闻讯来到许世友办公室,耸耸肩说:"听说你要下连当兵?毛泽东同志花样真多,将军下连当兵,官兵混在一起,打打闹闹,像什么话?"

"顾问同志,我早就盼着这一天了。"许世友回答。

然后,他郑重地对格尼哥柯说"你不理解毛主席的指示,我向你宣传宣传吧。我们这些白发将军下连当兵,确实是闻所未闻的事。毛主席在解放军初创时期,就提出官兵平等。军队领导干部,不论职务高低,都是普通一员。在战争年代,我们官兵关系情同手足。红军过草地,干部帮助战士扛枪,抬担架。我们条件十分艰苦,就凭着官兵平等,上下一致,团结奋斗,才战无不胜,攻无不克。解放后,我们在大机关,脱离了战士,和他们感情疏远了,下连当兵,和他们联络感情,好处多得很啦!放下官架子,和他们同吃同住,学习他们的优点,了解他们的思想,就可以克服官僚主义。干部下连当兵,是恢复和发扬老传统的一着妙棋。"

格尼哥柯不置可否地淡淡一笑,转而又问:"你50多岁了,下连当兵吃得消吗?"

许世友把胸脯拍得咚咚响:"你放心,我的身体结实得很呢!我要响应毛主席的号召,拜战士为师,当好普通一兵,锻炼和改造自己,冲击掉自己思想上的特权和等级观念,更好地密切联系群众。"

这下格尼哥柯服了,忍不住竖起大拇指说,"哈拉索!许将军,你平日吐言如金,今天却滔滔不绝说了这么多,我已经被你说服了。"然后,他伸出右手,握着许世友的手说:"好,半个月后,我去看你!再见!"

10月17日,许世友和下连当兵的将军们来到了浙江宁波的某部六连。

许世友下连队当了一名上等兵,与战士们同吃同住,同站岗同训练,雄风不减当年。

当一个月的当兵时间结束时,许世友依依不舍,给战士们写了一封《我永远是七班的战士》信,其中饱含感情地说:

　　　一个月的战士生活,使我深深体会到党中央和毛主席关于干部下连当兵的措施十分英明……亲爱的同志们,今天我们虽然暂时分别了,但是我们的心将永远联结在一起。我真诚地希望同志们和我保持经常的联系,仍然称呼我"老许同志"或"许世友同志",那是平等的也是最亲密的称呼。我希望你们继续承认我是七班的一名老战士,我将以此为光荣。

回到军区后,过了十多天,12月1日,许世友意犹未尽地再次感叹"当兵无限好",并且在大会上说:

> 1958年10月中旬至11月中旬,我在海防前线某步兵连当了一个月兵。通过一个月的士兵生活,我深深感到党中央和毛主席关于军队干部每年下连当兵一个月的指示,是非常英明的。像我这样年龄和职务的人,下连当兵不仅需要,而且是完全可能的。
>
> 在我当兵结束的时候,我想来想去,只能用这样一句话来概括当兵的体会,这就是:"当兵无限好。"

这次许世友下连队当兵完全是全身心地投入,并且不怕苦不怕累,反而把苦和累当作乐趣,除了这项工作本身确实有意义外,很难说许世友乐在其中没有他本人对毛泽东的情愫和执行毛泽东指示的快乐在里面。

许世友的秘书李文卿说:"毛泽东的雄才大略和丰功伟绩的确无人能比……我军众多的将领长期跟随毛主席南征北战,从直接的切身的体验中认识到毛主席的英明伟大,对之莫不怀有坚定的信仰之心、由衷的爱戴之情。"[①]许世友更是如此。

[①] 李文卿著:《近看许世友》,解放军文艺出版社2002年版,第12页。

6. "此恩此德,我这一辈子也报答不了,就是我下一辈子也报答不尽"

据徐开福回忆:"许世友常讲:'毛主席两次救了我许世友。'"他所说的毛泽东两次救他,一次是延安时期,一次则是"文化大革命"中。

1966年夏,"文化大革命"爆发后,许世友开始是支持这一场运动的。"文化大革命"运动是毛泽东亲自发动的,他甚至特地给许世友"吹过风"。跟随过许世友的秘书王宣记述:

> 毛泽东酝酿发动"文化大革命"时,人不在北京,住在他称作"武林"的杭州。
> 许世友奉命去杭州,部署毛泽东的安全警卫工作。
> 毛泽东见他来了,问道:"北京出了反革命集团怎么办,在我身边有赫鲁晓夫怎么办?"许世友猝不及防,一时不知如何答话。
> 毛泽东示意许世友坐下,点起一根烟,侃侃而谈:"要警惕出修正主义,特别要警惕在中央出修正主义。"对此,他假设了五种情况,"中央出了反党集团怎么办?坏人占领了广播电台怎么办?有人要刺杀我怎么办?革命走了回头路怎么办?国家改变了颜色怎么办?"
> 面对毛泽东一连串的提问,许世友噌地站了起来,大声说:"我带兵北伐,保卫毛主席!"
> 毛泽东笑了,挥挥手:"那就来不及啦!"
> 毛泽东把该说的话,全都说了。[①]

[①] 王宣著:《毛泽东之剑:名将之星许世友》,江苏人民出版社1996年版,第177页。

许世友不是"草包将军",也不是粗人,而是外粗内精,应该明白毛泽东这番话的意思,他的表态也表明了他对毛泽东的忠诚。

许世友在政治上的清醒和精明是有历史渊源的。

20世纪30年代,张国焘在鄂豫皖苏区大搞"肃反",三个月肃掉了2500名以上的红军指战员十之六七的团以上干部被逮捕、杀害。但是,在这样险恶的政治环境中,许世友既没有被抓捕,也没有受到牵连,反而步步高升。这与他的精明大有关系。徐开福说:

> 红军搞肃反,错杀了不少人,弄得人心惶惶。熟悉的干部碰在一起,免不了要议论几句,发句把牢骚。怪得很,晚上议论的,半夜里就要来抓人,有的不等天亮就被杀掉了。许世友从来不参加这样的议论,他就是喝酒,睡觉。
>
> 许世友自己不发牢骚,也不允许他管辖下的部队指战员发牢骚。……他这样做,何尝不是对自己、对部队的一种特殊的保护?!
>
> 有人说,许司令酒量特别大,醉酒恐怕是装出来的。
>
> 装也好,不装也好。在当时,人们往往看到了许世友的醉酒,而常常忽视了许世友的清醒。
>
> 在红军"大肃反"的特定气氛下,许世友要的也许正是这种效果。

许世友把这种"清醒和精明"自然也运用于"文化大革命"运动了。

1967年上海"一月夺权"后,军队也乱起来了。但是,许世友是依靠的对象。李文卿回忆:

> 3月10日,周总理阅批中共中央就江苏问题复南京军区、江苏省军区及张春桥、姚文元的电报时,将原稿中"江苏的问题由张春桥、姚文元同志和许世友同志商量决定",改为"江苏的一般问题,由许世友同志和江苏省军管会同张春桥、姚文元同志商量解决"。

对周恩来这个改动,许世友秘书的李文卿认为,"周总理深知许司令的个人品质和他在大局中举足轻重的地位与作用,更加了解毛主席对许司令所抱有的那份特殊的信重"。

但是,林彪、张春桥等人却蓄意要打倒许世友。4月,南京的大街出现了"打倒许世友,炮轰杜平"的大字报,造反派暗中把火力对准许世友。面对即将来临的风暴,许世友"惹不起躲得起",悄然离开南京,跑到了无锡的27军,藏起来了。许世友此举使得后来有人对他大提意见。因为:

> 他(许世友)一走形势更乱了,事情更多了,军区属下的部门打电话到军区请示报告,结果,一位领导也找不到。许司令走了,走到哪里谁也弄不清。①

没过多久,"许世友在荣巷"的消息传出,无锡造反派准备行动。就在他们要采取行动的前夜,许世友又失踪了。

他去哪里了? 李文卿后来说:他又回到了南京。然后,给中央军委发去了一份电报,称自己患了神经性呕吐,要去后方医院休息一段时间。电文很快就获得了中央军委的批准。许世友在南京没有久留,交代副司令员张才千主持工作后,凌晨就出发,遁进了当年打过游击的大别山,住进了对外称126医院的南京军区后方医院。徐开福说:

> 许世友一头扎进大别山,一住就是100多天,深居简出,云遮雾障,连他带在身边的工作人员,也猜不透他。

可是,造反派还是没放过许世友,很快,就抄了他在南京的家。

---

① 徐开福著:《许世友的晚年岁月》,江苏人民出版社1995年版,第81页。

第七章 许世友:"毛主席了解我,救了我,又信任我"

8月6日,一伙人抄了许司令和杜政委的家。许司令家里除了几套军装就是出国访问做的一身中山服,还有几瓶茅台酒。造反派把军装和便服戳了好多洞,把茅台酒砸了。①

许世友的名字在街头的标语中被打上了黑叉,造反派在南京军区机关大门口成立了"揪许火线指挥部",各地设立联络站,一场"揪斗许世友"的万人大会正在酝酿和筹备之中。许世友虽然躲在大别山中,但南京方面的消息还是不断传过来。工作人员回忆说:"那时许司令盼星星、盼月亮一般,就等毛主席一句话。"最终,许世友还是按捺不住,决定上北京直接去见毛泽东。于是,一日清晨,他匆匆乘车离开了126医院,前往合肥。

时任安徽省军管会主任、12军军长李德生闻讯,立即赶往合肥迎接。但是,在合肥两人吃了一顿早饭,许世友又改变主意,乘车返回了126医院。他为什么去而又返?徐开福说:"许世友要等待毛泽东召见他。"

果如许世友所料,他想念毛泽东,毛泽东也没忘记他。为了保护许世友,毛泽东在北京发出了第一个信号,一次在谈话中公开表态说:"许世友同志没有反对过我嘛!"

但是,深藏在大别山的许世友并不知道这句话。接着,事情开始出现了转机。李文卿后来回忆:"1967年8月17日,对许司令而言,可以说是'文革'以来一个峰回路转的日子。8月17日是什么时间?正在许世友南京被抄家的第十天。这个转机是如何发生的?

上午9点多钟,杨成武代总长打来电话,对许司令讲:"我正陪着'客人'在上海,'客人'要见你,派张春桥用'客人'的专机去合肥接你。"

"知道了。"许司令不再多问。

---

① 李文卿著:《近看许世友》,解放军文艺出版社2002年版,第68页。

杨代总长讲的"客人",不会是别人,肯定是毛主席。①

　　张春桥是上海市革委会主任,已于5月出任南京军区第一政委。毛泽东派张春桥来接许世友去上海,一则有希望两人以后在工作中好好合作之意;二则他派张春桥来接许世友而不是让许去拜访张,也向两人表明他本人对许世友的倚重态度。

　　毛泽东召见了,许世友还是当年济南战役时的那种态度:当日就出发。李文卿回忆:

　　(张春桥前来迎接许世友的)专机预定18日上午到达合肥机场,许司令17日下午就带随员入住合肥稻香楼宾馆等着。

　　李文卿回忆:"翌晨,天气晴朗。许司令起床比往日早,一脸的喜悦,精神头很好。早饭后出发,提前一个多小时赶到机场等候。"可是,登机时,许世友却有点不高兴:

　　张春桥这个人阴阳怪气得邪乎。下飞机见了许司令,拿腔捏调地说:"我这个政委亲自到合肥接司令员来了。"一副居高临下、颇不情愿的样子,谁看了都觉得别扭。上了飞机又歪着脖子对保健医生"高老"说:"许司令的病你医生一个人治不好,要我这个政委和你一起治。"言下之意,许司令没病装病,是"政治病"。②

　　张春桥似乎并不理解毛泽东派他接许世友的来意。但这个不快还是没有影响许世友去见毛泽东的兴奋。到了上海,他就住进了兴国路72号的招待所。刚安顿好,跟随毛泽东在上海的代总长杨成武和中央办公厅主任汪东兴

---

①②李文卿著:《近看许世友》,解放军文艺出版社2002年版,第79、80页。

第七章 许世友："毛主席了解我，救了我，又信任我"

先后过来看望，许世友只一个要求："尽快见到毛主席！"汪东兴答应早做安排。

许世友兴奋不已。吃午饭时，他自饮自酌，喝了不少的酒。往常他不睡午觉，这次饭后，他又睡起午觉来了。他要养精蓄锐好去见毛泽东。

秘书李文卿回忆：

> 下午两点，张春桥的秘书何秀文前来通报，说伟大领袖毛主席要春桥陪许司令马上过去谈话。我立即上楼请许司令起床。
>
> 见他酒意未消，讲话还带着一股酒气，我真担心毛主席会不高兴。

秘书的担心是多余的。因为毛泽东是了解许世友的。

毛泽东会见许世友时，陪同接见的，还有张春桥、杨成武和汪东兴。两人进行了一次长谈，时间不短。

两人具体谈了些什么？却是一个谜团。据权延赤写的《杨成武见证"文革"》一文中披露，许世友见到毛泽东说："我是忠于你的，我是跟你干革命的。"动了感情，众人见状便出去了。结果，只留下许世友一个人与毛泽东谈话。之后，两人谈了很长时间，没人记录，所以内容外人不得而知。

但是，后来还是断断续续透露出了一些细节。徐开福参加了《许世友回忆录》写作班子，他的记述为：

> 见到毛泽东，许世友憋了一肚子的话一冲而出。他有什么讲什么，主要讲了三条：
>
> 第一，"三大纪律八项注意"还要不要？有的部队不听招呼，军区党委也指挥不动。不讲"三大纪律八项注意"，就没有章法了。
>
> 第二，文化大革命，矛头不能指向解放军。好容易搞成这么一支军队，"揪军队一小撮"，非把军队搞乱不可。
>
> 第三，农村不能搞文化大革命，不能搞得老百姓没饭吃。

毛泽东……说:"许世友同志,还有什么意见,统统讲出来啊。"

"没有了。"许世友感到从来没有这么痛快过。

毛泽东说,"三大纪律八项注意"还是要讲的。几十年了,是我们的传家宝,头一条就是"一切行动听指挥。"军队还是要保持稳定。农村还是那句老话:"抓革命,促生产。"没有粮食,大家都要饿肚子。

毛泽东又说,南京军区党委是可以信任的,不准揪许世友同志。你回去同他们讲,就说是我讲的。

毛泽东还问起了许世友的家庭情况。

许世友说:"我自己都顾不上,家里的事我也管不了。"

毛泽东笑着说:"我家里也有两派,我也管不了。"看到许世友瞪圆眼睛,毛泽东挥了挥手,换了个话题,"你在南京不好住,可以到北京,住到我家去。"①

秘书李文卿是与许世友一起去上海的。他对许世友与毛泽东谈话内容说:"他们具体谈了什么内容,许司令没有系统讲,只在事后零零碎碎地流露一些。"后来,他把许世友这些零星谈话内容的记述下来,与徐开福的记述大致差不多,只是许毛两人于"三大纪律八项注意"的对话略微详细一些:

许司令:毛主席啊,"三大纪律八项注意"还要不要啊?

毛主席:要啊,"三大纪律八项注意"怎么能不要呢?!

许司令:那我就没有错!有人违反纪律,我是执行纪律,有什么错!?

毛主席:"三大纪律八项注意"是我们的传家宝,头一条就是"一切行动听指挥",部队不听招呼怎么行!军队要保持稳定,不能自毁长城。②

---

① 徐开福著:《许世友的晚年岁月》,江苏人民出版社1995年版,第90—91页。
② 李文卿著:《近看许世友》,解放军文艺出版社2002年版,第81—83页。

第七章 许世友:"毛主席了解我,救了我,又信任我"

许世友的"我是执行纪律"指的是他在运动中做过的一些抵制造反派冲击军队的做法,并且获得了毛泽东的肯定。

两人促膝而谈。直到下午五点多钟,许世友才从毛泽东住处返回。

许世友受到毛泽东的亲切接见,按习惯做法,应当马上召开大规模的会议,公布这一"特大喜讯",传达毛泽东的"最新指示"。但是,他没有这么做,第二日就乘直升机飞回合肥,再转乘汽车回到了皖西126医院。

随后,南京军区一位跟随许世友在126医院的干部要回南京去办事。许世友亲自向他交代:到南京后只可讲两句话,一是许司令见到了"红太阳",二是军队还是要保持稳定。就这两句话,他还有一个"传达范围",递过这位干部一份名单,开列着军区高级干部的名字,一共只有三位。

其实,这时毛泽东接见许世友的消息已经不胫而走。南京市、江苏省甚至整个华东地区,包括"揪许火线指挥部"的人,都在关心毛泽东与许世友的会面情况。许世友却选择了避而不言。

但是,对自己身边的工作人员,许世友倒多了一点"照顾",但也是三个"就说",三句话五十几个字。李文卿回忆:

> 他(许世友)告诉我们,可以打电话向家里讲,就说"红太阳"在上海接见了我;就说毛主席指示军队要稳定,"三大纪律八项注意"是我军的传家宝,不能丢;就说毛主席说不准揪许世友。

这次会见,李文卿后来认为:"有一句话,听许司令言及,我觉得至关重要。毛主席说:南京军区党委是可以信任的,不准揪许司令。你回去同他们讲,就说我说的!"为什么李文卿觉得至关重要?因为它表明了毛泽东对许世友的态度。这次会见于许世友本人来说,徐开福也认为作用不可小觑:

> 这一番经历,对于波及全国的"文化大革命"而言,仅仅是一段小小的插曲。然而,对于许世友本人来说,无疑是他一生中最重大的转折。

许世友没去过多地透露他与毛泽东的谈话内容,但针对南京对许世友不利的局面,周恩来却出面了。他亲自给南京的造反派头头打电话,传达毛泽东的"最高指示",坚决制止批斗许世友的行为。李文卿后来回忆:

> 周总理严正指出:"揪军内一小撮"是错误的!他在电话中正告南京造反派头头,许世友同志是以毛主席为首的无产阶级司令部的人,中央对许世友同志是要保的。
> "这不是我个人的意见,这是毛主席的指示精神。"周总理说,"不许揪许世友同志,如果有人要揪的话,我一小时内赶到南京去!"
> 亲自打电话还不放心,又派人到南京做造反派的工作。

随后戏剧性的情况出现了:

> 中央文革小组立即通知南京各派造反组织:"听说9月2日南京要召开一个大会,批判和打倒许世友同志。总理和中央文革小组不同意开这个会。如果别人开,希望你们不要参加,否则要犯严重错误。许世友同志身体有病;中央批准他休养治疗。他有缺点错误,将来可以检讨。希望你们除了自己不要参加这个会外,还要向其他组织作说服工作。"①

这么一来,"揪许火线指挥部"只好草草收兵,宣布散伙,十万人"批许大会"也夭折了。李文卿回忆当时南京的情况:

> "许司令是无产阶级司令部的人,谁反许就砸烂谁的狗头"、"反军没有好下场"、"谁毁长城就打倒谁"、"拥护军管会"等大标语贴了

---

① 徐开福著:《许世友的晚年岁月》,江苏人民出版社1995年版,第144页。

第七章 许世友:"毛主席了解我,救了我,又信任我"

满街,原先那些"打倒许大和尚"、"揪出许大马棒"一类的口号顿时销声匿迹。

时隔不久,毛泽东又给他的"不准揪许司令"这话作了一个诠注:"许世友是个代表,打倒许世友,其他大军区杨得志、韩先楚、陈锡联都得倒。"毛泽东的这个评价传出去,许世友更是成了军中不能打倒的那一批人的标杆。

可是,毛泽东保许的行动还没有结束,接着又发出第三个甚至是更加强烈的信号。9月中旬一天上午,心情很好的许世友正在楼下看警卫战士们打拳。忽然,楼上的电话铃响了。秘书李文卿一接,对方说周总理要许司令听电话。李文卿立即放好话筒,一溜小跑下楼去请许世友。

> 电话接通,周总理先问了许司令的身体状况,然后说:"世友同志,毛主席请你到北京来,参加国庆活动,你来后住毛主席家里。"
> 接着又说:"有人跟你讲话。"
> 稍停一会,电话里换了一个浑厚浓重的大别山口音:"许司令吗?我是陈锡联呀!你现在怎么样?身体好吗?到北京来吧。我们都在北京,很多同志都在北京。周总理请你到北京来,是毛主席的意思。不要犹豫了,快来吧!你来北京,和毛主席、周总理住一起,住在中南海。"
> 许司令面露激动神色,捂着话筒大声说:"我一定去!你报告总理,尽管身体不好,我爬也要爬去!"[①]

国庆节前夕,许世友果真乘坐毛泽东派来接他的专机,直飞北京。当他抵达北京的机场时,代总长杨成武和中办副主任王良恩双双接机。然后,许世友作为毛泽东的客人,住进了中南海。他的住处是由周恩来亲自安排的。大概是

[①] 李文卿著:《近看许世友》,解放军文艺出版社2002年版,第90页。

要兑现毛泽东说过"住到我家去"的承诺,他的住处的安排很有讲究,随行的秘书李文卿回忆:

> 许司令住在陈老总的外办的办公地点,西边住的周总理,后面住的李先念、陈云等领导同志,南边另一个院子就是毛主席住的丰泽园。

10月1日,许世友登上了天安门城楼,参加国庆观礼。

这是一种极其重要的"政治亮相"。

在天安门城楼上,许世友看了个把小时群众游行,忽然江青走过来,对他说:"有人请你到休息室."

"有人",这个人是谁自然不用多说,许世友当然知道是毛泽东。他满心高兴地进去,坐下后,毛泽东讲了他视察南方的观感,说7、8、9三个月革命形势很好,再过几个月会更好;还说"文化大革命"运动很快就要结束了,嘱咐许世友养好身体。这次谈话近半个小时。

次日,新华社编发了国庆报道《人类历史上的伟大变革》一文。其中,特别点出在天安门城楼上"伟大领袖毛主席同一位屡建战功的老同志亲切地谈了话"。这位"屡建战功的老同志",正是许世友。

这种荣誉,只有许世友有,其他人都不曾有过。许世友的心情可想而知了。他叙述当日的情形:

> 气象新,情绪也不同。我身体不好,心脏供血不足,但今天心情很好;过去走300米都不行,今天一直站下来,站了两个多小时。今天在天安门遇到了各地很多老战友,心里很高兴。毛主席对我关怀无微不至,还找我谈了25分钟。看到主席身体很好,我很高兴。

之后,毛泽东在人民大会堂又与许世友谈话。

于是乎,更戏剧性的事情出现了:

不久前，刚刚点名批判过许世友的林彪、"四人帮"一伙，摸清了毛泽东的"底"，摇身一变，纷纷为许世友唱起了赞歌。

林彪：许世友同志"几十年来还是一员干将"。

江青："有一个时期，忽然又揪许世友同志，一个同敌人作战那样勇敢的人，被揪的钻工事。我知道了，打了两次电话要他来。"

康生："南京有人讲，许世友同志反对毛主席，这恰恰相反，许世友同志在历次重大斗争的关键时刻，都是紧跟毛主席、林副主席的，他无论在抗日战争和解放战争中，是有很多功绩的。"

张春桥："南京贴了大标语，准备开大会，提出'打倒许世友'的口号，我们说这不符合实际。如指责许世友一贯反对毛主席，这个问题我向毛主席汇报了。主席说，这不符合事实。许世友同志没有反对过我嘛！至于四方面军的问题，那是张国焘的问题，是过去的事，张国焘负责。"

吴法宪："毛主席、康老都讲过，许世友同志是毛主席司令部的人，他是有错误的，哪个人没有错误？"

李作鹏："南京军区许世友同志虽然在'文化大革命'中犯有这样那样的缺点错误，你们可以批判"，"对许世友不能采取打倒的方针"。①

这样，南京军区领导班子在"文化大革命"前期过关了，许世友高兴地回到了上海。

1968年3月20日，江苏省革命委员会宣告成立，许世友当选为革委会主任。在党中央、国务院、中央军委、中央文革《同意成立江苏省革命委员会的批示》中一句话特别引人注目，即"以许世友同志为首的江苏省革命委员会"。

---

① 徐开福著：《许世友的晚年岁月》，江苏人民出版社1995年版，第143—144页。

为什么？此时只有"以毛主席为首"，而无其他人"为首"之说，许世友却独独有了例外。徐开福说：

> 当时流行的语言为："以毛主席为首的党中央"、"以毛主席为首的无产阶级司令部"，曾经扶摇直上、红极一时的林彪，即使成为全国公认的"接班人"之际，无论在党内，在军内，一天也没有资格称过"为首"，顶多缀上一个"为副"；"以林彪同志为副"。
>
> 在毛泽东同志发动和领导了对"多中心即无中心论"的批判之后，更没有任何一级组织的任何一个领导成员，敢于称"为首"了，哪怕他是最边远山乡的一名村长。
>
> 从1967年1月至1968年9月，全国29个省、市、自治区相继成立了革命委员会，江苏省居于第17位。查遍曾经结集发表的中共中央、国务院、中央军委、中央文革的一系列批示，无论排列在江苏省之前的16个省、市，自治区，还是排列在江苏省之后的12个省、自治区，也没有一家称"为首"。
>
> 换句话说，有幸称"为首"的，唯有江苏省，独有许世友。
>
> 基于以上的分析，几乎可以断定，有权封许世友"为首"的，只有毛泽东。

对毛泽东的爱护，许世友感激涕零，刻骨铭心。他由衷地说："没有毛主席，就没有我许世友。""在延安的时候，罗瑞卿（时任抗大教育长）把我抓起来后，是毛主席救了我。'文化大革命'中，我犯了错误，是毛主席保了我。现在我身体不好，是毛主席请人把我接到北京，要我住在他老人家身边治病，对我无微不至的关怀。此恩此德，我这一辈子也报答不了，就是我下一辈子也报答不尽。我一定要按毛主席的指示办事，生为毛主席生，死为毛主席献身！"[①]

[①] 徐开福著：《许世友的晚年岁月》，江苏人民出版社1995年版，第145—146页。

1969年4月底,在党的九届一中全会上,许世友当选为中央政治局委员,成为了党和国家领导人之一。

7."你摸摸我的手,发凉,脚也发凉"

许世友生前曾以"匣中宝剑"自喻,因此人称许世友为"毛泽东之剑"。在关键时刻,许世友这把"剑"确实是毛泽东倚重的对象。

1970年秋,中共九届二中全会在庐山召开。会议一开始,林彪突然发表讲话,大谈毛泽东是"天才",说:"毛泽东是天才,我还是坚持这个观点。"言下之意有人要否定毛泽东的领袖地位。

其实,林彪用心良苦,意在宪法修订时保留毛泽东一再说明不设的"国家主席"职位,达到让自己担任此职的目的。后来毛泽东说:"林彪同志那个讲话,没有同我商量,也没有给我看。"① 他的讲话事先没得到毛泽东和党中央的同意,玩的是"突然袭击"战术。

吴法宪马上响应,提出要组织与会人员再听林彪讲话的录音,并进行分组讨论。

此举打乱了大会原定的议程。

第二日,大会进行分组讨论。陈伯达在华北组讲话,宣称有人反对称毛主席为天才,说有的反革命分子听说毛主席不当国家主席,高兴得跳起来。边说边比画,做出手舞足蹈的样子,煽动不明真相的人跟着一道起哄。②

接着他又摘录出一份革命导师"称天才"的语录,华北组印发第二号简报,对党内"竟有人妄图否认毛主席是天才"表示"最大、最强烈的愤慨",要求

---

①②均见《汪东兴回忆:毛泽东与林彪反革命集团的斗争》,当代中国出版社1997年版,第152页。

在宪法中保留国家主席一章。这份简报发出来,在各组引起了强烈的反响。

华东组也有人进行煽动。主持人许世友后来回忆:

> 林彪反革命集团在会内会外煽风,点火,发动突然袭击。我当时是华东大组的召集人。林彪在华东的党羽,都按照林彪的调子吵吵嚷嚷,以拥护毛主席任国家主席为名,反对毛主席关于不设国家主席的英明决策,妄图把林彪抬上国家主席的宝座。①

林彪等人的这个目的,许世友起初是不明白的。李文卿后来说:"在设不设国家主席、毛主席当不当国家主席的问题上,许司令开始并不了解其中包藏的尖锐复杂的斗争。"但是,外粗内精的许世友很快就发现了不同寻常的情况:在会上,张春桥低头抽烟,一声不吭。他立即警觉起来了。

自从华北组二号简报下发,许世友也不再发言。

他为什么这么做? 李文卿说:

> 倒不是他先知先觉,而是因为他一贯看不上"转轴脖子随风转",尤其是在事关全局的重大问题上,没有中央指示,毛主席发话,他从不乱表态,更不抢风头。

这时,毛泽东一开扭转会议的方向了。李文卿回忆:

> 毛主席发现林彪一伙闹事,非常气愤,当天即25日下午,亲自主持了有各组召集人参加的政治局扩大会议。
>
> 许司令到得早,进了门,向毛主席敬礼,和毛主席握手。
>
> 毛主席握着许司令的手说,你摸摸我的手,发凉,脚也发凉。我

---

① 《毛主席永远活在我们的心中——纪念伟大的领袖和导师毛主席逝世两周年》,载《许世友回忆录》,解放军出版社1986年版,第615页。

第七章 许世友:"毛主席了解我,救了我,又信任我"

年纪大了,只能当导演,不能当演员。红娘由总理当,我只能当老夫人。不要让我当国家主席了,让我多活几年好不好?

毛泽东说的这番话,许世友本人后来也有记述:

一天下午,我到毛主席住处参加会议。他老人家把手放在我的手上,十分恳切地说:你摸摸,我手是凉的,脚也是凉的,我只能当导演,不能当演员。你回去做做工作,不要选我做国家主席。听了毛主席的话,我当即认识到,要毛主席当国家主席,违背他老人家的意愿,又不利于党的事业,是完全错误的。这是林彪的阴谋,他自己梦想当主席。

从个人感情出发,许世友当然拥护毛泽东当国家主席,但只要一听毛泽东本人说不愿当国家主席,许世友就根本用不着转什么弯子,马上就坚决拥护,坚决照办。李文卿回忆:

"主席不要讲了。"许世友说,"我通了,我回去做其他人的工作。"

毛主席又告诉许司令,陈伯达是个坏人。嘱咐道,会上不要揪人,"孔夫子打牌和为贵。"接着言及三国时孙权劝曹操当皇帝,曹操说,孙权是想把我放在炉子上烤。用这个典故提醒许司令,孙权没安好心,现在有人也没安好心。

随后,在中央政治局扩大会议上,毛泽东严厉批评了讲"天才"的提法和坚持设国家主席的主张,并且宣布三条:停止讨论林彪讲话,收回华北组第二号简报,责令陈伯达检讨。

最后,毛泽东说,如果你们继续这样,我就下山,让你们开。

26日下午,许世友在江苏和南京军区小组传达了中央政治局扩大会议精神和毛泽东对他讲的话。

8月31日,毛泽东写了《我的一点意见》文章,会议转入揭发和批判陈伯达的错误的阶段。在分组讨论会上,曾表示过同意陈伯达意见的人纷纷进行了自我批评。但是,毛泽东对始作俑者林彪采取了保护的态度,没有点名批评,期待着他认识错误,改正错误。

9月6日下午,九届二中全会闭幕。

九届二中全会虽然只是林彪篡党夺权阴谋中的一场插曲,波澜不惊,但是,在会议期间毛泽东对许世友的那一番话,表明了他对许世友的深刻信赖。

8. "我们迅速地收拾了林彪在华东的几个死党"

毛泽东信赖许世友,许世友在庐山会议上也当之无愧地承担起了毛泽东对他的这份信任。但是,共和国最为关键的时刻,或者说新中国成立后毛泽东最危险的时刻,还是在九一三事件前后,而许世友这把"毛泽东之剑"再次起了大作用。

在林彪等人对自己的错误毫无悔改之心后,1971年8月中旬开始,毛泽东巡视南方,从北京出发,沿京广线到长沙折向东,往南昌、杭州方向而去。他沿途同各地党政军负责人谈话,指出九届二中全会上斗争的性质,点名批评林彪等人。当专列到达长沙时,毛泽东就要汪东兴通知许世友前来见面。

李文卿回忆,许世友办公室是8月31日接到汪东兴的电话通知的。汪东兴的秘书通知李文卿:"有架飞机去南京接许司令到南昌。"

许世友正好没有外出。李文卿去向他报告时,他好像心里已经有数了似的,什么也不问,只说了一句:"只要你一个人跟我去。"

随即,他就带着李文卿登车,直奔南京的机场。

许世友一到南昌,就被汪东兴、韩先楚等人接到毛泽东的住地。

第七章 许世友:"毛主席了解我,救了我,又信任我"

随行而去的李文卿后来回忆许毛见面的情景说:

> 谈话时间很长。记录稿要参加谈话的领导亲自抄写和保管,回去只在指定的小范围内传达。
> 许司令对汪东兴说:"你还不知道我,字是认识不少,写字不行,要不你给我抄一份,要不就让我的秘书抄。"
> 经汪主任同意,拿给我抄了一份。抄好交给许司令看,他一再嘱咐要保管好,要绝对保密,说:"泄漏出去杀头!"[①]

许世友与毛泽东谈话之重要可见一斑。他们具体谈了些什么呢?李文卿回忆:

> 见面先唱《国际歌》和"三大纪律八项注意",毛主席亲自指挥,唱了一遍又一遍。毛主席说,《国际歌》不仅要唱,还要讲解,还要按照去做。要用"三大纪律八项注意"去教育战士,教育干部,教育党员和人民。……全党全军要一切行动听指挥……
> 毛主席说,庐山会议这件事,还没有完,还没有解决。回到北京以后,还要再找他们谈谈。他们不找我,我去找他们。对这些人怎么办?还是教育的方针,就是惩前毖后,治病救人。"对林还是要保。"同时他又说,"犯了方向路线错误,为首的改也难。"讲到军队,毛主席提了三点要求:军队要谨慎,军队要统一,军队要整顿。并他警告林彪一伙:我就不信我们军队会造反,我就不信你黄永胜能够指挥军队造反!

在接下来的谈话中,毛泽东还破例谈到了他与许世友之间的"感情问

[①] 李文卿著:《近看许世友》,解放军文艺出版社2002年版,第207—208页。

题",李文卿的记录稿如下:

> 讲到路线斗争的重要性时,毛主席对许司令说:你就知道挖煤,光搞黑的,不搞红的,不抓路线。
>
> 讲到对下级要和气,军阀作风要坚决克服掉时,毛主席对许司令说:你对王、林、鲍要高抬贵手,刀下留人。你对我的感情没有过去深了,我的话也听也不听。
>
> 讲到希望高级干部今后要多读点书时,毛主席对许司令说:你没读几本书也好,现在是不读书的犯错误少,倒是那些自以为读了很多书,懂了很多马克思主义的人常犯错误。因为他们其实根本没有弄懂马克思主义,只会搬弄几句词汇吓唬人。①

毛泽东与许世到了"你对我的感情",说"没有过去深了,我的话也听也不听",主要是批评许世友两件事,一是抓政治抓少了,在江苏组织挖煤大会战这样的事情。江苏缺煤少煤矿,为了解决"北煤南运"难题,许世友曾搞过一些不切实际的"挖煤大会战"。二是许与浙江省革委会主任南萍没搞好关系,没听毛泽东的话。②

但是,毛泽东的这次谈话,主要是应对林彪一伙的阴谋而作一些政治和军事准备。据汪东兴回忆,在南昌的时候,有人向毛泽东密报了林彪及其骨干的一些反常行动,引起了毛泽东的警觉,所以毛泽东决定直接召见许世友等将领,进行应变准备。

由于事关重大,刻不容缓,许世友在南昌只住了一晚,9月1日就乘专机返回了南京。

当天下午,他向南京军区和江苏省的主要领导传达了毛泽东谈话的内

---

① 李文卿著:《近看许世友》,解放军文艺出版社2002年版,第209—210页。
② 汪东兴著:《汪东兴回忆:毛泽东与林彪反革命集团的斗争》,当代中国出版社1997年版,第152页。

容。随后,许世友召来副司令员兼参谋长萧永银,当面交代他:"从现在起,上海到南京的铁路要派部队巡逻,特别是沿线的涵洞,更要加强戒备,防止有人破坏。"

按照计划,许世友本人要去视察苏北,他却改变了预定行程,不到徐淮地区,而是去了离南京较近的扬州地区,并且一改惯例把离不得的文字秘书李文卿留在家里值班,以随时和他保持联系。

在南昌时,毛泽东批评了许世友与南萍关系不好,而当他到达杭州时也批评了南萍。据汪东兴回忆:

> 毛主席虽然同许世友讲过,到浙江不谈他与南萍的矛盾,但为了搞好团结,还是谈到了他们之间的矛盾。毛主席说:你们和南京的关系,我说了两年,还没有解决。我这边也讲,那边也讲。给你们讲的都可以公开讲,少数人可以讲,多数人也可以讲。你们同许世友同志不要针锋相对。对他也说不服,对你们也说不服,这主要由我负责。
>
> 毛主席问南萍:南京开会你们去不去?我同许世友同志在江西谈过两次,这次还要谈。
>
> 南萍说:我们没有听主席的话。今后按许司令的指示办。
>
> 毛主席说:那也不对。错了的也执行吗?许世友同志是可以交朋友的,有时还可抓住他的主要问题,把道理说清楚,他还是可以交朋友的。你们空军受不受许的指挥啊?
>
> 南萍等人答复说:受他的指挥,听的。
>
> 毛主席听了点点头,表示这样做好。①

许世友是一个有个性的人,爱憎分明,他自己也私下说过:"我这个人其实很狭隘,有恩不报非君子,有仇不报非丈夫。"② 熟悉他的徐开福也说:"许

---

① 《汪东兴回忆:毛泽东与林彪反革命集团的斗争》,当代中国出版社1997年版,第152页。
② 徐开福著:《许世友的晚年岁月》,江苏人民出版社1995年版,第137页。

世友当然不是完人。他有他的个性、喜好和行为准则。"

这大概就是一个立体的、多面的许世友吧。而毛泽东不仅关心许世友政治上的成长,也关心去弥补他个性上的不足,在济南战役时曾促进过许世友与王建安的团结。这次做许世友和南萍的工作,又是一例,并且毛泽东强调要听许世友的指挥。

毛泽东从杭州很快又到达了上海。

9月11日凌晨两点钟。李文卿看守的电话机转来上海方面的电话,说有客人要见许司令,要他上午赶到,来得越快越好。李文卿知道毛泽东到了上海,马上叫总机通知许世友。由于坐汽车来不及了,他又叫作战部派了一架值班飞机送许世友去上海。

9时15分,许世友回到南京中山陵八号,进门就问:"飞机到了没有?"

李文卿回答:"没有飞机来接,是乘空军的值班飞机。"

许世友一听就不高兴,说:"要汪东兴!"然后自己打电话要派飞机来接他,汪东兴说飞机不在。许世友没有办法了,只好乘南京军区的空军值班飞机去,并且还带李文卿一个人,交代李文卿说:"带好小型电话保密机,还有我的猎枪。"

许世友为什么找汪东兴要飞机呢?

这并不是他摆谱儿。

在乘车前往机场的路上,许世友责备李文卿说:"毛主席的谈话你也看到了,怎么还乘值班飞机?"

李文卿这才明白他要专机的目的是不能耽误值班飞机的战备值班,不能不佩服许世友的敏感性和警惕性。

许世友乘坐的飞机降落在上海虹桥机场。汪东兴和王洪文前来迎接。空军第4军政委王维国也跟来了。于是,大家乘汽车前往吴家花园火车站附近毛泽东专列停靠的地方。

汽车直接开进了车站的月台。下了车,汪东兴招呼许世友和王洪文上专列。

几人走了四五步,王维国也跟上来,汪东兴伸手一挡说:"你去休息吧。"

王维国像被施了"定身法",一下子站住了,站了几秒钟,转身朝着会客室晃悠过来。

许世友进了毛泽东的专列。但据王洪文说,毛泽东此次等许世友等了15个小时。汪东兴回忆:

> 毛主席一直等到11日的上午10点钟,许世友才来。

许世友

毛主席马上开始和许世友、王洪文谈话,谈了一个多小时。毛主席这一次谈得很简要,一个原因是毛主席等得太久了,另一个原因是与许世友在南昌已经谈过话了。

12时45分,许世友和王洪文由汪东兴陪同走下专列。然后,按照毛泽东的安排,由王洪文请许世友到上海的锦江饭店去吃饭。据汪东兴回忆,他送走许世友等人一回到车上,毛泽东就立即对他说:"我们走!"专列立即启动,向北驰去。

许世友等人赶到锦江饭店时,上海市革委会的负责人马天水、徐景贤、王秀珍等人已经在那里等候。李文卿回忆:

> 不知什么原因,饭还没有做好。王洪文觉得脸上无光,当着众人的面把他的秘书批了一顿。

这顿饭直到下午两点半才吃上。等到大家吃饭的时候，王洪文才接到车站报告说："客人"已经走了。王洪文再告诉了许世友。据说，这次饭店之所以饭没做好，是许世友和王洪文定下的一个计策，故意拖住王维国，以掩护毛泽东的专列离开上海。李文卿等人不知情，还以为王洪文觉得饭店饭没弄好"丢了他的面子"。这出戏演出十分逼真。林彪的手下干将王维国自然也是蒙在鼓里。

但是，由于气氛紧张，十几个人围着一张大桌子，各吃各的，很少讲话。吃过饭后，许世友就说要回南京，并且谁也留他不住。有趣的是，在与众人告别时，他爱憎分明的个性又显露出来了：

> 登机前，许司令和送行的人一一握手道别，握一个人说一句毛主席讲的"三要三不要"。第三句的上半句"要光明正大'刚出口，握到了王维国。
>
> "不要搞阴谋诡计！"许司令提高嗓门说出了下半句。[①]

汪东兴记述了许世友回到南京的情况：

> 许世友吃完饭后，于3点多钟乘他原来至上海的飞机赶回南京，在南京站接我们。
>
> 毛主席乘坐的专列在南京站停了15分钟，毛主席没有见南京的同志，只有我下车见了许世友。
>
> 此后，我们的专列不停留地一直向北京开。

难怪在上海谁也留不住许世友呢！

这时林彪集团获悉毛泽东南巡谈话的内容，决定对毛泽东采取谋杀行

[①] 李文卿著：《近看许世友》，解放军文艺出版社2002年版，第213页。

第七章 许世友:"毛主席了解我,救了我,又信任我"

动,发动武装政变。毛泽东发现情况可疑,所以在上海突然下令专列北上,过了南京后全线绿灯,专列除了加水停靠外昼夜不停北驰,最后经济南、天津、丰台抵达北京站,然后于9月13日凌晨回到了中南海。

林彪的暗杀计划破产了。

许世友在南京军区炮兵部队

林彪、叶群、林立果见阴谋败露,情知不妙,立即驱车狂奔至山海关海军机场,爬上256号三叉戟专机,不顾阻拦强行起飞,准备逃往国外。1时55分,256号三叉戟专机越过国境,进入了蒙古人民共和国领空。谁也没料到的是,飞机飞到温都尔汗附近时燃油告罄,不得不进行迫降,结果飞机爆炸起火,林彪和叶群、林立果等机毁人亡。

清晨5时,李文卿秘书房间的一号台电话响了。他一接,是北京的总机,说周总理请许司令听电话。李文卿回忆:

> 许司令还没起床,我跑上楼去敲他的门。他一听是总理的电话,一骨碌爬起来,动作非常麻利。
>
> ……
>
> 许司令很快下楼,拿起话筒:"总理吗?我是许世友。"

"庐山会议上第一个发言的人跑了。"总理的声音清楚,因为没有加密,话讲得含蓄。"毛主席下面经常生病的那个人跑了。"

"知道了。"许司令表情严肃,却无意外的惊愕。

"你们要看住所有军用、民用机场、码头,"周总理说,"不要让飞机和舰艇跑了。发现可疑的人和飞机立即扣下来。可派陆军进驻机场。"

"请总理放心,我立即布置。"

许世友在指挥所

许世友放下电话,吩咐李文卿立即通知军区副司令员兼参谋长萧永银过来,然后自己缓步上楼,坐在餐桌旁等着。

这张圆桌既是许世友吃饭和请客的桌子,也是他小范围谈工作的"办公桌"。萧永银很快就赶过来了,许世友示意他坐下,严肃地说:"萧永银同志,刚才总理来电话说,林彪跑了。现在保密,只能你一个人知道。"他接着一口气地往下说:"你通知南空,飞机一律不准起飞;通知东海舰队,舰艇一律不准出海。如果跑掉一架飞机、一艘舰艇,拿单位领导是问。舰艇好办,一个人开不跑。飞机的机动性大,一个人就可以开,如果冲上跑道,你拦都拦不住。总理指示让陆军进驻机场。我看每个机场派一个陆军营,乘大卡车进机场,就把卡车停在跑道上。"

萧永银说:"这个办法好。"

许世友命令他:"你马上回去部署,要加强值班,你要待在作战室,我今天也不外出。部队进机场后,立即给我报告。"

萧永银走了,许世友嘱咐秘书李文卿:"不要离开电话机。"

上午9时,萧永银那边报告:"陆军部队已进驻机场,卡车按规定在跑道上排好。"

许世友马上吩咐李文卿说:"马上接通北京的电话,我要找周总理。"

可是,周恩来很忙,正在紧急安排应变紧急措施。许世友立即又说:"找总政治部主任李德生。"

第七章 许世友:"毛主席了解我,救了我,又信任我"

总机很快把电话接到了正在空军作战值班室坐镇的李德生。许世友说:"请你报告总理,我们已按他的指示部署下去了。陆军开到机场,大卡车停在跑道上,万无一失。"

李文卿回忆:

> 许司令报告了南京方面的落实情况,接着一字一句说道:"李德生同志,你一定要好好保卫毛主席,保卫党中央。"

他找周恩来,除报告南京方面的情况外,还关注着毛泽东的安全!

对于许世友在在南京的这些军事安排,王震后来评价说:"文化大革命中,林彪迫害毛主席,许世友同志保护毛主席,是立了功的。"①

> 9月14日,许世友仍未外出。
>
> 下午6时30分,周恩来来电话通报:"叛逃那个人已经在蒙古人民共和国温都尔汗摔死了。同机叛逃的有他的老婆、儿子。飞机着火,人烧焦了。共有9具尸体,8男1女。"
>
> "好!"许司令说,"摔死了好!"

林彪折戟沉沙了,许世友紧绷的心弦终于松了下来,也很兴奋,对李文卿说:"立即通知军区和省委常委,晚上八点来中山陵八号听传达。"会前,他还搬出了一箱珍藏的茅台酒与大家一起喝酒庆贺。

结果,他差点误会了。李文卿回忆:

> 这天特别高兴,平均每个人喝了一瓶多茅台。
>
> 由于几天来过分疲劳,这回他真喝醉了,走路摇摇晃晃,讲话时

---

① 徐开福著:《许世友的晚年岁月》,江苏人民出版社1995年版,第150页。

舌头根子发硬,但还能听懂是林彪带着老婆、儿子逃跑了,而且摔死了。讲到飞机摔下来的地方,只记得是蒙古的什么汗。

我在一旁提醒:"温都尔汗。"

"对,对。"他说,"就是那里。"

许司令海量,难得一醉,醉了醒得也快。第二天一大早就喊我上楼,问我昨晚开会话讲清楚了没有?我回答基本清楚了。他交代我要加强警戒,防止林彪死党狗急跳墙,干坏事。

谈及这一场惊心动魄的九一三事件,许世友本人后来回忆:

1971年八九月间,毛主席到外地视察,又把我们从南京叫到南昌,告诉我们:庐山这件事,还没有解决。回北京以后,还要再找他们谈。他们不找我,我去找他们。要开九届三中全会。毛主席的话,使我进一步看清了林彪这个人的恶劣本质,对我起了同林彪斗争到底的动员作用。几天之后,林彪武装叛乱的阴谋败露,他仓皇出逃,自我爆炸。我们迅速地收拾了林彪在华东的几个死党。

许世友忠心耿耿,毛泽东心知肚明,对他关爱如常。1971年冬,许世友犯了肠炎。毛泽东因为林彪事件的打击,身体变差,一场感冒就病倒了。可是他获知许世友病了时,十分关心,特地委托周恩来和李德生召见许世友在北京工作的女儿,进行问候。后来,许世友回忆此事时动情地说:

敬爱的周总理亲切地告诉她:你父亲病了,毛主席很关心,让我们转告你父亲,要注意治疗,好好休息。毛主席对我的爱护,是我终生难忘的,也是我一家人世世代代都忘不了的。

9."毛主席是要我们保卫我党我军创建的人民共和国,防止有人篡党夺权"

1973年12月12日,在中央政治局会议上,主持工作的中央军委副主席叶剑英建议大军区司令员进行对调,得到了毛泽东的同意。

12月下旬,中央军委召开扩大会议,大军区负责人到会。12月22日,中央军委在会上发布命令:"北京与沈阳、南京与广州、济南与武汉、福州与兰州八个军区司令员相互对调。"人员涉及李德生、陈锡联、许世友、丁盛、杨得志、曾思玉、韩先楚、皮定均八位大军区司令员。其中,许世友调任广州军区司令员。此时全国共设11个大军区,只有新疆、成都、昆明三个军区司令员没有调动,主要是他们任职时间不长,最短的才四个多月。八位司令员调动,后来人称"八大司令对调"。

这个对调命令是由周恩来宣布的。

命令宣布后当天,毛泽东在中南海书房接见参加会议的人员。

毛泽东的开场白就很有意思。他说:"送君送到阳关路,你也苦,我也苦,手中锣儿敲得苦。"这是一段戏文,接着,他又引用"三国戏"中的一段戏文说:"'这班五虎将俱都伤了,只剩下赵子龙老迈年高'。我年老了,也要去卖年糕,要到福州去卖年糕。南京不去,南京太热了。"

毛泽东这番话流露出来的伤感和无奈的情绪,让与会人员震惊。可他为何有这样的情绪,无人知晓。然后,他向大家介绍刚刚复出的邓小平;"我给你们请来一位参谋长。我送他八个字:'柔中寓刚,绵里藏针'。"

然后他开始了漫谈。

当毛泽东说到"常鄡随陆无武,绛灌无文"的典故时,把许世友从后排叫到了前排,说道:"汉朝有个周勃,是苏北沛县人,他厚重少文。汉书有《周勃传》,你们看看嘛!"

毛泽东为何把许世友从后排叫到前排,并且还提起了汉代的名将周勃呢?他没有说。接着,他又讲起了古典名著《红楼梦》,并且说:"你要不读一读《红楼梦》,怎么知道什么叫封建社会?你们要搞点文,文武结合嘛!你们只讲武,爱打仗,还是要讲点文才行啊!文官务武,武官务文,文武官员都要读点文学。"

这时,他又把许世友扯上谈起了周勃。李文卿说:

> 评介《红楼梦》时,毛主席特意点了许司令一下:有人讲,《红楼梦》是"吊膀子"的书,这个观点不对。
>
> 许司令确实批评过爱看《红楼梦》的同志,说这书上写的是"吊膀子"的事,什么林妹妹、宝哥哥,你爱我,我爱你,把思想都看坏了。这个话他只在军区干部集会时讲过,再就对工作人员讲过,而且时隔多年,毛主席怎么知道的?……
>
> 毛主席似乎看透了许司令的心思,笑着问道:许世友同志,你看过《红楼梦》没有?
>
> 许司令赶紧回答:看了。
>
> 要看五遍才有发言权呢!毛主席说,它那里是把真事隐去,用假语村言写出来。所以有两个人,一个是甄士隐,一个是贾雨村。真事不能讲,就是政治斗争,"吊膀子"就是掩盖它的。你就只讲打仗,你这个人以后就学点文学吧。周勃厚重少文,你也是少文吧!你能看懂《红楼梦》吗?要看五遍。
>
> 许司令立即表态:坚决照办!
>
> 又讲了几句话,毛主席接着说:你就做周勃吗?你去读《红楼梦》吧。

毛泽东引经据典,谈古论今,到底是要说什么,让众人多有不解。

会上,毛泽东还把哥白尼的《天体运行论》和布鲁诺的《论无限性、宇宙和

第七章 许世友:"毛主席了解我,救了我,又信任我"

各个世界》的中文合印本,交给许世友转送南京紫金山天文台,并嘱咐:"你也认真看一看这类自然科学书籍。"

许世友答应:"一定看。"①

临走时,毛泽东送了许世友 30 本《天体运行论》。

到广州上任后,许世友把这些书发给了军区常委,他的身边工作人员也人手一本。会上会下,他都颇为自豪地强调说:"读这些书是毛主席交给我的任务,你们也得看一看。"

他还要秘书找来了《红楼梦》、《汉书》两书。以后,他散步的时间明显减少,也很少去打猎,没事就坐在屋里认真读书。据他的秘书孙洪宪回忆:

> 许世友看书也显得极其耐心和投入,左手拿着放大镜,右手握着红蓝铅笔,每天看完以后,就把精彩的诗词背下来,在大家面前"卖弄"一番。在开常委会的时候,许世友也会时不时宣布:"我已经看了第一遍了。"过一段时间,他又宣布:"我已经看了第二遍了。"说着,他会当场背诵"贾不假,白玉为堂金作马。阿房宫,三百里,住不下金陵一个史。东海缺少白玉床,龙王来请金陵王。丰年好大'雪',珍珠如土金如铁"等诗句,以示他真正看进去了。

徐开福曾说:许世友去世以后,他床头的《红楼梦》仍然翻在第一卷。②意思是许世友对半白话的《红楼梦》根本没兴趣看不进去。但是,许世友这个时期的秘书孙洪宪否定了这个说法:

> 据我亲眼所见,许世友把整部《红楼梦》至少读了一遍。"仍然翻在第一卷",当不知是读到第几遍了。许世友开始读的是一种小本子

---

①孙洪宪著:《在许世友身边的日子——我给许世友当秘书》,广东省出版集团、广东人民出版社 2011 年版,第 197 页。
②徐开福著:《许世友的晚年岁月》,江苏人民出版社 1995 年版,第 119 页。

的《红楼梦》,后来中央给他寄来了线装本《石头记》。……许世友每次看完一部分,都会在稿纸空白处签上一个大大的"许"字。就这样,我陪伴着许世友完成了毛泽东交给他的读《红楼梦》的任务。

在毛泽东叮嘱许世友去读的几本书中,《天体运行论》是一本专业性很强的书,面对一连串佶屈聱牙的名词术语,许世友始终没办法看懂。《红楼梦》先是简写本,他全部看完了;后来读线装本,是由秘书"摘录精彩的东西"来读的。[①] 事实上,许世友真正读进去的,是《汉书》,尤其是其中的《周勃传》部分。

这本书是古文很难懂,许世友还请了教员,边读边翻成大白话讲解。读了《汉书》,他知道了"随陆"是指汉高祖手下能言善辩的谋士随何、陆贾,"绛灌"是指汉高祖手下功勋卓著的武将绛侯周勃和灌婴。其中,周勃跟随刘邦打天下,建立了汉王朝;刘邦死后,其妻吕后勾结吕氏私党图谋篡政,周勃等人剪除诸吕,维系了汉家江山。对这书,许世友读了还进行了深刻的思考。他本人后来回忆:

> 会后我找了《汉书》看,才晓得原来周勃跟随刘邦平定了天下,建立了汉朝;后来吕后的私党诸吕要篡汉夺权,周勃等人把诸吕消灭了。我的领会,毛主席是要我们保卫我党我军创建的人民共和国,防止有人篡党夺权。[②]

许世友牢记毛泽东的嘱托,不时联系"周勃安刘"的故事,反复琢磨有什么人要篡党夺权,而直到多年以后,才恍然大悟。他后来说:

[①] 孙洪宪著:《在许世友身边的日子——我给许世友当秘书》,广东省出版集团、广东人民出版社2011年版,第198页。
[②] 《毛主席永远活在我们的心中——纪念伟大的领袖和导师毛主席逝世两周年》,载《许世友回忆录》,解放军出版社1986年版,第616页。

1974年"批林批孔"中,"四人帮"借题发挥,把矛头指向周总理和其他老一辈革命家。这就擦亮了我的眼睛。毛主席讲周勃,而江青大讲吕后,分明是同毛主席唱反调嘛!充分暴露了"四人帮"一伙篡党夺权的野心。这就不能不引起我对他们的警惕。后来毛主席一再批评"四人帮",我更加心中有数了。

所以,1976年10月,当华国锋等人粉碎"四人帮"尤其是抓捕江青的时候,许世友果断地站在了以华国锋为首的党中央一边,维护了安定团结的大局。

10. "我不过是毛主席关怀和爱护的千千万万干部中的一个"

许世友有一句口头禅:"活着尽忠,死了尽孝。"有时候,他也会对这句话稍微解释一下:"活着尽忠,忠于毛主席;死了尽孝,为老母亲看坟。""尽忠尽孝"是中国男人的一种家国情怀,所谓尽忠是指报效国家,竭尽忠诚,甚至为国牺牲生命;所谓尽孝是要孝顺父母,有孝心尽孝道。在这里,许世友把忠于毛泽东与忠于国家联系起来,甚至有所等同,这是他对毛泽东深厚感情的一种体现。在与毛泽东几十年的交往中,许世友深深地为自己对毛泽东的情感打上了深刻的许氏"尽忠"的烙印。

但是,随着岁月的推移,毛泽东的身体越来越不行了,1976年5月以后就没有在公开场合露面,由于重病缠身,他与死神作最后的斗争。根据党中央的要求,毛泽东的病情和抢救情况被限制在一个极小的范围,身为政治局委员的许世友因为在外地,一点也不知情。

1976年6月一天早晨,许世友正在湖南视察部队,突然收到一封来自中央办公厅的绝密电报。电报是专门发给京外政治局委员的,通报了毛泽东日益恶化的病情。许世友的秘书孙洪宪回忆：

> 许世友看完电报，心情异常沉重，他取消了视察计划，提前返回广州。他把自己关在楼上，整天整天足不出户，连文件也看得不像以前那么用心了。许世友对毛泽东的感情太深了，他无法相信但又不得不面对毛泽东病重的现实。①

9月9日，毛泽东在北京逝世。凌晨，许世友获悉了这个噩耗，是一个什么反应呢？

> 毛泽东逝世的噩耗对他（许世友）打击很大，令他猝不及防。他把各种报纸、画报上的毛泽东照片，画像，统统剪下来，整版整版地贴在卧室的墙上，四面墙壁从上到下贴得满满的，不留一点空隙。
>
> 有段时间，他常常独自坐在房内，木然垂首，整天嘴里不吐一个字，没有人敢接近他，更没有人敢问他为什么这样做。终于，有人悟出了其中的奥妙：
>
> 不管许世友朝哪个方向，站着或躺着，满目都是毛泽东。
>
> 每一张照片上的毛泽东从各个不同的角度打量着许世友，而许世友也同样与任何一张照片上的毛泽东作着只有他自己才知道的倾心交谈。②

这是徐开福的记述。

许世友当时的随身秘书孙洪宪对此没有记载，只是说："1976年9月9日凌晨，许世友接到了毛泽东逝世的噩耗，他当天乘专机赶到了北京。"

---

① 孙洪宪著：《在许世友身边的日子——我给许世友当秘书》，广东省出版集团、广东人民出版社2011年版，第212页。

② 徐开福著：《许世友的晚年岁月》，江苏人民出版社1995年版，第126页。

第七章 许世友:"毛主席了解我,救了我,又信任我"

获悉毛泽东去世后,许世友在来到北京前后发生的情况却让大家始料不及:

> 他(许世友)把工作安排一下,特别强调了部队调动权限,乘车急驶白云机场。
>
> 韦国清同志和许司令一起乘坐专机飞往北京。这两位老将军进入机舱,落座良久,专机还不起飞。
>
> 许司令叫秘书去问,回说天气不好;再问,还说天气不好。第三次问,机长才道出真情:"中央有指示,不准带枪进京。"
>
> "妈的,你问是哪个王八蛋的指示?"许司令勃然大怒,"叫他发电报来!"
>
> "对!你问一下是哪个王八蛋的指示,"韦国清也火了。"叫他发电报来!"
>
> 最后,电报没发来,专机也起飞了。①

许世友不顾党中央的禁令带枪进京,可不是一般的事情。据李文卿记载,许世友外出甚至去见毛泽东也带枪去,不过是猎枪,而这一次他却带了一支美式五星左轮手枪——当年他手下的部队从国民党一个军长手里缴来的手枪。

到了北京,许世友也把枪别在腰上,枪不离人,人不离枪,走到哪里带到哪里。毛泽东的灵堂设在人民大会堂,治丧期间,由中央政治局委员轮流守灵。许世友又发生带枪吊唁毛泽东的事情:

> 接到中央办公厅通知,许世友乘专机赶往北京,以政治局委员的身份,参加守灵仪式。

---

① 李文卿著:《近看许世友》,解放军文艺出版社2002年版,第261—262页。

在灵堂门口,他被卫兵挡住了。卫兵向他敬了个标准的军礼,问道:"首长,你带枪啦?"

许世友在火头上,也不还礼,反问一句,"我怎么不带枪?"

"这里有规定,首长进去不能带枪。"

"谁规定的?"

"政治局规定的。"

"我是政治局委员,怎么不知道?!"

许世友黑着脸,嗓门很高,边说边往门里闯去。好几个卫兵,加上一帮子工作人员,没有一个敢伸手拦阻他。

许世友直扑灵前,向毛泽东遗体三鞠躬。

此刻的许世友,无比虔诚地面对毛泽东的遗体,整个身心都被极度的悲痛侵蚀着,竟然忘了脱下自己的军帽,

中央电视台刚好摄下这一镜头。坐在电视机前的亿万群众,对此议论纷纷。因为没有几个人知道刚刚在灵堂门口发生过的那一幕。而且,在中央电视台实况转播的画面上,他们也看不到许世友佩带的枪支。

在整个灵堂大厅里,参加吊唁和守灵的所有党、政、军领导人中,带枪的,只有一个许世友。[①]

许世友带枪吊唁这个颇带有戏剧性的事情几乎难以让人置信,而却是千真万确。李文卿、徐开福、王宣都在自己回忆许世友的著作中详细叙述了此事的前后经过。

对于许世友的行为,有一种解释说:"许世友带枪保卫毛主席的遗体,怕别人做手脚。"另一种解释说:"毛主席去世了,许世友怕'四人帮'抓他。"跟随许世友多年的徐开福则说:"不管哪一种解释更正确一些,有一点确定无疑:

[①] 徐开福著:《许世友的晚年岁月》,江苏人民出版社1995年版,第126—127页。

第七章 许世友:"毛主席了解我,救了我,又信任我"

许世友把自己与毛泽东紧紧'绑'在了一起。"

而戏剧性的事情还在继续。

> 看过毛泽东遗体的许世友,一口咬定毛泽东是被害死的。他的"一口咬定",令人震撼,亦让人哭笑不得。
>
> 北京著名的医疗专家林钧才,曾经是许世友的老部下。他去看望许世友。许世友一见林钧才,就火暴暴地责问开了:"我去看了,毛主席脸上青一块、紫一块的。你们这些医生,快讲,毛主席是怎么被害死的?"
>
> 林钧才苦楚地望着许世友。他无法按照许世友的思路,回答出毛泽东怎么"被害"的。他只能从医学的角度慢慢解释。这反而使许世友疑心越发加重,进而误解林钧才是"四人帮"派来做他的工作的。
>
> 由于许世友对毛泽东火热般的感情,在对待毛泽东逝世问题上,他的心中有一个儿童般的世界,这个世界让他坚信毛泽东不会生老病死,除非被害。这一点,无法改变。一直到1983年,林钧才到南京养病,再次看望许世友。一进门,许世友劈头盖脸的第一句话:"你要交代!迟早总要交代的,早交代,早放下包袱。"
>
> 1984年,许世友还在讲:"毛主席被'四人帮'害死,还派林钧才做我的工作。"这件事,一直讲了八年。
>
> 没办法,林钧才冤就冤了。但他不怨,他理解许世友对毛泽东那种无与伦比的感情。[①]

这就是许世友。

对于自己与毛泽东的那份感情,在毛泽东逝世两周年时许世友有一个总

[①] 徐开福著:《许世友的晚年岁月》,江苏人民出版社1995年版,第127—128页。

结,是这么说:

> 伟大领袖毛主席的一生,为我党我军培养了数以百万计的干部从事无产阶级革命。毛主席关怀和爱护的干部,何止我许世友一人!我党我军的干部,哪一个没有受过毛主席的关怀?哪一个没有承受过毛泽东思想的阳光和雨露?我不过是毛主席关怀和爱护的千千万万干部中的一个。从我个人的亲身经历中,我觉得,人们可以更加清楚地看到,毛主席有着多么深厚的无产阶级感情,多么宽广的无产阶级胸怀!毛主席对我的关怀和教育,不是个人之间的关系,而是充分体现了马克思列宁主义政党的干部路线和政策,体现了无产阶级革命领袖和干部的正确关系。在怎样对待党的干部这个问题上,毛主席以他的伟大实践,为全党树立了光辉的榜样。
>
> 毛主席生前多次对我讲过:干革命要跟正确路线,不要跟哪一个人,人总是要死的,马、恩、列、斯早已去世了,我们仍然要按照马克思列宁主义指引的方向前进。

这个总结完全是客观的,忠实于历史的。许世友没有糊涂。